G・デュビイ
M・ペロー
監修

杉村和子・志賀亮一
監訳

女の歴史

HISTOIRE
DES FEMMES

藤原書店

女の歴史 I

古代1

ポーリーヌ・シュミット＝パンテル 編

凡例

一 本書の翻訳には、フランス語版 *Histoire des femmes en Occident, 1 L'antiquité*, Plon, Paris, 1991を用いた。

一 原書中、現代フランス語以外で表記してある箇所は、原則として、訳語にその言語による読みをルビで付した。ただし、必要と思われる箇所には原綴りを付してある。

一 原書中のイタリックによる強調は傍点ないしはルビで、書名は『 』、聖書中の教典名と絵画などの作品名は「 」で、大文字による強調は「 」で示した。

一 引用箇所を含め、原書で《 》で示されている箇所は「 」で示した。" " は〝 〟で示した。

一 地名は、原則として現代の現地読みとしたが、古代の地名はそれぞれ、ギリシア語、ラテン語読みとした（ただし母音の長短の区別はしていない）。地域が特定できない場合は、フランス語読みとした。

一 人名についても、現地読みを原則としたが、古代の人名については地名と同様に処理している。不明の場合はフランス語読みとした。ただし、慣用の表記についてはこれにしたがい、教皇名および初期教会の教父名はすべてラテン語読みとした。なお、西欧の人名については原則として、姓と名の区切りを・で、それ以外を＝でつないでいる。

一 固有名詞以外のギリシア語、ラテン語のカタカナ表記は、原則として母音の長短を区別したが、章によっては区別していない章もある。

一 人名、地名および必要と思われる事項には、訳者による補足説明を付したが、原則として訳文におりこんでいる。ただし、〔 〕で括った短い訳註もある。長い訳註となる箇所のみ＊を付して、段落の終わりに示した。

一 原註に挙げられている文献は、研究者の便宜を考えて原語のままとしたが、邦訳のあるものは、可能なかぎりこれを付した。

一 引用文献のなかには、既訳のあるものもあったが、原則として既訳を参考にはしたが、前後の文脈からかならずしもこれに忠実ではない。既訳を借りた箇所のみ出典を記した。

監修者のことば

女性史を書く

ジョルジュ・デュビィ
ミシェル・ペロー

女性史を書くにはどうすればいいのか？　長いあいだこの問いは、礼儀上発してはならないものだった。あるいは、なきに等しかった。女性たちは、母親として、また主婦として、子孫再生産におわれて沈黙を余儀なくされ、「家のなか」という陰の部分におし込められていた。しかもこの「家のなか」は、顧慮される価値も語られる価値もないものとされていた。だというのに、その歴史だけはあったといえるのだろうか？　女とは、動かない世界の熱をもたぬ元素にすぎず、淀んだ水であって、一方、男たちは炎のように燃え、さかんに活動する。こういったのは古代人たちであるが、その後だれもが同じことをくり返している。女性たちはとるに足りない観客であり、表舞台からは遠ざけられていた。この表舞台では、男性たちがみずから運命の主役となって激突し、女性はといえば、ときたまその介添えをするだけで、めったにみずから演ずることもなかった——だがこれは、なんという権力の喪失ぶりだろう！　女性たちは、たいていの場合しもべであって、男の征服者に喝采したり、あるいは、その敗北を嘆いたりしていた。つまりは永遠の泣き女〔葬儀のとき雇われて泣いてみせる役目の女〕であり、その合唱には、はっきりとは聴こえないが、あらゆる悲劇がつきまとっていた。

それに、女性たちについてなにが知られているだろうか？　女性たちについては、ほんのかすかな足どりしか残っていないが、それとて、女性たち自身によって伝えられたものではない——「なにごとも知られざるなり。文《ふみ》残すすべなければ」というわけである。むしろそれらの足どりは、男性たちの眼差しによって伝えられてきた。

男たちこそが古代ポリスを支配し、その記憶をつくり、文書を管理していたからである。つまり、女性たちのなしたこと、いい残したことがはじめに記録されたのも、権力に奉仕する書記たちの選択基準をとおしてだった。ところが、これら書記たちは私的なことにはまったく無関心で、公的なことにだけ関心をもっていた。そして女性たちは、この公的な領域に入ることができなかったのである。女性たちが公的な領域に乱入してくると、一種の混乱が起こるのではないかと、かれらは心配していた。だから、こうした事態に対しては、古代ギリシアの歴史家ヘロドトスから近代フランスの文明史家テーヌまで、あるいは、古代ローマの歴史家ティトゥス＝リウィウスから現代の警察官までが、まったく同じ紋切り型《ステレオタイプ》の反応を示している。また人口調査でも、女性たちは無視されていた。たとえば古代ローマでは、女性が数に入れられるのは、遺産相続権のあるときに限ってだった。紀元後三世紀まで待ってようやく、ディオクレティアヌス帝が、国家財政上の理由から女性も数えるべしと命令することになる。くだって十九世紀になっても、農業ないし農村における女性の労働は、なお過小評価されたままだった。家長である男性の仕事にしか、関心が向けられていなかったからである。このように、男女両性のあいだの関係は、多くの史料にその痕跡を残しているだけでなく、この不平等な関係そのものが、男女それぞれに関する史料の多寡を決定してしまっている。

たしかに古代から現代まで、女性に関しては、具体的で詳細をきわめた情報がたいへん少ない。ところが、これとはまったく対照的に、図像《イマージュ》や言説のほうは氾濫している。女性たちは、現実のものとして記述されたり、物語られたりする以前から、また、かの女たちがみずから語りはじめるまえから、すでに表象の対象だったのだ。おそらく、図像《イマージュ》が氾濫していればいるだけ、現実には、女性たちは舞台裏におし込められていたのだろう。古代ギリシアのオリュンポスの峰には女神たちがひしめいていたが、ポリスに女性の市民はいなかった。キリスト教の祭壇では聖母マリアが君臨していたが、そこで祭式をつかさどっていたのは男性の僧侶たちだった。そしてフランス革命も、マリアンヌという名の女性によって象徴されてはいたが、すぐれて男性のできごとだった。このように、男性の思い描いた想像上の女性像、ときとして幻想にまでなった女性像が、あらゆるものに滲みわたっている。

この想像力の産物がどのように進化してきたのか、これこそが主要な問題である。だからこそ本書の各巻では、「肖像画集《イマージュ》」に重要な地位があたえられている。これらの肖像は単なる挿し絵ではなく、それ自体解読しなければならない材料だと考えられているからである。紀元前六ないし五世紀にアテナイで描かれた古代アッティカの壺を飾るさまざまな場面にも、中世のバイユーのつづれ織りや近代の広告ポスターにも、ひとしく日常生活の一大絵巻が展開されている。だから、こうしたイメージ《イマージュ》を時系列のなかで分析するだけで、日常生活が性別によってどのように組織されていたのかについて、なにものかが明らかになってくる。また結婚の儀式においては、一種の同意なき誘拐のようにして、花嫁をある場所から別の場所に移すことが強調されている。妻を「あれこれのしぐさの網の目のなかに」閉じこめることによって、「実家から離れて婚家へと同化したことが明らかにされる」。これは、結婚というものの構造を暗に示しているのである。同様に、労働に価値を認めない社会では、徳高き女性が糸を紡ぐ女の姿で表現される。あるいは女性の美しさが、造形芸術によって表現されるのではなく、もっぱらその装いに帰されてしまっている。肉体というものがほとんど認められていないため、造形芸術ではかたちをなさないからである。だがこうした現象も、女性という特性に対する知覚の要素なのである。つまりそこにみられるのは、男女両性間の関係の現実ではなく、男性の眼差しの方向性なのである。この眼差しこそが、両性の関係を構築してきたのだし、いまでもその表象作用をつかさどっているのだ。

ところで、文学によるイマージュのほうは、もっと奥深くまで届く。ことばが流動性をもっているために、図像においてよりも自由があるからである。図像は、どちらかといえば柔軟性のない形象の定式《コード》に支配されている。

おそらく文字文化《エクリチュール》のほうが、はるかにたやすく束縛から解放され、変幻自在に順応することができる。けれどもまたここでも、「神のごとき男性」の欲望が君臨している。たとえば十二世紀に、征服王ギョーム一世の伝記作家ギョーム・ド・ポワティエが、「洗練された愛《フィナムール》」の「奥方」のことを歌っており、この「奥方」は、多くの男の心を自由に支配するもののようにみえる。だが、忘れてはならないのは、「これらの詩が歌っているのは、女性そのものではなく」、「男性たちが女性に抱いているイマージュ」だということである。あるいはすくなくとも、男性たちが、みずからに都合よく変形した性的戦略にしたがって、称揚しようとしたイマージュだということである。もちろん、ゲームは新しくなれば、カードの配り方も変わるが、カードを配るのは依然として男性なのである。また、ロマン主義の恋愛はこれよりはるかに洗練されているが、それでもなお同じことがいえる。「女とは奴隷にすぎないのだが、これを玉座にまつり上げるすべをこころえていなくてはならない」(バルザック)というわけだ。つまり、花や香水で飾りたてるのである。あるいは男性たちは、学芸の女神《ミューズ》をほめ讃え、聖母《マドンナ》や天使を称揚したが、それらはいずれも手のとどく存在ではなかった。反対に、歌にあけ暮れる男たちの社会では、かれらの卑猥な合唱で、「マドモワゼル・フローラ」がまる裸にされ、「娼婦の資格がとれるかどうか」素質を吟味されている。[1] 女性たちはなべて、こういう状況にあったのだろうか? ともかく、イマージュの分厚いマントが女性たちの世界を覆い、その表情を隠している。

　またある時代から、思想家や主導者やスポークスマンたちの言説が急激に増加するが、これについてはなんといったらいいのだろう? 事実、哲学者、神学者、法律家、医師、道学者、教育者……たちなどがうむことなく、女性とはこういうものだとか、女性たちはかく振る舞わねばならないとかいい立てている。つまり女性たちは、はじめからその女性という地位と義務によって定義されているのだ。たとえばルソーは、将来エミールの伴侶に仕立てようとしたソフィーという女性のために、以下のように書いている。「(男たちの) 気に入ること、かれらの役に立つこと、男たちに愛され、あがめられること、その小さきころはこれを育て、長じたのちはこれを世話し、かれらに忠告し、かれらを慰め、その一生を心地よく甘美なるものとすること、これこそが、あらゆる時代にわたる女たちの務めなのです。だから幼きころから、女たちにこうしたことを教えなければならないのです」(『エミール』第五巻)。だがこのことばは、中世アイルランドの司教リメリックのギルバートのそれと、なんら変わるところはない(「女たるもの、祈り、働き、闘う男どもに嫁ぎて、よくこれに身を捧ぐべし」)。アリストテレスとも、ほかのすべてのものたちとも、変わるところはない。おそらくこうした義務の内容のほうは、世紀の移り変わりとともにまた変化したことであろう。たとえば、十九世紀や、とくに二十世紀の女性たちは、社会の役に立つという美名のもとに、「いえ」のそとに出るようにいざなわれている。だがそれは、母性本能を社会全体に及ぼし、これに奉仕するためにすぎない。宗教と道徳は、ともに力を合わせて女性たちに対する要求を強めてきた。異教徒であろうとキリスト教徒であろうと、古代ローマでは、娘たちは処女であることを求められ、妻たちには、慎み深く貞淑であることがほめ讃うべきこととされた。女性はヴェールで隠されてきた——敬うべき女人は「その絵すがたのみ見ゆ」と、古代ローマの詩人ホラティウスが歌っているが、それは、キリスト教会の聖パウロにしても同様であり、さらには、はるかに下って十九世紀フランスの文学者バルベー＝ドールヴィイにしても、これとほとんど変わるところがない。また、古代ギリシアの女部屋からヴィクトリア朝時代の「いえ」まで、女性はつねに閉じこめられてきた。このほとんど時の流れをこえたモデルは、いわゆる女性の本性というものに結びつけられているのではないだろうか？　女性の本性とは、か弱くて病気がちで、野性に近くて秩序がなく、統制がきかないと恐るべきものとなる、と考えられてきたからである。たしかに、女性を囲いこむ物理的な垣根は風化してきている。だがそれにかわって、教育というもっと巧妙なシステムがうち立てられた。つまり、さまざまな規範は内在化され、まず理想の若い娘という人間像が、そしてさらにあとになると、模範的な少女という人間像——それまでまったく知られていなかったが——までうみ出される。こうしてゆっくりと、きわめてゆっくりとではあるが、女性もまた、ひとつのかくあるべき人格となる。この人格に関しての合意が形成されたことは重要である。この生成の歴史は、さまざまな言説によってつくられているが、これこそがわたしたちの探究の核心なのだ。

また同じように、西欧の文化は古代ギリシア人以来、性差に関する考え方の変動にも、大きな影響を受けてきた。この性差に関する考え方は、以下の二つの極端な見方のあいだでゆれ動いてきた。すなわち、両性が混在——両性具有人種や半陰陽、服装倒錯、つまり男女どちらにもなりうるものたち——するという見方——古代アテナイやバロック時代——と、両者が根源的に異なっているという、古来からやすんじて語られてきた見方とのあいだをである。この後者の見方によれば、男性と女性とは二つの種であり、それぞれ固有の性質を与えられている。だがこれらの性質は、科学的な認識からきたというよりも、直感的に認められるものなのである(2)。だから女性の身体のアイデンティティを確立する作業は、はじめからさまざまな表象のタガをはめられていたため、ごくゆっくりとしか進歩してこなかった。事実、古代ローマのギリシア人医学者ガレノスから近代フランスの生理学者ルセールまで(あるいは、フロイトまでかもしれないが、それについてはのちに論じよう)、女性の身体と精神に関する見解は、変わることなくうけ継がれ、くり返されてきた。医学者たちが、受胎という生理現象や女性の性に関する発見——たとえば、十七世紀における排卵という現象の発見——から、そのすべての帰結を導きだすには、多くの時間が必要とされることになる。こうした観点からみてみると、誤り、見当ちがい、無分別などがひとつの歴史をつくっている。フランスの哲学者バシュラールが、科学以前の認識から科学的認識への移行を分析しているが、この歴史は、誤った見方が意識形成に対する障害となってきたという意味で、バシュラールの説くところときわめて近い。

これらおびただしい数の寄せては返す言説は、神話、神秘主義、科学、社会規範などさまざまなものにわたっており、学問的なものもあれば、単なる民間伝承にすぎないものもある。また、それぞれのあいだに微妙な違いやズレがあり、これらを見分けるには、しばしば多大な注意力を要する。だが、これらの言説はすべて共通の認識体系《エピステーメー》に根ざしている。つまりそれらはすべて、自分たちだけを「われわれ」と呼び「かの女たち」について語る、男性から発している――もう一度ルソーの言をひけば、「まずはじめに、かの女の性とわれわれの性との一致する点と異なる点を検討してみよう」ということになる。しかも、こうした男性たちは、その社会的地位や、役割や、選んだ生き方によって、女性からもっとも遠く離れていた――たとえば、聖職者たち。かれらは、遠く離れて畏怖しつつ、また魅惑されつつ恐れながら、この欠くこともできず手にもおえない「他者」のことを、あれこれと思い描いていたのである。だとすれば、女性とはいったいなんなのだろうか?

女性史とは発言力《パロール》獲得の歴史

そしてかの女たちは、いったいなんといっているのだろうか? 女性史とはある意味で、女性たちが発言力《パロール》を獲得してきた、その歴史でもある。だがここでも、女性はまずはじめに、男性という媒体を経なければならなかった。男性たちは、はじめに演劇、つぎに小説というバイパスをつうじて、女性たちを舞台に登場させようとした。だから、古代ギリシアの悲劇から近代の戯曲まで、女性たちはしばしば、男性の代弁者であるか、かれらの固定観念をくり返すこだまでしかなかった。事実、アリストパネスの『女の平和』のヒロイン、リュシストラテも、イプセンのノラも、けっして解放された女性のすがたではなく、むしろ、男性たちが女性に対してもっている恐れの化身にすぎない(この二つの女性像には一定の違いがあるため、このように比較することはできるが、けっして同一視することはできない)。けれども、できるだけ本当らしくみせたいという要求があったため、作家たちは、自分の創造した人物たちをもっとよく知ろうとするようになる。その結果、シェイクスピアやラシーヌの戯曲、バルザックやヘンリー・ジェイムズの小説には、個人としての顔をもった女性たちがひしめき合うことになった。そして、これを演じた女優たちは、これら人物たちの特徴をみずからの人格に刻印することになる。この女優という職業は、たびたび社会から破門の対象とされた。だが女性たちは、この職業によってこそ、人格のアイデンティティを獲得し、公的に認知されたのである。

また女性たちの発言は、さまざまな宣言、騒乱の記録やうわさによっても媒介されている。つまり、秩序を守る役目にいた男性たちが、なにごとであれ報告し、伝達しなければならないという義務感と欲求につき動かされて、それらを記録したからである。しかもその記録は、次第に微に入り細にわたるようになる。公共の秩序に関して新しい概念が成立すると、これに結びついて、当事者の自白を重んじる傾向が、裁判や警察の公文書のすみずみにまでゆきわたるようになったからである。これらの公文書によって、最下層の人々の生活ぶりが、身も凍り、震えのくるようなこだまとなって、わたしたちに伝えられることになった。そして、この人々のなかに女性たちもたち混じっていたのである。

ところで、女性たちの声を直接聴くことができるかどうかは、かの女たちがどれだけ表現の手段、すなわち、身ぶりや話す力《パロール》や書く力《エクリチュール》をもっていたのかにかかってくる。すなわち識字率の問題である。たしかに一般的には、女性の識字率は男性よりも低かったが、部分的には先んじている場合もあった。もっといえば、どこまでこの聖域に入りこめたのかという問題である。ただここでも、どこまでが許され、どこまでが禁じられるのかという境界線はたえず変動していた。それでも、女性に認められたジャンルはあった。私的な書きもの《エクリチュール》、とりわけ私的な書簡というジャンルである。書簡は女性による最初のテクストであり、最初の文学作品だった(十七世紀フランスのセヴィニェ夫人『母の手紙』)。そしてそれは、文通が女性一般のたしなみとなり、書簡が、個人や家族に関する情報の尽きることのない鉱脈となる以前のことである。つぎに宗教に関する書きものがある。これによってわたしたちは、聖人とされた女性、神秘主義の女性、高名な尼僧院長――中世ドイツはビンゲンのヒルデガルト、同じく『楽しみの園《ホルトゥス・デリキアルム》』の著者ランツベルクのヘルラート――、熱意にみちて「信仰復興運動」にとり組んだプロテスタントの女性、貧民たちの道徳教化の書をものした婦人たちの声を聴くことができる。だがどんな種類の宗教的告白が、女性の表現にもっとも適していたのか、またそれはどんな形式によってだったのか？　他方これらとは反対に、女性にはほとんど禁じられていた領域もある。科学、次第しだいに禁じられていった歴史、そしてとくに哲学である。また詩と小説は、十七世紀以来、当時のサロンで気どった言い回しをもてあそんだ「才女たち《プレシューズ》」によって最先端領域となった。これら才女たちは、言語活動がなにをもたらすのかを知っていた。だからこの時以降、たんに書くだけではなく、出版することが問題となる。たしかに、匿名で出版されたり、偽名が用いられたりしたため、その道すじはぼやけ、しかも、とるに足りない作品の群がさらにそのうえを覆っている。だが、これらの作品が凡庸で道徳的訓話に満ちていること自体が、ひとつの問題となる。すなわち、美徳というものがいかにさまざまな束縛を表現にもたらしたのか、という問題である。ともかく、あえて異論を唱えたり、形式上の大胆な試みをせずとも、書くことそれ自体が、おそらく十分に破壊的なことだったのだ。

女性たちの足跡と保存の歴史

このようにときどきはつっかえながらも、女性たちの声は時の推移とともに大きくなってきた。それもここ二世紀、とくにいちじるしいものがあるが、それは、もっぱらフェミニズムの衝撃力によるものである。けれども、こうした女性たちの声だけを連続的に聴くことはできまい。女性たちがいかに介入してこようと、いかなる表現形態をとろうと、それらをふさわしい位置と時点におき直し、男性によってつくられた形式と比べてみなくてはならない。女性たちが話し、読み、書き、出版する、それは、創造と文化における両性の関係全般にかかわる問題であるが、また史料それ自体の問題の基礎をなしている。

つまり、女性たちの足跡を保存することに関してもまた、問題がないわけではない。人類の記憶の舞台において、女性たちはかすかな影にすぎない。女性たちは、公文書の書架にほとんどみあたらない。また私的な文書もたいていは破棄されているため、そこにも残っていない。いったいどれほど多くの私的な日記や手紙が、無頓着で、皮肉な眼をもった相続人たちによって燃やされてしまったことだろう。ときには女性自身が、傷だらけの人生の終わりに、それが人目にさらされることを恐れて、思い出を灰にしてしまっている。だが、女性たちの持ちものがしばしば保存されていることがある。指ぬき、指輪、ミサ用の典書、日傘、嫁入り道具の一部、おばあさんのドレスなど、納屋やタンスにしまいこまれた宝物のことである。あるいは、その絵すがたがモードと服飾の博物館に、装いの記憶として陳列されている。女性の日常生活に関する考古学の成果を、民衆の伝統工芸の研究センターで垣間みることもできる。これらのセンターが、家庭のなかのことに注意をむけてきたからである。また、十九世紀以来、フェミニストたちが、さまざまな遺品のコレクションを設立しようとしてきた。こうした活動の苦闘ぶりをみると、女性に関することがらが周縁的な性質のものとみなされていたことが、よくわかる。そして今日では、いくつかの文書館からなるネットワークが存在する。まずパリの、マルグリット・デュラン文書館とブグレ文庫（パリ市立歴史文書館所蔵）、アムステルダムのフェミニズム文書館、ハーヴァード大学のシュレジンガー・ライブラリーなどである。また、アメリカ合衆国北東部のセネカフォールズには、婦人参政権運動の指導者エリザベス＝ケイディ・スタントンの記念館に付属して、第一回合衆国婦人参政権論者大会（一八四八年六月一九―二〇日）を記念する、「女性の権利国立歴史公園」がごく最近設置されている。このように、合衆国やフランスでは、資料のコレクションが日の目をみるようになっている。さらには、人名録（たとえば、

『全米著名女性名鑑《ノータブル・アメリカン・ウィミン》』）やフェミニズムの事典の編纂もさかんに行なわれている。そして、このように女性の記憶を保存する場がつくられつつあるということは、ここ二〇年間で意識がいかに高まってきたのかを示すものなのである。

こうした動きは、女性のことについて知りたいという意思のあることを、あざやかに示している。だが、そうした意思は、まさにこれまでみられなかったものである。女性史を書くには、女性に関することがらを真剣に受けとめ、さまざまな事件や社会の発展のなかで、両性間の関係に一定の重みをもたせることが、前提となる。だが、現代フランスの女性作家マルグリット・ユルスナールが、その歴史小説『ハドリアヌス帝の回想』のみずからによる解説「採点簿」で述べているように、「女性の登場人物を中心人物とすることもまた、できなかった。たとえば、帝のかわりに、その后プロティナをわたしの物語の軸に据えることは、できなかった。女性の人生は、あまりにも限られている。あるいは、あまりにも秘密にされている。そのうえ、女性がみずからについて語るやいなや、まず最初にこの女性にむけられるのは、もう女性ではなくなったという非難の声である。けれども、ある種の真実は、男性の口から語られるのが、かなりむつかしい場合もあるのだ」[3]。このユルスナールのためらいはまた、長いあいだ歴史家たちのためらいでもあった。古代ギリシアの歴史家たちは、女性についてほとんど語っていない。女性は、戦争の犠牲者という雑多な集団のなかに入れられ、子どもや老人や奴隷といっしょくたにされている。例外とされたのは女優たちであるが、かの女たちが徒党（スターシス）を組んで、ポリスの秩序を脅かしたことがあるからだ[4]。また、中世の年代記作者たちは、好んで王妃や貴婦人たちの姿を描きだした。こうした女性が婚礼には不可欠の道具であり、うたげのお飾りだったからである。たとえば、十五世紀フランスの年代記作家コミーヌが、不倫で獄死したブルゴーニュ公妃マルグリットにさえ多大な敬意をはらっているのは、たんにそうした理由からなのだ。また、王族の女性たちが権力をふるい、「傑出した」存在となることもあった。

そしてそれは、法律や風俗が変わる前兆でもあった。たとえば、大王ルイ十四世の宮廷は、性別にうるさい世界ではあったが、また巨大な血族ぐるみの陰謀の世界でもあり、そこでは女性たちも、口先とベッドでの語らいとを武器に、一定の役割を果たしていた。当時の宮廷人でモラリストのサン＝シモン公爵は、こうした陰謀にたえず注意を向け、女性たちの果たした役割をモラリストの眼から構成しなおしている。

ロマン主義の歴史によって、女性ははなばなしく前面におし出される。その『フランス史』や、さらに『フランス革命史』において、ミシュレは、両性の関係を歴史の原動力のひとつとみている。ミシュレによれば、この関係の均衡にこそ、社会の均衡がかかっているという。けれども、女性を「自然」――母性と野性という二つの極のあいだをゆれ動く、二元性の本性――に、男性を「文化」にそれぞれ対応させたため、かれもまた、当時の支配的な解釈をこだまのようにくり返すことになった。そしてそれはまた、人類学者たちが並行して展開していた解釈でもあった（バハオーフェンをみよ）。つぎに十九世紀末、実証主義の歴史学が、厳密さにこだわる大学での学問として成立すると、それによって女性は、二重の意味で歴史から追いだされてしまう。まずは歴史という領域から。なぜなら、実証主義の歴史学は、女性には縁のない公的なるもの、政治的なるものをもっぱら対象としていたからである。そしてつぎに歴史を書くこと《エクリチュール》から。なぜなら、歴史家という職業から女性がしめ出されていたからである。歴史家という仕事は男性のものであり、しかもかれらは男性の歴史を書いた。そしてそれを、普遍的な歴史とみなしていた。パリ大学《ソルボンヌ》の壁が、女性たちのフレスコ画で覆いつくされていたのに、である。女性たちは、他愛のない対象として、日常生活に関する著作の執筆者、聖人伝や悪人伝の愛好家、はたまた、いわゆる秘史の愛好家たちの手にゆだねられることになった。フランスでいえば、さしずめ歴史読み物作家ジョルジュ・ルノートルが、そのもっとも恰好な例であろう。こうして、科学的であることを旨とする歴史学の周縁部に、今日でもなお、一種の女性史がその存在を主張し、しぶとく生きつづけている。だがこの女性史は、説法じみたものであったり、人を小馬鹿にしたものであったり、あるいは興味本位か、お涙ちょうだい式のものであるにすぎず、とりわけ女性雑誌に氾濫して、大衆の好みにおもねっている。

女性史の登場とその要因

さて、本書が密接な関連をもち、やがてそこに合流しようとしている女性史は、ここ二〇年ばかりのあいだに発展してきたものである。ところで、この歴史が登場するについては、遠いものから近いものまで、一連の要因が大きく作用していた。まず、十九世紀以降になって、家族というものが再発見されたことがあげられる。このころから、家族は、社会の発展を支える基本的な核とみなされるようになり、歴史人類学の中心的な課題となった。そして、この歴史人類学では、親族や性関係の構造がもっとも重要な課題とされていたため、結果として女性に関することにも関心が集まることになった。つぎに、『年報《アナール》——経済・社会・文明』派が決定的な推進力となる。この学派によって、歴史学の領域は、日常的な慣習行動や、平常の行動、共通の「心性」へと次第に拡大された。たしかに、両性間の関係は、この流派にとって最優先の関心事ではなかった。もっぱら経済情勢や社会階層に関心が注がれていたからである。けれども、『アナール』派は、両性間の関係に好意的に耳を傾ける場を提供した。そして、もうひとつ決定的だったのは、植民地の解放と一九六八年の「五月革命」につづいて、政治的関心の転回が起こったことである。つまり、この転回の影響で、亡命したものたち、少数者、ものいわぬものたちや、それまで抑圧されてきた文化に、関心が向けられるようになったのである。外縁にあったもの、周縁にあったものが、権力の中枢との関係において考察されるようになったのである。

けれども、女性たちの問題がはじめから提起されていたわけではない。また、女性史に直接手がつけられたわけでもない。女性史はまず、女性運動とこの運動がもたらした問いかけとの成果だった。「わたしたちはだれ?

どこからきたの？　どこへ行くの？」と、女性たちは出会うたびにいい合っていた。そしてこれが、各国の大学で決定的な推進力となり、女性史の教育と研究が進められることになった。まず、イギリスの女性（たとえば、『ヒストリー・ワークショップ』の著者）とアメリカの女性たちが、パイオニアの役割を果たした。とくにアメリカ合衆国では、『女性学《ウイミンズ・スタディーズ》』をはじめとする各種の雑誌（『サインズ』、『フェミニスト・スタディーズ』など）がかず多く出版された。ヨーロッパ諸国の大部分（東ヨーロッパではほとんど唯一の例である、ポーランドも含まれる）がこれに続いた。ある国々（フランス、ドイツ、イタリアなど）は一九七〇―七五年ころから、そしてほかの国々は、もうすこし最近になってから。こうした事情で、蓄積された業績は、国ごとにかならずしも同じレヴェルにはない。だが、それはたいていの場合、「創成期の」段階を過ぎている。こうした蓄積は、すでにひとつの歴史学となっており、この歴史学自体がまた歴史をもっている。つまり、その対象、方法、視点において変革を遂げてきたのである。この歴史もはじめは、過去の女性を眼にみえるものにしたいという、単純な欲求につき動かされていた。（この時期の名高い論集は、『みえてくるもの《ビカミング・ヴィジブル》――ヨーロッパ史における女性たち』というタイトルだった）[5]。だがそれは、はるかに高い問題意識をもつようになり、純粋に記述的なものから、より相関関係を重視するものになってきた。そうなると、その関心の最前線には『ジェンダー』が、つまり男女両性間のさまざまな関係がおかれるようになる。しかも、このとき、この二つの性は、自然という永遠に固定したものとみなされてはいなかった。第一、そのような自然など、どこを探してもみつかりはしない。そうではなくて、これらの性は社会という構造物の産みだすものであり、こうした社会的構造物を解体することのほうが、重要だとされたのだ。

　本書はこのような状況のうちに置かれている。本書は来るべきときに到来したのである。本書は、歴史における問題意識の革新と「女性史」との、あの好運な出会いに起源をもっている。本書は、右で述べたさまざまな探究の恩恵を受けている。だが、本書でこれらの探求を総決算してみることなど、不可能である。ただすくなくとも、本書がこれらの探究のこだま以上のものであることを願っている。これらの探究の成果をこだまのようにくり返すだけでなく、もっとすすんで、いろいろな問題点や疑問を提起したいと願っている。したがっていまこそ、本書がどのようなものとして構想されたのかを、明言しておかなければなるまい。

本書における三つの構想

第一にこの歴史は、大胆にも長期的持続の、つまり古代から現代までというタイムスパンにわたっている。ひとつの考え方によれば、歴史というものはしばしば不動のものとされ、実際そこにはときとして、自然科学でいう不変式にも似て、変化に抵抗するものがみられる。だがこうした歴史において、変化とはどんなものなのか？またその変化は、現実のすべてのレヴェルで同じように作用するのか？　家族というレヴェルで、また文化というレヴェルで、どんなものがうけ継がれ、伝えられてきたのか？　宗教や法律や教育によって伝達されてきたモデルとは、どんなものか？　流れの屈曲点や、あるいはもっといえば決定的な断絶には、どんなものがあるのか？　それぞれの時代ごとに、どんなものが変化の主要な要因だったのか？　経済の、政治の、あるいは風俗の分担した役割とは、どんなものだったのか？

こうした角度から各時代を比較してみるのは、たいへんに興味深いことである。たしかに――そして、これは議論の余地のあるところだが――わたしたちは、西欧の歴史で通常用いられている時代区分を、ここでも採用している。結局のところ、この時代区分が両性間の関係の時代区分として有効だと、はっきりとではないにしろ認めている。だから各巻は、古典的に区分された時代に対応しながら、それぞれに自律性を有し、固有の構造、力点のおき方、強調すべき点をもつことになる。この便利な枠組は、本当をいえば、いまのところ唯一の可能なやり方なのだが、はたして適切な概念的枠組なのだろうか？　キリスト教の登場、ルネサンスと宗教改革、啓蒙主義とフランス革命、そして世界大戦は、わたしたちが問題にしている領域で、なにを意味しているのか？　女性史と、両性間の関係の歴史のなかで、結局、どんなものが基本をなす連続性であったのか？　はたまた、主要な不連続点や決定的な事件とは、どんなものであったのか？

第二にこの歴史は、対象となる空間をどのように限定するのか、という選択を迫られている。わたしたちはこれを、西欧世界に、地中海と大西洋の二つの岸のあいだに限定した。したがってまず、古代ギリシア＝ローマの、つづいてユダヤ＝キリスト教のヨーロッパがとり上げられている。そこには、イスラム的なものはほとんど含まれていない。つぎに、ヨーロッパとならんで、ヨーロッパ世界の拡大先で、ヨーロッパ人たちが住むようになった地域、すなわち、アメリカ大陸のすくなくとも北半分が含まれる。ただし、ラテン＝アメリカを含めることはできなかった。そこでは十六世紀以来、スペイン＝ポルトガルの女性の典型《モデル》がもち込まれたため、インディオの社会に多くの問題が生じているのだが。研究がはじまったばかりで、業績が不足しているためである。また、ヨーロッパの植民地化政策が、両性間や人種間の関係にインパクトをもたらしたはずなのだが、同様の理由でこれもごくわずかしか分析できなかった。ただこの問題は、アメリカ合衆国についていえば、そこに内在する問題となっているし（初期のアメリカ・フェミニズムは、断固として奴隷制廃止論にたっていた）、ヨーロッパについても、それほど中心的ではないとはいえ、やはり決定的なものなのである。だからこの白人女性たちの歴史は、いかなる排除の論理を意図したものでもないし、いかなる価値判断に立っているものでもない。それはただ、わたしたちの限界を示しているだけであって、むしろその対象空間を延長するよう呼びかけるものである。わたしたちは、東洋世界やアフリカ大陸の女性史を夢みている。そうした歴史を書くのは、これらの国々の女性と男性の仕事であろうし、その歴史はおそらく、わたしたちの歴史とはまったく異なったものとなろう。なぜなら、それは二つの視線を前提とすることになるからである。すなわち、これら男女たち自身に対する視線と、かれら自身をわたしたちと比較する視線とを、である。フェミニズムにも、女性という特性を意味づけるそのやり方にも、ただひとつの普遍的なものなどけっしてないのである。

またヨーロッパを中心としつつも、この歴史は、国家という空間のなかで女性をとり扱っているわけではない。そうした空間は、なんといってみても、ごく最近成立したものにすぎないからである。この歴史はむしろ、ただひとつの共通の歴史に女性たち自身がもたらしたものを、とり扱っている。むろんテーマごとにいえば、なんらかの特殊な領域に依拠してはいる。だがそれでも個々の特殊なテーマは、それぞれが他のものと比較されうるように、ひとつの全体にくみ込まれているのである。つまり個々の執筆者は、それぞれの専門分野を利用しつつ、その個々の「ケース」をもっと広い視野のなかに位置づけようと、努力しているわけである。また、全体を網羅した歴史をというこの意図にも、明らかに、もっと限定された、密度の濃い個別研究をうけ入れる余地が残してある。こうした個別研究が、より進んだ分析を可能にするからである。あるいは、とり上げられている例がすべてを網羅しているわけではないため、散漫な印象を与えるかもしれない。本書に描きだされた情景には、まだまだ多くの欠落がある。それは、個々の研究にしろ、わたしたちの利用したネットワークにしろ、それぞれがまったく違ったレヴェルにあることで説明がつくのだが、だからといってそれは許されることではない。当然、ある国が無視されていると感じられる場合もある。けれども、そのことがバネになって、その国独自の女性史が書かれることにでもなれば、それにまさる好運な結果はないであろう。

最後にいっておくが、いま眼前にあるこの歴史には、それを産みだした背景のあることを忘れてはならない。それは、西欧のさまざまな社会において、男性と女性の関係をくつがえした革命のことである。この奥深い革命はいまだ成就されてはいないけれども、この歴史はまさに、この革命が産みだした空間につながっているのである。

第三にこの歴史は、複眼の歴史である。そこにみられるいくつかの視点は、いろいろな方向にむかって拡散し、ときにはたがいに矛盾してさえいる。だからこの歴史は、かならずしもはっきりとした結論を求めるものではない。ただ、執筆者たちのあいだには共通の視点――まず、女性史を真剣にとり上げること――がある。ただしそれは、硬直した路線でもなければ、お題目でもない。また、この歴史は対象においても複線になっている。すなわち、「女性」というものではなく、女性たち(「人間たちであって、けっして人間というものではない」と、リュシアン・フェーヴルがすでにいっていたが)であり、もっといえば、社会的条件、宗教的信仰、民族的所属、個人としての生い立ちにおいてさまざまな、ある女性たちなのである。また、あらゆる意味で可能なかぎり、そしてそういう問題が提起されたときはいつでも、「性と階級」や「性と人種」を連結してみようとした。それも、たとえこれら両者が分割され、対立している場合にでもである。それは以下のような隠された疑問があったからである。まず、わたしたちが行なったようなタイプの分析に対して、マルクス主義の公式がいうように、「性による階級」というものが存在するのかどうか、という疑問である。つぎに、「女性たちの共同体」というものが現実にあるのか、それともそれは仮想上のものなのか、という疑問である。そして最後に、「第二の性」というまとまった実体が、ことばのうえだけでなくあるのか、またあるとすれば、それはいかなる基盤に立つのか、という疑問である。

問題の核心――両性の関係の歴史

最後にこの歴史は、女性たちの歴史よりも、両性の関係の歴史であろうとしている。この関係こそが、おそらく問題の核心であり、女性を、他者としてまた自己として、規定するものなのだ。それはまた、わたしたちを導く糸であり、全巻を貫いている。そして、そうであって欲しいと思うのだが、全巻に統一をもたらしているはずである。つまりそこには、以下のような問いかけが不断につづいている。時の流れのなかで、この両性間の関係の本性とはどのようなものだったのか？　表象作用、知、権力、日常の行ないなどのあらゆるレヴェルで、この関係はどのように機能し、変化してきたのか？　あるいは、都市において、労働において、家庭において、どうだったのか？　さらに公的なものと私的なものの区別において、どうだったのか？　この区別は、かならずしも性別と等しいものではなく、むしろ、ひとつの戦略であって、相対的な意味でときには弱まり、ときには息を吹きかえし、たえずつくり直されて、性別による役割を確立し、それぞれの性の活動領域を限定してきたものなのである。わたしたちは、眼に入るかぎりの歴史の地平に、男性による支配の存在することを――したがってまた、女性の従属ないし隷属状態が存在することをも――認める。今日でも、人類学を含むほとんどの学問において、男性の支配が認められている。あの母権制という考え方も、十九世紀の人類学者たちのつくり出した概念であり（バハオーフェン、モーガン）、アメリカの初期フェミニストたちのノスタルジックな夢にすぎないと思われる。わたしたちに知りうるかぎり、歴史上のいかなる社会にもその痕跡は認められない。この男性による支配は、その形態においてきわめて変化に富んでいる。そしてそのことこそ、わたしたちにとって重要なことなのだ。もちろん、男性が支配していたからといって、女性の権力など存在しなかったという意味ではない。ただこの支配を前提に、これら二つの権力の本質と繫がりとを考えてみるべきではないのか。すなわちそこにあるのは、抵抗か、埋め合わせか、両性の合意の産物か、影と術策の対抗権力か？　考えてみなければならないのは、女性たちのものとされた影響力と決定力、つまり拡散してとらえにくいその力と、明々白々たる男性の権力との弁証法についてなのだ。

男性たちはどのようにして女性たちを統治しているのか？　この疑問は、女性たちの実存にかかわるとともに、政治的なものでもある。そして、現代に近づくにつれて、つまり、政治というひとつの自立した領域と民主主義が確立されるにつれて、ますます複雑なものになっている。それはまた、多くの異論をよび起こすものとなっている。たとえば、ナチズムと、そこで女性たちが果たした役割は、さまざまに解釈されているが、それらを検討してみるといい。私的な領域——ただしこの私的な領域は、あらたな価値を付与され、称揚されて、義務であると同時に喜びともなっていたのだが——に閉じこめられて、女性たちはたんに、ナチズムの犠牲者にすぎなかったのか？ それとも、この体制の手先であって、体制が機能するにあたっておおいに力があったのか？ また女性たちは、どの程度まで政治の主体的な担い手だったのか？ ともかく男性にとっては、三つの偉大な聖域——宗教、軍隊、政治——があり、それらはきわめて長きにわたって——そして、依然としていまでも？——女性たちに閉ざされてきた。それらのなかで、古代ギリシアのポリスからフランス革命まで、いやはては今日にいたるまで、もっとも頑強なのが政治という聖域なのである。これらすべての点についても、わたしたちは結論を求めるのではなく、むしろ問題を提起することをめざしている。

この『女の歴史』の出版を思いたったのは、イタリアで出版社を経営する、ヴィトーとジュゼッペのラテルツァ兄弟であり、この二人が、ジョルジュ・デュビィとミシェル・ペローにその監修を依頼した。ポーリーヌ・シュミット＝パンテル（第I巻・古代）、クリスティアーヌ・クラピシュ＝ズュベール（第II巻・中世）、アルレット・ファルジュとナタリー・ゼモン＝デイヴィス（第III巻・十六—十八世紀）、ジュヌヴィエーヴ・フレス（とミシェル・ペロー）（第IV巻・十九世紀）、フランソワーズ・テボー（第V巻・二十世紀）らが、各巻の編集に責任を負っている。このチームが共同して、本書を貫くいくつかの原則を立て、それを実現するのをひき受けたのである。このチームがなかったならば、なにもできなかったであろう。そして、このチームのまわりに、およそ七〇名の執筆者が集められた。その大部分は、大学の研究者たちであり、それぞれその業績によってよく知られたものたちである。執筆者の性別はいっさい問われていない（たしかに大多数は女性であるが、それは、女性史という分野における研究者の実際の男女比率のあらわれにすぎない）。また、その国籍も問題にされていない（残念なことに、十分な数の執筆者を結集しえなかった国もあるが、それもまた、研究者の交流の実状の結果なのである）。各執筆者は、自由で、主体性をもつと同時に、たがいに協力しながら、全体の総合性と書き方の統一に眼を配って、問題を設定するよう努力を求められた。このなかば不可能な課題にチャレンジした執筆者諸氏に、感謝の意を表明する次第である。

結論は？　フローベールでさえ結論を出すことを拒否していたではないか……。わたしたちは、疑問は疑問のままにしておき、最後に女性たち自身により発せられた肉声《パロール》を引用しておくことにした。各巻の最後にそれが配されている。だからここでも、同じようにしようと思うのである。

「歴史、あの荘厳な現実の歴史なんかに、わたしはほとんど興味ないの。でもあなたは？」
「わたしは歴史がとっても好きよ。」
「あなたがうらやましいわ！　わたしもすこしは歴史を読んだわ。読まなきゃならなかったんですもの。でも、そこには、わたしを苛だたせること、退屈させることばっかりあるの。教皇さまや王さまたちのいさかい、どのページにもある戦争や疫病、大した値打ちもない男たちばっかり。女はほとんど出てこないのよ。まったくうんざりだわ！」

（ジェイン・オースティン『ノーザンガー・アベイ』(6)）

本書の歴史には女性たちがひしめいているし、そのつぶやきは喧噪となっている。願わくば、これを読んで同じようにうんざりしないことを。

（杉村和子・志賀亮一　訳）

＊本章の小見出しは訳者によるものである。

少女像(コレー)，
パイディモス，
紀元前530年，
アテネ，アクロ
ポリス美術館

女の歴史Ⅰ　古代1

目次

序

アリアドネの糸

ポーリーヌ・シュミット＝パンテル

ヘラクレスが、リュディアの女王オンパレのとりことなって、
　　糸を紡がされていたときは、
　ヘラクレスの欲望が、かれ自身を縛っていた。
どうしてこのとき、オンパレにはできなかったのだろうか？
ヘラクレスに対する永続する支配権を手に入れることが。
（シモーヌ・ド・ボーヴォワール『第二の性』）

女たちの徳について、クレアよ、われわれはトゥキュディデスと同じ意見ではない。実際トゥキュディデスがいうには、もっとも優れた女とは、よきことにつけ、悪しきことにつけ、外の男たちのあいだで、もっとも話題になることのない女なのだ。トゥキュディデスの考えでは、よき女とは、そのからだも名声も鍵をかけて閉じこめておかねばならず、けっして外に出てはならぬものなのだ。だが、われわれからみて、この点に関しては、ゴルギアスのほうが、もっと洞察力を示しているように思われる。というのも、ゴルギアス

は、女の外見はともかく、その名声は、おおいに認められねばならぬといいはっているからだ。だからわたしは、ローマの法こそすばらしきものだと思う。なぜなら、ローマ法は、男にも女にもおおっぴらに、それぞれにふさわしい死後の名声を認めているからである……。

ところで、この対話の目的は、女たちにとっても男たちにとっても、唯一ただひとつの徳しかないことを証明するにある。だからわたしのこの談話は、歴史から借用してきた対照によって構成されることとなろう……（中略）……。つまり、われわれが、絵を描く才能は女たちにも男たちにも同等に恵まれていると証明するとしよう。そして、女たちによって描かれた絵をみつけ出し、それらの絵が、アペレス、ゼウクシス、ニコマコスら、いにしえの画家がわれわれに残してくれた作品と、同等の価値があると主張するとしよう。そうしたら、われわれは、決定的な証拠を提出すべきときに、世辞をつかって女たちにとり入っていると、非難されるだろうか。わたしはそうは思わない。また、詩の才能や模倣の才能は、男においても女においてもなんの違いもなく、まったく同じことだと論証するとしよう。そして、サッポーの詩とアナクレオンの詩を、あるいは女預言者シビュッラの神託と男の預言者バキスの神託とを比べてみたとしよう。そうしたからといって、人々が、われわれの論証を攻撃して、それは、お愛相で喜ばせて聴くものを説得するに等しいだなどと、いってもいいことになるだろうか。いやそんなことはないと、おそらく諸君もいうであろう。ともかく、男の徳と女の徳がどんな点で似ており、どんな点で違っているのかを知るもっともよい方法は、それぞれの生活や行動を対照してみることなのだ。ちょうど偉大な芸術の各作品を比べるときにするように、それらを比較対照することなのだ。そして、アッシリアの女王とされるセミラミスの栄華と、エジプト中王国のセン＝ウスレト三世の栄華のなかに、古代の王タルクイニウスの后タナクイルの洞察力と、第六代の王セルウィウス＝トゥリウスの洞察力のなかに、ブルトゥス〔ブルータス〕とその妻ポルキアの勇気や、テバイをスパルタの支配から解放した将軍ペロピダスと、自分を凌辱した男に復讐した女、ティモクレの勇気のなかに、同じ性格や同じ類型がみられないか、検討してみることなのだ。と同時に、これらの類似性と功績のなかに共通したもの、本質的なもののあることを尊重することなのだ。

（プルタルコス『モラリア』、二四二e—f、二四三）

右のようにプルタルコスが、「女たちの徳《ギュナイコン・アレタイ》」に関する性急な試みを紹介したのは、紀元後二世紀のはじめのことであった。このように女性と男性を平等な基準にもとづいて提示しようとすることは、すばらしい計画であり、それはまたわたしたちの企てているところでもあるはずだ。しかもこれは、驚くべき計画でもある。なぜなら、トゥキュディデスがペリクレスのものとして伝えていることばを思いおこしてみるがいい。「女は話の種にならなければならないほど、いいのだ」というペリクレスのことばは、女性に対する古代世界の支配的な意見だったのである。だがプルタルコスは、この約束を守りはしなかった。このように論をたてたとはいえ、プルタルコスは、男性の徳と女性の徳とを比較対照してもいないし、『英雄伝』とならべて『女傑伝』を書いたわけでもない。もしも『女傑伝』を書いていれば、女性たちに伝記をもつ権利を認めたことになるのだが。プルタルコスはただ、女性の「徳《アレーテー》」（このことばは、ギリシア語では「徳」というより、むしろ「価値」という意味なのだが）をしめす顕著な例証として、ある行為や、ある事実を忘却のなかからひき出すだけで、こと足れりとしている。女性たちに共通の行動や、また一人ひとりの姿勢のなかに、女性に関する古代の言説《ディスクール》一般という場に由来するものを、指摘しているにすぎない。女性たち一人ひとりが個別のものとして書かれる権利は、まったく認めていない。プルタルコスの筆のもとで、ペリクレスやファビウス＝マクシムスら男性は、誕生し、栄光に包まれ、権力の座にのぼり、死んでいく。だが、北アフリカの都市キュレネの女性アレタピレは、矢つぎばやに二人の僭主を都市から追いはらったのち、みずからの女部屋へもどり、残りの生涯を針仕事をして過ごした。同様に、トロイアの女性たちは、ティベリス河の河口で船を焼きはらい、民衆が放浪の旅に出るのを阻止したが、そのあとで夫たちに口づけを浴びせ、この大胆な行為の許しを乞うている。女たちのことは話さぬこと、ないしは、女たちを期待どおりのイメージの首かせに閉じこめておくこと、これこそが、古代世界に関心をもつものにとって、唯一の選択ではないのか？

わたしたちの企ては並はずれて大きい。まず、二〇世紀ちかくにわたる古代ギリシア＝ローマ世界をカヴァーしなければならない。地中海の岸辺から北欧の海辺までの、「ヘラクレスの柱」〔ジブラルタル海峡東側入口を囲む二つの岬のこと〕からインダス河の岸辺までの空間を、見わたさなければならない。古代墓所の墓石、名も知らぬ人びとの家の平面図、碑文を刻まれて神殿の壁にはめ込まれた石碑、パピルスの巻きもの、壺の胴に描かれた場面、古代ギリシアやローマの文学など、きわめて多種多様な記録資料のなかにわけ入らなければならない。文学は、女性たちに発言を許してはいないものの、女性たちについてはじつに多くを語っている。この古代世界は本質的には農村世界だったが、にもかかわらず、その都市のことのほうがよく知られている。それは不平等な世界であり、住民の大多数が非自由人や異邦人で構成されていたにもかかわらず、舞台に立っていたのは少数の正統な市民たちだった。それは、言語と慣習において雑多な世界であり、一時的で、不安定な、そしておそらくは表面上のものにすぎない単位からなっていた。つまり、その構造単位は、ポリス――あるいは、いく百もの独立国家といってもいい――だったり、君主政だったり、帝政だったりしたのである。お読みいただけばわかるであろうが、本巻では、地域的な特殊性については解説することができなかったし、歴史上の重要な時期を沈黙に付してしまってもいる。また、すべての記録資料、古代に関するすべての著者に、それにふさわしい価値を認めているのでもない。たとえば、ヘレニズム期のボイオティアにおける有産婦人たちの役割や、さらには、紀元前一世紀の歴史家シチリアのディオドロスや、ローマの詩人オウィディウスの作品における女性の位置などを評価することができるのは、個別の専門研究によってだけなのだ。

本巻の役割は、これらの問題に関する膨大な研究にとって替わることではない。ましてや、なんらかの総合を実現しようと企てているわけでもない。ここでは、わたしたちにとって重要だと思われた、ほんの少数の問題にとり組んでいるにすぎない。それらが、古代世界における女性たちの地位を理解するうえで、役に立つと思われたからである。そしてさらには、おそらく、女性史をとり扱っているこれら全巻を視野におさめて考えると、なん世紀にもわたって西欧で続いてきた、心的な習慣、法的措置、社会制度の基礎をなすものを理解するのに、役だつと思われたからである。したがって、本巻は選択の結果であるとともに、研究の現状を反映してもいる。実際わたしたちは、ここ数年間の膨大な業績をまえにして、めまいに襲われたほどである。いったいどの分野で、この間の総決算を読みとり、焦点を合わせることができるのか？ 事実多くのテーマが、最近の総合的研究書でとりあげられてきた。くり返すのも無用なことと思うが、たとえば、古代ギリシアのポリスにおける女性たちの経済的役割、ヘレニズム時代とローマ時代のエジプトにおける女性たちの地位、古代ローマの家族における女性たちの位置などである。ところが、これに反して、ある研究部門が、こうした総合の作業からすっぽりとぬけ落ちていることがある。すると読者は、文字どおりみずからの手で、専門の研究論文を追わなければならなくなり、しばしば指摘されているように、女性に関する研究の分裂ぶりを痛感することになる。そこでわたしたちは、重要であると同時に、最近の探究によって一新された領域と、これまであまり探究されてこなかった領域——たとえば、図像研究——とに限ることとした。最後に、ギリシア世界の研究とローマ世界の研究とのあいだには不均衡があると、しばしば指摘されている。わたしたちは、この不均衡を解消しようとつとめた。ただしそれは、単に均衡を回復するためにではなく、この二つの世界の類似性とそれぞれの特殊性とを、同時に説明するためにである。たとえば、ある章では、古代ローマの女性たちの生態学的・社会的条件が語られている。こうした条件のなかで、当時の女性たちは子孫を再生産していたのだ。だが、これらの条件は、古代ギリシアの女性たちについて書かれるであろうことと、多くの点で似ていると指摘されている。両者のあいだに類似性があると、指摘されている。また、ギリシアのポリスでも古代ローマでも、女性たちは、祭祀のなかで一定の役割を務めていた。この両者に関する研究を並べてみると、一致する点と相違する点とがきわだってくる。ギリシア世界とローマ世界とに関して、基本的な問題点を包括しておきたい。こういう意思が、部分的にではあるが確実に、本巻の構造を規定している。

本巻は、およそ一〇名からの研究者の手になるものである。これらの研究者たちは、的確に選択された記録資料の分析、歴史の叙述に関する考察、そのとっている立場、たがいの論争によって、古代史という領域に生命を吹きこんでおり、この領域を、単なる「日常生活の歴史」という枠から解きはなっている。この歴史書は、他のいかなるアプローチも拒否するものではないが、その手法の本質は、まさに歴史学者たちの手法である。また、それぞれの筆者たちには個性がある。だが、そのことによっておそらく、筆者全員が、男女両性間の関係の歴史を、それぞれの研究領域のなかで解明することになる。けれども、だからといって、各研究者が、この歴史を、自分自身の調査の領域に閉じこめているわけではない。各研究者はすでに、「女性研究」というタイトルの書を書いたり、またそうした書に論文を寄せた経験をもつ。だから各研究者は、法制史、宗教儀式の歴史、政治史、キリスト教思想史などなどの、きわめて多様な領域と関わりをもっている。わたしたちは、単視眼的な著作を書き、ただひとつの調子しかもたない声を聴いてもらおうとしたわけではない。しかしながら、わたしたちは、その方法に共通するものをもっている。男性と女性の関係の歴史は、古代世界の歴史の一部となり、そのなかに組みこまれている。だが、いったいどういったことから、またなぜ、そういうことができるのかを示そうとしている。そのため、この古代という領域に、内部と外部から同時に視線を集め、それによって、しばしば論争の種となるこの領域に、歴史家の批判的機能を首尾よく導入しようとしたのである。

ジョルジュ・デュビィとミシェル・ペローによる全体の序文〔「女性史を書く」本書三―二四頁〕には、いくつかの問題が指摘されているが、それらの問題は、この古代ギリシア＝ローマを扱った本巻にもかかわっている。これら問題のいくつかは、たとえば史料をめぐる問題のように、本巻ではいっそう強調されている。古代世界は、ごくわずかしか女性の手になる文書を残していない。だからこそ、サッポーの名だけがしょっちゅう引用されることになるのだ。わたしたちの用いた史料のもっとも重要な点は、だから、男性の女性に対する、また世界に対する視線を明らかにしていることにある。したがって本巻では、図像に関する章をも含めて、男性の言説に重きがおかれることになる。ともかく、こうした状況について一行でも書いてみないことには、どうやってそこから脱出することができるのかが、わたしたちにはみえてこない。たしかに、当然のことながら、この男性の視線は、女性たちの生活について、またかずかずの表象に与えられた特別な位置について、具体的な情報をほとんどもたらしていない。けれどもわたしたちは、こうしたことを確認したうえで、古代の記録資料がわたしたちに伝えているもの、つまり、男性の女性に関する言説を、もっと広くは「性別」（いわゆる、社会的＝文化的性差《ジェンダー》）に関する言説を正面からとりあげ、まずはじめに扱うこととした。これらの言説は、時間の流れのなかで検討されるであろう。そのほうが、よりよくその変化をとらえることができる。すなわち、アルカイク期のギリシア人たちは、かずかずの女神をつくり出したが、初代教会の時期になると、今度は教父たちが、聖なる殉教の女性や処女聖母マリアの像を創造している。また、これらの言説は、あるいはテクストという、あるいは図像《イマージュ》という具体的なかたちをとっているが、わたしたちはそれらを、女性の実際に生きた姿だと考えてはいないし――こういってみたところで、なん人かのフェミニストたちを鎮めることにはなるまい。かの女たちは、女性に関する記録が失われていることに、苛だちや、さらには怒りを感じているが、それら苛だちや怒りは、正当なものであるからだ——、また、女性の文化の輪郭だと、考えているわけでもない。わたしたちは、それらを、結婚、生殖、宗教生活といった、慣習行動《プラティック》とみなしている。そしてこれらの行動が、当時の社会のなかにあって、女性たちの生活をねじ曲げ、決定し、特徴づけていたのである。このような回り道によって、わたしたちは、当時の女性たちの経済的・社会的生活における地位に触れることができる。そしてより広くは、古代ギリシア＝ローマ史における女性たちの地位に、触れることができる。けれども、古代の女性たちは、私的な日記を残しているわけでもないし、民族学者に意中を打ち明けているわけでもない。イヴォンヌ・ヴェルディエの表現を借りれば、本巻のなかでは、「女性たちの申し出を聴くこと」が不可能だったのだ。

古代ギリシアやローマの女性たちの申し出を聴くことはできないにしても、おそらく、すくなくとも、わたしたちの時代の女性の声を聴くことはできるのではないか？　歴史叙述は、対象とする時代と研究者の生きる時代という二つの面のあいだを、めまぐるしく往き来している。本巻にもそうした二面性がつきまとっているが、ここでは、以下のことを指摘するにとどめよう。すなわち、女性の歴史、ないし両性の関係の歴史は、たとえ古代ギリシア＝ローマを対象としようとも、同時に、昨日《きのう》の、また今日《きょう》の生きた歴史であり、本巻の筆者たちも、それぞれにふさわしい範囲で、この今日の歴史とかかわり合っていると。

本巻では、おそらく第II巻以降の巻においてより以上に、表象や、想像力の世界がとり上げられている。これらの表象を、まず記述しなければならない。それが、以下につづく章のいくつかの第一の目的である。アリストテレスは、性別についてどう考えていたのか？　ローマ法は、どのように全面的に性の分割のうえにうち立てられていたのか？　神聖なるものが女性の姿をとったとき、それはどのようなものだったのか、またそれは、どのような点において固有のものとなっていたのか？　古代ギリシア人、ローマ人、初期のキリスト教徒たちは、神々との儀式をつうじての関係のなかで、どんなふうに女性たちを利用していたのか？　これらのことを厳密に知ることにも、また無関心ではいられない。これらの表象はまた、ときとして「脱構築する」ことができる。ただしそれは、軽いタッチによって、それぞれの言説のタイプの内部においてである。無原則に総合しようとする体系には、なんであれ警戒を怠ってはならない。それを忘れれば、多様性を圧殺してしまうことになるだろうからである。最後に、これら表象の多様性と変遷をみなければならない。そのため、いくつかの研究は、時間のもつ重要性に大きな関心を示している。そして、こうした行程の最後には、読者に問うことになろう。これら広範囲にわたる男性のことば《パロール》は、性別に対するわたしたち自身の関係を考えるうえで、はたして助けとなるのだろうかと。

本巻のプランは、いまみたように、一連の問題に対応するものである。だがまたそれは、古代の典型《モデル》のかずかずを浮き彫りにしようという意図に対応してもいる。これらのモデルは、西欧世界の想像力につきまとってきたし、おそらくいまも、つきまとっているだろうからである。最初の四章は、古代世界の女性の典型《モデル》にあてられている。それはまず、「女神とはなにか？」という問いにはじまる。この方法は、ニコール・ロローにとって、ギリシアの万神殿《パンテオン》で、女性の神々が、どのように存在し、どのような機能と意味をもっていたのかを問うだけのことではない。もっと広く、古代ギリシアの表象の世界のなかで、女性《ル・フェミナン》という特性がなんだったのかをも問うものである〔第1章〕。この問いはまた、哲学思想という特殊な分野にもおよんでいる。ここを担当したジュリア・シッサは、まず、プラトンとアリストテレスにおいて性別の定義を検討する。そして、それによって、男性《ル・マスキュラン》という特性と女性《ル・フェミナン》という特性それぞれの地位にかかわって、古代思想の基礎を明らかにしている〔第2章〕。古代ローマ法の言説もまた、性の区別を基礎づけたものである。ヤン・トマの示すところでは、探究を導く糸は、女性には正統な家系を伝える能力が認められていなかったことにある。また、当時の相続のシステムこそが、女性にあらゆる能力を認めないことの根源であった〔第3章〕。つぎに形象による表象は、男性の女性に対する視線から出発して、また別の違ったモデルをつくり出し、象徴による記号体系《コード》を構築する。するとこの体系が、ひるがえって文化全体に浸透することになる。ここでフランソワ・リサラッグが、ひとつの視線、すなわち古代ギリシア人たちの視線の跡をたどり、その具体的な材料、つまり古代陶器に描かれた絵を研究している。リサラッグは、ひとつの方法をそれとなく提示しているのだが、その方法は、すでに他のところでも用いられている。同時にかれは、解読の際にたどるべきいくつかの中継点を示している。これらの点は、たとえば古代ローマ世界といった他の時代に、また彫刻などタイプの異なった形象作用に、適用してみることができる〔第4章〕。

このように、古代の言説に関するアプローチのいくつかが、「女の典型《モデル》」というタイトルのもとに集められている。だが、これは明らかなことだが、だからといって、わたしたちが、表象と現実を、言説と実践を分離することができると考えているわけではない。わたしたちは、すでにだいぶまえから知っているが、このような分離は、想像の産物にすぎない。すべての社会制度は、それ独自の表象をもち、すべての言説は、現実の生活のなかでそれ自体の効力を発揮する。本巻は大きく二つに分けられている。だがそれは、方法論からみても、「あらゆるものに先立って《ア・プリオリ》」のことではない。つぎのいく章かでも、最初のなん章かと同じくらい、言説の分析がみられることであろう。ただし、この第二の部分で扱われている言説は、女性たちの生活を決定するさまざまな慣習行動のなかに、しっかりと組みこまれている。

これら慣習行動のはじめにおかれているのが、古代ギリシアの側面からみた結婚である。クローディーヌ・ルデュックは、結婚を思いきって人類学的な観点におき、この「女性の無償の贈与」のひき起こす事態を探究している。しかもそれは、ホメロスから紀元後四世紀までの長期的持続のなかで、多種多様なポリスについてなされている。この新しいアプローチによって、古代ギリシアの市民の定義と結婚とのあいだの関係という問題が、実り豊かなかたちで提起しなおされることになる〔第5章〕。結婚した女性たちの使命は、まずもって正統な子孫を再生産することにあった。その生物学的な、また社会的かつ倫理的な影響が、アリーヌ・ルセールによって、今度は古代ローマの視点から視野に入ってくる。すなわち、結婚年齢、妊娠の回数、古代ローマで女性の理想とされた既婚婦人《マトーローナ》の地位、異なった社会階層の女性のあいだでの労働の分担、それに、身体のコントロールに関して徐々に出現してきた新しい姿勢などである〔第6章〕。ところで古代の女性とは、現在のわたしたちの想像力のなかでは、酒の神《バッカス》の巫女で酔って狂態を演じたとされるマイナスであると同時に、カマドの火の女神《ウェスタ》の巫女で貞節の象徴ウェスターリスでもある。これら狂気の処女と賢き処女たちの驚くべき行動は、わたしたちが幼年時代にめくった絵本のなかでみた記憶のあるものである。ルイーズ・ブリュイ＝ゼドマンは、古代ギリシア女性の幼年時代から大人の時代までを跡づけながら、これら女性たちの関わったポリスの宗教儀式の一覧表を作成している。そして、それによって、これら女性たちが得意としていた役目と、かの女たちにはできなかった行為とを浮き彫りにしている〔第7章〕。この女性たちに禁じられていた行為に関しては、ジョン・シードが、かれ自身の観点から、古代ローマに関して探究している。古代ローマの女性たちは、供犠からは排除されていたものの、特定の祭司をたすけて補佐役を果たしていた。つまり女性たちは、宗教儀式に関わるようで関わらないという、微妙な役を演じていたのだ。これは、市民生活という領域において、女性という要素のもっていた二面性が、宗教という場に現れたものなのだ。すなわち女性たちは、市民生活のなかで無視できないものであるにもかかわらず、けっして公認されてはいなかったのである〔第8章〕。しかしながら、こうした古代ギリシアとローマとの比較対照は、また別の興味をひき起こす。つまり個々の社会は、女性が宗教儀式に参加することに関して、それぞれ異なったタイプの参加のし方を旨としていたのである。既婚婦人もウェスターリスも、ギリシアにはいなかったのだ。この論理でいうと、キリスト教の女性は、揺籃期のカトリック教会の慎しい無名人か、象徴的な殉教者となる。そして、モニック・アレクサンドルが示しているように、妻、子孫を産むもの、神をあがめるものという三つのイメージを、中世に先立って結合している。つまり古代キリスト教の女性は、古代世界と中世世界とを繋いでいる〔第9章〕。

過去《きのう》においても現在《きょう》においても、歴史を著述するものはすべて、歴史叙述の眼差しを実践してきた。「女性史」もまた、その出現以来、その正否の度合いはさまざまであれ、とくに好んでこの眼差しを培ってきた。わたしたち古代の歴史家は、古代世界に親しんでいると自負している。そのため、しばしば、古代の伝説の女戦士《アマゾネス》たちとはなんだったのか、当時の女性の権力はどうなっていたのか、夫オデュッセウスの運命の糸を管理したというペネロペイアや、夫アガメムノンを殺したクリュタイメイストラは、母権制を象徴する女性ではないのかと尋ねられる。ステラ・ジョルグディは、これに答えて、バハオーフェンの著書『母権制《ムッターレヒト》』の内容と影響力を指摘すると同時に、古代ギリシア゠ローマ世界に関する研究のかずかずが、いかに徹底して、母権制というこの十九世紀の神話を批判してきたのかを示している。さまざまなものが、この神話をいかにも現実のもののようにみせてきたのだ、というわけである〔第10章〕。ところで、古代ギリシアとローマを研究する歴史家たちは、全体として、当時の女性の歴史に関して研究することに、ほとんど関心を示してこなかった。けれども、この女性史という分野は急速に発展している。そこで最後に、わたしは、古代史における著作《エクリチュール》の総体のなかで、「女性史」がいったいどのような位置を占めるのかを指摘しておいた〔第11章〕。と同時に、いくつかの章を連結する短いテクストを書き、本巻のたどっている道筋を明らかにした。本巻も、ひとつのまとまったものとして構想されているのである。

初期キリスト教の殉教の女性ペルペトゥアは、紀元後三世紀に入ってすぐのカルタゴで、キリスト教徒ゆえに死を宣告された。この女性の殉教記録が、期待をいだかせるような調子で、これまでの道のりの最後を締めくくり、これに続く道をたどるよう読者をいざなっている〔女たちの肉声〕。もしも本巻が、「どうしてオンパレには、永続する支配権を手に入れることができなかったのだろう?」という疑問を解明しようとする人に、導きの糸《アリアドネ》の役割を果たしえたとすれば、本巻の目的は達せられたことになろう。

(志賀亮一 訳)

古代世界における女の典型《モデル》

アテナとヘラ，大理石の石碑，紀元前403-402年，アクロポリス美術館

1

女神とはなにか?

ニコール・ロロー

ひとりの女神と、ひとりの死すべき人間。これは、エウリピデスの『花冠を捧げるヒッポリュトス』末尾の悲劇的な一場面である。

若きヒッポリュトスは死に瀕している。父親がかけた呪いによって、破滅させられたのだ。アテナイの王テセウスの息子の関節は、バラバラにはずれてしまっていた。その遺体を運ぶ悲しい行列に先だって、狩猟の女神アルテミスが、もうそこに来ている。そして、自分の庇護するもの——「死すべき人間すべてのうちで、わたしにとってもっとも愛しきもの」[*]——を、このように手をこまねいて死なしめねばならないことに憤りを感じつつ叫ぶ。いまや、ヒッポリュトスは地面に降ろされた。神の香しい息吹——えもいわれぬ神々の香り——が、かれの感覚を目覚めさせる。かれは、自分の身体について、なにも知ろうと望まなかった。にもかかわらず残酷なことに、身体のほうがかれに思いださせるのだ。だが、その身体のなかで、突然苦痛が和らぐ。そして、死すべき人間と女神とのあいだで、対話が交わされる。

＊ 邦訳の該当個所は、川島重成訳『ヒッポリュトス』、『ギリシア悲劇全集5』、一九九〇年、岩波書店、三六〇ページ（既存の邦訳に関しては、フランス語訳とかなりニュアンスの違う場合もあるので、多くの場合これを用いず、以後該当個所のみ示すこととする）。

――ここにおいでになるのですね、御女神アルテミスさま《アルテミス・テア》が？
――ああ、不憫なものよ。女神はここにいる。なべての神々のなかでも、おまえにもっとも親しい女神が。

（同、三六四ページ）

「おまえにとって《ソイ・》、なべての神々のなかでも《ピルタテー・》、もっとも親しい女神《テオーン》」と、ここにはある。だがあるいは、「なべての女神たちのなかでも、おまえにもっとも親しい女神」ということなのだろうか？　ホメロスの文章では、女性複数属格形「女神たちの《テアオーン》」が用いられているので、こういう問題は起きなかった。しかし、古典ギリシア語の「神々の《テオーン》」（男性複数属格）では、アルテミスの結びついているのが、神々の集団なのか、女神たちの女性グループなのか、決め手がない。アルテミスは、ヒッポリュトスに対する愛情を、自分に忠実なこの人物の不在中には表明していた。だがもう、この感情に関する表現をくり返さぬよう用心している。いまや、かれがそこにいるからだ。ヒッポリュトスは、自分自身の感情にたち戻っている。アルテミスこそ自分に「もっとも親しい女神」であると、かれは感じている。そこから新たな試みがなされることになる。おそらく、この全き神聖なる女神に、自制を強いる試みが。

——御覧になっていらっしゃいますか、女神さま。この惨めなわたしが、どんな目に遭っているかを？

それにアルテミスが答える。

——みていますとも。ただ、眼から涙を流すことは禁じられているけれど。

〔同、三六四ページ〕

女神の応答は、個人を感じさせない——女神は、「眼」に所有形容詞「わたしの」を付することまで避けている——が、それこそが、以下の掟を述べるにふさわしい。すなわち、死すべき人間ひとりのために涙することは、すべての神々に禁じられている《オュ・テミス》のであって、アルテミスだけに禁じられているのではないのだ。しかしながら、打ちひしがれたヒッポリュトスにとって、掟の普遍性も、とるに足りない慰めであることに疑いの余地はない。かれが優しさと慰めを求めているのが、まさにその女神、眼前の女神アルテミスだからである。だがそこで、アルテミスはかれにこう答える。つまり、人間界では涙と女性とが密接に結びついているが、自分のうちでは、神、い、い、い、という特性が人間たちの苦しみを回避させており、しかもこの特性が、女性《フェミニテ》という特性に勝っているというわけだ。

女性形《フェミナン》に置かれた神は、死すべき人間の女性たちの女性らしさと、なんら共通点をもたないということなのだろうか？　あるいは、この慎み（ないし、距離）は、貞節なアルテミスの鉄壁の処女性ゆえだと考えるべきなのだろうか？　ここで話を断ち切れば、時期尚早ということになろう。さらにいえば、ヒッポリュトスは、もう一度絆を強めようとするかのごとく、ふたたび話しはじめる。対話は続く。

——あなたにはもはや、狩りのお供をするものも、お仕えするものもおりません。

——そう、たしかに。だが、おまえの命が果てようとも、おまえはわたしにとって、それは親しいもの。

――……もはや、あなたの馬を駆るものも、御神像をお守りするものもおりません。

〔同、三六四―六五ページ〕

だが、アルテミスがやってきたのは、心情を吐露するためにではない。だからこの女神は、この惨事の張本人の名――愛の女神アプロディテが、ヒッポリュトスに軽蔑され、その復讐を果たしたのだ――を暴露する。アルテミスが、もっとも急を要する任務、父テセウスと息子ヒッポリュトスとの和解を果たすのは、やっとそのあとのことである。そのあとで、つねに自己を律しながら、アルテミスは出立を告げ、人間たちのことはかれら自身に任せる。

――これで別れを告げなければなりません。死者たちをみることによって、
死にゆくものの息吹でわが眼を穢すことは、わたしには禁じられて《オユ・テミス》いるから。(1)
みるところおまえは、すでに、その忌むべき時に近づいている。

〔同、三六七ページ〕

女神はすでに退場しているが、ヒッポリュトスはまだ女神に答えつづける。しかも、苦い思いをいだいたままで。

――あなたにもお別れを、至福の処女神さま。心静かにお発ちを。(2)
あなたは、この長い交わりを、なんとたやすくお絶ちになることか。(3)

死すべき人間ヒッポリュトスは、女神との交わり《ホミーリア》を、自分ひとりだけに約束された特権であるかのごとく、(4)かくも自慢していた。だがかれは、それこそがまさに落命の根源であったことを理解していたのだろうか？　アプロディテは、ただ女の嫉妬心にのみ駆られて妬んでいたわけではない。この女神は、悲劇のプロローグで、この交わり《ホミーリア》を、死すべきものの身のほどを越えたものとして、特徴づけていたではないか（一九行目）。いずれにせよ、この女神は、神々が侮辱されたと唱えるのに、いささかの問題も感じていない。人間と神とのあいだを、ギリシア的な信仰心が隔てていたというのに、(5)ヒッポリュトスはそれを忘れ、狩猟の女神アルテミスとの親近感にすっかり酔っていた。それこそが、かれの犯した過ちであった。青年がたどる森の小道ではあれ、神との親交は、よくいって不適切、悪くいえばまったくの身のほど知らずとなる。

しかしながら、これはありうること——いずれにせよ、わたしとしてはそう仮定している——だが、ヒッポリュトスは、さらにもうひとつ過ちを犯したのではないのか。しかも、その過ちをそれと指摘するのは、これまでよりもむつかしい。つまりかれは、処女神の供をすることによって、おそらく、母なる女性を否認しつつ、女性《ル・フェミナン》という特性に魅力を感じていたのである。すくなくとも、この悲劇の冒頭で、高揚したヒッポリュトスは、アルテミスに対して、きわめて曖昧なことばを発する。そしてそのことばが、右のことを暗示している。それらのことばが貞節さを讃えるかげで、たいそう官能的な関係が、みえ隠れしてもいるからである。(6)

ここでふたたび、解釈者は躊躇する。青年が過ったのは、交際相手が死すべき人間の女性なのか、あるいは女神なのかによって、女性という特性も多様であることを、よく理解していなかったからなのだろうか？　それとも反対に、女神との友情によって女という族《やから》から守られていると、信じこんだからなのだろうか？　この場合かれは、女神とはたまたま女性形に置かれているだけであって、あくまでも神だと考えていたことになる。かれの死に際に、アルテミスはそっと距離をとり、神のもっとも普遍的な規範として、この掟をかれに告げている。だが、ほかの女神たちは、この掟を自分たちの責任で実行するのだろうか？　いったいだれに、そんなことが指摘できよう？

もちろん、わたしたちは、それについてなにも知ることはないだろうし、かれのことばを越えてテクストをゆがめるのに、使うことのできるものもなにもない。かといって、解釈者という立場を拒みうるわけでもない。このような状況下では、男であれ女であれ、解釈者はひどく困惑してしまう。

したがって、仮説は二つ立てられる。ひとつは、「女神」という語は、文法上神という語の女性形にすぎないという仮説である。また、もうひとつは、女神のうちでは、女性という特性が本質的な特徴となっているという仮説である。この二番目の仮説は、さらに二つに分けられる（まず、女性という特性が本質的なもので、死すべき人間の女性たちにおけるのと同様のものである場合。または、より極端になっただけだが、その結果異なってしまった場合）。この二つの仮説のあいだで、わたしたちはたえず揺れ動き、果てしもなくどちらからも拒否されつづける。

男神《テオス》、女神《テア》——ひとりの女神

離れて眺めてみると、役割の区分が、ごく単純に性差と一致している。つまり、テオスとは男神であり、テアは女神である。しかし、もっと近くから、みてみなければならない。すると、このあまりに単純な区分こそが、なににもまして検討しがたいものに思われてくる。

いかにすれば、「神」に女性という特性《アン・フェミナン》を付与できるのか？

フェミニストたちは「神」を女性《ル・フェミナン》とみなそうと試みてきた（たとえば、英語の God という名詞に対して、He だけでなく、She という代名詞を使おうとした）。しかし、そのような試みにもかかわらず、神の性別をめぐる問題について、かずかずの一神教は、まさに、いつも男性に有利に裁定を下してきたようにみえる。したがって、「女神たち」は多神教の、もろもろの多神教のものである。わたしたちは、これらの多神教すべてを、ひとつのギリシア語の名詞で指している。そして、女神たちの存在はまるで、多神教の基盤である多数性（ギリシア語で「ポリュ*」）を表す、もうひとつの方法でもあるかのようなのだ。

＊「多神教」という語は、ギリシア語の「多くの神のいる《ポリュテイオス》」という語に由来する。

しかしながら、神という存在を、ただひとつの原則のうちに統合したいという誘惑が生じるだけで、もう十分なのだ。そうすれば、疑惑が生じてくる。このようにして、ストア派の人々は、神々の性別について検討したが、それは、問いかけ方の悪い疑問を検討するようなものだった。神々の王ゼウスがすべてである——この学派の哲学者クリュシッポスにとってはそうだった——以上、もはや男神も女神も存在せず、ただ、文法上の性を呈する名だけが存在する。文法上の性が、たんにひとつの隠喩で、神のさまざまな側面を示しているにすぎないのではないとすれば、

ストア学派の人々は、ただひとりの神が存在し、その名が行為や機能にしたがって変化するのだと断言する。だから、力有るものたちは、両性をかね備えている——活動中はオトコで、本来受動的な場合はオンナ——とさえ、いうことができる。

だから、神々の性別は思考の作用によって決まることになる。この作用が、力有るものと、さまざまな自然の要素とを、あるいは男性という特性と、あるいは女性という特性と組みあわせる——たとえば、大気をローマ神話の女神ユノ（ないし、ギリシア神話のゼウスの妻ヘラ）と関連づけることによって、人間たちは大気を「女性とみなし」《エフェーミナールント》たが、それは、大気ほど捉えがたいものがないからだといってもよい——のだ。しかも、神々が虚構（虚構としての神々《フィクトゥス・デウス》）にすぎず、この虚構によって、人間の弱さを尺度に、すべてを解釈しているのだとすれば、性差はもはや、さまざまなカテゴリーのひとつにすぎなくなる。これらのカテゴリーのおかけで、神という存在がいったん、たとえば男と女という二つの項に分類されるや、類義語の長い連鎖の記録が可能となる。

ストア派の人々は、唯一の神と、唯一にして同一の力有るもののみが存在するという。この力有るものは、その役割にしたがって、人間たちのあいだで、さまざまな名前を頂戴している。かくして、「太陽」、アポロン、リベルといった名は、同一のものを指す。また、「月」、ディアナ、ケレス、ユノ、プロセルピナの場合も同様である……。(7)*

＊この二つの固有名詞群では、「太陽」以下が男神で、アポロンはギリシア神話の予言、弓術、芸術の神、リベルはローマ神話の田園の神。「月」以下が女神で、いずれもローマ神話で、ディアナは森林の女神、ケレスは穀物の女神、ユノは最高女神、プロセルピナは冥界の女王。

これらのラテン語の引用に対しては、これはローマの宗教《レリギオー》の特性だと反論することができよう。だが、論争の口火を切ったのは、ギリシア人クリュシッポスだったのである。ともかく、アルカイク期〔紀元前七—六世紀〕および古典期〔同五—四世紀〕のギリシアに戻ろう。この時期の古代ギリシアは、この研究の枠組となっており、男神たちと女神たちをしかるべき場所に位置づけてくれる。しかしながら、神の普遍性に関心をいだくものは確認することであろうが、神は、「神聖なるもの」としては中性形「ト・テイオン」で、また、男神としては男性形「テオス」で呼ばれている。[8] たしかに女神たちが存在する。だが、神という存在が女性形でいわれることはない。

じっさい、宗教史家たちは、性別という次元にどう対処すべきかを知らなさすぎるようである。かれらはしばしば、この次元について触れはするが、つねに分析はなされぬままに終わる。たとえば、ドイツ生まれの歴史家ヴァルター・ブルケルトは、オトコとオンナの対立を、「神々のあいだで初期に差異化がなされたときの基準」のうちに数えいれてはいるが、そのあとでは、神々の家族関係や夫婦関係（そこでは、性差がかならず介入してくるわけではない）、若い神々と年配の神々という世代間の関係にしか関心を示していない。[9]

しかしながら性差は、神々に関する古代ギリシア人の考察において、正当な差異化の基準なのである。たとえこの基準が、神々の世界オリュンポスにおいては、死すべき身の人間の世界におけるのと同様の役割を果たしていなくとも、である。ヘシオドスは「神々……すべての神々、男神も女神も」[10] が同じ行動に身を投じたと確言しているが、それは、神々の世代継承を語る偉大なる作品『神統記』のなかで、「大地《ガイア》」と「天空《ウラノス》」（この両神に関しては、本章一〇五ページ以下で後述）の子とクロノスの子たちが、ティタン神族に対して決定的な戦闘を開始する、まさにそのときのことである。この大戦争では、男神であれ女神であれ、「不死なる神」で名が告げられぬものなど、ひとりもいないだろう。こうして、神々の世界では、人間界でとちがって、戦闘は男性が占有するものではないことが暗示される。戦闘に関しては、女神アテナが男神アレス（いずれも、戦の神）に匹敵しているし、トロイアの平原では、女神たちが対立する両陣営に分かれて、おおいに戦を楽しんでいる。

そこで、以下のことを甘受しなければならない。ギリシアの神々に関する研究においては、すべて、性差は、なんらかの発見に役だつカテゴリーのひとつとして、その位置を占めている。そして、女神を特徴づけるものを、その権限や介入方法において、男神と比較しつつ検討することになる。ところで、女性という特性というカテゴリーは、人間界から「不死なる神々」の世界に投影されたが、この投影の際に、かずかずのズレが生じた。したがって、このズレを分析することなしに、女神の特徴を検討することはできまい。またこのことから、以下のようなことも想定される。すなわち、同様の動きによって、神の規定もまた、女性《フェミニテ》とはなにかという定義に、ズレや、さらには異質なものをもち込んでいる。したがって、このズレや異質なものもまた、明らかにするよう努めなければならない。

忘れてはならないことだが、神々の世界で君臨する世代について語るのか、それとも、世界《コスモス》の始まりについて語るのかによって、これらの疑問の形式は異なってくる。たとえば、「はじめになにを置くべきか」を問うときには、むしろ「『唯一神』を置くのか、『夫婦神』を置くのか、それとも複数の神を置くのか？　男神と女神がともにいるのか、それとも男神、女神のどちらか一方だけがいるのか？　すべての事象に対して、唯一の『母神』がいるのか、それとも、善きことに対してひとりの『母神』が、悪しきことに対してもひとりの『母神』がそれぞれいるのか？[11]」を問うことになろう。

文法上の性の問題

テーマへの接近は、文法上の問題からということもありえよう。「神」が「テオス」と呼ばれるとすれば、古代ギリシア語には、女神を指す方法が二つ存在し、そのどちらもが同様に正統なものであった。このことを想起するのは、無駄なことではない。そのひとつは、「神《テオス》」の女性形である「女神《テア》」という語を用いる方法である。またもうひとつは、形態的には男性名詞である「神《テオス》」という語をそのまま用いて、そのまえに女性形の冠詞を付加したり、あるいは文脈によって女神であることを明示する方法である。こうして、公式の碑文のなかで、戦の女神アテナは、アテナイでは「女神《ヘー・テオス》」〔冠詞女性形＋男性名詞〕となる。そしてこのことが、喜劇作家アリストパネスにヒントを与え、かれはこのポリスを揶揄して、そこでは「女に生まれた神《テオス・ギュネー・ゲゴーニュイア》さまが、鎧兜ですっかり武装している」(12)と書くことになる。

だから、「男神《ホ・テオス》」〔冠詞男性形＋男性名詞〕と、「女神《ヘー・テオス》」という言い方があることになる。言語学のプラーグ学派*のことばを借りていえば、この場合、「女神《ヘー・テオス》」という表現は、間違いなく、「神」という語の有標形態**だということになる。いずれにせよ「女神《ヘー・テオス》」は、神聖なる存在をまず示すものであり、そのうえでこの存在に、女性を示す標識を割りあてているのだ。

* プラーグ学派とは、一九二〇―三〇年代に注目を集めた言語学者の集団。一九二六年に、現在のチェコの首都プラハ（プラーグ）に「プラーグ言語学団」として結成された。

** 有標形態とは、この場合でいえば、本来は男性も女性も表す語「神《テオス》」に、冠詞の女性形という「標識」を付加して「女神《ヘー・テオス》」とし、女性であることを明示した状態のこと。

神話では、愛の女神アプロディテと死すべき人間のアンキセスが恋に落ちるが〔アポロドーロス、『ギリシア神話』、高津春繁訳、岩波文庫、一九五三年、一五二ページ〕、その問題の出会いをここでとり上げてみよう。この若き牛飼いの激しい欲望が、欲望の女神をとらえる。女神のほうは、「アンキセスがその眼で眺め、怖れ畏んだりせぬように、との心で」〔沓掛良彦訳『アフロディーテー讃歌』、『ホメーロスの諸神讃歌』、一九九〇年、平凡社、二四〇ページ〕、処女の容姿と背丈――人間の容姿と背丈だと、この女神は思っていた――に姿を変える。だが、アンキセスはすこしも騙されることなく、「尊いお方」〔同、二四一ページ〕という名で女神に挨拶し、そして、なんという女神なのか（アルテミスか、「大地神《ガイア》」の孫レトか、アプロディテか、ガイアと「天空《ウラノス》」の子テミスか、アテナか、はたまた、美と優雅《カリス》の女神たちのひとりか、ニンフたちのひとりか）と自問する。それに対して、アフロディテは否定しながら答える。

わたしは神《テオス》ではありません。なぜわたしを「不死なる女神」だとお思いなさいますの。
いいえ、わたしは死すべき身。人間の女である母がわたしを産みました[13]。

もしも、この引用の「テオス」を訳さなければならないとしたら、わたしは「女神」という語ではなく、「神」という語を選ぶだろう。なぜなら、この語のほうが、その一般性ゆえに、アプロディテが望んだ意味を伝えているからである。女神は、死すべき人間を説き伏せようと、自分のうちには神聖なるものはなにもないと暗にいいたいのだ。

そこでアンキセスは安心し、それ以上知りすぎようとはせず、女神に期待どおりの快楽を与える。いまや、アプロディテは、自分がなにものなのかを打ち明けることができる。しかも女神は、この若者と臥所《ふしど》をともにすることを止めたりはしない。「女神たちのなかでも神聖なるもの《ディーア・テアオーン》」はそのとき、その輝かしい姿を現そうとする。すると、哀れな恋する人間は、口ごもりながらいう。

この眼で御姿を拝しましたときに、女神《テア》さま、
神《テオス》であられると、すぐにわかりました[14]。

あなたは女神さま、わたしはまさしく、あなたのうちに神聖さを認めておりましたというわけだ。『ホメロス讃歌』のこの詩行以上に、いったいどうすれば、ひとりの女神のなかに女神《テア》と神《テオス》が共存することを理解させるこ

とができようか？　神《テオス》は、性差を越えた、神に特有の神聖さのことである。一方、女神《テア》とは女性の神のことなのだ。

女神たち――女性という特性の体系とは？

そこで女神たち《テアイ》である。まず、「女神《テア》」という女性名詞は、「神《テオス》」という男性名詞にいつでも置き換えが可能だということを一瞬だけ忘れよう。それができれば、おそらくつぎに、個々の女神のなかに女性の「典型」がひとつ体現されているのを探してみたい、という誘惑に駆られることだろう。そしてこれには、最後には一団の女神たち《テアイ》を、女性《フェミニテ》を象徴する体系として構築することができるという希望がある。しかしながら、この女神たち《テアイ》の一団は、女神たちを男神たちと結びつける一般的定式のいくつかをはずれては、それ自体としてほとんど存在しない。それどころか、宗教史家たちの一部が望んでいるのとはちがって、それぞれの女神が、なんらかの典型や観念である（たとえば、ヘラはもったい振った妻で、アプロディテは誘惑者で、アテナは中性的な出世主義者であるなどなど）などということは、なにものも示していない。たとえば、アメリカの人類学者ポール・フリードリックは、このようなあそびを好み[15]、アプロディテを愛の純粋な女性的象徴の状態へと還元している。だがそうすることで、かれはアプロディテに固有の関与領域に入っているにもかかわらず、右の項目に直接入ってこない事項のことは、すべて忘れるか、あるいは過小評価せざるをえなくなる。たとえば、『神統記』のテクストにおいて察しのつくことだが[16]、アプロディテは、女神「夜《ニュクス》」の子たちの陰気な一団と情事があったようである。これらの子どもたちは、アプロディテの供を務めていた。また、この女神は、人間を狩る軍神アレスとも関係――エロティックな関係だけではないが――しており、いくつかのポリスでは「アレスの女《アレイア》」という形容語が、この女神のものとなっていた。さらにこの女神は、「パンデーモス」という称号をもっていたが、この称号は、プラトンが悪意をもって望んだのとちがって、アプロディテを「街角の娼婦」に変身させたりはしない。* この称号はむしろ、政治の庇護者という女神の行動にふさわしいものである。すなわちパンデーモスとは、民衆《デーモス》すなわちポリス全体《パン》の結束にたえず注意を怠らず、各ポリスの行政官たちを保護するのである。

* 「街角の娼婦」ということばを使用しているわけではないが、パンデーモス＝アプロディテの低俗さについては、鈴木照雄訳『饗宴』、『プラトン全集5』、一九七四年、岩波書店、二七―二八ページ。また、「パンデーモス」の語義に関しては、同二七ページの訳註4を参照のこと。

だからといって、ある特定の女神が、もっとも直接知覚される姿のときに、「他のすべての側面を排して、女性のおかれた現実の一側面を体現する」ことなどできないということにはならない。だが、それを体現しているときでも、現代フランスのギリシア学者ジャン＝ピエール・ヴェルナンが認めているように[17]、抗争やさまざまな緊張のあり様に関していえば、死すべき人間の女性たちがひき受けなければならない「女性の条件」とあいだで、距離がいっそう大きくなるにすぎない。というのも、こうして体現された女性の特徴は、神聖なる状態にあり、なかば化学合成したような「純粋さ」を与えられているからである。さらには、この最初の留保に、ニュアンスをもたせておくほうがよい。すなわち、事態がきわめて複雑になるとはいえ、以下のようにみておいたほうがいい。それは、神の個性が十分に豊かでありさえすれば、このような純粋さが単独で作用することはほとんどないということである。というのも、ひとりの神を例にとっても、その権能は多数であり、行動領域は無限に変化しているからである。その結果、家のなかの炉の女神である処女神ヘスティアには、ほとんど神話が残っていないにもかかわらず、検討してみると、一目みただけでは分からぬほど、難解さが秘められていることがわかる[18]。

女性の「年齢」という分類基準を、想定してみよう。あるいはもっと正確にいって、生物学的＝社会的経歴という基準を想定してみよう。女性像が、こうした経歴や年齢によって構築されているからである。たとえばヘラは毎年、アルゴス南方の港湾都市ナウプリアで、カナトスという泉で水浴びして、処女性をとり戻している。[19] だが、だからといって、この女神が、妻にふさわしい成熟度にくわえて、若い娘の処女性も「体現している」などということができるだろうか？　あるいはヘラは、ペロポネソス半島の都市ステュンパロスで三つも神殿を奉られ、「いと若き娘《パイス》」、「成熟した《テレイア》」女性、「寡婦《ケーラ》」として崇められている。[20] だが、だからといって、この女神自身が、女性のさまざまな年齢を体現しているとみなしうるだろうか？　そんなことをすれば、ヘラの経歴の固有性をひどく見誤ることになろう。というのもこの女神は、いついかなるときでも、母親の姿――死すべき人間の女性にとって、唯一「成熟した」姿――で崇められたりしてはいないからだ。紀元後二世紀の地誌学者パウサニアスのテクストを読みなおせば、三神殿がなんらかの純粋な象徴を意図していたわけではないことが、確実にわかる。三神殿は反対に、ヘラ「個人」の経歴における三つの局面を確認しているのだ。なお、これらの三局面には、最終局面も含まれている。パウサニアスの解釈によれば、そこでヘラは、夫ゼウスとこれまでにない壮絶な口論をしたのち、夫と別れてステュンパロスで暮らすことになっている。

　処女神たちの事例も、以下のように同様の考察を促す。まず、アテナ、アルテミス、ヘスティアが、みずからの選択によって永久に処女《パルテノイ》であったとしよう。したがって、この処女性が、これらの女神たちのおのおのにとって、本質的な特徴であるとしよう。だが、これらの女神が処女という状態に関して示すのは、三者三様の解釈なのだ。まずアテナは、処女にして女戦士であり、策略と魔法にたけている。つぎにアルテミスは、野生の女狩人であって、純潔ではあるが、出産を守護するものでもある。三番目のヘスティアは、家のなかにあっても、ポリスにあっても、人間たちの炉を守る女なのだ。

　また、これらの女神を、家族という分類基準に、つまり類別的親族という基準に投影してみよう。すると、アテナとアルテミスは、象徴的な「姉妹」だということになるのだろうが[21]、この試みに関していえば、これもまた、まったくもって無駄なことであると思われる。実際には、大地母神デメテルとその娘ペルセポネの組み合せだけが、「母《メーテル》」と「娘《コレー》」の象徴として通用するにすぎない。なぜなら、この二女神は、制度的に「母」と「娘」として崇拝されているからである。ところで、『ホメロスのデメテル讃歌』では、ひとつの神話が語られているが、そのような神話に従うとすれば、物語にみられる「人間の」規則と、神の行動の範囲とを、さらに区別しなければなるまい。人間的な規則に従えば、母娘の絆が物語の筋の機軸となっているのに対して、神の行動は完全に独自のものであって、死すべき人間や、かれらの関心事は、結局は周辺的な役割しか果たしていないからである。(22)

たしかに、「テア」という語は女性形であり、どんな女神《テア》も、彫像に彫られるときには、女性の諸形態を特徴としている。けれども、ひとりの女神のなかで、女性という特性が神という地位に勝ることがあるとは、なにものも指摘してはいない。

もう一度問うが、女神にあっても、神という特質のほうが、優位を占めているのだろうか?

ひとりの女神、ひとりの女性

右のような疑問は、はっきりと定式化されているわけではない。だが、こうした疑問に対して最近、ホメロスの詩にかかわって、否定的な解答がなされている。つまりホメロスの詩では、男神と死すべき人間の男性が欲望にとらえられると、その魅了された視線が釘づけになるのはつねに、「神の身であれ、死すべき人間であれ、女たちに」(23)ではないのかというのである。

そして、じっさい、英雄であれ神であれ、男たちは情事に愛《エロス》と快楽を感じうるわけだが、そうした愛や快楽に関していえば、右のようなことがありえよう。ただ、本当のところをいえば、神々の快楽は、普通ほとんど語られていない――その（好んで流麗な）序幕や後日譚は、悦に入って語られているのだが――ことがらなのだ。だから、まさにこの点において、ホメロスには、神と人間とのあいだの距離に関する想像力が欠けていたと認めざるをえまい。

その他のことに関しては、問題は複雑であり、多少時間をかけて検討するに値する。

もちろん、女神にたいへんよく似ている若い娘たちがいる。だから、たとえば、死すべき人間の眼ではもはや、スケリアの王女ナウシカアと女神アルテミスとを区別することができない。『ホメロスのデメテル讃歌』においては、エレウシスの王ケレオスの娘たちがそうである。「四人そろってここへやってきたもの。いずれも女神にも似た乙女たち」（沓掛良彦訳『デーメーテール讃歌』、『ホメーロスの諸神讃歌』、一九九〇年、平凡社、一三ページ）というわけだ。そして、アンキセスの眼前に現れるとき、アプロディテが姿を似せたいと思うのは、「女神とも見まごう女性」（『アフロディーテー讃歌』、前掲書、二四四ページ）である。だが周知のとおり、「不死なる女神」が人間の姿をとったところで、真の姿の女神が透けてみえる以上、賭けはいかさまということになる。

死すべき人間の女性について、その女性が女神に似ているとは、どういうことか。神々（男神であれ女神であれ、すべての神々のことだが）は輝きという身体的特徴をもっている。(24) また女神は、公現する際にはいつも、高い背丈で現れる。女性が女神に似ているとは、いくばくかであれ、この輝きと背丈を、その女性に与えることなのだ。女神は、人間の姿に似せようとして、さまざまな形態を借りるわけだが、公現のときはそうした形態を退け、高き住み家の頂に触れ、(25) 神々しい香りを周囲に撒き散らす。とはいえ、この公現はいまだ変化《へんげ》のひとつ――つまり、神の形態の変異体――になっていないかどうか、だれにいいあてられよう？(26) だがデメテルが、自身に捧げられた『ホメロスのデメテル讃歌』のなかで、背が高く美しいあの姿を、年老いた乳母の姿と「交換する《アメイプセ》」のをみると、(27) すすんで右のように考えられるかもしれない。また、アプロディテが、情事のあとで、アンキセスの眼前に栄光に包まれて現れるときにも、右のように考えられるかもしれない。

……女神の頬に輝く美、

不死なれば、うるわしき花冠戴く女神キュテレイアの美のごとし。(28)

キュテレイアとはアプロディテの名のひとつである。だがこの場合、女神は、人間たちが神殿でそれと認める姿に似ているのだろうか？

女神にさまざまな姿があるため、本当のところ、死すべき人間たちは迷ってしまう。いずれにせよ、神々に関する言説は虚構である——この際には詩でもある——以上、まるでという言い方に甘んじることにしよう。若い娘たちを「不死なる女神たち」になぞらえるのは、結局、娘たちを美の真髄とみなすことになる。というのも、神の美は本質的に「純粋なもの」であり、神という存在を表現しているという点において、最上級のものだからである。たとえば、公現のとき、デメテルは美しかった。同じように、『イリアス』第一四歌で、ゼウスを誘惑しようと着飾るときには、ヘラもまた美しい〔松平千秋訳『イリアス（下）』、一九九二年、岩波文庫、五八ページ以下〕。しかしヘラの場合はきわめて興味深い。美がどれほど権力に必然的な表現かを、明らかにしているからである。ヘラは美しいだけではない。この女神は、「不死なる女神たちのなかでも、その美しさがはるかに優れた女神。狡智にたけたクロノスと『母神』レア〔ガイアとウラノスの娘〕との誉れ高い娘。不滅の思し召しもつゼウスが、完璧で敬うべき妻とした女神」(29)として描かれている。

ところで、フランスの宗教史家デュメジルが提唱していることだが、パリスが審判を務めた例の美の競技は、たんに、インド＝ヨーロッパ三機能の競い合いだったという。*だとすれば、至高の女神ヘラが、この競技において、勝利を収めていた——そこでは、優先権は至高のものにあるからだ(30)——はずである。だが、人間であれ神であれ、欲望の女神アプロディテに逆らうことのできるものなど、どこにもいまい。したがって、アフロディテが勝利し、人間たちにとっても神々にとっても、トロイア戦争が勃発することになる。**

* フランスの宗教史家デュメジルは、インド＝ヨーロッパ語系の諸民族の神話を比較研究して、そこに共通の世界観をみいだした。それによると、この世界観では、祭司、戦士、生産者の人間社会における役割と照応する原理が、宇宙の秩序維持のために協同しているという。デュメジルはこの世界観を、インド＝ヨーロッパ三機能体系と名づけている（『世界宗教大事典』、一九九一年、平凡社、「デュメジル」の項）。

** ヘラ、アテナ、アプロディテの三女神が、トロイアの王子パリス（またの名はアレクサンドロス）の審判で美を競ったとき、三女神はそれぞれ、自分を勝ちとしたらパリスに贈りものをしようと申しでた。ヘラは全人類の王の地位を、アテナは戦での勝利を約束した。ところが、アプロディテは、ゼウスの娘で美女の誉れ高いスパルタ王妃ヘレネを与えようといった。パリスはアプロディテを選び、この女神との約束にしたがってスパルタに赴き、ヘレネをさらってトロイアへと連れていく。結局、このヘレネの争奪が、トロイア戦争の原因となっている（前掲『ギリシア神話』、一八一—一八二ページ）。

美しさが女神たちのものであるとすれば、死すべき人間の女性たちには、声がある。かくして、少量の土と水から人間をつくるよう、鍛冶の神ヘパイストスに注文したとき、ゼウスは、「人間の声《アントロープー・アウデーン》」を備えつけるべしと指示した(31)。そして最後に、旅の安全と盗人と証人の神で、狡智にたけたヘルメスが、最終的な贈りものとして、女性に声《ポーネー》を備えつける(32)。それは、ヘパイストスが、人間を陥れる罠として女性を造りあげ、パンドラと名づけるまえのことである。ここでわたしたちを惹きつけるのは、「声《アウデー》」という語である。この名詞に関しては、すべての辞書編集者たちが一致して、諸テクストを証拠として、まさに人間の話しことばの名称だと解釈している(33)。ところで『オデュッセイア』は、なん度もくり返して「人のことばを話す神《テオス・アウデーエッサ》」について語っている。たとえば、テバイ王カドモスの娘イノは、生前は死すべき人間であり、したがって当然声を授かって《ブロトス・アウデーエッサ》いたが、その死によって神の栄光へと高められる。*女神キルケ**とニンフのカリュプソがこのイノと接するとき、「人のことばを話す恐ろしい女神《ディネー・テオス・アウデーエッサ》」と形容されて——キルケは三度、カリュプソは一度だけ——いる(34)。注解者たちのなかには、「人のことばを話す神」という表現に戸惑うものもあった。かれらは古代以来、「人のことばを話す」《アウデーエッサ》を他の形容詞で置き替えようと努めてきた。だが、「地上の」《ウデーエッサ》や「横笛の音を伴う」《アウレーエッサ》と置き替えたところで、見劣りするだけであることははっきりしている。ところがここでは、人間＝神という素晴らしい撞着語法《オクシュモロン》を用いて、表現上両者が並置されている。だからそれだけに、このテクストを使って、人間の声〔「アウデー」〕と女性という特性〔女性形語尾「ーエッサ」〕も並置しておかなければならない。こうして、マイナーなこの二人の女神のうちで、神聖なるものと女性が、隣接することによって対立する。つまり、隣接することによって、文法的性の不一致（女性形語尾のデイネー〔傍点は訳者〕、男性形のひとつテオス、女性形アウデーエッサ）が生じ、それが、この表現に両立不可能な組み合わせが隠されていることを暗示するのである。

＊ イノは、ヘラに隠れてディオニュソスを育てたことで、ヘラの怒りを買い、発狂させられて息子を殺し、その死骸とともに海中に身を投じるが、そこで船乗りの守護神に変身する（前掲『ギリシア神話』、一二五ページ）。

＊＊ キルケは、太陽神ヘリオスの娘で魔法に長じた。M・グラント＆J・ヘイゼル、『ギリシア・ローマ神話事典』、大修館書店、一九八八年、「キルケ」の項によれば、ホメロスはこれを女神としているという。

しかしながら、パンドラから眼を離すのが早過ぎた。「神聖なるものと女性について」の本章では、この女性パンドラをこれほど軽々しく扱ってはなるまい。パンドラは、「人間の声と諸力」にくわえて、「不死なる女神に似せた、麗しくも、欲望をそそる乙女の姿」[35]をも備えている。また他方でパンドラは、伝統的に「最初の女性」だと名指されている。この二つのことだけでも、以下のことを暗示するのに十分ではあるまいか。つまり、女神たちを模倣したところで、神と死すべき人間とのあいだには、依然として距離が保たれているのだ。しかしながら、ジャン・リュダールが最近示しているところでは、「最初の女性」に関していえば、それが死すべき人間であるということだけではなく、文明化された人類のなかで、最初に女性という特性を備えた存在であるということもまた、強調しなければならない。[36]おそらく、このような断言を推し進めるためには、ヘシオドスの物語の順序をいくばくか覆さなければならない。この物語が、線的な年代記のかたちをとるために、体系的に――そしてたぶん、人為的に――再構成されているからである。たしかに、「パンドラこそが、人間という種のなかで、女性という特性を備えた最初の存在であったわけではない[37]」と断言するには、ためらうことがありうる。だが、そうだとしても、リュダールとともに、パンドラは「男女間のある種の役割分担をまえもって示しているのだが、この分担は、神々のあいだにみられる分担とは、たいへん異なるものである」と認めることにはなろう。そして、ヘシオドスによれば、女性という特性はパンドラという人物から大きくはみ出しているという考えが、かならずやひき出されることになる。その結果、研究は、「怪物から女神にいたるまで、語られている女性存在すべて」に関わることになってしまう。

女神たちに話を戻そう。したがって、女神とは女性ではない。それは、おそらく明白である。それでもなお、この命題の正当性を確立しなければならなかった。それでここでは、行動について、いくつか言及したいと思う。それらがことごとく、女神にとって、自分は人間の女性ではないことを示す方法だからである。まず最初に、女神と臥所《ふしど》をともにするとき、死すべき人間がこうむる危険について述べることができよう。この危険は、女神がアプロディテと呼ばれる場合、とくに大きい[38]。そこで、一夜の愛人となったアプロディテへの、アンキセスの哀願を引用するとしよう（「わたしに憐みをかけたまえ。不死なる女神と臥所をわかった男は、すこしも精気の花開くことないゆえ[39]」）。しかし、エウリピデスの悲劇『イオン』の一節が折よくも[40]、人間と神との交わりは釣り合いがとれず、そのすべてに危険がつきまとうことを思いださせてくれる。ゼウスに愛された人間の女性たちの悲しい運命もまた、この危険を証明している[41]。たとえば、ダナエは、黄金の雨に変身したゼウスと交わって、父よって、箱に入れられ海に流される。また、セメレは、全能の誘惑者ゼウスの栄光に満ちた登場の際に、雷に打たれて死ぬ。*そこで、女神たちに話を限る――というのも、あまりにも明白なことだが、先の例にみるように、神と死すべき人間とのあいだの距離は、情事の当事者の性別以上に重要だからだが——ことにして、これまではただ触れるだけだった二つの場合について、考察をもっと発展させることにしたい。ひとつは、処女神たちの場合である。これらの女神たちにとって、貞節は非常に神聖な贅沢であり、これらの女神を相手に選ぶときには、男性であれ女性であれ、死すべき人間たちは、ヒッポリュトス〔五三—五七ページ参照〕や、狩りをする乙女アタランテのように、残酷な罰を受けずにはいられない。[42]** もうひとつは、ヘラの場合である。ヘラは、結婚の守護女神でありながら、意地の悪い妻であり、移り気な母親である。またヘラは、ゼウスのこのうえない妻であると同時に、その姉でもある。その模範的な結婚は、アテナイでならば、純然たる近親相姦ということになろう。このポリスでは、法に照らしてみると、兄弟姉妹間の結婚が許されるのは、父が同じ場合であって、母が同じ場合には、これを禁止していたからである。[43]***

* ダナエは、アルゴス王アクリシオスの娘だったが、アクリシオスは、ダナエの息子が自分を殺すだろうとの神託をえる。そこでアクリシオスは、ダナエを青銅の部屋に閉じこめたが、ゼウスが、黄金の雨に変身してダナエに降りそそぎ、これと交わる。ダナエがペルセウスを産むと、アクリシオスはこれを恐れて、母子ともに箱に乗せ海に流す（前掲『ギリシア神話』、七九—八〇ページ）。テバイの建設者カドモスの娘セメレは、ゼウスを愛し、ゼウスの妻の女神ヘラに隠れて、臥所をともにする。裏切りを知ったヘラは、セメレを欺いて、ゼウスがセメレにいかなる望みでも叶えると約束したと伝える。セメレは、ゼウスに、ヘラに求婚したときの姿で現れるように望む。これに応えてゼウスがセメレのもとに現れるが、そのときともなった電光と雷鳴を恐れて、セメレは落命する（同、一二四—一二五ページ）。

** アルカディアの王リュクルゴスの娘アタランテは、男神と交わったからではなく、ゼウスの神域で夫と交わったため、神域を穢したとして、夫とともにライオンに変えられた（同、一四三—一四四ページ）。

*** ヘラとゼウスは、ともに同一の両親、すなわち父クロノスと母レアから生まれている。

女神である「妻」と、「処女《パルテノス》」の女神たち

ヘラから——なにしろ、ゼウスの妻として、すでになん度も述べられてきたのだから——始めることにしよう。

クレマンス・ランヌーは、この女神について観察しているが、それによれば、『イリアス』で言及された神々すべてのなかで、ヘラは、人間たちにとって、女神たちのなかでもっとも遠い存在であるという。[44] とすれば、ヘラは、この距離によって、強き神の妻という地位を表しているのだと、あえて主張することができるかもしれない。また、古代ギリシアの抒情詩人ピンダロスならば、おそらくこの推論に同意したことだろう。というのも、かれは、「いと高き神ゼウスと、その王座を分かちあうヘラ」[45]への祈願によってと、ある競技祝勝歌を始めているからだ。しかしながら、信仰という観点から考察してみると、事態は違ったふうに起こるかもしれない。たとえば、いくつかのポリスでは、ヘラが、「テレイア」すなわち「完璧な妻」あるいは「成熟した妻」という称号によって、結婚の守護女神であったとしよう。ところでヘラは、女性にとっては成就を意味する「『テロス』という語が示すものを、専属管轄」としていた。フランスの宗教人類学者マルセル・ドゥティエンヌの指摘を信じれば、ヘラは、結婚の守護女神という名誉を、この専属管轄権に負っていたことになろう。また、この古代ギリシアの宗教を扱う人類学者は、「神々の結婚」の祝祭のことを指摘する。この祭は、アテナイを中心とするアッティカ地方では、結婚月《ガメーリオーン》*に、ゼウスとヘラの結婚を称えて祝われる。このとき、ゼウスは、ヘラと結びつくもの《ヘーライオス》と呼ばれるが、一方で、人間たちのあいだでは、婚礼に客を招待するのは花嫁のほうであり、花婿ではない。[46]**

* 古代ギリシアのアッティカ暦で第七番目の月。およそ今日の一月後半と二月前半にあたる。

** 原註にもあるとおり、この記述は、Y. Bonnefoy, éd. *Dictionnaire des Mythologies* II, p.67からの引用をもとにしている。だが、引用の際に筆者が混乱したのか、原文の趣旨と若干異なっている。*Dictionnaire*……の該当個所の訳を、以下に示しておく。『神々の結婚の祝祭』は、アッティカでは、結婚月《ガメーリオン》に祝われるが、……（中略）……そこではヘラは、ゼウスに結びつけられている。というのも、この儀式が想起させるのは、二神の結婚であり、それがすべての神によって祝われるからである。だが、婚礼に客を招待する側は夫ではなく、この場合は妻のほうである。なぜなら、エルキア区《デーモス》のアッティカ暦によれば、この祭のために選ばれた犠牲獣は、ヘラの神殿に捧げられるとされている。そして、別の礼拝規則では、自身の結婚の際のゼウスが、『ヘラの』と形容されている（*Zeus Heraios*……）……」。

本当のところ、この逆転は、いくつかのテクストでくり返しみられる。そして、そうしたテクストでは、ヘラは、その権力を、あるときは「偉大なるゼウスの腕のなかで眠る[47]」ことから、またあるときは自分自身からひき出す。だが後者の場合、ヘラは、やや度を越して横柄に、ゼウスを「臥所の相手[48]」と名指すところまでいっている。つけ加えておくと、この女神の像は、「偉大なる女神たち」が着ける丈の高いかぶりものを好んで着けている。ゆえに、宗教史家たちのなかに、この女神を女神＝母とみなすものがいても[49]、果たしてそれが驚くべきことだろうか？

しかしながら、「母神」として（また、まったく単純に母として）、ヘラにはいささか問題があるのだが、それとまったく同様に、「完璧な妻《テレイア》」としても非常に厄介な存在である。ステュンパロスのヘラを思いだしてみよう（六七ページ参照）。このヘラは、結婚した女性という地位にあるにもかかわらず、無邪気な若さを祝われ、ゼウスとの別離を祝われている。ところが、「母《メーテール》」としてのヘラについては、一言も述べられていない。それはあたかも、この女神にあっては、結婚している女性が、つねに結婚前か結婚後を目指しているかのようである。ヴァルター・ブルケルトもこのことを指摘して[50]、奇妙にも母としての次元が、ヘラの像には欠如していると述べている。たとえば軍神アレスは、ゼウスとヘラの結婚から生まれた正嫡子だが、あらゆる衝突を司るこの神は、母ヘラにたいそうよく似ている。このアレスに対して、ゼウスは、『イリアス』のなかで憎しみを露にしている。だが、ヘラが、自分によく似たこの息子を可愛がっていたとは、まったく述べられていない。また、かつてヘラが、息子で火と鍛冶の神ヘパイストスにひどい扱いを耐えさせたこと、自分に似た子どもたちをゼウスの助けなしに受胎する——しかも、ゼウスとのあいだの子であるにもかかわらず、ときとしてアレスは、ゼウス抜きで生まれた子どものうちに数えられている——という、奇妙な傾向をもっていることも指摘できよう[51]。

要するにヘラは結婚を守護する。だが、この女神自身の結婚は、いったいなんという結婚だろう！「完璧な妻《テレイア》」として称えられる女神にとって、なんと問題のある成熟振りなのか！　つまり、「女性ゆえに課される条件」など、人間界にしか存在していないのだ。

このように処女神たちは、女性の条件を免れている。これら「処女神たち《パルテノイ》」は貞節であると規定されているが、そうした規定とこれら女神の存在自体が、ときとして古代ギリシアの宗教に固有の特徴だとみなされている[52]。こうした処女神は、オリュンポスの神々のなかに三人いるが、これら処女神たちには、欲望の魅力も通用しない。『ホメロスのアプロディテ讃歌』の冒頭で、これら三女神について語られているが、それはあたかも、微笑を喜ぶ女神アプロディテの力を、反対推論《ア・コントラリオ》によって強調するためであるかのようである。

まずは、神威楯もつゼウスの娘、青き眼のアテナ。黄金のアプロディテの御業も、この女神の心にはかなわず。この女神の好むところは、もろもろの合戦と、軍神アレスの業――すなわち闘争と戦闘――と、また高貴なる技芸に心を用いること。地上にある人間の工匠《たくみ》たちに、贅を尽くした二輪の戦車と、青銅で飾りし四輪の戦車とをば、つくるすべはじめに教えたは、この女神。女神はまた、館のなかの優しき乙女たちに、高貴なる技芸を教え授けた。乙女ら一人ひとりの心に、その技芸を好む気持ちを吹きこんで。微笑の女神アプロディテはまた、黄金の矢もち、獲物追う声けたたましきアルテミスを、曲げて恋の道に誘いこむこともできず。この女神が喜ぶのは、山々にて獣狩ること、竪琴の音、輪舞、女たちの澄んだ歌声、小暗き森、それに、心正しき人々のポリス。アプロディテの業は、また、敬愛すべき「若き娘神」ヒスティア［ヘスティアのこと］の心にもかなわず。狡智にたけたクロノスは、この女神を、はじめの子として産む（神威楯もつゼウスの神慮により、女神はまた、末の子ともなった）が、この尊い女神に、ポセイドン〔海神〕とアポロンとが求婚した。されど女神は、これに応ずるどころか、かたくなに拒み、永遠に守らんものと、大いなる誓いを立つ。すなわち、なんどきまでも処女にして、あまたの女神のなかでも、もっとも神聖なるものであらんと。父なる神ゼウスは、結婚という褒美にかえて、この女神に、うるわしき名誉を授く。それゆえに女神は、家の真中に座を占め……。またあらゆる神殿において崇められ、いかなる神をも凌駕して、死すべき人間どもにとって、崇拝の的となる。これらの三女神をば、アプロディテといえども、説き伏せることも、魅惑することもかなわず。なれど、他のいかなるもの——至福の神であれ、死すべき人間であれ——も、アプロディテよりのがるること、けっしてかなわず。[53]

女狩人という逆説的な服装をしているにもかかわらず、アルテミスはもっとも官能的である。そしてまた、おそらく、この女神は、その庇護するものたちにとって、もっとも恐ろしい女神でもある。その矢によって、産褥にある女性が突然死ぬこともあるし、狩人たちは、命を失いたくなければ、水浴中の女神の美しい裸身を眼にせぬよう注意しなければならない。アクタイオンはそれを眼にしてしまったがために、不幸にも鹿に変身させられ、獲物と勘違いした自分の犬たちに八つ裂きにされて死んだ〔前掲『ギリシア神話』、一二六ページ〕。そして、エウリピデスも、この女神に、不死なる「処女神たち《パルテノイ》」がアプロディテに対してもつ憎しみ——アプロディテとはすなわち、「われら純潔を喜ぶものにとって、すべての神々のなかで、もっともおぞましきもの[54]」——を、くり返し述べる労を委ねている。

つぎにアテナは、もっとも性の臭いがしないといわれている。いずれにせよ、宗教史家たちは、好んでそうくり返している。そしてそれは、この女神の性別にまつわる謎を、より確実に避けるためなのだ[55]。かれらは喜々として、「古代ギリシア人においては、神の観念は、アテナの処女性のなかにおいてのみ、あらゆる意味での性的特徴から解放されているようにみえる」[56]と断言している。どうも、女神たちが女性であるということが、かれら宗教史家たちを困惑させているようだ。けれども、事態を正面から直視するほうがよかろう。たしかに、死すべき人間の女性たちは、処女の身であるという状態だけに安住することはできない。だが、だからといって、女神たちが処女であることを選択すれば、それで、女性であるという度合いが零度になるだろうなどというわけでもない。その証拠に、アテナ自身、足の悪いヘパイストスにたえずつきまとわれるほどに、性的な魅力に溢れていた――その結果どうなったかは、ご存じのとおりである――のである。ヘパイストスは、逃げるアテナにようやくにして追い着き、交わろうとしたが、女神に拒まれ、かれの精液は女神の脚にまかれた。女神は怒って毛でこれを拭きとり、地に投げた。かくして、「大地女神」はヘパイストスの精液で身ごもり、その子エリクトニオスを産んだ。そして、つねに処女なるアテナが、奇跡的に誕生したこの子を育てることになる[57]。

ヘスティアについていえば、この女神は女性嫌いだったらしい。じっさい、この女神は、わざわざ五百人評議会会場に居を定めたが、女性はだれひとりとして、そこに入ることを認められていない。それが、男性たちによって運営されるポリスの、高度に政治的で象徴的な構築物だったからである。たしかに、ヘスティアの身体は女性の身体だった。だが、この女神は、「処女と老女という二重の外観のもとに、家に居住している」[58]のである。そしておそらく、まさにそれゆえに、この女神は、アテナ以上に容易に、ついには「解放された」神性を探しあてることになろう。とはいえ、この女神も、性的特徴(もちろん、女性のである)すべてから解放されているわけではない。だがすくなくとも開花した成人女性の成熟からは、完全に解放されている。しかしヘスティアには、物語がない――あってもほんの少しだけである――のだ。わたしたちがこの女神について知っていることは、『ホメロスのアプロディテ讃歌』で語られていることで全部である。

女神が処女であることによって、女神をとり巻く事情が、はっきりしてくるが、それとまったく同時に、事情は複雑にもなる。処女でいることを選択したことによって、これらオリュンポスの三「処女神たち《パルテノイ》」は、それぞれがそれぞれに対して、女神《テア》であることは女性であることではないと断言しているのだ。しかし、これら三女神をすべて一緒にして検討してみよう。すると、これら三女神が、女性という特性がとる神聖な形態に関する研究にとって、本質的に貢献してくれることが明らかになる。というのも、このように以前の状態に足止めされ、動きを封じられることによって、三女神が女性であることは、エウリピデスの悲劇でアルテミスが述べるように、あの「処女であることの喜び」を背景に、ますます豊かな考察対象となるからである。

女神とは、女性という特性を備えた神なのだろうか？　おそらくは、そうである。今後はいっそう、思索の中心問題として、男たちのポリスにとって夢想を支えるものとして、神と女性という特性とを、ともに強調していかなければならない。

女性という《ル・フェミナン》特性を備えた神性、そのさまざまな形態

女神（たち）という名によって、これまでは、オリュンポス神殿の女神たちを指してきた。「不死なる女神たち」は、男性の陪神[59]や、折々の相手を勤める男神とならんで、一二神のなかに数えられている。[60]この多神教の神殿の内部では、さまざまな相互干渉、重複、交換がなされるが、それらがなんであろうと、これらの女神たちは、同輩の男神同様、十分な個性を備えており、その独特の肖像によって、なにか画廊のようなものを構想することができる。[61]ジャン＝ピエール・ヴェルナンは、「古代ギリシアの神々とは、『力』のことであって人格ではない」と指摘している。そしてこのことは、「神聖なる力は、関係の網の目によってのみ存在する。この網の目こそが、力を、神聖なる体系全体に結びつけている[62]」ということを意味している。もしもヴェルナンとともに、このよう

な考えにくみするなら、神の「人格」について語るところまでは、おそらくいくまい。だが、それでもなお、以下のようなことには異論の余地がないと認めなければならない。すなわち、女神たちがおり、それぞれの神性がある。あるいはむしろ、個別の女神たちがおり、女性という特性を備えた神性がある。そしてこの神性に関しては、女神の数と名とが主要な特徴となっている。

女性複数形

いくつかの特異な個性が問題になると、一団の多数の神によって、これを表すようになる。こうして、『神統記』では、「三世代目の伝統的な神々」のあとに、「時の女神たち《ホラ》」や「三美神《カリス》」の「合唱歌舞団《コロス》[63]」が登場する。また、「運命の女神たち《モイラ》」、「命運の女神たち《ケル》」、「海のニンフたち《ネレイス》」、また別の「海の妖精たち《オケアニス》」などなど……が登場する。以下省略するが、あの恐ろしい「正義と復讐の女神たち《エリニュス》」ないしは「正義と復讐の女神《エリニュス》」を忘れてはならない。この女神は、ひとりにして多数、つまり、ひとりであると同時に三人――三人のこともあるが、あるいはアイスキュロスの悲劇『エウメニデス』のコロスでのように、それ以上の人数の場合もある。どちらにしろ、全員にひとつの名、つまり「エリニュス（たち）[64]」という名しかもつことがないことを別にしてだが――でもある。これら「多数からなる」神々に関しては、「複数人称に対する古代ギリシア人の好み[65]」によるものだと語られてきた。また、これらの複数形は、「数の獲得の際に遭遇した諸問題の、神話という分野での例証[66]」であると主張されてきた。さらには、大胆にも、「古代ギリシア人は、点で形成されたグループを用いて数えることをピュタゴラスから学ぶ以前にすでに、違ったふうに表現可能な神々のグループを用いて数えるという方法を知っていた[67]」という仮説さえも立てられてきた。けれども、これら集団的な存在が、明らかにくり返し、女性という特性の側に現れることは、十分強調されてこなかった。事実は、女性という特性と複数とのあいだでは、出会いは

偶然ではないかのごとくなのだ。(68)

もちろん、この女性複数形に関しては、わたしにはもっといいたいことがある。ただしそれは、こうした神々のグループを考察するためにである。というのも、これらの神々は複数で存在する種だという意味においてのみ、そのアイデンティティが知覚されるからである。これらの女神は広くひとつの行為を共有しているが、その行為とは、一般化する――あるいはすくなくとも、脱個人化する――ことなのだ。そして、女性という特性を備えた神が問題となるとき（この神は、「女神たち」とか、さらには「女神たちの一族」(69)といわれている。それはちょうど、「女たち」といわれたり、女たちの「一族」、あるいはさらに、女たちの「諸部族」について語られたりするのと同様である）は、いつもこうなのだ。だから、おそらくは、数への好みと、こうして公有された行為とを、深いところで繋ぐものを検討しなければなるまい。それから、女性たちのコロスが三幅対へ向かう傾向へと、たち戻ることになろう。三という数の意味が、複数を代表することにあるとすれば、三幅対とは、双数や単数との対比において、たんに複数を代表的に定式化したものとなろう。(70)だが、古代ギリシアでのみ通用した概念手段は、すでに失われている。(71)だからさしあたっては、これ以上先へはあまり進まないことにして、問題を提起し、その問題がきわめて重要であることを暗示するにとどめよう。

だがまだ、本質的な問題が残っている。すなわち、女性という特性は、神々のあいだではおそらく、死すべき人間の女性たちに関して想定されるほどには、均質でなかったのである。また、オリュンポスの神々が、強力な個性をもっていたのに対して、かずかずのコロスは、声をそろえて歌うことで存在しているが、程度の差こそあれ、とらえどころがない。この両者のあいだでは、女性という特性は截然と区別されていた。だが神々のあいだでは、それほど截然とは区別されていなかったのである。

それに、女性の神々には、ほかにも個体化に抵抗する方法がある。たとえば、いくつかの神名では、どの神に冠せられるのかが流動的なものがある。そうした神名は、個別の女神を指すこともあれば、修飾形容語（付加名称《エピクレーシス》と呼ばれる）として、複数の「不死の女神たち」のあいだで共有されることもある。後者の場合、こうした女神たちはみな、ひとつの特定の機能を果たすものとして呈示される。イリテュイア、すなわち出産の女神エイレイテュイア（「やってきた女神」）が、それである。このエイレイテュイアが、分娩の際にやってくると、子どもの誕生が早まる。また詩人ピンダロスは、その詩『ネメア祭』第七歌において、熱意をこめてこの女神を称えている。

> エイレイテュイアよ、思慮深き運命の女神《モイラ》たちを補佐するものにして、力有るヘラの娘よ、聴け。おまえは子を誕生させる。おまえがいなくば、われら日の光も、闇の恵みの時も眼にすることかなわざらん。

モイラたちのコロスに加えられて、ヘラの娘であるこの女神は、厳密に女性だけの世界に属している。だがそのことによって、この女神は、複数にしてひとりという、不安定な姿をしているのだろうか？　そして、その存在は、徐々に純粋な付加名称に吸収されてしまうのだろうか？　そういうわけで、アルテミスは、まったく当然のこととしてエイレイテュイアと形容される。ヘラも、アルゴスで、分娩の世話をするとき、エイレイテュイアと形容される。ほかにも、いくつかの付加名称が存在し、これとまったく同様に共有されている。たとえば、「救いの女神」を意味するソーテイラがある。この女神はけっして、ひとりの神の姿によって体現されることがない。むしろこの名称は、ポリスによって、つまり、ペロポネソス半島中部のアルカディア地方ではペルセポネかアルテミスに、アテナイ南西のペイライエウスやデロス島ではアテナに、それぞれ奉られている。

さらに一歩進めていえば、これらの呼称は「神格化された抽象概念」なのだ。たとえば「噂」については、へシオドスが、「これもまた、ひとりの女神である」と宣言しているし、[72] 同じものをピンダロスは、「報せ」という意味でアンゲリアと呼ぶことになる。ピンダロスの詩や、メイディアスの画家によって紀元前五世紀末に描かれた壺絵から、これら地味な女神たちの、きわめて豊富なリストが提供される。これらの女神たちは、まったくその名に凝縮されてしまっているが、その名称も、一般には、人間界で、ひとつの美徳を指すのに用いられている。たとえばピンダロスの作品には、エウノミア（「善き秩序」）、ディケ（「正義」）とその娘ヘシュキア（「平穏」）、エイレネ（「平和」）とニケ（「勝利」）、またこれと向きあってヒュブリス（「増上漫」）といった神名しかない。ヘシオドスの作品でも、アイドス（「慎み」）とネメシス（「恥と報復」）や、一群のものいわぬ「病」たちが登場する。「病」たちには、ゼウスがことば《パロール》を与えなかったのだ。[73] これらヘシオドスの女神たちと同様に、ピンダロスの女神たちは、死すべき人間の世界に出没する。だが人間たちのほうはせいぜい、これらの女神を、神に付きものの「美しき身体」はもたせはするものの、ありがたい観念的存在だとみなしているにすぎない。人間たちは、これらの女神を実際に眼にすることもなく、ほんのちょっとした伝記さえ残そうとはしない。けれども、本当のところ、これらの女神は、女性という特性を備えた神というカテゴリーに属し、たがいにつながり合っている。人間のあいだでは、抽象概念がしばしばみられるが、こうした視点からみると、これらの抽象概念は、オリュンポスの女神のように、きわめて崇拝され、個性化された女神と、一点ならず共通点をもっている。オリュンポスの女神もまた、「人格としては、ほとんど発展していない」[74] からである。わたしは、ヘスティアを「半幾何学的な姿」[75] と名づけたが、宗教史家たちも一致して、この女神は、「神話の筋から離れたところに」身を置いていると認めている。

提唱されてきたように、「力という観点からみると、個別と普遍とのあいだで、また具象と抽象とのあいだで、対立が機能していない」[76] ということなのだろうか？　以下では、この対立がまず第一に女性の「力」に関係していることを明確にしつつ、わたしはすすんで、右のような断定をさまざまに発展させていきたい。

結局のところ、具象と抽象、単数と複数のあいだで、中途半端に、この論理の発展を終えてはならないのだ。だとすれば、ここで、ある一群にしばらくこだわってみることになろう。この一群は、よく知られているにもかかわらず、ほとんど定義されていない。つまりニンフたちのことである。これらニンフたち《ニュンパイ》は木々に宿り、[77]死すべき人間たちの幼少期を監視し、[78]女神たちのように恵みをもたらす。またニンフたちは、神々と同じく、アンブロシア*を糧としているが、多くの点で人間に近く、長寿であるとはいえ、いつの日か終わりを迎える定めにある。女神でもなく、[79]かといって、真に人間になったというわけでもないので、ニンフたちは、死すべき人間と同様に、神々との交わりから損害を受ける――わたしが想い描いているのは、ニンフ・カリクロの苦しみに満ちた叫びである。カリクロは、アテナによって息子を盲目にされている[80]**――こともある。しかしながら、正午という危険な時刻には、ニンフたちは、広野で道に迷うものたちにとって恐ろしい存在となることもまたある。というのも、ニンフたちは、こうしたものたちにとりつき、その心を奪ってしまうからだ。『ホメロスのアプロディテ讃歌』[81]は、ニンフは、死すべき人間とも不死の神々とも行動をともにしないと断言し、実質的に、他の不確定な存在に結びつけている。たとえば、ゴルゴンである（不死なるもの二人と、死すべきものひとりからなり、後者はペルセウスに殺される）***。また、蛇女エキドナのように、「神々からも人間からも離れて」棲む女の怪物たちや、前出の「正義と復讐の女神《エリニュス》」たちである。この女神については、アイスキュロスの『エウメニデス』で、アテナと巫女が一致して、その地位の証明が不可能だと指摘している****。

* ギリシア神話における、オリュンポスの神々の食べもの。永遠の生命を与えるという。

** カリクロの息子テイレシアスが盲目となったいきさつには諸説があるが、一説によると、テイレシアスは、アテナと親しい間柄にあったが、女神の全裸の姿を目撃したために、女神に両手で眼を覆われて視力を失ったという（前掲『ギリシア神話』、一三五ページ）。

*** ステノ、エウリアレ、メドゥサの三ゴルゴンのうち、メドゥサだけが不死でなかった。ペルセウスとゴルゴンのエピソードは、前掲『ギリシア神話』、七九―八一ページ参照のこと。
**** 橋本隆夫訳『エウメニデス』（『ギリシア悲劇全集 1』、一九九〇年、岩波書店）によれば、アテナは、同書二二三ページで、また巫女は一九七―八ページで、この女神の正体が不明だと語っている。

つぎに今度は、「偉大なる不確定な女神」について語るときが来たようである。それは、ゲー、つまり広大無辺の「怪物のような大地《ガイア・ペローレー》[82]」のことである。それに、ゲーのうしろにはすでに、「偉大なる母神たち」の驚くべき一群が姿を現している。というのも、ゲーについて話すとなると、わたしは、ひとつの疑問に悩まされることになるからだ。すなわち、ゲーは神聖であるが、その神聖であるあり方と、たとえばヘラのあり方とに、共通するものはなんだろうか?、というわけである。この疑問は、追求し――ただし、忍耐強く!――なければならない。

ゲー、際限なきもの、あるいは境界確定されたるもの

「ああ《イオー》！『大地《ガイア》』よ、良き母《マイア》よ！[83]」。このように感嘆するとき、女性たちの悲劇のコロスは一息つく。そこでわたしたちは、この「マイア」という語をもう一度とり上げてみよう。この語は、小さき母、良き母、そしてときには祖母を意味し、人間界での役割を示す場合には、産婆を指す。

ゲーとは、これらすべてであり、はるかそれ以上のものでもある。またときとしてお決まりの表現が、たまたま言説の進み具合で、「大地」と神々を接近させつつ、まったく同時に区別することがある（「おお《オー》、大地と神々《ゲー・カイ・テオイ》よ」）。だがこのときでも、神々よりもまえに名指されているからといって、ゲーが神々すべてを支配しているというわけではない[84]。さらには、ゲーと人間たちとの関係についていえば、子孫の再生産において、「女性が大地を模倣している」という諺《トポス》から、なにが分かるというのだろうか？　プラトンがこの公式の発明者であるが、その公式はたちまちにして話題となり、それ以降、うんざりするほどくり返されてきた[85]。ところで、この文章は、

プラトンがそれを用いた文脈から、無造作に抜粋されている。そのため、重要なことが十分に気づかれえないできた。すなわち、この文章は、追悼演説の剽窃のなかで発せられたもので、こうして使われるより以前に、すくなくともすでに読まれていたはずなのである。[86] しかし、偉大なる「大地」をまえにすると、あらゆる手懸かりが不確かなものとなるようだし、あらゆる慎重さも消え失せてしまう。そして、宗教史家たちは、本質的なもの——「女性という特性」の本質——を目指すよう急かされて、ゲーの信奉者に変身する。

そして「偉大なる女神」が、「擬人化された『大地母神』」として登場する。この「大地母神たち」は増殖し、トルコ中央部のアナトリアからギリシアまで、ギリシアから日本まで、アフリカの奥地を経由して「普遍的に存在する」[87]ようになる。そしておそらく、あちらこちらで、ゲーは女性という特性を「象徴する」とか、あるいは「人間の母親の化身」だとされるようになる。けれども、機会がありしだい、例の「女性が大地を模倣している」という常套句が息を吹きかえし、ついでふたたび、女性が子宮に還元されて、「『大地母神』の死すべき似姿[88]」だと宣言されることになろう。

この勢いにのると、なぜデメテルを「大地女神＝母神」と同一視してはいけないのか?、ということになる。というのも、デメテルという名は、「デー」(ここでは、「デー」という要素が、ゲーと同一のものではないかとされる)と、母を意味する「メーテール」に分解されるからである。それに、エウリピデスの悲劇のある一節では、ゲーは、デメテルに結びつけられると同時に、それとは区別されている。[89] また、『ホメロスのデメテル讃歌』では、ゲーは、悲嘆にくれた母親に逆らって、誘拐者を援助している。[90] だが、これらのくだりをいっさい気に留めさえしなければ、大地女神と、ペルセポネの母デメテルとは同一神だと前提することができる。しかしながら、反対を唱える声もまた、いくつか聴こえてくる。しかもそれは、ときとして、もっとも予期しないものたち——たとえば、ユング派のケレーニイ[*91]——から発せられる。この場合かれは、連想を重ねて逸脱していくのではなく、差異に注目することを優先していた。そして、つぎのように確認されていたのである。すなわち、ポリス時代のギリシア——それについてこそ、わたしたちは語っているのだが、それは、「大地母神たち」に好意的だった先史時代のヘラス〔古代ギリシアの古名〕とは、ずいぶん隔たっている——では、ゲー信仰は、「農地に関係したもの」(92)であるのと同じくらい、政治的なものでもあったのである。あるいは、アテナイの土着神話では、ゲーはたしかに母（そして乳母）ではあるが、父たちの土地である祖国《パトリス》でもあり、その意味では、アッティカ国境によって、明らかに限定されていたのである(93)。

＊　ハンガリー生まれの古典文献＝宗教＝神話学者。スイスで活躍した。

この続きは、選択の問題である。ひとつは、母神がある場合には「新たな意味をもつ」という事態を想定しておくべきだとしても、さまざまな母神が残存したという論理を採用することである。あるいは、ひとつの体系の構造的な一貫性という限界内に踏みとどまることである。この場合には、この体系は、特定の時期において、内部の有機的結合のすべてを分析したものでなければならない。

だからといって、「母神たち」をめぐる問題に対して、社会的地位を付与しなくてもよいということにはならない。いやむしろ、だからこそ、付与しなければならなくなるだろう。この問題は、一部の宗教史家たちにとって万能の鍵なのだ。にもかかわらず、ギリシアのポリスを考察対象とする人類学者たちは、その問題について沈黙してきたし、一般にそれを避けてきたのである。

女神——母性の問題

まずはじめに、思いだすべきことがある。「母神」が存在し、古代ギリシア人たちが、この神を崇敬していたということである。紀元後二世紀には、古代史学者パウサニアスがその証人となる。たしかに、時代的には遅く、新石器時代からはるかに隔たっている。

「母《メーテール》」

「母神　la Mère」。それは、このように大文字で始まるか、あるいは、スパルタや、アルカディアのポリス・リュコスラでのように、「偉大な」と形容される。またときには、（コリントスやデルポイでのように）、たんに大文字で始まる「母《メーテール》」と名指されるときもあれば、しばしば、「ディンデュメ山の《ディンデュメネー》」と、かつて小アジアにあった山名を冠されて、アジア起源であることが言及されること――テバイでの場合がこれであるが、ピンダロスだったら、みずからこの女神に、信仰と像を捧げたことであろう(94)――もある。そしてもっとしばしば、神々の母として称えられる。たとえば、アテナイ、コリントス、およびペロポネソス半島のいたるところ（ラコニア、メッセニア、オリュンポス、メガロポリス、そしてアルカディア）においてである(95)。ドドナでは、「大地女神」と同一視されているが(96)、紀元前六世紀にはすでに、アテナイの政治家ソロンが「神々の『偉大なる母神』よ、『闇の女神』である『大地女神』よ(97)」と称えている。またピンダロスは、「『偉大なる母神』、尊い『女神』」、「尊い『母神』」、「大地女神《キュベレ》、神々の『母神』よ」と崇めている。ここにみられるのは、たしかに古典時代以降のアジア的な母神である。この女神は、つねにこうだったのだろうか？　だがそうなると、ピュロスで発見された書字板の「神聖なる『母神』」――ピュロスで発見されたのだから、この「母神」はミュケナイの「母神」ということになる――という呼称はどうなるのだろうか？(98)　こうなれば、古代ギリシア人たちが、この件に関しては、わたしたちよりもうまくやっていたことを願うほかないではないか。

このように、ひとつの呼称に対して、多くのヴァリエーションがある。だから、問題の女神が、つねに唯一にして同一の女神だったという保証などないのだ。ところがまた、そうではなかったという保証もない。結局のところ、確実なものなど、なにもない[99]……。だが、わたしたちのかかえている困難は、これで終わりではない。それどころではない。というのも、古代ギリシアを扱う宗教史家たちにいわせれば、これだけ名が増えたのは、どうやら「母神」の揺るぎない力への信仰という行為があったからなのだ。だが、それらの名が正確に合致するかどうかも、偉大なる母神となるための方法を、複数列挙したものなのかどうかも、けっして分からない。

換言すれば、ギリシア人たちによって、すでに履歴がかなりもつれていたのにくわえて、現代人が細部にこだわっているのだ……。

偉大なるは「母神」なり。広大なるは、その住処なり

したがって、「最高女神」を別にしても、「母神」と「母神たち」、「偉大なる女神」と「母なる偉大なる女神」がいる。このような呼称の森のなかで目標にたどり着くには、どうすればよいのだろうか。さしあたっては、それを断念し、「母神」の擁護者たちが書き残した資料のなかで、くり返されている点をいくつか、指摘するにとどめよう。つまり、それらを列挙しようというのである。ただし、列挙するだけで、それらに註釈を加えないというのではない。

㈠「母神」は起源へと回帰させる。この女神が、圧倒的な支配のうちに君臨しているのをみるには、新石器時代にまで、さらには旧石器時代にまで、遡らなければならない[100]。したがって、あのものいわぬ「女性の偶像」に話をさせることになる。

㈡「母神」の存在する領域は、古代ギリシアに限定されない。この女神には国境がなく、その探求に対して開かれた空間は、すでにみたように、無限である[101]。このことは、この女神の支配の普遍性を証明――ただし、連

想による推論が、しばしば論証のかわりとなるような領域で、証明という語を、なお採用することができるとしての話だが——している。

(三) 拡張のあとには、凝縮がある。「母神」は、子宮に置き換えられてしまう。つまり、この女神全体が、自身の一部で表現されるようになる。[102] 可能なかぎり時間と空間の限界を後退させて、この「最高女神」を、より巧みにその子宮《メートラ》に閉じこめること。すなわち、女性たちの身体のなかで、母性の占める場に閉じこめること。この作業から、わたしたちは逃れることができないようである。「母神」の熱烈な信奉者たちがいうには、この女神の子どもたちは、嫉妬深いウラノスのような存在がなくとも、母の体内奥深くに、永遠にとどまっていることができるという。[103] だから、この「最高女神」は宇宙全体なのだ。したがって、すべて(あるいは「万物」?)は、女性という偉大な容器内部の、子宮というこの隠れ家のなかにあることになる。[104] こうなれば、論理は退場である。というのも、あのロシアの人形のからくり(わたしがこの喩えを思いついたのは、この人形がロシアでは、「マトリョーシカ」* と呼ばれているのを知るまえのことだった)で、最後の、ごく小さい人形が、最初の人形と同じ大きさになるとみなさなければならなくなるからである。

* 「マトリョーシカ」とは、例の同型の人形が少しずつ小型になりながら、なかからいくつもでてくるロシアの人形。ロシア語では「農婦人形」という意味だが、ここではもちろん、フランス語の「子宮《マトリス》」という語が含まれているという意味に解さなければならない。

(四) 「母神」は、無限大の身体であるという、その存在形態から力をひき出している。そして、スイスの法政史家で神話学者のバハオーフェンは、この女神の支配を「物質的＝肉体的な法則」に結びつけた。バハオーフェンによれば、「母権制文化」[105] は、「ひとつの等質で支配的な観念」のうちに統一されているという。それは、「この文化のさまざまな面はすべて、たったひとつの鋳型から出現する」[106] かのようだという。こう明言することで、バハオーフェンは、感知されうるものの文化という概念を練りあげようと努めたのである。

(五)「偉大なる母神」はひとつの現実であると認めよう。だが、だからといって、この女神が物質的な現実だと認めることになるのだろうか？　このこと以上に不確かなことはない。もしも、母と定義される女神たちのうちにおいて、母性が非常に誇張されているとすれば、それは――スイスの精神医学者ユングとその弟子たちがいうように――、「偉大なる母神」が、なによりもまず精神的なもの《コーサ・メンターレ》（バハオーフェンによれば「支配的観念」）だからである。それに、この「母神」の像は分割することができない。そして、その単一性がもっともよく理解されるのは、束の間、この女神が、あい対立する二つの顔に分割されるときである。すなわち、「恵みの母神」と「恐るべき母神」という、二つの顔に。[107] たとえばピエール・レヴェックは、「恐るべき母神」と交差する道をすすんでとりつつも、この女神をひとつの「概念」として定義している。[108]

したがって、全体を「調整する概念の神」でないとすれば、母とはすべて（あるいは全体）である。そういうものとして、母は、みごとに起源を保証する。なぜならば母は、起源であるからだ。母は、古代ギリシア人たちにとって起源であった。古代ギリシア人は、母から、神々と人間という二つの――しかも、念入りに分離された――系譜をひき出す。母はまた、古代ギリシアの宗教を扱う現代の歴史家たちにとっても起源である。これらの歴史家たちはしばしば、神々や人間の登場に関する不確定要素を、こうして偉大なる「無限の女神」の庇護のもとに置くことに、慰めをみいだしているようである。この「無限の女神」は、一にして多であり、まさにここにあると同時に遍在してもいる。

しかしながら、人が起源にむかって遡るのは、帰還することなく起源に腰を据えるためだけにではない。そして――それは行きなのか、それとも帰りになるのかは分からないが――、いまこの場で《ヒック・エト・ヌンク》が、始まりとなることによってふたたび、方向をもったベクトルとなる。たとえばオリュンポスの女神たちも、「最高女神」の探求と関わりをもたないわけではない。この探求が始まれば、これらの女神たちそれぞれが、単なる道標のように、次第に「母神」に近づく各段階だとみなされることになる。あるいは反対の意味で、「遺物」とみなされて、かつて存在したものを、忘却をこえて証言することもある。だからすでにみたように、あれほど母らしくないヘラが、一部のものたちの眼には、「母神」と映ることがあるのだ。しかし、解釈したいという欲望がとくに好んで結びつくのは、処女神たちである。つまり、自分たちはつねに処女《パルテノイ》であったわけではないという告白を、これらの女神たちからひき出そうというのである。たとえば、狩りの女神アルテミスの場合、この女神が古代の「野獣の女主人」の後裔だとするだけで十分なのだ。この古代の女神の背後にはすでに、アナトリアの「偉大なる女神」が姿を現しているからだ。* さらには、あれほどかたくなに結婚を拒んでいるにもかかわらず、アテナについても同様のことがいいうる。ある悲劇の合唱隊《コロス》は、この女神を指して、アッティカの地の「母《マーテール》」であり、女主人《デスポイナ》であり、守護女神《フラックス》」であるとしている。[109] つまりこの女神を、その「原初的な状態」へと、意気揚々と急いで連れ戻しているのである。また、アテナを「母神」とする操作を堅実なものにするには、以下のことを想起すればよい。すなわち、ギリシア南部のポリス・エリスでは、アテナは公式に、「母神《メーテール》」という付加名称《エピクレーシス》を付けられていたのである。アテナが、人間がまだ少ない時代に夫婦を多産にしたからである。[110] してやったりというわけだ。

* 前掲『ギリシア・ローマ神話事典』によれば、アルテミスは、元来処女神ではなく、先住民族の地母神や、アナトリアのエフェソスで崇拝されていた、多くの乳房をもつ女神とも関連があるという（同書九一ページ）。

にもかかわらず、ことを急ぎすぎたようである。というのも新たに、今度はまさに「母神」に好意的な陣営から、抗議の声が上がってくるからだ。たとえば、前出のケレーニイの反論によれば、「母神《メーテール》」という呼称はアテナの「本性」を損なうものではないという。[111] また、オーストリア生まれの古典文芸学者フーベルト・ペーテルスマンのように（まったく、注目すべき例である）、前ギリシア期の「母神」たちについて研究すると同時に、以下のように認めることもできる。まず、古典期のギリシアには、「母神《メーテール》」という称号をもった女神は、ほとんどいなかったと。あるいは、「母神《メーテール》」という付加名称は、つねに、特定の女神に固有の信仰と結びついているから、この名称だけを証拠として、他に証拠がないままに、「母神信仰」の存在を推論することはできないと。[112]

つまるところ、古代ギリシアでは、「母神《メーテール》」は固有の神話をもっていなかったということを確認すべく、声が高まってくることを狙った企みなのだ。[113]

「母神《メーテール》」に息を吹き返させ、以下のように自問してみるときなのだ。すなわち、この執拗な探求において、「母神」を擁護するものたちは、いったいなにを探しているだろうか？

それは、おそらく「永遠の女神」ではないのか……。

「永遠の女神」さまざま

実際のところ、古代ギリシアの宗教を扱う専門家たちが、「偉大なる母神」をいかに重視しようとも、この女神は、ユングが予言したように、まず第一にひとつの元型である。それはまた、ドイツの分析心理学者エリッヒ・ノイマンが、「母神」に関する個別研究のなかで、[114]終始くり返していることでもある。元型とは内的イメージであり、魂《プシュケー》のなかで永遠性を与えられている。また、心的組織にとっては、中心であると同時に統一誘因でもある。それは、なにか不変のものである。あるいは、他の言い方をすれば、「個々の名の彼岸に君臨するものの名」[115]なのである。したがって、「母」という語が、大文字で書かれたときに、かならず現実の母性を指し示さずとも、たいしたことではない。また、「偉大な」という形容詞が、たんに「現実全体に対する象徴の優越性」[116]を表すだけであろうと、たいしたことではない。これらの前提を認めるならば、あるいはむしろ、それらを認めたと仮定するならば、すべては単純に、かくも単純に、不安になるほど単純になるであろうに。ただし、いくつかの単純化で満足しなければならない。たとえばノイマンによれば、バハオーフェンが考察していたのは、母親の権利についてではなく――だから、かれの著書にタイトルと意味を与える権利は、無効になっている――、単刀直入にいうと、女性の「本性」についてなのだ[117]。以下同様なのだが、これ以上引用を増やすことはすまい。

　しかしながら、くり返し現れる断定は注目に値する。ノイマンのいうとおり、古代エジプト人たちが、かれらの女神たちのひとりを「偉大なる女神」と呼んでいたとすれば、それはまさに純粋に象徴的な方法であって、それによって元型の非人格的匿名性を表現していたのであろう。そして、この属を表す名称は、ゲーテが『ファウスト・第二部』で「母神たち」に関して用いた複数形と、同じ効果を狙ったものだったのだろう[118]。ここでは、女性単数形は属を表すものとなり、複数形は集合名詞となる。そしてこのことは、たしかに、わたしたちになにかを思いださせる。とくにいえば、単数であれ複数であれ、属の名称であれ集合の名称であれ、女性という特性の元型は、それとも、もっと正確にいえば、女性という特性は、その本質からして元型であるため、非人格的なものという、さらにいえば「超人格的なもの」という様態においてしかとらえられないのである[119]。かりにそうだとしよう。しかしながらすでに、バハオーフェンが、もっと豊かなことばで、「太古の崇高なるものの特徴」について語っているが、その際には「個という色合いを考慮していない」。そしてそれが、「母神」に関する知識に固有のあり方だとしている[120]。

「母神」とはしたがって、女性という特性の非人格性の象徴そのものなのだろうか。たしかに、そういわれている。また、ときとしてつけ加えられることだが、この非人格性は本来的なものと関わっているために、統一を促すものでもある。たとえば、「世界を和解させる神秘として、女性という特性が作用するという神話[121]」について、語ることがあろう。だが、以下のようなことに気づかないものがあろうか？　すなわち、この言説が中性に置かれているため、そのなかでは、まだすでに起こっていないとしても、女性という特性を喪失する危険があるのだ。現実の女性たちは、明らかに、これよりはるか遠くにいる。だから、このような危険を犯すのは、これら現実の女性たちについて、語らずにすますためなのだ。

「母神」、「母神たち」。結局のところ、どれほど「母神」が、また「母神たち」が恐ろしくとも、これほど模範となるものはない。好むと好まざるとにかかわらず、わたしたちは、和解のうちに浸りきっている……。そのおかげで、大きな利益に遭遇できるからだ。それにまた、つぎのようにも考える――それは、わたしの場合だが――ことができる。つまり、心的構造と女性という特性とが、こんなふうに構築されれば、衝突やその際の面倒をいっさい知らずにすむのである。そしてこれらの面倒事こそが、人生をつくり出すものなのである。

「母神」、「娘神」

さらに一歩踏みだしてみよう。すなわち、「母神」と「娘神」――デメテルとその娘コレのことだが――が問題となるときには、教訓的なものが感動的なものに場を譲ることになる。ここでもまた大文字を使うと、*「永遠の女神」は、「母神」と「娘神」の二つの極を、その元型として――つまり、ひとつの元型を二つの元型でつくっている――いる。そして、これら『永遠の女神』の元型となる極」、すなわち「成熟した女性と処女」を讃えるだんになると、声の調子が叙情的になってくる。この二つは、「果てしない再生の力をもっており……、女性という特性の神秘[122]」を具現しているのだ。

＊「 」で囲んだ、「母神」、「娘神」、「永遠の女神」は、原文では大文字で書きだされている。

元型という考え方は、一般論であって、個体を問題にしてはいないわけだが、よい機会なので、この一般論の有効性を検討してみよう。もっと近くでみてみよう。すなわち、この二女神の崇拝においては、二というのは「一なるもの」の変種であるから、そこでは、元型が遠からず勝利を手中にする――すでに指摘したように、デメテルとコレは、「成熟した女性と処女」として、すべての女神たちのなかで女性の二つの年代を体現するのに、もっとも適している――ことになる。しかしながら、神話という側では、また、オリュンポスの神殿のダイナミックな構造の側では、デメテルとコレはそれぞれ独自性を備えている。さらには、「ギリシアの宗教」全体のなかでも、女神が多数いるために、この二女神もけっして共通分母とはならない。

「母神」、そして「娘神」。「母神」は、たしかにもはやひとりきりではない。とはいえ、だからといって、「母神」が、みずからの分身となる「他者」――おそらく、この他者は、息子のうちにおいてしかみいだされない(123)――をみいだしたなどとは考えないようにしよう。それとはまったく反対のことも、ありうるからだ。すなわち、デメテルの複数形（「デメテレス」）が、かず多くのポリスで、デメテル崇拝において確認されている。この複数形がまさに、デメテルとその娘によって構成されるペアを指しているとしても、デメテルの力強い存在が、娘のコレを吸収してしまったのではないかと疑ってみることができる（だがアルカディアではぎゃくに、「女主人たち《デスポイナイ》」という呼称は、二人の「娘神」――「女主人《デスポイナ》」と呼ばれている――を指している）。アテナイでは頻繁にあったことだが、双数形「二人の神《トー・テオー》」(124)の使用がおそらく、この印象を正すことになる。それが、ペアの完璧な均衡あるいは統一――つまり二つに別れた「一なるもの」――を暗示するからだと、一部のものたちがいうことになろう(125)。ところで、古代には、アテナイ西方のエレウシスが、デメテル信仰の中心地であった。だが、このエレウシスの神話では、デメテルとコレにもまた、ひとつの物語がある。その物語では、二女神おのおのの位置付けは、相互交換可能なものではないし、たんに象徴的なものでもない――たとえば「若き娘神」ペルセポネは、普通の若い娘からは非常に逸脱した範例である(126)*――のだ。それにまた、神話と信仰のあいだの隔たりを維持することを知らなければならない。この母と娘は、オリュンポスの「十二神」の神殿に属しており、密接に結びついた神格ではあるが、それぞれ個別の存在であって、たがいに似通ったりしていない。なるほど、両者の共有する信仰では、違いが消滅している。また、両者が神々の集団に参加する際には、実際には三位一体のかたちをとる。すなわち、地下のゼウスとでもいうべき存在を補助者とするが、この存在は、冥府の王ハデスにきわめてよく似ている。だが、これらの信仰と、神々の集団への参加のあいだには、物語の時間の経過だけでなく、ほかの組み合わせの可能性が紛れこんでいる。

＊ ゼウスは、自分とデメテルとの娘ペルセポネを、デメテルに内緒で、自分の兄弟で冥府の王ハデスに妻として与えることにし、ハデスにペルセフォネをさらわせた。デメテルは必死で娘を捜し、ついにその所在を突きとめる。その後妥協が成立して、ペルセポネは、一年のうち四ヶ月を冥府の女王として過ごし、残りを地上で暮らすことになる。この物語では、デメテルはあくまでも、娘の安否を気遣う母であり、両者の役割をたがいに交換することはできない。また、ペルセポネの数奇な運命は、とうてい一般の若い娘のものではありえない。

したがって、信仰上のペアという形態を一般化したいという衝動もまた、等しく抑制したほうがよい。そのために、なん度かなされてきたように、古代ギリシアの母＝女神たちはすべて、本質を表す二つのカテゴリーに分類されると断言したほうがよい。すなわち、多産な「母神」たちと、若い娘たちであるが、後者はさらにいつも、子を産むものとも呼ばれている。[127]

これらの区別がなされるとすぐに、非常に合理的な確認に同調できるようになる。すなわち、デメテルとコレの緊密な関連は、おそらく、それ自体古代ギリシアの宗教内部における特有の現象であろうというわけだ。したがってこれ以降は、空間的に、また多量の起源のなかで、この現象の力を減退させようとしても無駄なのである。[128]

しかしながら、歴史家がこういう推論を立てたとしても、それはほとんど傾聴されることなどない。この領域では、なにかを絶対化して、大文字で表す好みが蔓延しており、支配的な衝動が差異を消し去っているからである。

したがって、わたしは、これらの同化連鎖（A＝x＝y＝z＝「母神」）についても話さなければならない。この連鎖のおかげで、「最高女神」の信奉者たちは、女神たちの個性に決着をつけることができるからだ。つまり、場合によって程度の差こそあれ迅速に、どんな女神であれ、もうひとり別の女神に還元し、この別の女神を唯一の「母神」に還元するのである。それはあたかも、女性という特性においては、神々の姿といえども、たがいに交換可能であるかのごとくである。これに対して、男神たちのあいだでは、そのようなことはけっしてない。

さて、等価性、さらには変化《へんげ》について語ることとしよう。そして、アルテミスが小アジアの「偉大なる女神」と同一視され、ゴルゴンがアルテミス＝ヘカテと、あるいは怒れる「最高女神」がデメテルや、古代セム人の豊饒多産の女神イシュタルや、古代エジプトの天空の女神ハトホルや、古代ギリシアの富と幸の女神ヘカテ……などなどと同一視されていると断言することにしよう（ギリシアから、メソポタミアとエジプトの神格を経由して、ふたたびギリシアに戻る。なんという道程なのだろうか！）。またアプロディテは、各地のウシャス（インド＝ヨーロッパ地域の「暁の女神」）や、同じく各地の大地母神キュベレ、イシュタルなどに分解することができる。さらにはそこに、「一連のアプロディテに酷似した女たち」――ヘレネ、テティス、ペネロペイア、カリュプソ、キルケ、イノ、ナウシカア（あとは省略するが、問題はない[129]*）――を加えることもできる。またパンドラ――ヘシオドスにとっては、「すべての神々から贈りものを授かった女**」であるが――についていえば、この女性の名の「方向転換」を語ることになろう。すなわち、「あまねくものを贈る女」という、大変古風な名が転用されて、「もうひとつの姿である『大地女神＝母神[130]』」と結びつくことになる。

＊　ヘレネについては七一ページの訳註＊＊を、キルケについては七二ページの訳註＊＊を、イノについては本文七一ページと七二ペ

ージの訳註＊を参照のこと。またテティスとカリュプソはニンフ、ペネロペイアはオデュッセウスの妻、ナウシカアはパイアケス人の王アルキノオスの娘。
＊＊ ヘーシオドス『仕事と日』、松平千秋訳、岩波文庫、一九八六年、「パンドーレーの物語」（一六―二四ページ）参照。

列挙はこれくらいにして、有益な警告を思いだしてもらうことにしよう。それは、マリー・デルクールが、系列化というひとつのやり方に対して、くり返している警告である。デルクールは、いつでも、あえてこのやり方に頼ってきたわけではなく、すくなくとも、このやり方は原則的に不適切だと判断していた。というのも、古代ギリシアの神話体系とは、「類義語が存在しない言語(131)」であるからだ。だが、だからといって、古代ギリシア人たち自身が、この系列化という遊びに熱中していなかったというわけではない（これはすぐにでもわかることだが、古代ギリシア人たち自身が、すでにあらゆる解釈を提示しており、それらをめぐって、現代人のあいだで意見が分かれている）。たとえば、ローマ皇帝ユリアヌスは、異教信仰で名高かったが、大地女神ゲー（別名ガイア）または「母神《メーテール》」をレアと同一視していたし、オルフェウス教の勢力範囲内では、デメテルは母なる「大地＝女神」に姿を変えていた(132)。しかしながら、ここで確認しておくと、すくなくとも、こうした証拠は後代のものであるか、＊神秘主義の教派のものであり、また、古代ギリシアの宗教の古典的正統派的教義は、一般的に、こうした証拠を残してはいない。

＊ たとえば、ローマ皇帝ユリアヌスは、紀元後四世紀の人物である。

おそらく、「系列(133)」をめぐる問題をこんなふうに論ずれば、いま一度、かず多くの無原則な観念連合に触れることになるだろう。古代ギリシアに関する神学者から宗教史家にいたるまで、人々は、女性という特性と複数であることのあいだに、こうした連合をうち立てようと考えている。だが話は進めなければならないし、たとえこの問題の正当性を問うためであっても、これを再度とり上げることはしないつもりである。

ついに本質的な問題にたどり着くときが来た。つまり、「母神」への信仰を行動に移す——それこそが、いま問題なのだが——と、結局は、この女神こそ最初に支配したものだという前提を立てることになる。すなわち、この支配こそが、もっとも原初の支配だったのだ。

「母なる神」

というのも、それこそが夢だからだ。すなわち、「万神殿《パンテオン》」——ただしそれは、かたちどおりの万神殿ではない。というのも、「最高女神」の力はあまりにも大きく、他の神の入りこむ余地がほとんどないからだが——の頂点に「偉大なる女神」を据えることがである。「母神」であると同時に「偉大なる女神」でもあれば、すべての神々に優越する。だから、「男神の代理として」、女性の神格が支配するわけである。(134) つまり、「女　神《シー＝ゴッド》」が「男　神《ヒー＝ゴッド》」に先行する。あるいは、マリー・モスコヴィッチの表現を借りれば、「母なる神」が「父なる神」に先んじる。(135)

これは予期されることだが、歴史家の考察は、かつてないほど、これに異議を唱えている。それは、ヴァルター・ブルケルトによって、「ミノス文明の宗教——これは、ギリシアの宗教に先立ち、したがって、父親に対するインド＝ヨーロッパ的なへつらいとは無縁だと仮定されている」——でさえも、すでに「多神教であり、『偉大なる女神』中心の疑似＝一神教ではない(136)」と認められているからだ。しかしながら、この種の意義を申し立てるものもあらかじめ知っていることだが、「母神」への信仰は、その崇拝者たちのあいだでは、どんな論議よりも強固なのだ。そして、再編されても結局は手つかずで、意義を申し立てられたことで、いっそう強力になりさえする。この領域では、すべては解釈の問題であると、ブルケルトは付け加える。だが、かれ自身は独自の考えをもっていて、思索の問題だと考えている。(137)

だがわたしなら、母である「偉大なる女神」は幻想であるというところだろう。幻想というものはたいへん強力で、驚くべき抵抗力を備えている。幻想は実際に調停するものである。というのも幻想は、みずからの支配下で、母権制を守る女闘士たちと、原初の大いなる慰めの女性を崇拝する男たちを統合するからである。ともかく、この連合には驚くべきものがある。そこには、一部の女性フェミニストと、アカデミックな講座に鎮座した大学人たちが、つまりまったく異質なものたちが集まっているからだ。だがいまは大学人たちだけをとり上げるにとどめよう。というのも、かれらの思考こそが、わたしたちの関心を惹きつけてきたからである。

唯一にして母親である姿の権威のもとに、起源を統一することによって、いったいなにが手に入るのだろうか？　みずからのうちに、そしておそらく、それと知らぬ間に、未分化だった原初への郷愁を満たしているのだ。それはまさに、ベイルートでの『ニーベルンゲンの指輪』の歴史的な上演において、フランスの演出家パトリス・シェローがつくり上げた知の女神エルダによって、みごとに具現されていた。しかしまた、フロイトのように、父たちの文化を復権させようと努めることもありうる。フロイトはおそらく、原始時代における母権制の存在を信じていたが、偉大なる女神に対しては不信感しかいだいておらず、勝ち誇った父権制が、「埋め合わせとして[138]」母である女神たちをつくり上げたとしている。この提言の大胆さに、わたしは感嘆する。自明のことを曖昧にしたり、一般化することで安心感を与えてきたのに、その態度は豹変し、「母神」を二次的な構築物にしようとしているからだ。オーストリアの精神分析学者ランクは、「原初の母」を前提とし、「その事後の表象はすべて、この原初の母を否定することになろう[139]」と唱えた。だがフロイトは、ユングの提唱する元型とも、このランクの主張ともかなり違っている。かれの仄めかしているところでは、「母神たち」が権力の座にあると主張してもつねに却下されるのは、最初は「母神」たちにあらゆる権力が与えられていたにしても、ほとんど、あるいはまったく権力をもっていない現在に、結局は送り返されてしまうからだという。過去《かつて》と現在《いま》がある。そして、過去《かつて》が

現在《いま》の基盤となっているのである。(140)

古代インドの「最高女神《デヴィー》」

以上足早過ぎはしたが、いくつかの疑問を報告してきた。この報告を閉めくくるにあたって、わたしは意図的に、ギリシア以外の地、すなわちヒンズー教の古代インドに回り道してみたい。そこでは、ひとりの女神が、揺るぎない力をもって君臨し、まったく単純に「女神《デヴィー》」と呼ばれている。この女神は、恵みをもたらすと同時に恐ろしくもあるが、いたるところに遍在しており、そのため、いくつかの宗教運動では、神格の男性的側面以上に重視される傾向があるほどである。一部のインド学者たちは、この女神はより遠くから、より高いところから、バラモン教よりもはるか以前に、またヴェーダよりも以前にすら到来したかもしれないとさえいっている。わたしたちは最後に、この「偉大なる女神」をとらえる――しかも、はっきりと――ことになるだろうか？ この女神は、それほどしばしば描写され、推論されているのだ。

以下の論理展開を、わたしはマドレーヌ・ビアルドーの論証によっているが、この論証は、かず多くの推測に終止符を打つものである。じっさい、この女神に先だって、さまざまな女神たちがいたはずだと、ビアルドーは書いている。だが、

「おそらく、より実り多いのは、この『最高女神』の地位がヒンズー教内部でどのようにみごとに形成されているかを眺めることである。……（この女神という要素は）現在では、それを含む構造体によって意味を与えられている。だから、（この要素が）外部に起源をもつと断定したところで、それがこの構造体の外部でどのようなものでありえたかについては、いかなる点においても情報をえることなどない。(141)」

この女神はおそらく、「この世の母」と呼ばれている。だが、この女神には子どもがいない。すでにヒンズー

教においては、死すべき人間の女性に関してすら、その思考体系は、女性をまず妻とし、ついで母としている。そしてこれは、「近代科学が、インドで、母なる女神に宗教上の重要性を付与しようとしたが、この母なる女神という名高い万能の概念は、そうした重要性をもっていないことの証拠」[142]とみることができたのだ。事実、この「最高女神」は、偉大なる神シヴァの化身《アヴァターラ》であって、両性具有であり、寺院に隠遁する場合は、たんに処女であるにすぎないことが多い。しかも、この女神が戦士であり、「戦争のための犠牲《いけにえ》」を好むのは、この女神が、男性的なものから発して、十分に犠牲《いけにえ》の見返りをもたらすからである。というもの、この女神は、どのような穢れをも、そしてなによりもまず、流された血の穢れをひき受ける。それは、純粋なる神から穢れをとり除き、悪魔たちに対する戦いに、かならずや勝利するためなのだ。[143]

この力強い教えを頼りに、ギリシアに関することがらへとたち戻りたい。この教えが、以下のことの補足的なあかしだからである。すなわち、万神殿を構造化された全体とみなすなら、「世界創世期」の「偉大なる女神」が古代以来卓越していたなどと主張すること（それは、包み隠されているとはいえ、いまなおずっと存在している）は、最終段階において、なにものによっても正当化されないのである。しかしながらまた、「母神」に対する衝動が、いかなる批判的論証よりも強いことも知っておかなければならない。旧石器時代においてにせよ、世界の果てにおいてにせよ、「偉大なる母神」はたえず、その支持者たちの思索のなかで再生しつづける。しかも、これらの支持者たちは、この女神に、絶え間なくまた無限に再生される性質を付与しているのだ。

「最高女神」とは、広く共有された幻想の名である。だが、この女神はまた現実のものでもある。それは、現実の課す試練に抵抗するとき、幻想が現実のものとなるのに似ている。

神々の物語《イストワール》における女性という特性

たとえ女神が普遍的なものであって、ギリシア独自のものをなにももたないとしても、この章を終えるにあたっては、ギリシアについて語りたいと思う。ただし、なにかえても、古代ギリシア人たちの言説にこだわることが、決まりだからではない。古代ギリシア人たちも、いわなかったことがある。承知のうえであったにせよ、意識せずにであったにせよ、かれらは、そうしたことを考えたくなかったからである。だから、右のような方法に懲り固まっていたのでは、かれらがいわなかったことの役割を、どのようにして、いつの日か評価することができよう？　だが、古代ギリシアでは、どのポリスでも、同じ表現で、神々の「歴史」が語られていた。だから、いまのところは、古代ギリシアの言説には、女神たちがこの神々の「歴史」のなかでなんであったのかについて、語るべき多くのことが含まれている。[144] 古代ギリシア人たちに、ふたたび語らせるべきときなのだ。より正確にいえば、ヘシオドスの構築したものに、語らせるべきときなのだ。それが、多数のポリスからなる古代ギリシアで、神学としての役割を果したからである。この目的を果たすための道しるべとして、クレマンス・ランヌーの『神統記』解読を、もう一度とり上げることにしよう。それが、忠実であると同時に独創的な読み方だからである。[145]

さて、すべては、予期していたのとは違ったふうに始まる。というのも、まず始めには、二人の母がいたからである。

偉大なる女祖先は、どこで分裂したのか

まずガイア、すなわち「大地女神」がいる。これは了解ずみの事実である。そしてまた、恐るべき女神「夜《ニュクス》」がいる。『イリアス』では、ニュクスのまえでは、ゼウスですら、いかに激怒しているときでも、その歩みを止めたとされている。ゼウスはそれほどに、ニュクスの不興を買うのを恐れている。(146) ニュクスとは、威光に満ちた「母神」であると同時に、神学者ヘシオドスのいだいた観念なのだ。(147) だが、このような起源の分裂は、だれの意にも沿わない。それは、まったく確かなことである。だから、ニュクスの占める地位を縮小しようと努めることもできたはずである。しかしながらテクストがある。したがって、テクストをもっと近くからみるだけの労をとる価値がある。

おそらくガイアのほうが、ニュクスに対して一日の長がある。「大地女神」は、最初の世界創造のときから存在していた。すなわち、「深淵《カオス》」——まったくの始めには、亀裂ないし裂け目があり、これは中性形で示されていたが、そのことは、十分に気づかれていたろうか？——のすぐあとに。それからガイアは、「天空《ウラノス》」を産んだが、それは自分の息子（ウラノスは、ガイアの息子のひとりである）としてよりも、「自分自身と対等な」パートナーとしてだった。一方、カオスからはニュクスが生まれた。けれども、最初の時代は、なにごともなかった時代（ガイアがもはやひとりきりではなくなるための時代、かろうじて一世代からなる時代）であったかのように思われる。それ以降は、すべてがガイアとニュクスのあいだで決せられることになるからである。ガイアは、完全に自分を覆うことのできる存在を生みだすやいなや、もうすでにこの存在と情交を結んでいる。その続きはご存じのとおりだ。恐るべき子どもたちが生まれ、父親はかれらを憎み、母親の奥処へと隠してしまう。母親は息がつまり、呻き、末子クロノスに金剛の斧を渡し、待ち伏せさせる。そしてウラノスの生殖器を切りとらせる。

こうしてとうとう、第二世代が日の目をみるときが到来する〔廣川洋一訳『神統記』、岩波文庫、一九八四年、二一—二九ページ〕。

この時代（「時代」という語を、あえてなお用いるとしての話だが）のあいだに、ニュクスが原初の裂け目から誕生した。この女神は、分裂しか知らぬがゆえに、情交を結ばぬまま、分裂増殖によって子どもを産んだ。(148)この女神の後裔には、古代ギリシア人が否定的な概念のうちに数えあげているものすべてが含まれている。したがって、ガイアの娘にしてオリュンポスの神々の母なるレアに、ニュクスの娘にして多くの子たちの母なる「不和《エリス》」が対応する。そして、エリスの子どもとしては、たとえば「破滅《アテ》」や「誓い《ホルコス》」といった女神の名があげられている。後者は、偽りの誓いを立てた人間を苦しめるがゆえに、「死すべき人間にとって禍」とされている。これは疑いのないことだが、ガイアとニュクスの二つの系統の対称は、純粋に形式的なものである。それは、二系統の子孫それぞれの特徴から判断がつく。つまり、一方には神々が――神々だけが――おり、もう一方には、いくつかの女性グループ（黄昏の娘《ヘスペリス》たち、運命《モイラ》、命運《ケル》といった女神たち）がいるとともに、いわゆる「抽象概念」（だが、死すべき人間たちの実体験となっているため、これらの抽象概念を、実在するものとして示すこともまた、十分に可能である）があるとされている。だが、これはまた非対称でもあって、この非対称は、なによりも、二つの生殖様式の鋭い対立からくることが考えられる。すなわち、結合によるものと、分裂によるものとである。(149)結合による生殖は、神々と人間とのあいだで共有されているが、分裂による生殖は神々だけの――すくなくとも、それは、人間界では考えられないし、アリストテレスはしばしば、それを動物たちのあいだで再発見したと考えている――ものである。このようにニュクスの単為生殖は、完全に神だけのものであり、したがって奇跡的な（あるいは怪物的な）ものである。いかなる男性的本源とも関わりをもたず、ニュクスはひとりで受胎し、出産してきた。ところがガイアのほうは、ウラノスの飽くことを知らぬ抱擁に反抗するまでは、なん度もウラノスと情交を結んできた。クレマンス・ランヌーがしばしば、また正当にも強調しているように、分裂増殖による誕生は、このように世界創世の時代にまでさかのぼるがゆえに、重要なのである。事実、分裂増殖というありえない《アデュナトン》こととともに、神々の世界では、女性《フェミニテ》という観念が現れる。だがこの女性は、分裂増殖するという意味で自己完結しており、のっけから分裂する。それは、このうえなく威嚇的な観念なのだ。

神々は、それ自身のためにのみ存在するようにみえる。だがニュクスの子どもたちがこの世に送りだされたのは、これとは反対に、人間たちのポリスに苦悩をとりつかせるためだった。「女性という族《やから》」はつねに、自己完結しようとする潜在的な脅威のうちにあることを、その特徴としている。だから、この族《やから》がニュクスを模倣することがないかどうかなど、だれにわかろうか？　したがって、まったく別の模倣が、暗黙のうちに輪郭を現すことになる。それはもはや、前提論《トポス》が求めるのとはちがって、女性から大地へとは向かわない。それは、付き合いきれぬ族《やから》である女性たちから、ガイアとならぶもうひとつの原初、すなわちニュクスのほうへと向かう。たしかに、わたしの知るかぎり、この仮定はギリシア語では定式化されなかったが、はっきりといっておく——そのためには、女性たちとニュクスを結ぶ点線を実線にするだけで十分だ——に値するものである。

ふたたびヘラ

だがもう一度、神々へとたち戻ることにする。愛の神エロスが神々の出産を司っており、万事が順調であった。ただし例外がひとつあって、ニュクスの子孫である「忘却の神」（レテという名からみて、女神である）*は、神々の諸世代の時間性を解体すべく策動しているようである。ガイア、レア、ヘラという三世代の——ガイアを、ウラノスの母であると同時に、ウラノスの子どもたちの母でもあるとするなら、四世代ということにすらなる——女神たちがいる。そして、ウラノス、クロノス、ゼウスという三世代の男神たちがいる。なお、「女性たちから誕生した」オリュンポスの神々は、第四世代に属するとされている(150)。さて、「神々は、その世代が過去へ深く遡るにつれて、たがいに遠くなるという法則がある」(151)。アイスキュロスがそれを証明している。かれは、いつの日か、ウラノスの存在さえもが忘れ去られてしまうだろうということを知っている。というのも、その子クロノスからして、すでに「姿を消した」(152)からだ。だが、クロノスの子ゼウスが残っている。この神は、自分に有利になるよう動きを止めたのだ。つまり、だれであれ自分以上に強力な後継者がこの世に現れるのを、巧みに避けているのだ(153)。

＊　古代ギリシア語では、「エ」(正確には、長母音の「エー」)で終わる名詞は、女性名詞。

ゼウスは、父親として、単なる姓と化すことを望まなかった。そこでゼウスは、右の行為によって、オリュンポス一族内で、重要な子孫の再生産をすべて止めてしまう。この行為については、語るべきことが山ほどあろう。そこで、まず手始めに、「みずからの父性のまわりに、処女である娘たちをふたたび集める(154)」という、ゼウスのとった方法をとり上げよう。もっともわたしは、母たちをめぐるできごとのほうに関心がある。ところが、事態はそう単純ではないのである。

最初の二世代においては、母たちは全能であった。そのころ、母たちは、ガイアやレアにみられるように、末の息子を父親の制裁から保護していた。だが周知のとおり、この過程はヘラとともに停止する。さらに、つけ加えなければなるまい。すなわち、この物語のなかで、太古の母たちは、ゼウスの課す規則に公然と従っているのである。ゼウスはこれ以降、自分は「神々と人間たちの父神」だとやむことなく自称していく。ゼウスこそが、失脚した二世代の父たちの後を継いでいるからである。たとえば『神統記』では、これまたガイア自身の息子たちであるティタン神族をうち破ったのち、神々はゼウスを王とする。そして、それはまさに、古代のガイアの賢明な助言にもとづいてのことであった(155)。ガイアは、この助言によって、神々とともに称えられるという栄光に浴する。しかも、神々とは区別されてである。ただしそれは、「母神」の予言者たちが欲するのとはちがって、神々から卓越してではない。たとえば、アイスキュロスの悲劇『コエーポロイ――供養するものたち』のなかで、エレクトラが、「神々と、ガイアと、勝利をもたらす『正義の女神』[156]」に祈っている。ここでは、世代の異なる神々が錯綜して混ざりあっている。ガイアが、第一の先祖であるにもかかわらず、二番目に指名され、神々のあとに、「正義の女神」と並んでいる。だが「正義の女神」は、季節の女神であるホラたちのひとりにすぎず、ゼウスとテミスの娘だからだ。ガイアはこのように、好意的にも、女神を先祖としない動きに結託しているが、そこに、ある話の効果をみてとることができる。この話《レシ》の狙いは、おそらく、最終的に母たちをはねつけることにある。つまり、最初は母たちに全能なる力を与えておくが、それは、のちにその力を、これらの母たちから、より効果的に剝奪するためにすぎない――だからこそ、あの驚くべき特殊なケースのように、ゼウスの即位後ただちに、母親たちがこれに賛意を表したとされるのだ――のである。しかしながら、これもまた真実なのだが、母親たち――すくなくともガイアは、レア以上に確実に――は、最初の父祖たちとはちがって、忘却の彼方へと追いやられずにすむという栄光に浴している。偉大なるガイアは、つねに祈りを捧げられている。だが、ウラノスに祈りを捧げようとするものなど、どこにいるのだろうか？

　ただひとり、ヘラだけがこれに異議を唱える。その理由は以下のとおりである。ヘラは、ゼウスが「母神」たちとその末息子たちの共謀に終止符を打ったことを知っている。また、自分から生まれた息子のなかに、「父神」ゼウス以上に王者にふさわしく、自分が力を貸すほどのものなど、ひとりとしていないことも知っている[157]。ヘラは夫であるゼウスと対等ではある。けれども、女神たちが古代にもっていた卓越性はもはやない。たしかに、この卓越性を享受しなければならないにしても、すくなくともそれは、みずからの意思でそれを剝奪されるのを見越してのことなのだ。そして知ってのとおり、ヘラは仕返しをする。ないしは、仕返ししようとする。ヘラは、意地の悪い、喧嘩好きな気質によって復讐する。ホメロス以来、この気質は、きわめてしばしばヘラに帰されている。とはいえそれは、ヘラの恨みの心理学的な、それゆえ表面的な解釈にすぎない。というのも、この女神の真の仕返しは、ひとりで、情を交わすことなく、パートナーなしで子を産むことにあるからだ。そしてそれは一度だけではない。鍛冶の神ヘパイストスも、ヘベ（「青春の女神」）も、さらには戦の神アレスすら（しかしながら、『イリアス』は、アレスをゼウスの息子としている。たしかにアレスは、父から疎んじられていたとはいえ、すくなくとも嫡出子ではある）、単為生殖による妊娠から誕生したのである。*

* 『神統記』によれば、ヘラが単独で産んだのは、ヘパイストスのみ。ヘベとアレスは、ゼウスとの交わりから産まれたとされている（『神統記』、一四―一五ページ）。

だからといって、「ヘラが、自分が母であると同時に父でもありえるという証拠を示そうしている」ということになるのだろうか？　あるいは、「ヘラが父親を体内に宿らせていた(158)」などということになるのだろうか？　むしろゼウスのほうが、体内に娘の母親を宿らせている。自分が娘アテナの唯一人の産みの親となるために、ゼウスは、アテナを身ごもった最初の妻メティスを、「実際に」呑みこんでしまったからだ（『神統記』、一一〇―一一ページ）。それにくわえて、マルセル・ドゥティエンヌとともに、以下のようにいうほうがいい。デゥティエンヌは、最初の公式に変更を加えながら、ヘラのうちでは、単独での出産に対する衝動が「もっとも自立した力の持ち主たち――ニュクスと、それに、ヘラ自身の祖母ガイア〔この挿入部は、筆者による〕――の業《わざ》を復活させる」といっている。あるいは、クレマンス・ランヌーとともに、こういったほうがいい。ランヌーは、ヘパイストスの誕生を解説しつつ、ここには「太古の世界への回帰」らしきものがあり、「そこでは、母親単独の分裂増殖によって、祖父ウラノスが誕生した(159)」といっている。

ヘラは、全能なる母性の起源へと回帰するが……。すでに、「偉大なる女神」の信奉者たちは、勝利したと考え、ヘラのうちに「母神」を認めるのは正当なことだと表明する。そして、自分たちの言語はまさに、神々の起源を語る、真正にギリシアの言語であると断言する。だが、つぎのことを思いだすほうがいい。すなわち、有史時代のギリシア人にとって（したがって、ヘシオドスにとって）唯一事実であるのは、永遠なる現在、すなわちゼウスが君臨する不動の時代である。おそらく神々の物語は、完全に直線的なものではないのだろう。それは、いくつもの試みと失敗、後戻りと前進を含んでいる。さて、それらがどれほど驚くべきものであろうと、ヘラの出産のいくつかは、過去をくり返している。だがそれらは、過去を十全にくり返しているわけではない。そこにみられるのは、失敗ばかりである。それどころか、非の打ちどころのない「息子神」を産みだすことがないという点においては、失敗どころではない。そこから教訓をひき出すことを求めて、再度クレマンス・ランヌーに拠ることにしよう。

「孤高なる母という亡霊が、まさしくギリシアにとりついていた。それはまた、情交を結ばぬ母という亡霊でもあった。まったくの始まりのときには、この亡霊が受けいれられていた。というのもまさに、女性が最初の男性を産み、かれとともに、情交を結ぶ最初のペアを形成しなければならなかったからだ。だがその結果、かれらから誕生した子たちは、ひどいものばかりであった[160]」。

したがって、「力強い女祖先たちについて、太古からのかすかな記憶を背負いこんで」、ヘラは「気さくな女神ではなく」、好むと好まざるとにかかわらず、ゼウスの妻という地位に甘んじなければならない。たとえヘラが、「威光に満ちた女性[161]」であったとしても、このヘラの地位は、その母なる女神としての才能によるものではない。ましてや、恐るべき母として、ゼウスに感じさせたかもしれない恐怖によるものでもない。というのも、ゼウスのまえで折れるのは、きまってヘラのほうだからである。そして、結局のところ、ゼウスを欺こうとしても、すがる手段といえば、あの欲望《エロス》を起こさせて、夫と交わることだけである。欲望を支配できるのは、アプロディテだけだが、ともかくヘラは、こうして、しばらくは「父神」の警戒心をよそに向けることができた。情熱を掻き立てるヘラ。ヘラのこの姿は、神話においては、この女神が頼みとする過去と、永遠に矛盾している。またヘラは、日々の信仰においては、結婚の守護女神であり、結婚は、父親たちのポリスの将来をつくり出すものなのだ。これら二つの意味において、わたしはヘラを、この研究の行程の特別な証人として選んだのである。

過去《かつて》と現在《いま》

「かつて、女神たちがいた」と、神話の言説は断定している。この断定を、ある過去の正確な痕跡だと考えることもできる。しかもこの過去は、過ぎ去ってしまったとはいえ、歴史上の（ないしは先史時代の）ものである。あるいは、この断定においてこそ、始まりが構築されているとみることもできる。始まりは、その後につづく物語にとって必要不可欠なものである。とはいえ、「母神」の信奉者たちも、このような言及を耳にしたからといって、先走って勝利宣言などしないほうがよい。というのも、過去《かつて》のあとには、「現在《いま》」がやって来ることになるからだ。そして、父なるものに惹かれている宗教史家たちのほうは、『神統記』が語るような「歴史」（わたしは喜んで、アイスキュロスの悲劇三部作『オレステイア』が演出するようなと、つけ加えたい）を聴いて、完全にくつろいだ気分になる。もしも、かれら宗教史家たちが、「かつて、女神たちがいた」という表現に殊勝にも甘んじるとしても、それは、かれらが、その続きとして、「いまや、『父神ゼウス』が君臨している」という断定が、必然的に到来することを知っているからである。

スペースさえ十分にあれば、これら宗教史家たちの推論を紹介したいところである。だがここでは、ドイツの古典文献学者ヴァルター・オットーからの引用を、いくつかあげるだけにとどめておこう。オットーは、一九二九年、ドイツの読者向けに『ギリシアの神々』を公刊した。いや、もっと正確にいえば、『ギリシア精神の鏡にみる、神聖なるものの姿』という書――というのも、このサブタイトルのほうが、著作のタイトルそのもの以上に多くのことを語いるからだ――を公刊したといったほうがいい。同書によれば、「先史時代の宗教においては、女性という本質が、主導権を握っていたとすれば」、古き神々の王国も、他のところでは「女性という特性《ル・フェミナン》の過剰」[162]を特徴としていたようである。したがって、「神性のあの閃光」が公現するのを待つだけで十分なのだ。この閃光が、『オレステイア』のアテナやアポロンのように父性の側に加担して、父性を「解放する」からである。[163] ここでしばし立ち止まって、アテナについてみてみよう。というのも、この女神が、「父神」の娘という名において、オットーやその仲間たちを満足させているからだ。オットーがいうには、「この女神は女性ではあるが、それでいて、あたかも男性であるかのようである」――これはたしかに、神の世界の驚異である！――。あるいは、より正確にいえば、この女神は、「気高い男性という特性の理想像」であり、この女神においこそ、「戦闘に対する執拗さや、行動することの喜びの、男性的な意味が神格化されているように思われる」[164]のだ。

　さらに、概観をいくつかあげるにとどめよう。これらの概観が、この報告全体の調子を暗示するのに十分だからである。それによって、わたしはまた以下のことを指摘したい。まず、「母神」の信奉者たちと、「父神」の信奉者たちとのあいだで、議論が交わされている。つぎに、アイスキュロスの悲劇『エウメニデス』では、アテナが、正義と復讐の女神エリニュスたちの弁論の特徴を、たくみに表現している。[165]* このアテナの表現を借りれば、両信奉者たちの議論は、どちらの側をとってみても、「言説の半面」にしかすぎない。つまりわたしは、それがどのように半面にすぎないのかを指摘したいのだ。両者の議論はそれぞれ、ただひとつの言説の半面であって、その言説のなかでは、両面のそれぞれが、交互に逆転して、表となり裏となりしている。たとえば、海の神ポセイドンをとり上げてみよう。この神について、プルタルコスは以下のように認めている。すなわちポセイドンは、いくつかのポリスで、守護神という権威ある称号を、もうひとつの神格（おそらく、アテナのこと）と競ったが、そのいずれにおいても敗れたという。どちらの陣営においても、説明が同じであることに疑いの余地はない。そして両陣営とも、ただひとつの声で語ることになるだろう。「その名は、この神が偉大なる女神の夫であることを示している」[166]と。その後、一方の陣営が、まったく当然のこととして、「母たち」（アテナ、ヘラ）が、アテナイでもアルゴスでも、ポセイドンに勝利したと断言することになろう。他方、もう一方の陣営は、ポセイドンの敗北には、なんら驚くことはないと認めるだろう。なぜなら、その栄光のときでさえ、ポセイドンは「女性という特性に従属していた」からである。だからこそポセイドンは、「父神」の妻や娘のまえで最終的に失墜してしまうのだ。

＊「一方だけは片がついたようだが、もう一方の主張も聞かねばならぬ」（橋本隆夫訳『エウメニデス』、『ギリシア悲劇全集 1』、岩波書店、一九九〇年、二二五ページ）。

これら両信奉者の言説は、どちらも熱のこもったものである。というのも、どちらも等しく積極的に関与しているからだ。そして、両者の対称性をまえにして、おそらく、構造主義が結局はこの対称性を通過することになったのを喜ぶことになる。しかもそれは、両者の相互補完性を示す（まったくのところ、そんなことは、アイスキュロスのアテナがすでにやってしまっている）ためにではなかった。むしろそれは、どんな分析であれ、起源の探求――この探求は、つねに失敗に終わるが、つねにやり直されるべきものであり、したがって抗争の種なのだ――をめぐる分析に重点を置かず、思考のさまざまな操作のほうに重点をずらすためにだった。これらの操作によって、神々の空間のなかでは、さまざまな要素の組み合わせが、かず多く可能であることが描きだされるからである。そして、まさにここから、疑問が生じてくる。すなわち、もしも性差が、これら多くの組み合わせのなかで、ひとつの適切な基準であるとすれば、いったい、女神とはなにか?、というわけである。

この問いに対して、明確な解答や、ましてや一義的な解答が出されたとは、わたしには確信できない。だが、古代ギリシア人たちも、現代人たちも、さまざまな道筋をたどって考察し、この設問を提出しようとしてきた。だから、すくなくとも、わたしは、こうした道筋に道しるべを立てようとしたのである。

古代ギリシアには、神が女性であるとき、これを複数形で考えたいという衝動があった。また、さまざまな思索が、はじめは古代ギリシアで、ついで、十九世紀と、つぎの二十世紀で、いくつもの理論的構築のなかで類をみないほどの規模でふたたび活性化し、母なる神について巡らされた。この神は、単数であれ多数であれ、このんで、個として特定できないものであろうとした。この衝動と思索のように、これらの道筋はたがいに、部分的に合流したり、交差したりしている。本当のことをいえば、あらゆる「解答」はまず、古代ギリシア人たちによってもたらされた。たとえば、神《テオス》と女神《テア》の区別がそれである。この区別は、暗黙のものであるにせよ、きわめて明確に印されているにせよ、普遍的なものである「神」と、性別を付与された「女神」とのあいだでなされている。ただし、現代人の考察が、以下の微妙なニュアンスを理解するという条件付きでである。すなわち、女神は、女性という特性を具現しているのではなく、女性《フェミニテ》を独特の形態で表現しているのだ。その形態は、しばしば洗練されてはいるが、もっとしばしば、現実の女性からはズレているのである。

最後に、この研究の行程を閉じるにあたって、細かいところまで明確にしておかなければならないことがあった。古代ギリシア人たちは、神を産みだすにあたって、女性という特性が貢献したといっているが、それがどういうことかということである。それは、古代ギリシア人たちが、きわめて早くから、神々のあいだの関係を、系譜という様式によって構築していたからである。この調査が必要であることに、疑問の余地はない。なるほどわたしは、「女性たちの歴史」という概念が、それ自体として正当であるかどうかを、つねに知っているわけではない。またその概念が、歴史上のどの時代においても可能であるとは思っていない。だが、確かなのは、古代ギリシアが神々の世界を構築した際には、女神たちこそが、神々の歴史に動きをもたらしたのであり、ひとりの男神が、その動きを止めたということである。

神々の役割は実際上区分されているが、こうしておけば、この区分が、いくぶんか明確に明らかになるであろう。この区分は、女神（たち）について語ることで、人々がただちに、起源への憧れに屈してしまうことを望んでいる。だがその一方で、オリュンポスの宗教が、万神殿という形式でひとたび打ち立てられるや、その構造に専心するように誘いかけることをも望んでいる。

性差をめぐる探究には、（おそらく、自発的な）進路決定の方法が二つある。右の二つの入り口――起源からのものと、構造からのもの――は、どれほど理論的なものであろうとも、結局はいまだに、この二つの方法にもとづいているということなのだろうか？　この仮説は定式化されている。だから、それをひき受けなければならない。わたしはそれを試み、つぎのような確信をいだいた。つまり、入り口はどちらでもいいというわけにはいかないのだ（中立など、ありえないのではないのか？）。神《テオス》と神々《テオイ》「全体」とに関心があるのか。あるいは、単数としてであれ、集合体としてであれ、女神《テア》に意味を付与するために、女神（たち）について語ることが、多神教のシステムにおいて、なにを意味しているのかを問うのか。このどちらかによって、入り口は異なるのである。

（川口陽子　訳）

古代ギリシア人たちは、いくたの女神を創造し、夢想したが、その方法は、ニコール・ロローが、いま明らかにしたとおりである。そしてその方法は、本巻全体を貫く疑問を提起している。すなわち、性差に関する古代の言説は、たんに男性支配の現れにすぎないのか？　それとも、それは同時に、ほんのわずかであれ、女性のもっているものを、自分のものにしようとした試みなのか？　この疑問の探究を完璧にしようとするなら、女性という特性《ル・フェミナン》に関する言説を、古代の知全体のなかに置いてみなければならなかっただろう。つまり、哲学者たちや法律が、女性たちに関して、さまざまな規範を語っているが、そうした規範を研究しなければならなかっただろう。また医学者たちは、古代ギリシア医学を大成したヒッポクラテスの文書集成から、ローマ医学の大成者ガレノスまで、女性の心理的な態度に注意を払っていた。あるいは、女性の身体の解剖学と、生理学と、病理学に注意を向けていた。そのどちらであるにせよ、とくにこれら医学者たちにおいては、知は現実的かつ実証的なものとみなされていた。だからまた、女性たちがどんなふうに、この知の対象となってきたのかをみなければならなかっただろう。そこでは、人も知るとおり、二つのモデルが、中世全体を貫いて近代まで、たがいに対立し、交互に主導権を握ってきた。そのありさまは、この歴史の第二巻で示されることになろう。ここでは、探究の第一の面についてだけ、その概略が描かれている。すなわち、プラトンとアリストテレス、およびローマ法における、さまざまな女性のモデルの構築のことである。ただし、第二の面は、ダニエル・グレヴィッチとアリーヌ・ルセールの近著で読むことができる(1)。

以下のジュリア・シッサの研究は、プラトンとアリストテレスの著作における女性たちの地位に関するものであるが、それは、けっして屋上屋の考察を重ねたものではない。それは、両哲学者において、文化的《ジェ》＝社会的性差《ンダー》が、いかにして構築されたかを分析している。この分析によって、女性という特性を定義するうえで、哲学の歩みがどのような特質をもっていたのかを際立たせることができる。この歩みの特徴は、性差を他のもろもろの差異との関係で分類しようとする意思と、両性間の対立を縮小しようとする傾向にある。ただしそれは、女性たちに対して、男性との平等を認めるためではなく、かの女たちの無能力振りのかずかずを、よりはっきりと暴露するためである。そこには、女性たちと知に関する探究には、もうひとつ別の方向があることがほのみえている。すなわち、女性たちをもはや、知の客体としてではなく、主体としてとらえることである。また、女性と認識という活動、女性という特性と思考、女性という特性と言語活動とのあいだに、存在する諸関係を強調することである。だから、次章が暗に含んでいるのは、さらなる探究をつづけようという誘いなのである。

P. SP

2

性別《ジェンダー》の哲学

プラトン、アリストテレス そして性差

ジュリア・シッサ

知に対する二重の関係において、古代ギリシアの女性は興味深い存在である。ギリシアの女性が、情熱をかきたてる対象であると同時に、非常に控えめではあるが、理論的には典型的な主体でもあったからだ。対象として、女性はまず、あの生きた存在となって登場したが、この女性が、どんなふうにしてこの世界に現われたのかは、あの神話の語り部によって、想像されなければならなかった。そしてそれは、女性が、医学者たちにとって、詳細に観察すべき身体となり、哲学者たちにとっては、一定の位置を与えるべき社会的存在となるよりもまえのことだった。つぎに主体として、女性は、散発的にではあるが確実に、哲学、医学あるいは文学の実践の周縁部にに現われてくる。だが女性は、あくまでも例外的存在であり、まさにそのことによって、男性側の排除の規則が、知的領域で作用して

いたことを立証している。しかしながら女性もまた、認識の典型的な主体となる。そしてそれは、知に向かいあう姿勢が、既成の専門知識を征服するかのように獲得するのではなく、むしろ受容とか手探りの探求ということばで、理解されるような場でのことである。紀元後一世紀に活躍した哲学者アレクサンドリアのピロンは、男性の知性と女性の感覚を区別したが、(1) このときピロンは、性差に関する古代ギリシアの考え方の、重要な一側面を要約していたのである。その側面はまた、神託の真理性に関するプルタルコスの思想にも、あるいはソクラテスの産婆術*に関するプラトンの考えにもみられる。女性たちは、現実には教育を受けることができなかった。(2) だから、かの女たちは、想像力によって、身をもって真実なるものに接近していた。つまり、ほとんどなんの抵抗もなく、真実なるものに浸透されていた。そしてそのことは、みずからのなかに受けいれるという、女性の性的天性と一致していると考えられていた。

* 産婆術とは、ソクラテスがみずからの対話術に付けた呼び名で、人の心中の漠然とした考えを、問答をとおしてひき出し、明確な真の理解に導く方法のこと。

経験的にいうと、専門知識と熟練を要する評価の高い職業で、女性のものとみなされていたのは、ごくわずかしかなかった。すなわち、女性の仕事といえば、機織りのほかには、たいていの伝統的社会と同じく、家事と子育てであった。女性による子育てといえば、その逆説的性格に驚き、かつ憤慨したのは、プラトンだけであろう。(3) すなわち、市民を育てるという務めが、まったく無教育な人間たちに委ねられているというわけである。

また当時は、哲学者がことばを産みだすためには、その種を植えつけてもらわなければならないとされていた。だから、もしも、「思慮の女神《メティス》」とか、「善き思慮の女神《エウメティス》」とか、右のように考えられた「哲学者の魂」といった観念が、なんらかの意味で、知に対する古代ギリシアの考え方を、わたしたちに示しているとすれば、潜在的に、かつまた隠喩的には、反対に、受容的知性と知的感性は女性的なものだということになる。

女の基本モデル《パラダイム》

知的概念である発話と出産とのあいだに、類似性を追求したのは、とりわけプラトンであった。『饗宴』のなかで、ソクラテスによって賛同をえた恋愛理論とは、ひとりの女性、つまり女神官のディオティマが申しのべた理論である。その理論は、恋愛についての問題意識を、エロチックな欲望と享受という即時的なレヴェルから、「もっと高度な」水準に、すなわち知の欲望という水準へ移行させる。この二つのレヴェルの結合を可能にするのは、美、つまり、魂にも身体にも共通する特質なのである。恋愛の、もっともありふれた、そしてもっとも自然発生的な経験は、実際のところ、美の魅力、すなわち美しい身体がひき起こす効果から出てくる。身体の特異な属性としての美しい姿をみることで、魂は目覚めさせられる。欲望は、このようにしてかき立てられ、また、最初はこのようなかたちでしか現われてこない。だが欲望は、身体に、つまり無数にある個々の具体的な身体に執着したままでいるのではなく、ひとつの対象に到達することができる。多様性をより高度な総合に導くもの、すなわち美そのものに、である。個別の身体は仮想上無数にあるものだが、恋するものの視線は、そうした身体の収集体からそれて、ときとして結局は、美の観念そのものに行きつく。魅力的な個人といえども、この美の観念の性質を受けついでいるにすぎないのだ。そしてそこから、さらにもっと遠くへ、もっと完成された観念にむかって飛躍することができる。このような美の観念は、多数の具体的な実際の美とくらべて、たんに抽象的であるというだけではなく、あらゆる身体的な付随的意味合いを削ぎ落としたものでもある。これ以降、魂の美を賞味することができるようになって、欲望は、あい変わらず恋をするもののままでありながら、その理想の対象に到達することが可能になる。その対象とは、即自的および対自的美のことであり、それは、感覚的な美的形象とも、また、特定の人格における精神的な活動とさえも、まったく無縁なのだ。主体が最終的に情熱を傾けるもの、それは美の原初の原理——これこそが、事物を、あるいは思想を美しくするもの——である。ところで、このような恋愛は、凝縮されていると同時に、非物質的なものでもあるが、プラトンはたえず、これを、エロスに関わることばで、そしてそれ以上に、性別にもとづく生殖のことばで記述しつづけている。

異性間の恋愛は、物質的に種を再生産することを可能にするが、これに対して、もうひとつの恋愛は、美少年から出発して「美」への情熱へと繫がる。それは秘儀伝授の恋愛であって、別の種類の生殖を目指している。すなわち、言説や思想の生成のことであり、そしてまったく特殊なものとして、正義とポリスに関わる法案の作成のことである。主体は、このような恋愛へ向かうとき、知的な不死性を希求することが多い。そしてそのために、この主体は、その男性性器の生産能力をではなく、魂《プシュケー》の生産能力のほうを評価しようとする。

「魂に生産能力のある人々——というのも、これは真実のことですが、ある人々は、肉体よりも魂のなかに、魂が宿すにふさわしいものすべてを宿すからで、しかもそれは、肉体が子どもを宿すのと同じことだからですが——についていえば、魂にとってふさわしいものとは、いったいなんでしょうか？　それは、思想およびその他あらゆる種類の優れたものです……。ところで、このような人たちのなかには、神であるかのように、年少のころからすでに、いろいろな思想をいだいている人がいます。そういう人には、年ごろになると、思想をかたちにし、生みだしたいという欲求が生まれます。そこでこの人は、あちこち、美を探しはじめます。美のなかでこそ、この人は思想を生みだすことができるからです。この人には、醜さのなかで思想を生みだすことなど、けっしてできないからです。……中略……美しい対象に触れ、いっしょにいるようになると、この人は、以前から宿していたものをかたちにし、生みだすのです。そばにいても離れていても、この人はそれを覚えており、生みだしたものを、わたしが述べたばかりの美しい対象とともに育てあげるのです(4)。」

思考すること、出産すること

魂は、うちに宿したものを生みだし、愛する人と熱心にことばをやりとりすることによって、その果実をはぐくむ。もっとも抽象的な段階のこと、すなわち「美」それ自体への愛についていおうとすれば、隠喩が続くことになる。つまり美の観念は、観照の対象であって、魂は美の観念と結合し、この結合のおかげで、魂は生みだす。生みだされるのは、単なる思考ではなく、真理そのものだ。この真理を、魂はやむことなくはぐくみつづける。[5]

したがってここでは、知的活動は徹底的に、妊娠、出産、授乳という用語によって表現されている。このように、男性間の同性愛においては、欲望する主体は、女性を連想させる概念に同一化する。したがって、身体《ソーマ》から精神《プシュケー》へ生殖機能を移すことは、知の欲望とその結果を女性化することを意味している。

言語学的な説明で満足して、「プシュケー」という語が女性名詞であるため、女性に関わる隠喩全体をひき出したのだと理解することもできよう。だが、そう考えるならまさに、弁別的特徴の理解を断念することになるだろう。* 弁別的特徴が、語のしたに潜むアナロジーを支配している。ところで、出産と、思考をいい表す行為とは、ともに、ひとつの懐胎《コンセプシオン》／構想の結果として比較される。そして、この比較のポイントは、思考についても、また出産についても、新たなものを生みだす原動力にある。つまり、どちらの場合も、出てくることを嫌がるものを、出現させることなのだ。重要なことは、思考するということには、最初から二人のパートナーが必要だということではない――というのも、『饗宴』のなかでディオティマがいうように、哲学のためにつくられた魂は、子どものときから思考の種を孕んでいるからだが――のだ。むしろ、思考することと出産することは、長く、苦しみに満ちた、二つの体験であり、それらはついには解放へとつながるという事実にある。

* 弁別的特徴とは言語学の用語。たとえば、LとRの音は日本語では区別されないが、英語では明確に区別され、たがいに弁別的特

徴となる。

「それゆえに、種を孕むものが、美しい対象と出会うと、そのたびに甘美な安らぎを感じ、そのおかげで生きとなるのです。そして、分娩し、産みだすのです。しかし、醜いものに近づくと、そのたびに陰気になり、悲しみに満ちて、かっとなって、顔をそむけ、身を曲げ、産みおとすことはなく、妊娠の産物をしかと守って、苦労してもち続けるのです[6]」。これと同じく、思考の種を孕んだ魂は、美と出会わないかぎり、思考を産みだすことができない状態にある。こうした状態にあるとき、魂は、すでに熟しているというのに、果実をおのれのうちにしまい込み、際限なく、しかも苦労して、もち続けなければならなくなる。もし美がなければ、思考の種を孕んだ魂は閉じこもり、身を丸め、殻を閉じてしまう。それはまさ、妊娠した女性の身体も、美がなければ、出産という神的な力によって解放されることがないのと同じなのだ。「人が、思考の種を孕み、すでにその果実で腹を膨らませている場合に、美しい対象に出会うと、その人は驚異的な喜びにとらえられますが、それはきっと、その結果なのですよ。とソクラテスが話しを受けていった。人が美しい対象を所有すれば、残酷な産みの苦しみから解放されるのですから[7]」。

まさにこの瞬間に、思考することは出産することとなる。この瞬間は、希有で、いつ起こるともわからない。だがそこでは、魂が思考を孕んで、ひどく膨れあがり、重々しく、苦しんで、ついにはその重荷から解放される。そこで、次のことを強調しておかなければならない。すなわちプラトンは、出産と思考とを比較しているだけではない。だから、プラトンを読む際には、この哲学者が女性という特性と男性という特性のあいだを行き来していることを、とくに、そしてもっぱら念頭に置いてもいいということになろう[8]。女性の身体と哲学者の魂を比較するとき、プラトンがいつも目的としているのは、ひとつのはっきりとした観念を主題化し、展開することである。その観念とは、思考を産みだすこととは、不可能なこと《アデュナトン》、困難なこと《カレポン》を体験することだという考えである。

つまり魂は、美とか、欲望の執拗さといった産科医がいないかぎり、停滞したり、閉じこもったり、苦しんだりする傾向があるのだ。『国家』のなかでも、魂は、事物の見かけの姿を越えて、ついに現実に触れる瞬間まで、探求ないし闘いをつづける。そして、この探究ないし闘いが問題となるときも、まさに右のとおりなのである。ただし、この場合、原動力となる原理は、満たされない恋愛であるのだが。

抵抗がうち負かされた瞬間、思考することは出産することとなる。このとき、赤ん坊《ベベ》＝ことば《ロゴス》と、女性の身体／魂とのあいだで、緊張に終止符が打たれる。女性の身体／魂は、それまで解放に抵抗していたのである。このことは、『パイドロス』においても真実である。この著作では、妊娠の隠喩が、恋愛によって芽生える翼の隠喩と一体となって呈示されている。この翼は、生えでてくる毛穴が塞っているにもかかわらず、それに抗して芽生えてくる。[9] このことはまた、『テアイテトス』においても、もっとはっきりと真実である。この著作では、プラトンは、その対話の始めから終わりまで、ひとりの若い数学者を登場させている。この数学者の魂《プシュケー》は、まさに思考の臨月にあり、プラトンはその思考の出産を助ける。純化することと同様、ソクラテスの産婆術は、魂に詰めこまれているもの、すなわち間違った意見、自己の無知に対する無知、周囲から借用してきた考え、疑い、論理的難点《アポリア》などから、魂を身軽にしてくれるのだ。

『テアイテトス』のなかで、ソクラテスは、言表行為を出産になぞらえ、質問の出し方を産婆の技術になぞらえている。だが、ソクラテスがそうしているのは、同時に、身体の産婆術と魂の産婆術のあいだの根本的な距離を強調するためでもある。たしかに、哲学者の産婆術の特徴となっている行為は、もしもそれが現実の産婆の能力に含まれるとすれば、これら産婆たちにとっても、もっとも重要なもののはずである。けれども、現実の産婆たちは、この行為を完全に身につけることができない。というのも、その行為というのは、検討すること、判断すること、でき上がったものを、つまり新たに生まれたことば《ロゴス》を診断することだからである。したがって、男性における出産は一種の解放であり、思考という重荷を降ろした人物を自由にし、身軽にする。この思考が、空気のようなものでできているにもかかわらず、重たいものだからである。ソクラテスは、テアイテトスに介入しようとする。だがそれは、対話者であるテアイテトスを安堵させることができるという展望と、ソクラテスの側に以下のような判断が働いたからである。すなわち、テアイテトスが新たに産みだした思考を、必要ならかれからひき離しても、テアイテトスはその別離に耐えられるだろうと確信したのである。出産するということは、したがって、若い男性にとっては、どうにかして《モリス》、よくできた表現を探しあて、自分のうちにあるものを表出させることなのだ。そしてその際、この若い男性は、自分が「産婆」に身を委ねており、この産婆がかれ自身のことば《ロゴス》の出てくるのを待ちうけ、そのことばのなかから、容赦なく真実だけを見分けるのだということを知っているのだ。(10) そしてまたこの「産婆」は、これらのことば《ロゴス》が生きのびるに値するかどうかも決める。このことば《ロゴス》に対する生殺与奪の権利は、あきらかに、産婆の役割とはなんの関係もない。それどころか、それとはまったく反対のものなのだ。(11)

要するに、出産という基本モデル《パラダイム》によって、プラトンは、認識主体をその魂と同一視している。もっと正確にいえば、真理への直接的で自由自在なアプローチの方法をもたない魂と、同一視している。このようなモデルによって、この哲学者にとって知的体験の本質を表すものを、描きだすことができる。すなわち、拘束され、葛藤に満ちた、無意識の行程を、描きだすことができる。無知、誤謬、誤謬についての無知によって、わたしたちの魂は、知らず知らずのうちに、さまざまな思考や見解、ことばに満たされるのだが、わたしたちには、それらの意味がわからない。魂《プシュケー》が受胎するのは、これらによって、すなわち、発話されることのないものによってなのだ。出産するとは、話すことであり、したがって、わたしたちのなかで思考されていることを発見することである。それがなぜ苦しみになるのだろうか？ それは、それが自然発生的になされるのでもなければ、わたしたちだけの意思によってなされるのでもないからである。魂がその内容物を排出するには、外部の力、たとえば美が必要なのだ。あるいは産科医役が介入して、排出を強要したり、助けたりしなければならない。この内容物は、魂に重くのしかかるが、魂はそれに耐えている。だが、よき出会いがなければ、魂はそれを、自分のうちに大事にとっておこうとする。出産には、緊急なことであるにもかかわらず、なかなか成し遂げられないという逆説がある。同様に、発話もまた、執拗につづくかと思えば、同時に逃れようともするのである。

プラトンはこのように、知という主題を女性に関連づけている。だがそれは、かれにとって、魂が真理を占有し、真理に直接入りこむことを妨げるものについて論じるということを意味する。出産は、労役、苦しみ、依存の同義語である。要するにそれは、真理の自動顕現に対する抵抗と、同義語なのだ。ローマ時代の文筆家プルタルコスは、のちに、神託のことばについて、一大理論を構築することになる。そして、そのもととなった考えは、巫女ピュティアの魂が太陽神アポロンの知を伝えるが、それは、月が太陽の光を反射するのと同じだというものである。すなわち、月は太陽の輝きを曇らせて伝えるというわけだ。

性別という問題

詩人も、哲学者も、そして医学者も、対象としての女性を言説で包みこんできたが、その言説は、ホメロス（紀元前八世紀）からガレノス（紀元後二世紀）にいたるまで、明確な一貫性を示している。これら学者たちの言説にある強迫観念を一覧表に要約したところで、たいした価値はないだろう。それによれば、女性は受動的なものであり、もっともましな場合でも、解剖学的、生理学的、心理学的基準にくらべて、すなわち、いうまでもないが男性にくらべて、劣等なものとされている。これがすべてである。プラトンの女性贔屓《フェミニズム》に関して、これまでさまざまなことがいわれたし、書かれもしてきた。この哲学者が、『国家』のなかで、ひとつのポリスを構想し、そこでは女性が男性と同じに教育を受けるべきだと主張したからである。だが、それらはすべて、結局は以下の明白な事実に行く手をはばまれる。すなわち、女性がなにを企てようとも、そして女性はなんでも企てることができるが、それを実現するのは、男性ほど巧みではないというわけだ。ヒッポクラテス派の医学者たちは、性別のあるすべての個――オスであれメスであれ――は、同一の精液をもち、その精液は両性具有だと認めている。だがかれらは、この精液実体の女性部分は、その内在的な特質によって、それ自体男性部分よりも弱いと主張した。アリストテレスについては、いうまでもない。この哲学者にとって、劣等性は、あらゆる分野――解剖学、生理学、倫理学――において体系的であり、形而上学的受動性の当然の帰結なのだ。女性はその質において劣悪であり、適合性に欠け、高い能力もない――つまり女性には、なんらかの不備、欠落、不完全さがあるとみなす――という考えは、古代ギリシア人の確信であり、一致した同意事項だった。そしてそれが、ギリシア人の知に不快な酸味を与えている。とげとげしい軽蔑、そしてもっと悪いことに、尊大な態度が、今日、女性の歴史家や哲学者たちが古代ギリシアのテクストに向かうとき、かの女たちのあいだに、非常に不愉快な気分をひき起こしている。どうして、激怒と不機嫌な気持ちがつぎつぎと起こらないようにできようか？　どうして怒りの発作に駆られずにいられようか？　これらの言説は、西欧の伝統において、人間について、もっともよく考えられたもの、構築されたもの、考察されたものであるといわれ、みなされてきた。だが、その馬鹿馬鹿しさ、論証の不公平さをたどっていくと、市民同権に基盤を置く古代ギリシアの均衡など、脆弱なものだったのだと思われてくる。

誤謬と指標

しかしながら、それに慣れなければならない。偉人たちは、女性について悪口をいっているし、偉大な哲学や、もっとも権威ある知でさえも、これ以上ないほど軽蔑的で間違った考えを、女性に関して是認してきた。だからときには、これらすべては、特定の女性の逸話や個人的事情にすぎないと考えたくもなろう。だがかれらは伝記作家にして学説史家であり、さまざまな生涯や学説を編纂しながら、〔女性たちが〕どんな社会的態度をとったのかとか、どんな生活の仕方を選んだのかを好んでとり上げている。ところで、哲学的・科学的な考察がどんな「職業の」枠組のなかでなされるのかを、あらかじめ限定しようとすると、その行為はかならず、女性の世界から一歩後退したり、それから距離をおいたりするものとなる。この距離は、尊大な優越感あるいは無関心ということばで理解されている。たとえば、優越感についていえば、紀元前六世紀の哲学者タレスは、妻を娶るまいとしていたが、それは、学者にとって結婚というものは、いつでも早すぎるか、あるいは遅すぎるという理由からだった。ソクラテスの弟子で犬儒《キュニコス》学派の始祖アンティステネスは、言葉遊びをして、美しい妻はだれにでも身を任せる女（コイネー）であり、それに対して醜い妻は懲罰（ポイネー）――あるいは、無差別の懲罰――であるといっている。さて、紀元後三世紀前半の哲学史家ディオゲネス＝ラエルティオスは、哲学者たちの生涯を再現してみせた。それらの生涯《ビオイ》は細かな事実にあふれていたが、女性との関係は、まったく正当に扱われてはいない。だが、だからといって、偽アリストテレスの臨床的方法に従わなければならないのだろうか？　この人物は、『悩み』という有名な書の著者であるが、憂鬱症だけでなく、現実の世界（したがって、性生活も）を拒否する症候すべてについて考察し、これを哲学者にとっての固有の症状であり、哲学的考察実践の身体的条件だと考えている。

たしかに、こういうことに応酬して、怨んだり、苦々しい思いをいだいたり、誤謬だ、馬鹿げた言説だと腹を立てて告発したりすれば、それはいささか安易だということになろう。それには二つの理由がある。第一の理由は、以下のとおりである。まず、科学に対するフェミニズムからの批判は、意識されているかどうかは別として、徐々に積み重ねられてきた知の遺産にもっぱら依拠せざるをえない。ところが、これは事実なのだが、女性たちは、この知の前進になんら貢献してこなかったからである。なるほどアリストテレスは、女性の劣等性に関して、言説をくり返している。そしてわたしたちは、かれが、その言説のなかで間違いを犯していると確信している。この哲学者は、身体と社会的行動との関係を確立したが、この関係についてだけでなく、そしてとくに、かれが観察したと主張する事実そのものについても、間違っていると確信している。だが、この確信以外、いったいなにを理由に、わたしたちは、アリストテレスの生物学を、自信をもって嘲笑することができるのだろうか？　わたしたちは、女性歴史家として仕事をするうえで、認識論的選択をしている。また、アメリカの科学史家クーンや、オーストリア生まれのアメリカの哲学者ファイヤーアーベントや、ミシェル・フーコーや、オーストリア生まれのイギリスの認識論哲学者ポッパーに、多くのものを負っている〔この四人の思想家は、いずれも科学の認識論を論じている〕。だが、こうした選択や、負っているものがなんであれ、わたしたちを支え、わたしたちの議論に力と正統性をもたらしているのは、実証的真理と誤謬のあいだの差異なのだ――どんな問題でも、仮説の状態にあり、反論や再考が可能な状態にあるからだが――。古代の科学に反対することは、科学的にみても正しいのだと、わたしたちはひそかに、しかし確たる自信をもって信じている。もしこういってよければ、この確信こそが、わたしたちの戦闘的な研究の存在理由なのだ。わたしたちは、わたしたち女性の大義が擁護されてしかるべきものだとよく分かっている。けれども、わたしたちにどうしても必要なこの知を、わたしたち女性は、女性の手になる生物学の伝統からひき出しているわけではない。女性の手になる生物学は、真実で合理的なものだとはいえ、制度的にみて、男性のつくった生物学ほど学問的なものではない。だから、有能な医師と産婆という古典的な対立において、かならずしもつねに産婆の側に理があったとはいえない。解剖学的にみた処女性――処女膜の有無を調べ、それが守られていれば、性的に無傷であることの徴候《しるし》とみなされるのだが――といった、あの特定の、しかし本質的な点に関しても、医師たちのほうが、とくに一部の医師たちのほうが、産婆という女性処女鑑定官よりも、はるかに見識があり、公正で、女性の尊厳に配慮していたこともあるほどなのだ。

ヨーロッパの生物学は、いくつかの大論争によって産みだされたわけだが、これらの論争は、もっぱら男性たちのあいだでなされてきた。女性の学者だったら、もっとうまく、あるいはもっと迅速に、ことを進めえただろうか？　わたしたち女性としては、そう考えたい。とはいえ、わたしたちの仕事は、女性を排除してきた伝統を批判することであるが、この仕事自体が、この伝統のもつ積極的な遺産のうえに成り立っていることを認めなければならない。わたしたち女性は今日、男性の眼差しに妨げられると同時に、その眼差しのおかげで、真実は自分たち女性の側にあると確信しつつ、歴史をつくることができる。だから、攻撃的な姿勢で、科学を単なる男性中心主義の現われだなどと決めつけるようでは、わたしたちが歴史をつくることを可能にしてくれるものを、まったく評価しないことになってしまうのではないのか。

第二の理由に対しては、ニュアンスに富んだ姿勢をとらないととんだことになろう。だがともかく、その理由とは、生物学者や医学者たちの思考が、観察の間違いや、ちぐはぐな結論に行きついたのは、繊細さや厳密さに欠けていたからではないということである。科学史の研究家たちは、仮説や理論は、論争や紛争においてこそ実質上の優越性を発揮するという事実をよく承知している。そしてかれらは、勝者と敗者は、はっきりと分かれるまでは、同一の武器――つまり、同じ知性、同じ要求、真理をうち立てようとする同じ熱意――で勝負していることをよく知っている。西洋医学の始祖とされるヒッポクラテス、アリストテレス、ローマ時代の高名な医学者ガレノスらは、完膚無きまでに叩かれ――というのは、タレス、エウクレイデス、ピュタゴラスなどのギリシアの数学者たちは、幾何学に不滅の貢献をしているが、産科学には、これに比肩しうるものがなにも残っていないからであるが――てきた。しかしながら、かれらの思想、それもとくに、その議論の進め方、前提、妥当性の基準、整合性の原理など、要するに女性に関する論証の仕方は、最大の関心に値する。それは、わたしたちが、こうした言説を分析・脱構築する手段をもっており、フェアプレイの時代になって、敗者の言い分も尊重するようになったからばかりではない。この古代科学の主要な考え方のうち、あるものはむしろ、最新の生物学のなかに転移し、再増殖する危険性があるからでもある。過去の誤謬が、だれの眼にも明らかで、生命力の強いものであればあるほど、それが成功し、生き延びた理由を問いただすことが必要になる。さしあたっては、幻想がある程度存在するのはなんらかの理由があるのだということにしておこう。

類《ゲノス》と種《エイドス》

紀元後一世紀に活躍したユダヤ人哲学者アレクサンドリアのピロンは、その『創世記』の注釈のなかで、第六日の各生物の創造のところまできて、以下のように書いている。すなわち、神は「この類《ゲノス》に人間《アントローポス》という名を与え、さらに複数の種《エイデー》に区別した」、つまり男性と女性という性別を区別したと書いている。だから二種類の個の原型がかたちをとるまでは、人間という類は、雌雄同体でつくられていた。「というのも、たがいにもっとも近い種が、その類のなかに含まれており、それらは、鋭い眼力をもった人々にも、ひとつの種が鏡に映って二つにみえると思われたからである(12)」。

この控えめな視線は、区分を行ない、分類学を構築するが、この視線に対するなんと幸せな信頼だろう！　フィロンにいわせれば、人間という類の内部には、種の異なる二種類の存在があり、この両者の対立こそが性差であって、この対立を認識するには、透徹した眼さえあれば十分なのだ。『旧約聖書』の注釈者フィロンは、ギリシア文化の影響を強く受けていたが、この人物には楽天的なところがある。だが、いくらフィロンが楽天的だからといって、右のようなことが確実にいえるのだろうか？　ところがフィロンにとっては、ことは単純なのだ。つまりオスとメスとは、人間という類に潜在する二つの形相として創造されたのであって、それらは、人間《アントローポス》という元の概念に暗黙のうちに含まれていたというわけである。最初のオス《アネール》と最初のメス《ギュネー》が、限定された特殊な人格としてつくり上げられたとき、この男性が眼のまえに出現するのをみたのは、同じ類の性の異なる種にして、別の形相だったのだ。一方女性のほうも、これ以上自分によく似た動物を他にはみつけられなかった。血縁、友愛、類似。アダムとイヴは、類似と親近さという次元で、おたがいを認めあったのである。欲望が生まれてくるのは、まさにこのような親しみからである。「恋愛は突然やってきて、まず、いわば同一の動物の離れ離れになった二つの部分のそれぞれに、自分と似たものをつくり出すために、相手と結合したいという欲望を吹きこみ、ついでその二つを結合して、ぴったりと張りあわせ、ただひとつのものにする」[13]というわけだ。二つの種は、その同質性に魅惑されて、おたがいがひとつの全体の部分であることを発見し、新たな生殖のためにいっしょになるのだ。

　生物学者が、ピロンの著作『宇宙の創造について《デ・オピフィキオ・ムンディ》』を好奇心から覗いてみれば、きっとこのテクストがひとつの神話の神話学的注釈にすぎないことが分かるだろう。生物学者であれば、男性と女性という分割は、対称的な二つの単位への分裂であって、両単位は同時に出現するという事実に、おそらく気づくことであろう。このことはかなり特筆すべきことである。なぜならピロンは、アダムの創造と、イヴの形成に必要なアダムの肋骨の摘出とのあいだに、時間的なズレがあるにもかかわらず、このズレをごまかして、人間という概念のなかで、両者を同時に共存させようとしている。しかしながら、遺伝学者なら驚くだろうと思われるのは、ピロンが、天真爛漫にも生殖を再生産ということばで考え、二つの性を種と規定していることである。当時の科学の言語では、男性あるいは女性が、ひとつの種に対応しているなどということは禁じられていた。なぜなら、種というものは、性別とは関係なく、その種と同形相の個体を再生産しうる能力によって定義されていたからである。自然人口学者A・ジャッカールがいうように、男性も女性も自己再生産しないが、男性と女性のカップルは個体を産みだす。そして、それらの個体は、男女それぞれを起源とするがゆえに、けっして両親のコピーにはならない[14]。どの人間も、父親と母親から受け継いだ遺伝形質をもち、さまざまな特徴を保有するが、これらの特徴は、その個体固有の、かけがえのない全体を形成する。性の決定は偶然によって左右されるが、このことは種の同一性とはなんら関係がない。種という概念は、形態論的ではなくて混合論理学的な基準にしたがって定義すれば、その原理そのものと同じく、二人の親のどちらの性別をも再生産する可能性を含んでいる。「種とは、自然の個体の集団であるが、この集団のなかでは、各個体の交配が現実に（あるいは潜在的に）可能となる。つまり、再生産の観点からいえば、どんな種も、他の種からは孤立している[15]」。

右に引用した原理は、「近親交配的」原理とでも呼べそうなものだが、系統学は、この原理のために、明確な特徴の比較と類型学を放棄した。そしてそれ以来、性差の本質が種に関わるのかどうかという問題は、語源学的な意味では、意味をなさなくなっている。ピロンのテクストは不可解で無意味であり、科学の伝統に無関係で、完全に分類の言語の側にあるように、わたしたちには思われるかもしれない。この紀元後一世紀の聖書学者は、「類《ゲノス》」や「種《エイドス》」というギリシア語を用いている。だがこれらのギリシア語と、今日の「類」や「種」という用語とのあいだには、いったいどんな関係があるのだろうか？　というのも、生物学は、たえずこれらの用語を使いながら、その記号の意味をつくり直してきたからである。両群の違いは大きいし、それらが用いられた文脈も、比較しようがないほど異なっている。フランス語の「種 espèce」ということばは、ギリシア語eidosのラテン語訳speciesからきているが、種というカテゴリーが、執拗に使用されてきた結果、驚きをもって、次のように指摘してみたい気になる。すなわち、聖書解釈学者ピロンと、現代アメリカの鳥類学者E・マイアーとのあいだには隔たりがあるが、この隔たりが、「類」と「種」という同じ概念にかかわる上下関係を逆転させるにいたったのである。別な言い方をしてみよう。まず性別の決定は、種という概念と関わりをもたない。だがそれは、種の決定それ自体が、その種にオス・メス二つの性が含まれるということを前提としており、二つの性のあることが、種を決定することの一側面をなすわけではないからである[16]。つまり、種の決定と性の決定が相互に無関係であるという事態は、種の決定のなかに、性の決定が論理的に内包されているからなのだ。

生物学者たちは、北東ギリシアのスタゲイラ生まれの人物、すなわちアリストテレスを、祖先のひとりとして讃えつづけている。アリストテレスは、さまざまな問題を提起したが、そのなかでもっとも面白いもののひとつが、性と種のあいだの関係なのだ。もしそうでなかったとしたら、これまでの考察は、くだらない暇つぶしということになろう。だが、アリストテレスの生物学に関する著作の全体を、文献学者の眼でもって、子細に検討してみよう。そうすると、たしかに、今日では、アリストテレスこそ分類学の創始者だとみなす一般に認められた考えを、ひっくり返すことになるかもしれない。『動物誌』や『動物部分論』や『動物発生論』——睡眠、歩行、呼吸などに関する個別小論集『自然学小論集』の論文をいちいち挙げることはしない——の著者アリストテレスは、解剖学および論理学の探究者だった。だが、このかれが構想した分類体系は、今日使われているものほど、複雑でもなければ、多岐に別れてもいなかった。今日の分類体系は、巨大な一覧表的構築物であって、動物界をまずクレードあるいは門に分割し、各門にはいくつかの綱があり、綱はまた目に下位分割され、目はいくつかの科からなり、それぞれの科はいくつかの属によって構成され、それぞれの属は、またいくつかの種の総体をなしている。ところがアリストテレスは、四〇〇以上の動物学上の種を知ってはいたものの、これらをすべて、類《ゲノス》と種《エイドス》という二つのカテゴリーだけを使って記述し、比較しようとした。したがって、アリストテレスがひとつの分類法をつくり上げたとも、そのためにかれが、概念的な方法を考えだしたともいうことはできない[17]。とはいえ、この自然学＝哲学者の科学的精神は、その特徴的なしるしとして、分類、秩序化、類型化を目指していたことを否定はできまい。もっとも驚くべきことは、今日ほど用語の数も、生物間の進んだ序列もなかったとはいえ、アリストテレスが、体系的な動物学を考えついたということである。

それは、論理学の言語だけで充分だったからである。まず、類《ゲノス》と種《エイドス》についていうと、種が類に内包されるという基本のうえに、相互の関係がはっきりと定義される。そして、いったんそうなってしまえば、作業上の区別の基準を自由に使いうるようになる。ただし、そこには条件があって、この基準による分割は、一時的で、またつねに相対的なものでなければならない。つまりアリストテレスにとって、鳥類は、その形相が多様であるとはいえ、全体として捉えれば、ひとつの類——わたしたちなら、綱というところであろう——を形成する。だが、血液をもつ動物の形相のひとつとして、たとえば魚類と比べてみると、鳥類は、血液のある動物という類のなかで、ひとつの種となる。だが、十八世紀スウェーデンの植物学者リンネが創始した分類法では、観察者によって選択された比較の観点がどうであれ、鳥類はひとつの綱である。鳥類は、観念上のひとつの場所を占めているが、この場所は、きわめて明確な名称をもつと同時に、それ自体が、動物界における鳥類の位置を一義的に示している。ところが、アリストテレスにおいては、反対に、鳥類という概念は、その多様な形相上の変異の上位に、あるいは、もっと広い全体の下位に位置づけられ、それに応じて、「類《ゲノス》」あるいは「種《エイドス》」という用語の妥当性が決定される。だから、これを決定するのは、動物学者の視点なのだ。アリストテレスが分類した動物たちは、固定した名称の籠のなかに閉じこめられるのではなく、ひとつの言説の対象であり、この言説は、単純化されてはいるが、明確な分類機能をもつ用語からなっているのである。

プラトンの遺産

アリストテレスもまた、さまざまな知的遺産を折衷する名人であった。かれは、「種《エイドス》」と「類《ゲノス》」という二つの語をひき継いだが、そのころにはすでに、これらの語は、とりわけプラトンによって使われた語だとされており、プラトンが付与した意味がしみ込んでいた。それによると、「種《エイドス》」は第一に「かたち」を意味していた。それは、古い言語では、眼にみえる形象のことであるが、伝統的な哲学においては、叡知によってのみ認識しうる形象のことだった。つまり、プラトンの諸観念とは種《エイデー》〔「エイデー」は、「エイドス」の複数〕にほかならないのだが、それらは、もうひとつの視線、すなわち知性の視線によって知覚できるものであり、それらを知覚するには、弁証法の語りことば《パロール》の作用がおおいにあずかっている。つぎに「類《ゲノス》」のほうは、極端に複雑な概念であって、誕生、系譜、系族あるいは人種を、要するに再生産される集団を意味している。この二つの概念は、相互に区別され、対立しているが、また同時に混同されてもいる。

プラトンは、種《エイドス》と類《ゲノス》が置換え可能である顕著な例として、まさに性差をあげている。一方で、『ティマイオス』のなかで世界の創造神話について語るとき、この哲学者は、女性という種族が男性という種族にあとから付け加わったと指摘している。つまり、ある類《ゲノス》に別の類《ゲノス》が追加されると指摘している。ところが他方では、『ポリティコス』のなかで、人類《ゲノス・アントローピノン》をオスとメスに分割してみせ、これこそが、人類を二分する方法のうちでもっとも正しいとしている。というのは、こうすれば、えられた二つの部分が、同時に二つの種《エイデー》ともなるからである。そしてこれが、『創世記』の註釈において、フィロンの分割の手本《モデル》となったのである。しかしながら、プラトンはこのとき、いまだに哲学言語の定義という膨大な努力の前段階にあり、それはアリストテレスによって完成されることになる。だからプラトンにとっては、種《エイドス》と類《ゲノス》は、さまざまな差異を整理する段階で、まさにたがいに混同されてしまうのだ。『ポリティコス』から、以下のくだりを一語づつ追ってみよう。「人類《ゲノス・アントローピノン》を二つに分割しようとして、これまでたいていの人がしてきたように分割したとすれば、それは誤りとなるだろう。かれらはまず、ヘレネス族《ゲノス》をひとつの単位として、それ以外のすべてとはっきり区別し、他の種族――その数は無限であり、たがいに混じりあうこともなければ、理解しあうこともないのに――はすべてひと括りにしてしまう。つまり、これらの人々は、これらの種族すべてを蛮族という一名称で括り、たったひとつの名で呼ぶことによって、ただひとつの種族《ゲノス》とすることができると考えたからである。これはまるで、数字を二つに分割するには、すべての数字のなかから『一万』という数字だけをとり出せばいいと考えるようなものである。すなわち、『一万』を、たったひとつの種《エイドス》を構成するものとして特別扱いし、他のすべての数字にただひとつの名称を与え、今度もまた、この単純な呼称だけで十分に、第一の類《ゲノス》に対して第二の類《ゲノス》を創造することができるというわけだ。それよりも、数を偶数と奇数を分けるように、人類をオスとメスに分けようではないか。そのほうが、分割がうまくいくだろうと思う。そのほうが、種《エイデー》の形相によりよく沿い、よりよい二分法となるであろう」(18)。ひとつの類《ゲノス》をとり上げ、それを二つに分割するという操作は、二つの種《エイデー》だけでなく、二つの類《ゲノス》をも手にすることを可能にするのである。

　種《エイドス》と類《ゲノス》との論理上の序列は明晰ではないし、分割法《システム》が両者を同時に生みだすものである以上、けっして明晰にはなりえまい。この二分法では、二つの「部分」が、全体との関係でどのような自立性をもつのかがわからない。全体それ自体が、また二つに切り分けられているからである。また、それぞれの部分は、二分法によって分けられたがゆえに、その定義が決定されるのではない。むしろ、類《ゲノス》の内実によって、必然的になされる。すなわち、まず女性＝女性という特性をもつ人間であり、女性という特性は男性という特性の対立項だというわけである。だから、女性は人類の一部分であると同時に、男性という形相に対立する一形相でもあるわけだ。たしかに、ひとつの全体の一部分であるが、それだけではなく、別の部分に相対する部分でもあるのだ。

『国家』のなかで、プラトンは、この矛盾を解決——かれは、男の守護者と女の守護者は同質だとしている——しようと試みている。完璧な都市国家《ポリス》のモデルが、この矛盾のまえに挫折する危険性があったからである。すでに『ポリティコス』で、プラトンは、人類を二つに分割する唯一の正確な方法は、男性の類／種と女性の類／種に分けることだと指摘していた。だが『国家』ではまず、この分割法が厳密に算術的な観点からみれば、一般的には正確だとしたうえで、この分割法そのものと、それをポリスを形成する社会集団へ具体的に適用することとのあいだには、不一致があると指摘する。つまり、一方では、メス犬が犬という類の一部であるのと同じく、女性も、人類の一部として、男性と同じ務めを果たすべきだとしている。したがって、女性だからといって、いかなる特殊性も呈することはない[19]。ところが他方では、対話の参加者たちが、異なった本性には異なった仕事が必要であり、さらには、女性の本性は男性の本性とは別のものであるという点で一致している[20]。女性は、男性と同一者なのか、それとも他者なのか？　ひとつの全体の一部なのか、それとも特殊な本性なのか？　この論理的難点に直面して、ソクラテスは、分析的に論証をつづけるように提案する[21]。

たしかに、「種という」区分に「したがって」、雌雄を区別しなければならない。また、それぞれの類の本性を区別できるようになるのは、それらの種にもとづく差異がみつかってからのことである。だが、まずなによりも、適確な分割法を選ばなければならない。というのは、男性と女性のあいだの差異は、一般的に、あらゆる側面について、なんの分け隔てもなく確立される——『ポリティコス』の場合がそうだったが——べきではない。むしろ、話題となっているものの特殊性にしたがって、確立されるべきなのだ。ところがここでは、ポリスをいかに組織すべきかが話題になっている。ところで、この点に関しては、女性としての女性に固有なものは、なにひとつない。また、男性だからという理由で、男性だけが独占するものも、なにひとつない。ポリスに関しては、両者の「本性」は、同じ方法で分配されているからである。ソクラテスは、ポリスを生物学的な現実から根本的に切り離している。政治は自立した領域であって、それ固有の法によって律せられているというわけだ。男女が相互に対立する唯一の次元は、子孫再生産という次元である。女性は出産し、男性は種《たね》を付ける。しかし、ここで問題になっていること、つまり政治に関しては、この区別も、また、その他のいかなる区別も、適確とはいえないのである。

こうして、政治という次元を、身体の再生産という次元からひとたび切り離したうえで、ソクラテスは、想像上の反論者を呼びだす。この反論者がいうには、女性たちは、ポリスにおいて、かの女たちに割り当てられた役割をひき受けるべきだというわけである。この人物は、伝統的な良識を体現しているわけだが、誘導されて、「国家」の運営においては、両性を区別することがなぜ正当ではないのかと論ずるようになっていく。なにかに適した才能を与えられているとは、いったいどういう意味なのだろうか？　それは、任務を簡単にやってのけ、まもなく師たちを追い越し、意思どおりになる柔軟な肉体をもつことである。ところで、性の違いが、なにか特定の活動に対する適・不適を決定するのだろうか？　あるいは、特定の活動と結びついているのだろうか？　そうしたことが、観察の結果わかるのだろうか？　否である。女性も男性も区別なく、あらゆる才能を与えられている。ただし、男性が、女性よりもつねに優位にあるということを別にすればであるが。

要するに、性別が人類を分割するのに適確であるのは、生物学という次元においてだけなのだ。そこでは、子どもを産むことと、種を付けることとが、対立しているからである。社会生活という次元では、個人的な能力だけが考慮されるべきであり、性別の決定はいかなる価値ももたない。だから、権利は平等であり、女性も昇進していき、その価値と能力——だが、女性の能力は男性のそれと同じだろうか？——も認知されなければならない。ところで、こうして、プラトンの言い分に魅了されたままでいいのだろうか？　かまわないのだ。ただし、その条件として、この同等性を、この同一性を、あらゆる他者の拒否を過大に評価しなければならない。そして、この同一性の内部に、最悪の差異が、女性に対する量的不平等、女性の不適格性や劣等性が生き残っているなどと、考えてはならない。人類は、ポリスという視点からは、また、ポリスを構成する社会的な役割という視点からは、男女同質だとみなされている。だが、そのただなかに、男性対女性という対立が生きつづけている。しかもそれは、両性に共通の務めを果たすうえで、男性にはより有利な方法があり、女性には不利な方法しかないというかたちで。概念的な視点からみれば、女性のイメージは、あらゆる分野にわたって男性のイメージを弱めたものにすぎない。というのも、伝統的に女性のものとされていた活動領域では、女性たちだけが名を馳せ、したがって、女性たちのほうが勝っていた。だがソクラテスは、こうした領域を、いったいどのように扱っているだろうか？

かれは、薄ら笑いをうかべて、それを厄介払いしただけのことである。

「どんな点からみても、男が女に勝っていないような職業を、きみは知っているかい？」と、ソクラテスは対話相手のグラウコンに尋ねる。また、「機織りとか、菓子や煮込みの作り方のことなどを話題にして、時間を無駄にしないようにしよう。こういった仕事では、女たちにいくらかの才能があるようだし、そこで男にうち負かされるようでは、それこそ女たちは、笑いの種になるだろうからね[22]」と続けている。この発言は、なにを意味しているのだろうか？　荒っぽい断定によって、言説の不適切さを指摘――「〜について、長々と喋るのはやめよう」――しつつ、ソクラテスは、女性の労働の特殊性と現実性を棚上げしてしまう。それについては、話題にしてはならないというわけだ。たしかにその理由は、そんなことをすれば、それらの分野での女性たちの評判が奪われてしまうからではない。反対に、事実女性たちが、非常によき料理人であり、優秀な紡ぎ手、織り手だからなのである。これではまるで、その分野において、女性たちが熟練であったり、能力をもっていたりするのは、この分野が、じつはどうでもいいものだからだといっているかのようである。機織りや料理について語ってはならないのは、そこでは女性たちのほうが熟達しているので、そんな能力は、男性たちにとって笑止千万なものだからである。結局、人間は、自分が実践している知を、社会的な観点から評価するものなのだ。つまり、以下のようなことになるのだ。いくつかの行為は、男性たちからみて、自分たちの仕事の優秀性を確証してくれるはずである。だが、これらの行為が、女性の労働の優秀性を証明する段になると、それらの行為は、自動的に価値を落とされてしまうのである。これこそ、典型的な性差別ではないか。グラウコンは、これに呼応して同意を与えている。「真実のところ、ほぼすべてのことがらにおいて、一方の性が、もうひとつの性よりもずっと劣っています。それはすなわち、多くの女が、多くの点で、多くの男よりも劣っているということではないのですが、一般的には、あなたのおっしゃるとおりです[23]」というわけだ。

プラトンの言説は、真の意味での論理的再分配にいきつく。まずはじめに人類は、ポリスのなかで、正反対の二つの部分に切り分けられ、それぞれの部分は、対立する属性と機能によって特徴づけられていた。ところが、この人類像にかわって、新たな人類像が登場する。この新たな人類は、二つに分割してはならない。それは、個人からなり、個人は各人各様の能力をもち、しかもその能力は性別には無関係なのだ。ポリスは、自然の家族によって構成されているわけではない[24]。だからポリスは、生物学的に定義された二つの半数の寄せ集めでもない。ポリスという概念の下位には、個人、主権者がいるのみである。性別の違いは、その意味を変え、個人的な変異とみなされるべきである。すなわち、どの個人も、男性であるか女性であるかにしたがって、与えられた活動に、より熟練していたり、そうでなかったりするというわけなのだ。

このようにプラトンは、類と種の概念を使用するうえで、確たる姿勢を欠き、したがって、女性という特性をはっきりと定めることができないでいる。このことが、いまや明らかになったので、もうひとつ別の問題点に移ることにしよう。すなわち、類《ゲノス》に二つの意味があることと、そこから生じる論理的で想像上の帰結という、問題点のことである。

類——分類か、それとも生成か?

類《ゲノス》が分類上の意味に理解されるとき、この概念はひとつの集団を指すが、この集団のほうも、一対の種《エイデー》に、つまり一対の種という形相に分割されることが多い。(25) したがって、この視点からすると、「人《アントローポス》」類は、二つの対立する形相として、男性と女性とを含むことになる。この分割は、プラトンの諸規則にもとづく二分法的分割の結果に対応している。しかしながら、他方では、プラトンとアリストテレスは、類《ゲノス》を生きた集団とも理解している。そしてこの集団は、生成のおかげで再生し、蔓延することを特徴としている。もっと明確にいえば、生成のおかげで、形相を自己保存する生きた集団のことである。(26) 類《ゲノス》を文字どおり規定するのは、発生《ゲネシス》である。ところで、類《ゲノス》を考えるには二つの方法——分類上の集団として考える場合と、ある形相の転移の場として考える場合——があるという事実によって、概念上の混乱が正当化される。つまり、どんな集団であれ類《ゲノス》と呼ばれていれば、自己再生産が可能であると想像してもいいことになる。プラトンは、この言外の意味を無意識に利用して、『饗宴』の登場人物のひとりアリストファネスに、次のようにいわせるところまでいった。すなわち、同性愛の男性は、二重に男性であった先祖の類《ゲノス》の一部であると同時に、その末裔でもあり、そこに、かれらの恋愛の対象の選択が由来しているのだというわけである。(27)

個体は、類《ゲノス》に属すると同時に、発生によって類《ゲノス》から派生する。類《ゲノス》は再生産されるという暗示的意味は、伝統的に明白なこととされてきたが、こうした考え方が、単性によるとされた発生《ゲネシス》という馬鹿げた考えにうち勝ったのである。『ティマイオス』の人間発生論はすべて、さまざまな類《ゲネー》〔「ゲネー」は、「ゲノス」の複数形〕がつぎつぎと出現するものとして語られている。まず始めには、アントローポイというものが存在したと考えなければならない。これは、実質上は、男性という特性をもった男性《アンドレス》にほかならない。だから、この人類《ゲノス・アントローピノン》の初期の時代には、性の分割はみられなかったことになる。ついで、女性という類《ゲノス》が、一種の突然変異によって出現する。オスの魂が、臆病であることが判明した場合、死後に別の身体に宿って、つまり女性の身体に宿って生まれ変わったというわけだ。同じようにして、動物界の大分類目のすべて、すなわち四足類、鳥類、爬虫類などにも、同じだけの輪廻転生の結果が対応することになろう。愚鈍で、真実に関心がない男性は、牛の体となって再生し、より低きに向かう。また、軽薄な精神の愚かものは、鳥となって生まれるであろう。さらには、乱暴ものは爬虫類にされて、地面に完全にはいつくばった。プラトンは、少年のかわりに少女が生まれる原因を、男性という模範との関係で、逸脱として説明した。このときかれは、アリストテレスの論証に類似した論証を実践していたわけだが、性差の出現を、人間の歴史のなかで原初の完全さが壊れる瞬間に位置づけている。[28] こうして、女性という新しい類《ゲノス》は、欠如を体現するためにやってきたとされたのだ。

伝統をさかのぼってみると、女性の起源についていえば、もっとも神話的な説明は、これと同じ論法にもとづいて構築されている。[29] 始めは、男性たち《アントローポイ》は、死すべきものたちであったが、「不死のものたち」、すなわち神々とともに暮らしていた。神々は、「天空」と「大地」とから生まれて、二つの並行する系列に分かれ、ときには紛争を起こした。これらの神々のひとりクロノスの子どもたち――そのなかのゼウスが父の跡を継いだのだが――、ティタン神族と呼ばれた「天空《ウラノス》」の子孫たちと、男性たち、これらすべての存在は共存し、同じ場所に出入りし、いっしょに食事をしていた。ただし、男性たちは、すでに死ぬことによって神々と区別されていたが。こうしたさまざまな生きものの類《ジャンル》――一方は不死で、他方は死すべきものだった――は、こうして、ひとつの社会を形成していたが、その社会は、幸福があまねく支配していたという点で、均質な社会だった。ところが、これら神々のひとりに、あるティタン族の子どもプロメテウスがいた。この神は、共同の祝宴のために予定されていた牛の肉の分配で、ゼウスを馬鹿にしてやろうと突然思いついた。かれは、牛を規則にしたがって切り分けずに、美味しい部分を骨と脂身から切りとり、脂身のしたに質の悪い臓器とくず肉を隠して、まさにゼウスのまえには、骨を包んだものを差しだした。* この偉大な神ゼウスは、すでにオリュンポスに住むものたちの主君であったが、従弟プロメテウスの冗談を冗談とはとらなかった。ゼウスはそれを、自分を騙そうとしたのだとみなし、復讐をした。つまりゼウスは、男たちから火をとり上げたのである。それは奇妙な報復だった。というのも、ひとりの神を狙いとすべき――なぜなら、プロメテウスは神々のひとりなのだから――なのに、実際には、なんの責任もない不幸なものたちに振りかかったからである。ゼウスの従弟のひとりプロメテウスは、たいした動機もなく、不意にことを起こしたが、男性たちがまず、その犠牲になったのだ。というのは、火は、男性たちがものを食べるのに、どうしても必要だったからである。そこでプロメテウスは、この料理のための貴重な道具をとり返した。だが、それはつまり、ゼウスから火を盗むことだったので、ゼウスはふたたび腹を立てた。ゼウスは、男性たちに火の代わりとして、ひとつの厄災を与える決心をしたが、この厄災こそが女性だったのである。神々は、みずからの手で被造物をひとつ、捏ねてつくった。この被造物がのちに、女性という類《ゲノス》の起源となる。つまり女性は、はじめから、男性にとって最大の不幸として、かれらのあいだに入りこみ、住まうという宿命にあったのだ(30)。女性という類は、男性たちに貪欲な欲望をもたらし、満足と自己充足を終わらせたのである。この物語には、もうひとつ別の言い伝えがあるが、それも、このイメージと考え方をさらに明確にしている。それによれば、最初の女性はパンドラと呼ばれ、蓋をした壺をひとつもっていたが、かの女は、愚かにもそこから、あらゆる悪を解き放ち、それらの悪が男性たちを苦しめることになったという(31)。

* 廣川洋一訳『神統記』によると、神々と人間が争ったとき、プロメテウスは牡牛を屠り、「肉と脂肪《あぶら》に富んだ臓物」を胃袋に包んでゼウスのまえに置き、脂肪で包んだ骨を人間のまえに置いた。ゼウスは、プロメテウスが自分を欺こうとしているのだと察して、

人間のまえに置かれた骨の包みをとり、みごとプロメテウスに欺かれた（一九八四年、岩波文庫、六九—七二ページ）。

だから、こうした物語においては、文学ジャンルや内容の違いをこえて、同一の語りの図式が描かれている。つまり女性はつねに、追加されたもの[32]、ひとつの社会集団に外からもってきた部品なのだ。そしてこの社会集団は、女性が出現するまで、完全で幸福な社会だった。女性たちは、あたかも自分たちだけで自己再生産しているように、別個にひとつの類《ゲノス》を形成する。それゆえ女性たちは、自分たちが存在する以前には生殖が不可能であったかのように、みずからのなかに性差——すでにヘシオドスにおいて、女神たちのために女性という特性が存在した[33]——も、再生産ももち込まない。むしろ女性は、神に捨てられたものの孤独と苦悩をひき起こす。女性であるということ、それは欠如を意味する。ただし、これには反証がある。一部の人間起源神話は、完全な状態から出発して、いずれこの状態が混乱し崩壊すると語られるわけではなく、すべてが絶対的な不足から始まるとされている。そしてこういう神話では、女性はすでに最初から存在している。大洪水が人類を絶滅させ、すべてが無への回帰から再出発しなければならないときに、一組の男女が後ろに二つの石を投げ、ひとつの石からは男性を、別の石から女性をつくり出す。この石を投じた男女、デウカリオンとピュラは、すでに性差が存在していた世界の生き残りであり、別々にそれぞれの特性をもった人間を再生産したのである。*

＊ 伝説によると、プロメテウスの息子であったデウカリオンはテッサリアを支配していたが、妻のピュラとともに大洪水を逃れ、パルナッソス山の山頂に着き、そこで神々の宣託にしたがって「彼らの母の骨」である石つぶてを後ろに投げ、大地を人間で満たした。デウカリオンが投げた石は男になり、ピュラが投げた石は女になった。これがギリシアを支配することになる人種の先祖である（前掲『ギリシア神話』、四一ページ、および、オウィディウス『転身物語』、田中秀央・前田敬作訳、一九六六年、人文書院、一八一—二四ページ）。

このように、いくつかの物語が女性の出現を語っているが、そこでもっとも共通する特徴は、類《ゲノス》の自律性である。そしてこの類は、わたしたちが性別といっているもののことである。生きもの全体が類《ゲノス》と呼ばれるようになると、それは時とともに再生産されるものだというふうに、自由に想像することができるようになる。しかもそれは、もっと先まで行く。たとえば、詩人アモルゴスのシモニデスは、ある詩のなかで、女性という性別を、さらにいくつかの類《ゲノス》に下位分類しており、おのおのの類《ゲノス》は、それぞれがひとつの欠点――大食い、官能好き、嘘つきなど――を特徴としている。しかもこれらの類《ゲノス》は、動物をその起源としているという。結局のところ、ある類《ゲノス》に属する個人はすべて、ひとつの先祖＝動物から派生したにちがいないというわけだ。ところで、このような想像上の自立性は、すべての類《ゲノス》がそれぞれに自己を再生産してきたと思わせることになるが、もっとも明確にこのことを主張したのは、『形而上学』におけるアリストテレスだった。(34) かれによれば、類《ゲノス》とは、同じ形相をもつ存在を連続して再生産したものだからである。しかしながら、プラトンとちがって、アリストテレスは、言語上の習慣に引きずられてはいない。この習慣とは、すべての類《ゲノス》に自己再生産が可能だと考え、以下のような疑問を重大な理論的問題として提出しようとすることである。すなわち、形相と生成という概念との関係において、性差がいったいなにを意味するのかを知ることができるのか、というわけだ。要するに、アリストテレスにとって、ひとつの類《ゲノス》が自己再生産する集団であるからといって、この事実が、類《ゲノス》は単一の性しかもたないと考えることを正当化するわけではない。反対に、この事実から出発すれば、結局は性差を、論理的に類《ゲノス》という概念に含めることが求められる（発生《ゲネシス》という概念を危うくしないためである）。つまりは、ひとつの類《ゲノス》を、対立する二つの形相に分割したりしないことになる（類《ゲノス》の固有性を保持するためである）。恐るべき要請ではあるが、その結果がどうなったか追跡してみる必要がある。

性差は、種の違いにもとづくのか？

あるいむしろ、アリストテレスの言語では、種の違い《カテイデー》にもとづいて、オスとメスの違いを認めなければならないのだろうか？　この問題が提起されているのは、『形而上学』の第一〇巻であるが、それは、事物のあいだのさまざまなタイプの関係に関する考察という文脈のなかにある。(35) よく知られているように、アリストテレスはそこで、二つの差異を区別している。ひとつは、種による差異、または本質的な差異で、これは、形相《エイドス》の違いによって、たがいにまったく相入れない存在を対置する。もうひとつは付帯的な差異であって、これは、同一の実質が、その重要性に多少の違いはあれ変化することに対応している。たとえば、ヒトとウマは、形相にもとづいて異なっている。だが、白人と黒人が異なっているのは、付帯的なことなのだ。ある対象の色彩、素材、大きさは、付帯的なものから生じている。というのは、それらが変化したからといって、同一性、すなわち事物《ウシア》の存在そのものには、なんら関係しないからである。ところで、男性的な特徴と女性的な特徴という事例が問題になるのは、実質、形相、偶然の関係に関する長々とした議論の転換点、すなわちアリストテレスのもっとも理論的な関心事の中核においてなのである。実際これは、正真正銘の論理的難点《アポリア》なのだ。

かつてプラトンが、この問題をいい加減に扱ったのとちがって、またのちにピロンが扱うのともちがって、自然と言語の哲学者アリストテレスは、形相の違いという側面から性別を考えることの是非を自問している。すぐあとで述べるが、その解答は否定的なものとなる。ただしその理由は、現代なら人々があげるであろうものとは、なんら関連のないものである。現在では、ごく簡単に、性差の本性は種の違いからくるのではないかという疑念を一掃するのに、種の定義自体を、つまり混合存在論の定義を引き合いに出すことができる。つまり、ひとつの種が内部に二つの性をもつようになったのは、この種が交配をしたからだというわけだ。もしもアリストテレスが、そのような解答ですますことができていたら、かれは、こんな問題を提起することが有用だなどと考えもしなかっただろう。それほど、かれの解答は期待されていたのである。かれは、右の解答ですますことができなかったが、それは、種《エイドス》という概念には、再生産というものがまったく含まれていなかったからである。この概念は自己同一性《アイデンティティ》そのものを指しているのであって、この同一性の伝達とはまったくは関係がない。この同一性が永続的なものとなるのは、類《ゲノス》において、家系としての類においてである。したがって、この哲学者が確信をもつことができなかったのは、正当なことなのだ。種《エイドス》の概念定義*のレベルでは、オス馬とメス馬、オス牛とメス牛、人間の男と女が、それぞれ、種でいえば別の動物ではないかという疑念を先験的に否定するものは、なにもない。形相の比較が唯一の判断基準となっている場合、同一の種が性によって別の形態的特徴をもっていること、生殖器官があれほど似ても似つかぬ形態をしていることだけで、種の単一性について困惑が生じるのは当然なのだ。本質的な差異なのか、それもと付帯的な違いなのか。これこそが問題であり、恐ろしいディレンマだったのだ。

＊　すでに指摘したように、「エイドス」には「種」という意味のほか、「形相」という意味もある。

色彩はさまざまな変化を生みだすが、その変化の付随的な本性を明らかにすることは、むつかしいことではない。しかしながら、すべての動物——自然発生的な生殖から生まれ、生物界の最下層を占めるものをのぞくが——にみられる同種内での細かな形態上の違いを、単純に「一致」の範囲内だとみなすことは、それほど簡単なことなのだろうか？　それぞれの種ごとに考察した場合でも、からだの大きさの無限の個別性と、一つひとつの個体を特徴づけている差異のまとまった全体とを、同一のレベルに置くことが可能だろうか？　他方、オス犬とメス犬のあいだの生理的形態的な差異と、犬と人間の差異を、同一項目に分類しなければならないのだろうか？　両性間の形態論上のズレは、それが種の違いであり、したがって本質的な違いだという確信を、正当化してくれるだろうか？　アリストテレスは、自分自身がうち立てた二者択一をまえにして、真の混乱状態にある。というのは、男性＝女性という二律背反は、「付帯的なもの」であるにはあまりに重要すぎるけれども、実質に属するとみなすには充分でないからである。選択の仕方が非常にまずかったので、アリストテレスは選択したようにみえるが、じつは選択してはいない。

オス・メス間の差異は、「質料と身体」に関わっていると、かれは書いている。かれ自身のなかでは、この表明は自明の理であった。たしかに、女性と男性が身体的に異なっているのは、議論の余地のないことである。だが、このような表明のかたちで、それが確認されるのをきくと、アリストテレスの思想や、性別という謎に対する解決策の意味を、見誤ることになろう。『形而上学』の著者は、明確な解答を出しているわけではなく、逃れることのできない抽象的な図式という枠のなかで、差異《ディアフォラ》を規定しようとしたのである。つまり、種にもとづくものか、それとも付帯的なものかというわけである。もしかれが、質料《ヒューレー》だけが決定的であるというのなら、かれは、性差を付帯的なものだとするだろう。そして、性の対立をブロンズの環と鉄の環の違いと違いと並列するだろう。あたかも、重要なのは、大きさあるいは組織学的な微妙な違いだけであるかのように。そしてその結果、性差によって、同一の器官の二つの形態のあることに、説明が付かなくなってしまうだろう。ところが、オス＝メスという生理的形態的な差異をつくるのが、質料と物体であるということになると、それは、形態にかかわる解剖＝生理学的な付随的意味を、質料につけ加えることになる。これで、同一器官に二つの形態のあることには説明が付くようになるが、今度はひそかに、形相《エイドス》に属する基準がふたたび導入されることになる。というのは、形相とは、アリストテレスにとっては、生きた物体の形態にほかならないからである。そして、物体とは、解剖＝生理学的な組み合わせによって、すなわちその形相によって定義された、有機体にほかならないからである。鳥と魚は、種において異なっており、その違いを明らかにするのは、両者のからだの構造なのだ。男性的特徴と女性的特徴との交替は、純粋に付帯的なものでもなければ、種にもとづく差異でもなく、その中間に位置していることになる。

性差は、類の違いにもとづくのか？

形相《エイドス》という概念は再生産を前提としていないし、形態論的な基準に従っている。だからアリストテレスが、特定の動物のどのオスにも、またどのメスにも、それぞれ自立した二つの形態があると考えたとしても、なんら差し支えないように思われる。しかしなぜこの哲学者は、そうはしなかったのだろうか？　それはまさしく、二つの性が存在するのは、発生《ゲネシス》を起こすために、すなわち類《ゲノス》を存続させるためだからである。ちなみに類《ゲノス》とは、「同じ形相をもつ存在を連続して再生産したもの」だと定義されている。だから、どんな類《ゲノス》も結局は、再生産に必要な条件として二つの性をもっていなければならない。ところが他方、どんな類《ゲノス》も、ひとつの形相しかもつことができず、それを、時間の流れとともに、ひとつの個体から別の個体へと伝えていく。ひとつの類《ゲノス》にとって、自己同一性はひとつしかない。すなわち、類としての同一性しかない。このことをアリストテレスは、理論的な拘束だと考えていた。じっさい、類《ゲノス》の「発生論的」な定義を出発点としたときから、類を対立する一対の種《エイドス》に二分法的に分割することは不可能になる。この分割を可能にするには、純粋に分類上の定義を採用して、類《ゲノス》を複数の種《エイデー》の集合としなければなるまい。現代的な視点からすれば、なぜアリストテレスが、族内婚もありうるという基準にもとづいて、類《ゲノス》を混合存在論的に定義しなかったのかと、おそらく問うてみることができよう。このように定義すれば、類《ゲノス》が自己再生産する集団であるのは、それを構成する個体が、たがいにつがいとなることができるからだということになったろう。しかし問題は、アリストテレスが、類《ゲノス》に自己同一性を与えるために、形相という基準に固執したということなのである。

　したがって、ひとつの類《ゲノス》は二つの性を含んでいるが、形相はただひとつである。それは要するに、二つの性があって、ひとつの形態を、つまり唯一の形相《エイドス》の継承が可能になるということである。ひとつの類に二つの性、一つの形相に二つの性というわけだ。もちろん、ひとつの性しかなければ、すべてはもっと簡単だっただろう。生殖は、ある個体から別の個体へと、同一性を一本の線で継承することになっただろうし、性差という概念を四苦八苦して説明するという問題も、起きなかっただろう。これはすでにみたことだが、ものごとをこんなふうに考えたいという欲求が、ヘシオドスやシモニデスやプラトンにおいて、どれほど強かったことだろう？　類《ゲノス》とは、オスだけの、あるいはメスだけの一本の系統であって、奇跡によって永続が可能なのだというわけだ。そしてアリストテレスその人が、この欲求に理論的根拠を与えたのだ。つまり、経験的事実として二つの性が存在するにもかかわらず、かれは、ひとつの類《ゲノス》においては、たったひとつの形相しか、つまり父親の形相しか継承されないと主張したのである。類《ゲノス》の形相上の統一と再生産とを同時に保持するために、アリストテレスは性差を矮小化するみちを選んだ。そして、性差を量的な不均衡に帰すとか、男性の特性が薄まったもの、不足したものとするなど、さまざまな手段を使ったのである。

過剰と不足

いくつかの動物論のなかで、アリストテレスは、女性の身体を長々と検討している。自然発生的な生殖、つまり湿った大地や分解した物質から誕生するものをのぞき、すべての生物にはメスが存在する。そして、女性の身体の特徴を区別する方法が二つある。男性の身体と比べての類比と劣等性である。まず一方で、オスとメスのあいだには相違があるが、この相違は対応関係にある。つまり、雄のペニスの箇所は、メスでは子宮にあたる。子宮は、「つねに二重になっているが、それは、オスでは睾丸がつねに二つあるのと同じである」[36]。オスが、他の個体に子どもを孕ませることができる存在であるのに対して、メスは、自分の内部に子を孕む存在である。「このように、どちらの性も、一定の能力と行為によって定義され、同様に他方では、それぞれの活動にはそれぞれ固有の道具が必要であり、その道具とは、その役割にみあった身体の器官であるから、性交と出産のために別々の器官の存在が必要となり、そこから、オスとメスの差異が生じる」[37]。アリストテレスは、生殖器官に二つの形態があることを認めている。だがそれは、子をなすのに、他者にはらませる場合と、みずからのうちに孕む場合の二つのやり方があり、それが解剖学の領域に影響を与えたからだとしている。ところが他方では、女性の身体は、全体としてみると、さまざまな特徴の均質な連続となっているようにみえるという。そして、これらの特徴が、女性の身体の本性が、欠陥に満ちており、虚弱で、不完全だということを示しているともいっている[38]。

「メスはオスよりも筋肉がやわで、発音もオスほどはっきりしてはいない。体毛のある種では、オスよりも細い毛を有する。体毛のない種では、そのかわりとなるものを有する。またメスは、オスより柔らかい肉をもち、膝はオスより接近し、脚はより細い。足先のある動物では、メスの足先のほうがが細い。声についていうと、声をもつ動物では、すべてメスのほうが、つねに声が細く、音程は高い。ただウシだけは例外で、ウシでは、メスのほうがオスより低い声を出す。身を守るために生まれつき存在する部位、すなわち角、蹴爪、その他の同種の部位は、いくつかの種ではオスにのみあって、メスにはない。別のいくつかの種では、雌雄どちらにもあるが、オスにおいてのほうが強力で、よく発達している」[39]。メスの身体は、生まれつき武器もなく、自己の防衛も確実にできないうえ、脳もオスより小さい。「動物のなかでは、体の大きさに比べて、もっとも大きな脳をもっているのは人間であり、人間のなかでは、オスがメスよりも容積の大きい脳を有する。……頭の縫合線の数がもっとも多いのも人間であり、そのなかでも男性のほうが女性より多数の縫合線を有するが、その理由はここでも同じであって、この部位、とくにもっとも大きな脳が容易に呼吸するためである」[40]。この女性の身体は、子どもの身体と同じく未完成で、生殖能力のない男と同じく精液をもっていない[41]。またそれは、生まれつき病んでおり、熱が不足しているために、母胎のなかで形成されるのはより遅いが、老いるのはより早い。というのも、「人間のつくったものでも、自然の組織でも、小さなものはすべて、より早く終わりに達する」[42]からである。そして、こういうことになるのは、すべて、「メスのほうがもともと弱くて、冷たいからである。だからメスの本性は、生まれつきの欠陥なのだと考えなければならない」[43]というわけだ。

女性の本性は、生まれつきの欠陥である。女性の身体には、さまざまな欠陥が蓄積されているが、ついにこうして、その最終的な理由にいきつく。女性とは、それ自体欠陥だというわけだ。女性は欠如として定義されているが、これに当てはまらないものは、なにひとつとしてないというわけだ。たとえばアリストテレスは、大きさの大きいほうがいいという観点にいつも立っている。この観点からみれば、乳房は、メスにおいてのほうが、オスにおいてよりも大きいとみなすことができるはずである。ところがこの哲学者は、突然組織の固さと確実さという別の基準でもって、乳房を観察する。男性の胸部の筋肉に比べれば、女性の乳房は明らかに、海綿状の膨みのようにみえる。それは、乳を一杯に吸いこむことはできるが、当然柔らかく、すぐにしぼんでしまう。というのは、男性の肉体が密であるのに対して、女性は多孔質で湿っているからである。したがって、乳房もまた、不十分さのしるしとなる。女性は、父親のなかのある種の無能力のせいで、メスに生まれつく。そして今度は、自分自身が無能力を特徴とする。すなわち、「その本性的な冷たさという理由で、念入りにつくられた栄養素（血液のこと。また、無血動物にあっては、血液に当たるもの）から精液を製造することができないという無能力」[44]を。

だから、男性の身体との比較から、女性の身体の二つの側面が明らかになる。つまり一方では、多様性においては対等であるのに対して、他方では、模範である男性の身体との関係では、欠陥品であり、完璧なでき損ないなのだ。アリストテレスにいわせれば、女性の身体は、過剰と不足という観点からみて男性の身体と似ていないということになろう。ところで、計量的に性別による不平等を測定するという、こうしたやり方を過小評価してはならない。というのは、過剰か不足かで計る差異は、アリストテレスにとって明確なカテゴリーであって、ある鳥を別の鳥から——たとえば、ワシをスズメから——、あるいは、ある魚を別の魚から区別するからである。これは結局、同一の類《ゲノス》に属する動物のあいだの差異ということになる。だが生物学には、もうひとつ別なタイプの差異があって、この差異と対立している。それは類比である。たとえば魚と鳥——量的には違っている両者の特徴がどんなものであれ——は、類比の関係にある。個々の自然の機能——呼吸、栄養摂取、運動など——が、両者のからだのなかで、かたちは違うが、対応する器官を生みだしているからである。ある動物で口の部分は、別の動物ではクチバシだということになろう。水生動物にとってのヒレは、家禽類にとって翼だということになろう。要するに、解剖学的な特徴は、生物の個々の類に固有のものだが、すべての動物に共通の機能に応じて、種のレヴェルで決定されているのである。量的な差異は、個々の類の内部のものであるのに対して、類比は、形相にしたがって、つまり種のレヴェルで、ひとつの類を他の類から区別しているのだ。(45)

ところで、『形而上学』の場合と同様に、ここでも性差が問題をひき起こす。つまり、発生が、生物に共通の自然な機能であるとしよう。そうすると、発生は、類比関係にある解剖学的特徴を決定しているが、その特徴と同じ数の類を産みだすはずではないのか？　ペニスと子宮頸部を、睾丸と子宮本体を、かたちは違うが、対応するものとして、つまり、同一の機能を有するものとして、つくり出されたのだとみなしてはいけないのだろうか？　アリストテレスは、生殖器官を論ずるとき、大きな危険性のなかにいる。かれが、以下のような結論をひき出さざるをえないからである。すなわち、オスとメスは、形相に関して別のものとして考えだされたのだから、二つの独立した類に分けられるべきではないのかというわけだ。だが、わたしたちも知ってのとおり、もしも類を、ひとつの形相の再生産だと定義し、それを支持しつづけるのなら、こんなことは認められない。アリストテレスは、それを論理的難点と認めることなく、どうやって解決したのだろうか。わたしたちにはわかっているが、かれは、性別によって形態が二つに分かれるのは過剰と不足の問題であると、くり返し強調するのである。男性と女性という二つの身体は、結局は、ただひとつの形相《エイドス》の、量的に異なった二つの変種として現れ、ひとつの類《ゲノス》のなかで再生産されることになる。そしてそれは、右のような条件のもとで、つまり、オスとメス固有の形態を消去するという条件のもとでのことだったのである。

冷たいものは無力である

性別によって分かれる二つの形態を、なんらかの方法で測定可能な差異に還元すること。これこそが、アリストテレスの学説の論理にとって、きわめて都合のいい操作なのだ。わたしたちは、そのことをこれまで示してきた。類《ゲノス》が、「同一の形相をもつ存在の連続した発生」だとすれば、分割の影響は受けない。だから、二つの性が存在するにもかかわらず、ただひとつの分割できない《アトモス》形相しか存在しない。しかしこのような単一への復帰《レドウクティオ・アド・ウヌム》は、単なる事実確認の言表の並置では実現されない。すなわち、メスは小さくて、弱く、脆く、歯の数も少なく、頭蓋縫合の数も少なく、声量も少ないなどなどというだけでは、実現されない。これらはっきりとした特徴は、博物学者アリストテレスによって注意深く観察されてはいるが、すべて、ひとつの本性の、それも損壊した本性《フュシス》の付帯現象にすぎない。なぜ女性の身体は、小ささと脆さを特徴としているのか？　アリストテレスがいうには、それは、生命の熱が不足しているため、新陳代謝や排出が弱いからなのだ。そしてこの理由が、同時に月経の出血を説明する。「虚弱な人間では、必然的に老廃物の量が多くなるが、精液の排出は減る」というわけである。食べものの一部が消化されずに残り滓となり、それが、血の混じった液体となって、女性の身体から月に一度流れだすのである[46]。

したがって月経の血は、女性の冷たさのもうひとつのしるしである。だが、それはおそらく、もっとも重要なしるしなのだ。というのも、この血は発生に関わっているからである。この血は、熱の不足の結果生じたものであるが、同時に動物のメスにとっては、妊娠に役だつものなのだ。それは、男性の精液に対応するもので、熱が加えられていないため、いわば精液でない精液のようなものである。精液は、血液からつくられて、男性の身体によって分泌される。精液は、身体組織のための栄養の最終の形態——というのも、生命の熱のおかげで、オスは血液を精液に変えることができるからだが——なのである。これに対して、メスは無能力《アデュナミア》を特徴とし、このような血液の変化を成し遂げることができない。

精液対月経の血。この対立のなかにこそ、オスとメスがたがいに、どちらにも還元されないという特質——オスの精液は、メスの月経の血に相当するのだから、両者の類比といってもいいかもしれない——が現れてくる。と同時に、ただひとつの過程、すなわち精液の分泌という過程をもとにして、それぞれの定義が現れてくる。つまり、一方のオスはこの過程を実現するが、他方のメスは、それを完遂することができないというわけだ。この二つの実質の違いは、体液の変質という同一の現象の、二つの段階のあいだのズレにほかならない。その証拠に、熱の加えかたの不十分な精液には、血の跡が混ざっているではないか。これは精子形成の理論であるが、アリストテレスの考えだしたものではない。かれはこれを、紀元前五―四世紀の哲学者アポロニアのディオゲネスに負っているのだが、出典を明記していないのだ。この理論には、大きな利点があった。質的な相違を、過剰と不足の差異に変えることを可能にするのである。だがこの理論には、もうひとつ理論的な機能が、すなわち、アリストテレスの学説のかなめという機能があった。というのは、血液が精液に変質する過程で、完遂されるのは形而上学的な変化だからである。精液は、射精直前の交尾の運動に促されて急激に分泌され、できあがった精液と血液の残り滓とのあいだに、絶対的な不連続を生みだす。なぜなら、精液のなかには魂、形相、つまり一種の運動原理が存在することになるからである。

「発生の原理として、当然のことながら、オスとメスを立てることができよう。オスは、運動と発生の原理を有し、メスは質料の原理をもつ[47]」。この役割分担は、『動物発生論』の始めの部分で述べられているが、アリストテレスの発生論全体は、この分担を軸に展開されている。それは一種の「野生の発生論[48]」であり、そこでは関心が、自明の定理よりも議論の方法のほうに向いている。さきほどのくだりを、注意深く読みなおしてみよう。まず、「発生の原理として、当然のことながら、オスとメスを立てることができよう」とあるが、これは、発生《ゲネシス》は二つの原理に依拠しているという意味である。つぎに、「オスは、運動と発生の原理を有し、メスは質料の原理をもつ」とあり、ここでトリックが働いて、発生にはただひとつの発生源《アルケー・ゲネセオース》、つまり父親しか存在しないことになる。アリストテレスが二つの原理を挙げたのは、そのうちの一方の原理を採用するためにすぎない。たしかにメスがそこに挙げてあるが、それは、質料すなわち月経の血を提供するためにすぎない。母胎は、物理的な媒体として、発生という過程に栄養を補給するのであって、この過程をひき起こすのは、あくまでもオスのほうなのだ。

アリストテレスの発生には、魂の原理《テース・プシュケース・アルケー》、運動の原理《アルケー・キネーセオース》、形相の原理《アルケー・テース・エイドウース》と三つの原理がある。父親が発生源であるのは、かれがその精液のなかに、この三つの生きた力《デュナミス・ポイエーティケ》をもっているからである。感じる魂、すなわち感受性は、動物の基本的特性として精液のなかにある。このことこそ、「オスの本質そのものなのだ」。オスは発生を完成させるが、それは、「直接的にせよ、精液を仲立ちとするにせよ、感じる魂を導入するのは、オスだからである」。心的な原理は、精液をつうじてもたらされるが、それは、気《プネウマ》と熱を含むという、精液の本性によってである。そしてこの本性は、血液を精液に変える作用が完了した結果なのだ。こうして、父親と胎児のあいだに、魂の伝送が起こる。しかしながら精液は、命の伝達を支えているだけではない。精液は、運動をも有している。ただしそれは、物理的な運動ではなく、いってみれば、生物学的な運動である。「精液は、それ自体のうちに運動を有しているが、この運動は、発生源によって刻印されたものである」というわけだ。そしてそれは、精液が血液の精製残留物であり、血液はもともと身体に栄養を補給する性質をもつという、単純な事実があるからだ。精液は、この成長を促す力を受け継ぎ、その力の作用を胎児にまで延長する。「精液は血液の精製残留物であり、精液が生命力をえている運動は、身体を成長させる運動と同じものである。身体は、最終段階まで精製された養分（血液）がすこしずつ供給されるにつれて成長する。だから、精液が子宮に侵入すると、メスの血液の精製残留物を凝固させ、これに運動を与え、自分に生命力を与えてくれた運動を刻印する」のである。したがって、父親と胎児のあいだには、成長の連続性が存在する。しかしながら精液は、生命の伝達の支え、生理学的な力を媒介するだけのものではない。精液は、形相の原理をももっている。だからこそ、なにもないところから生物が生まれるのではなく、親とよく似た個体が生みだされるのである。

形相《エイドス》の不変性は発生の基本である。運動は、じっさい、質料の盲目的な衝動として作用するのではなく、胎児のなかで動きつづけて、形相を再生産する。「本性の運動は、産物（胎児）のなかにあるが、それは別の本性からきたもので、この別の本性が活動中の形相を内包している」からである。成長させる力は父親に由来するが、父親は目下のところ、質料がなろうとしているものなのだ。なぜなら、質料から出発して、発生源に似たものができ、成長するからである。このような観点からみると、妊娠というのはどんな展開をするものなのだろうか？それは、「月経のタネの精製残留物が適切な精液の分泌を受けると、オスからきた運動が、この残留物に対応する形相を与える」ことだという。人工的なものをつくる場合に、素材に働きかける運動を介して、職人が素材に与えたもの、それが形象《モルペー》となり、形相《エイドス》となる。これと同様に、生殖においても、オスが運動の原理と形相を与える。つまり、「精液は芸術家の役割を果たす。というのも、精液が潜在的に形相をもっているからである。」というわけだ。人間は人間を生む。ここにあるのはまさに伝達、連続性、同形異体である。つまり「カリアス*またはソクラテスは、質料によってその発生源とは異なっている。発生源は他者であるからだ。だが、形相によって、発生源と同じものになっている。なぜなら形相は分割できないからである」。発生源と発生体は、数のうえでは、唯一にして同一の形相《エイドス》ではないが、種のうえでは同一なのだ。

* カリアスは、紀元前六―五世紀に活躍した政治家。ペルシア戦争終結時に、ギリシア・ペルシア双方の勢力範囲を定めた「カリアスの和約」（紀元前四四九年）で名高い。

父親は、種の典型《モデル》をみずからが体現し、それを伝える。類《ゲノス》のなかには、遺伝されるべき形相はただひとつしかないが、それが具体的なかたちで現れているのは、父親のなかにおいてである。能動的で、創造主である父親は、自分の姿に合わせて子どもをつくる。父親に対して、母親の身体は、ひとつの場、一種の仕事場のようなもので、生命力のない——「母体に欠けている唯一のものは、魂の原理である」——実体である。それは、自分自身では動くことができず、絶対的に受動的なものである。というのは、「メスはまさに、メスであることにおいて、受動的な要素であり」、オスの形相をとり入れ、受けるとる状態にあるからである。血液の混じった月経の液体のなかには、魂《プシュケー》もなければ、いかなる運動《キネーシス》もなく、形相《エイドス》もない。月経の液体は、加熱能力《アデュナミア》の欠如の産物であり、つまり、生命をもたらす熱い気《プネウマ》が欠けている。メスはいわば原料なので、それが発生の過程に入ってくるのは、手の加わっていない最初の物質《プローテー・ヒューレー》としてである。「メスはまさに、メスであることにおいて、受動的な要素であり、オスは、オスであることにおいて能動的な要素である。運動の原理が出てくるのは、オスからなのだ。したがって、オスとメスという二つのことばそれぞれを、その究極の意味において理解するなら、すなわち、一方のオスを動作主にして起動因という意味に、他方のメスを被動作主にして被動体という意味に理解するなら、そこから形成される唯一の産物は、職工が木に手を加えてつくったベッドのようなもの、ロウと型枠からつくられた球のようなものである」[49]。ここでは木やロウは、凝乳酵素*の作用を受けることのできる牛乳のようなものである。このように、動物学という技術の認識の枠組《パラダイム》によって、種の再生産において女性の血がどんな位置を占めるのかが、なんの曇りもなく示されている。

＊ 若い反芻動物の第四胃から抽出される物質で、チーズを製造する際に乳を凝固させるのに用いられる。

質料と身体

「オスは形相と運動の原理とを提供し、メスは身体と質料を提供する」。『動物発生論』の冒頭*には、こういう性的役割分担の定義があり、身体と質料という二つの命題を再度提示している。つまりわたしたちは、『形而上学』のなかで、すでにそれに出会っている。メスの血液の精製残留物のなかには身体が潜在的に存在していると、なん度も指摘されているが、それは、厳密にいえばなにを意味しているのだろうか？ 「胎児の身体の各部分は、質料のなかに潜在状態として存在する」と、アリストテレスは書いている。すなわち、「メスが寄与する部分も、やはり血液の精製残留物である。ただこの残留物は、胎児のすべての部分を潜在状態のままでもっているが、けっして活性化させることがない。またそこには、メスをオスから区別する諸部分も、潜在状態でみつかる」というわけである。これを読めば、アリストテレス流の身体《ソーマ》の概念が、いかに捉えにくいものかわかろう。識別された対象として解剖学的に知覚することをのぞけば、身体というものを、その形相において以外に認識することは不可能に思われる。ところでアリストテレスは、身体と質量という観念の組合せと、形相《エイドス》というものを対置している。生まれてくるはずの存在者の身体の諸部分は、潜在的にメスの身体――性的器官も含む――の血液精製残留物のなかにある。このことは、以下のようなことを意味している。すなわち、ある物質から生物が成長してくることが可能であり、しかもそのプロセスが連続したものであるのは、振り返ってみれば、すでにでき上がったものがはじめから存在していたからなのだ。ある事物がつくり出されるのは、それが、つくり出されうるものだったからである。ある動物が、連続した漸進的なプロセスによって形成されるのは、諸部分がたがいにくっつきあうからではなく、メスの血液のなかに、生まれてくるはずの存在が実現されており、完成されて、現実のものとなるからである。「潜在状態にあるものは、必要なエネルギーをもたらす起動主の作用なしには、存在物に移行することはできないし、このエネルギーを保有する起動主も、どんなものによってもそれができるというわけでもない。それと同じで、指物師も、木材以外のものでは櫃をつくることができないし、指物師がいなければ、板があっても勝手に櫃ができるわけではない」のだ。メスの血液の残留物には、生まれてくる生物の諸部分が含まれているといったからといって、それは、諸部分が純粋に物質的な性質のものだと決めてかかることにはならない。それは、この諸部分が、この残留物から生命をひき出すことができるということを強調しているだけのことなのだ。

＊ 正確には、『動物発生論』、第一巻、第二章、「雄は運動と発生の原理・（起動因）を、雌は質料の原理（質料因）を含むものとして」（島崎三郎訳、『アリストテレス全集9』、岩波書店、一九六九年、九五ページ）。

「メスの血液の精製残留物は、潜在的に、その動物本来の姿なのだ。そこには、すべての器官が潜在状態でみいだされるが、そのうちのいかなる器官も活性化していない。おのおのの部分が形成されるのは、右の理由による。またそれは、作用主と被作用体が、一方が作用主で他方が被作用体になるような条件で接触すると、ただちに一方が能動的になり、他方が受動的になるからである。このように、質料を提供するのはメスであり、運動の原理を提供するのがオスなのだ[50]」。この一節はとくに明確である。月経の血液は胎児の身体の各部分を潜在状態で含んでいるが、同時にまた、質料でしかない存在でもある。

男女対称のねらい

一方には魂、形相、運動があり、他方には身体、質料、受動性がある。性別に関する問題意識とは、すなわち、性差を類《ゲノス》という概念の内部の量的に計測可能な変種と捉えようとする努力のことである。また類《ゲノス》においては、再生産と形態的同一性がともに確立している。そこで右の問題意識は、ひとつの二項対立的な学説を確立することになる。そしてそこでは、女性という特性が、否定的なもの、変質、欠如といった位置を占めることになる。ヘシオドス、シモニデス、プラトンは、類《ゲノス》という概念を神話のごとく使用して、単一の性しかもたない、自立した系統とみなしていた。またアリストテレスは、その概念の形而上学的単純化を成し遂げた。だが、これらの学説とならんで、もう一つ別の思想、つまり医学者たちの思想がある。そしてそこでは、女性に一定の積極性を認めることと、二極からなる発生の原則とを両立させようとしている。自己充足しているのでも、唯一男性に還元されるのでもなく、両性は、対称をなすかたちで対立しあっている。

クニドス派*の臨床医たちによれば、女性も男性と同じように、男性の精液と同じような、子種を含む液体をつくるが、それは四体液〔血液、粘液、胆汁、黒胆汁〕の凝縮した抽出液のようなもので、男性に射精を促すのと同じ状況になると子宮頸部が分泌する。「女たちにあっては、性器が性交時にこすられ、子宮が動きだすと、子宮はかゆみのようなものにとらえられ、それが体全体に快感と熱をもたらす。女もまた、体全体からつくられた精液を、あるときには子宮のなかに放出するし――この場合には子宮は湿る――、また子宮口が通常よりも開いている場合には、子宮の外側に放出する」[51]のである。女性の身体は、積極的に生殖に貢献しているのであり、妊娠がうまくいくのは、精液混合の力学的な現象によってなのである。この場合、胎児がどちらの性になるかを決定するのは、力関係の、すなわち精液の量の作用の結果である。「あるときにはオンナの精液の分泌のほうが多く、またあるときには少ない。オトコの精液についても同じことである。男は、オトコと子種とオンナの子種を同時に有している。女も同様である。オトコのほうがオンナよりも強い。したがって、オトコのほうが、より強い子種から生まれてくるのでなければならない」。したがって、男性と女性のあいだには、「力」の不均衡――アリストテレスの用語でいえば、過剰と不足にもとづく差異――があることになるのだが、どちらの性も、「両性具有の」精液実質を有しており、その実質には、強いものもあれば弱いものもある。男性側からにせよ、女性側からにせよ、精液の放出のたびごとに、強い男性精液と弱い女性精液の比率は異なっている。それで、さまざまに変化する組合せによって、子どもの性別が決まる。「したがって、次のようなことになる。強いほうの精液が両者から出てきた場合、胎児**はオトコとなる。弱いほうの精液が出てきた場合には、オンナになる」。量的に勝るのがどちらであれ、それに合わせて胎児の性別が決まる。性別の二者択一において決定要因になると思われるのは、男性精液に固有の力ではなくて、反対にその総量《プレートス》なのだ。「じっさい、弱い精液が強い精液よりもずっと量が多いと、強い精液は、弱い精液に支配され、これと混じりあい、オンナの精液になってしまう。しかし、強い精液が弱い精液よりも多量にあって、弱い精液が凌駕されるなら、今度は弱い精液のほうが、オトコの精液に変わってしまう」というわけである。

* クニドス派とは、古代ギリシアの医学の一派。当時医学の拠点のひとつだった、小アジア南西端のポリスに形成され、合理的な診察態度で知られた。

** この文の主語「胎児」は、筆者による補足。

問題となっているは、当事者の対称性――両親はともに発生源である――であり、総量の量的優位である。ところで、この理論モデルは、精液の力においては、男性の優位を認めることが避けられない。しかしまた、性別の決定に際しては、両性はその実質において対等だと断定しなければならない。右の理論モデルは、この二つの巧みな妥協なのだ。結局のところ、どちらの性になるかを決めるのは、量の偶然だからである。量さえ多ければ、弱い精液が優位に立つチャンスもある。しかも、こういったからといって、誇張したことにはなるまい。民主制の政治的言語では、「プレートス」とは文字どおり多数を意味していたからである。

性別決定のもたらすもの

しかしながら、このテクストでもっとも興味深いことばは、優位を表現する動詞「クラテイン kratein」である。「クラテイン」は、政治的な意味で、討論のなかで、あるいは投票に際して、ある意見が別の意見に対して優勢であることを意味している。また、「クラテイン」の名詞「クラトス kratos」とは、闘争において獲得された力のことであり、しばしば勝利をも意味する。この名詞は、性別の決定に結びついた問題にもっと近い文脈でも使われている。それは、まさしくアイスキュロスの『救いを求める女たち』においてであるが、「クラトス」はそこで、ダナオスの娘五〇人からなる一団の勝利を意味している。娘たちは、結婚を強いようと追ってきた五〇人の男たち——かの女たちの従兄弟——の軍団に対して、勝利をえたいと望んでいたのだ。*「いいえ！　ゼウスさまが、嫌な相手との残酷な結婚を、わたしから免除してくださいますように！　イオを解き放ち、その苦しみを癒し、優しい御力を感じさせてくださったのは、ゼウスさまなのです。ゼウスさまが、女たちに勝利を《クラトス・ネモイ・ギュナイクシン》与えてくださいますように」と、この悲劇の最後に歌われている。この家族という宇宙は、男と女の二つに分けられているが、そこでは、矛盾の幸福な解決は、医学言語においてだけでなく、法律の権威に満ちた言語においても、一方の性による他方の性への優位を規定するのとおなじ用語で表現される。「故人が相続の段取りをしていなかった場合、もしこの故人に娘たちがいたら、遺産はかの女たちに受け継がれる。娘がいなければ、次の順番にあたる親族が、財産の持ち主《キュリオイ》となる。つまり、もし異母兄弟がいれば、この異母兄弟が相続する。また、故人の兄弟に嫡出の男子があれば、これらの嫡出子が、その父親が兄弟から受け継いだ取り分をひき継ぐことになろう。故人に、兄弟も、兄弟の子どももいないときは、……（欠落）……子どもの子どもたちが、同じ規則にしたがって取り分をひき継ぐだろう。同一の家系のなかでは、たとえ親族等級が離れていても、男たちと、この男たちの子どもが優先権《クラテイン》をもつことになろう。父方の親族が従兄弟の子どもまでいない場合、母方の親族が、同じ規則にもとづいて相続する。どちらにも親族がいない場合、父方の一番近い親族《キュリオス・エイナイ》が相続することになる(52)」。

＊ エジプト王ペロスには、アイギュプトスとダナオスという双子の息子があった。そしてアイギュプトスには五〇人の息子が、ダナオスには同数の娘がいた。兄弟はやがて王権を争い、ダナオスのほうが、アイギュプトスとその息子たちを恐れ、アルゴスに移って、そこで王となる。その後、アイギュプトスの息子たちがアルゴスにやってきて、たがいの敵意をおさめ、ダナオスの娘たちを妻としたいと申しでる。ダナオスはこの要請を入れたが、アイギュプトスの息子たちを信用せず、宴を催して、婿たちに酒を飲ませ、娘たちにはひそかに短剣を与える。娘たちは、ひとりをのぞいて、眠りこけた婿たちを殺す。なお、このあとの引用の該当個所は、呉茂一訳『救いを求める女たち』（『ギリシア悲劇全集 I』、昭和三五年、人文書院）、二六五ページ。

これは、遺言のない《アブ・インテスタート》相続に関する法律であり、男子の直系継承者がいないときの、遺産に関係する娘（家つき娘）たちと、財産の行方を規定している。優先権の体系全体は、死者の父方と母方の両系列のなかで、法規上の五親等までの相続権利者という集団に関わっているが、たったひとつの基準に従っている。すなわち、男性が女性に優先するのである。この基準のほうが親等よりも強い。というのは、息子のほうが、娘よりも「基準となる人物《エゴ》」（つまり、二人の父親）に近いわけではないのに、息子のほうが娘に優先するからである。母方の系列に関していえば、父方の系列に完全に先行されている。その結果、父親の従兄弟の娘は、異父兄弟、あるいは母方の叔父を、押しのけることになる。このように限定された父方の親族に、相続の権利者がいない場合でも、権利のあるものを探すことができるのは、父方だけである。母方の親族は、従兄弟の子どもより遠い場合は、相続者を提供することはできない。ところで、「クラテイン」という動詞は、他方の性に対する一方の性の優位を的確に表している。これは、この動詞が法律の言語においてもつ唯一の意味ではない——たとえば、遺産相続の権利をもつものについて使われるときには、遺産の獲得を意味する——のだが、それでもおそらく、以下のことはおおいに注目に値する。すなわち、三つのタイプの異なった言語が、つまり医学と、悲劇と、法律の言語が、男性に関わるものと女性に関わるものの交替に関して、このことばを、きわめて頻繁に使っているのである。

交替と、わたしはいった。だがさらに、闘争と追加していおう。というのは、わたしが提示した諸状況——ダナオスの娘たちとアイギュプトスの息子たちの抗争、遺産継承者間の差別、生物学における性別の決定のことだが——においては、ねらうべきもの、獲得すべき特典があり、つまりは、勝たなければならない勝負だからである。「クラテイン」という動詞では、両性のあいだで雌雄を決するという競争、争いの概念が前提になっている。したがって、この語が意味しているのは、紛争のどっちつかずの状態に決着のついたことである。ただしそこでは、この決着が情け容赦のない選択を求めていることが、強調されている。男女両性のあいだには、和解はありえない。一方が勝ち、他方が負ける。一方が支配《クラテイン》し、他方が支配《クラティスタイ》される。だが、はっきりいっておかなければならない。この対立には、資格においても、優位に立つ機会においても、対等な二人のライバルの存在が前提になっている。遺産相続に関する法律の場合には、両者のうちの一方が、勝利者となることができたし、またなることが必要だった。だがそのような場合には、相手の尊厳も認められていなければならない。

理性のつまずき

さて、ここでアリストテレスの理論に戻ると、わたしたちは、動詞「クラテイン」がかれの理論には存在しないと推測することができる。アリストテレスにあっては、妊娠の際、両性の抗争によって胎児の性別の二者択一が決せられるなどということは、問題にならないはずだ。なぜなら、勝負は頭から《ア・プリオリ》ついているからだ。精液に刻印された運動によって、魂と形相を伝達するのは父親なのだ。つまり、オスが、そしてオスだけが、発生の原理《アルケー・テース・ゲネセオース》なのだ。母親は発生源ではなく、生命のない、受動的でどろどろした材料を提供するだけである。それが、月経の血液である。だから、父方の形相《エイドス》と競争して、自分に固有の形相を伝えることはできないはずなのだ。だがこの場合、メスの誕生を、どうやって説明したらいいのだろうか？　それは、オスの能力《デュナミス》に偶然欠陥が生じた場合を想定することによってなされる。「若さか、老齢、あるいはなにか同様の他の原因によって」、父親の創造主としての力と創造エネルギーに衰弱が起こる。父親はそのために、不完全で、欠陥のある二級品をかたちづくってしまう。この二級品は、父親とそっくりにはならず、ぎゃくにその無力の、力の衰えのしるしとなる。女子の損なわれた身体《アナペーリア》は、小さく柔弱であるが、それは、性交時の父親の無力の現われである。このモデルは単一系のモデルであり、性別が男性でなくなるのは、男性の特性が変質するからだとしている。そしてアリストテレスは、このモデルから次のような最後の帰結をひき出す。すなわち、「両親に似ていない子どもは、いくつかの点で、すでに怪物《テラス》である。というのは、この場合、本性が、一定程度類《ゲノス》の典型からかけ離れているからである。最初の分離は、オスではなくメスが誕生することである」という。女性とは、類《ゲノス》の内部につくられる形相《エイドス》の欠陥ヴァージョンなのだ。ここでは、分類学と発生学が完全に一致している。

　にもかかわらず、非常におどろくべきことに思われるのだが、動詞「クラテイン」が、性別決定の説明のなかに出てくる。すなわち、力関係という考え方は、一種の身体対身体の関係で、そこでは、どの原則が支配し、どの原則が支配されるのかが問題となるわけだが、アリストテレスの発生学では、類似の問題が出現する非常に微妙な場面で、この考え方が核心に位置することになる。実際のところ、子どもが母親や女の先祖に似るという現象を、どう説明したらいいのだろうか？　この点に関しては、男性からの退化という線的な理論モデルでは、もはや十分とはいえない。たしかに、女児の誕生は、父親からの形相の伝達の過程で失敗したからだという説明が考えられる。しかしながら、女児が母親と同じ顔をしている——アリストテレスによれば、非常に頻繁に観察されることだが——は、まさに、女性の形相が存在するのではないかと思わせる現象である。子どもとその母親の形態的な類似が可能だと、認めることにしよう。だが、それが意味するのは、母親側からの伝達も存在すること、そして、このような遺伝が、男性側に起こる遺伝をときには凌駕することもあると、認めなければならないということである。「月経の血液を精製する際、その精液残留物が適切な蒸留を受けていると、オスに由来する運動は、この残留物に作用して、みずからに一致する形相をもたせる。……（中略）……だから、オスからの運動が支配《クラテイン》していれば、この運動がつくり出すのは、オスであってメスではないし、できた子どもは、発生源の父親に似るのであって、母親に似るのではない。だが、もし運動が支配しない場合には、その運動には全能の力が欠けていたわけだから、できてくる子どもにも欠陥を生むことになる」[53]。

　ここでは、オスとメスという二つの発生源が、ともに勝ちを制する可能性を秘め、たがいに対立しながらも、どちらが支配するのかは不確定である。こうした考え方が必要になったのは、個体の特徴を考慮に入れなければならなかった——『動物発生論』第四巻でのことである——からである。再生産が、種という意味での形相《エイドス》の連続性に関係しているというところまでは、核心は、同一者が複写されていくという点にあった。つまり、人間が人間を生むわけである。個体は違うが形相は同一という考えは、貫徹していた。だが、男性が女性《ギュネー》を生むとなると話は別である。それでもそれは、偶発事にすぎないとされていた。反対に、アリストテレスが、遺伝的特性と母子共通の特徴という問題を提起したとき、かれの頭に浮かんだのは、個々の個体のこと、おそらく個々の人間のことだった。だからかれは、「発生が問題になるとき、つねにもっとも重要なものは、固有の、個別の性質である」[54]と、宣言するところまでいく。これは、この哲学者に関していえば、もっとも当然の言明だった。なぜなら かれは、発生《ゲネシス》を、形相《エイドス》が不死となる唯一のチャンスだと考えていたからである。それでこそ形相《エイドス》は、類《ゲノス》の個々の個体の死を越えて、生きながらえるというわけだ。しかし、「家族に共通する顔つき」をどう解釈するかは、あらゆる発生学理論にとって試練であることは理解しなければならない。アリストテレスがこの問題に臨んだのは、母親と子どもの類似は例外である——というのは、母親の形相は問題にならないからだが——という発生観を採用することによってだった。そしてそのとき、かれの言語は、突然医学者たちの言語にきわめて近いものとなった。

「個体ということばで、わたしはコリスコスまたはソクラテスを思い浮かべる。*ところで、すべてのものは、変質するときに、なんであれ任意のものに変化するのではなく、それ自体とは反対のものに変化する。それは、発生においても同じことであって、支配《クラトウーメノン》されなかったものは、必然的に、それと反対のものに変質、変化するはずである。その際には、発生源にして起動因である動作主に、どんな支配力が欠けているかによって、なにになるかが決まる。この動作主がオスになる力が欠けていれば、動作主はメスに生まれる。動作主がコリスコスまたはソクラテスになる力が欠ければ、子どもは父親にではなく、母親に似る。というのは、母親という一般項は、父親という一般項の反対であるのと同様に、個別の母親は、個別の父親と対立しているからである[55]」。ここでは、発生源《ゲンノーサ》になるかもしれない母親の存在が認められている。とはいえ、母親と子どもの類似は、父親と子どもの類似の変質したものにすぎない。アリストテレスは、実際のところは、かれ自身の単一系列的な発生観と男女対称とを折りあわせるため、やむをえず譲歩している。それは、全体のまとまりを揺るがすような規模の譲歩である。というのは、こうしてメスという他性が突然の侵入してくる例、すなわち、女性の提供する質料の抵抗が強まる例が、二人の子どものうちのひとりに、効力を発揮するからである。

*『アリストテレス全集9』(岩波書店、一九六九年)の引用箇所の註によれば、この人名は特定の人物を指しているわけではなく、例として、アリストテレスがよく使っている人名。当時ありふれた名前だったらしい(同書、三九七頁)。

ここでアリストテレスは、母親が発生源であると認めている。かれは文字どおりそう断言して、女性を「産む《ゲンナーン》」という動詞の主語にしている。これは、かれの単語の使い方に対して、異論の余地のない違反である。動詞「ゲンナーン」は、じっさい、形相と生命との、魂と運動との伝達という、子孫再生産における男性の役割を指しているのであり、質料を供給するという母体に課された機能とは対立するものである。「ゲンナーン」は、文字どおり父親の特権なのだ。ところで、このことばの関与する意味範囲を拡大し、母親が産むことを認めるという選択は、どうでもいいことではない。この行動によって、アリストテレスは、女性の存在を積極的に考えざるをえなくなったからである。メスも、オスと同様に産むわけだから、性別の決定という抗争に勝つ可能性がある。「勝つ《クラテイン》」チャンスは、「産む《ゲンナーン》」能力にもとづいている。したがって、二つの発生源があり、それは男女両性のことなのだ。だがなぜ、ヒッポクラテスの理論に、断固として反駁しなければならなかったのだろうか。ほとんど同一の立場に、到達しているのではないのか。

アリストテレスの発生学はたしかに、矛盾する二つの要請のあいだの緊張のなかで展開されている。発生を、自己同一性の単一系列による伝達と考えたいという要請と、親子が似ているという否定できない現象を正当化したいという要請の。

弁護の余地のない同一視

したがって、医学者たちは、神話や哲学の伝統とは一線を画して、女性の身体に精液や男根と同じ能動的な力を与える。女性の身体から分泌される性液は、じっさい、男性の精液と対をなし、子宮はペニスに等しく、卵巣は睾丸に相当する。この男女対称論は、実際には、男女の身体を同一視している。また、女性固有の特性を唱える理論が、これに依拠している。だが、この対称論が、女性という特性の理論にとって、より開明的であり、重要な障害とはなりにくいようにみえるのは、いったいどうしてなのだろうか？ またさらにいえば、このように男女を解剖学的＝生理学的に同一視していても、そこには、過剰と不足によるズレがかならずや潜んでいる。だというのに、女性の歴史研究家からみて、こうした同一視をプラトンの政治哲学ほど厳しい眼でみなくてもいいと思われるのは、なぜなのだろうか？

その理由は、まさしく以下のとおりである。たしかにプラトンは、『国家』のなかで、全体論的かつ単一論的に男女を同一者に還元して、それを理論化している。だがそれが、全体主義的社会を目指す企てに組みこまれているからである。理想のポリスが、種にもとづかない女性の能力を当てにするのは、そうした能力に、有用で制御可能な決定的な地位を与えるためなのだ。この哲学者が、守護者の妻たちの戦士としての力を信頼するのは、伝統的に女性のものとされた才能や優秀さを軽蔑して——機織りや料理などは、ばかばかしいことだという——いるからである。つまり、守護者の妻という生きものは、メス犬に比肩する動物行動学的資質を授けられているというのである。『ティマイオス』の人間起源論によれば、この存在が地上に現れたのは、最初の男たちの一部が臆病だったからだという。したがってこの存在は、人間の臆病さの権化でもある。そして、この存在が、戦争と勇気という、本来は男性の世界に近づくことができるとすれば、それは、動物との類比によってのみだという。つまり、分類表の下段にいるからだという。女性は、本性からしてあまり大胆ではない。つまり、大胆さに欠けたものとして、つくられている。だから女性たちは、ごく小さなころから、教育を、つまり真の訓練を受け、それによって、生来の欠点を補い、なんらかの能力を身につけることができる。ただしその能力は、つねに、男性《アンドレス》たちの能力ほど輝きも栄光ももたない。

これはいうまでもないことだが、知と力が問題になる場合、その問題がポリスの統治を委ねられた哲学者たちの問題である場合、『国家』の対話の参加者たちは、まったく女性に言及しない。対話の参加者たちのユートピアに関して、かれらが関心をいだいているのは、子どもたちが母親や乳母の影響下に置かれていることである。かの女たちこそ、悪しき市民教育に責任があるからである。出産と育児をはじめ、伝統的に女性がやり方を知っているとされることがある。だがそれは、不信と過小評価の対象である。それも、なんとも多くの文化に共通して。プラトンは、この不信と過小評価をポリスに教えているが、それは、人口の半数を占める女性を、有効に利用するためだったのである。

そのうえ、プラトンが女性についていうことはすべて、次のようなことを示している。まず、女性はけっして、それ自体目的とはならない。つぎに、プラトンが女性に関する規則を定式化したのは、女性の幸福のためでも、利益のためでもない。たしかに、『法律』にみられるように、女性を最大限社会に組みこむことが、たびたび奨励されている。だが、そこで追求されている目的は、社会の能動的構成員たる女性の必要や欲求だと仮定されるものに、けっして一致していない。プラトンは、女性の生活様式――共同の食事、住居、夫婦生活――に不安を覚えているからである。ねらいはつねに、市民のためのものであり、集団のためのものである。目標が、このように女性を排除しているのは、女性たちと、女性固有のものと思われているものがともに、構造的に障害の役割を果たしているからだと思われる。女性は、避けて通るべき対象であり、改心させなければならない厄介ものである。女性の生まれつきの気性、おしゃべりや隠しごとの好みによって、女性たちは、社会共同体の均質性にとって、危険で面倒なものとなっている。

いい換えると、この均質性は、構造に反するものの領域に属する。すなわち、女性たちの本性に反して、確立さるべき社会的有用性にかかっている。種付けすることと、出産することとの生物学的な相違を無視して、確立さるべき社会的有用性にかかっている。さらにプラトンは、神話や政治の言語を使わない場合には、まさにアリストテレスを先どりしている。発生とその能動因は、技術的な身振りと考えられるべきである。それらは、「それによってすべてが生まれる類似をもった原理」を、つまり、形相のモデルとしての父親と、すべての物体を受けいれる自然、すなわち子を孕む物質としての母親と、できあがった産物、すなわち「形而上学的な[56]」子どもを含んでいる。

同一から不足へ

他者性を否定して、もっとうまく不平等をひき出すこと。この同じ論法が、プルタルコス（紀元後一—二世紀の伝記作家）においては、ひとつの結婚観にいきつく。この結婚観は、共有《コイノーニア》の概念から女性の従属の概念への横滑りのうえに全面的に構築されている。二人の配偶者は、夫婦生活をともに生きるなかで、同じ友人、同じ近親者、同じ神々、共通の財産をもっていなければならない。自然は、身体において、二人をたがいに混ぜあわせる。つまり、かれらの子どもたちにおいては、夫婦のそれぞれから受け継いだ部分が、区別できないくらいまでになる。したがって二人は、財産を管理する際には、ブドウ酒を水で割るように、それぞれの遺産を「混ぜあわせ」なければならない。二人は、個人としての自分たちに属するものはなにもない、と考えるようにならねばならない。二人のあいだでは、すべてが、混合されたように、完全に「一体化」していると考えるようにならねばならない。この親密な関係は、きわめてよくまとまっているので、いかなる明確な特徴といえども、男性と女性の差異を画するにいたらないほどなのだ。けれども、この親密さのしたには、つねに夫に有利な力関係が横たわっている。夫は、太陽、国王、教師、騎士、要するに行動する原理にたとえられる。これに対して妻は、月（または鏡)、臣下、生徒、馬などなどにたとえられる。女性が積極的に主導権をとるとすれば、それはつねに、誘惑、魔術、ハメをはずした行動にのみ由来する。妻は、了解にもとづく受動的な態度に甘んじ、夫の生活様式になにからなにまで合わせなければならない。夫婦の共生は「混合」によって成り立ってはいるが、この「混合」とは結局、妻の側での諦めなのである。つまり、妻自身が所有できたかもしれないもの、所有できるかもしれないものを、すなわち神々、友人、趣味、財産などを諦めて、夫の宗教生活、経済生活、社会生活に、物真似でもするように合わせることなのだ。このことはとくに、財産に関して強力に働いているようである。ここでは、「混合」の数量的な見積もりが、ほかでよりもはっきりと現われるからである。それぞれの持ちものを共有化した結果、夫婦の遺産は、じっさい、ただひとつ分割できない遺産というかたちをとり、しかもそれは、夫に属することになる。さらに、妻のほうが夫よりも多くを提供した場合でさえ、同じことが起こる。というのは、この「混合」は、水とブドウ酒のブレンド《クラーシス》という意味に理解されなければならないからである。この飲みものは、水のほうが大量に混じっていたとしても、やはりブドウ酒と呼ばれるのだ。このように共有のなかでも、女性の特性は、その重要性がたとえ量的に優位であっても、つねに劣等性の位置を占めて——水がブドウ酒よりも価値が低いのと、同じことである——いる。もっと正確にいえば、共有は、手段にすぎない。この手段によって、女性の固有性が、この場合でいえば、全体にとって真の支配者である男性側を有利にするために、現実に女性が貢献しているという事態が隠されてしまうのだ。

結婚規範《コンユガーリア・プラエケプタ》とは、結婚に関する紋切り型の規範であり、女性を知、社会、財力にわたって消失させる。だがこの規範は、それだけでなく、これ以上ないほど興味深い影響として読まれなければならない。すなわち、性差に関するプラトンとアリストテレスの言説は、倫理学と実践理性の次元に、大きな影響を及ぼしたのである。経験にもとづいて観察し、それをもとに考察すれば、女性を矮小化しようという一貫した絶対命令にあまりとらわれることなく、身体や行動のモデルをひき出すことができる。だがそれができたのは、医学者たちだけであった。たしかに、すでに強調したことではあるが、女性であるということは、あい変わらず弱さ――たとえば、精液の女性部分は、男性においても女性においても弱いほうだった――を特徴としている。またたしかに、身体組織は、女性において、男性においてよりも大きな柔弱さ、締まりのなさ、多孔性を呈している。そしてこのような特徴のために、女性の身体組織は、とりわけ液体や蒸気を通しやすくなっている。このことは欠点に属する。なぜならそれは、堅固さが不足していること、またその結果として、筋肉の強さが足りないことを意味しているからである。とはいえ、女性の精液には力強さが足りないという考えは、発生学を、女性の劣等性という不変の命題に導くことにしかならない。この学が、機能的類似を基盤としているにもかかわらずに、である。女性の精液は、まさに精液として認められている。したがって、活動的で、有効で、生命を伝達することのできる実体として、認められている。だから、その力がたとえわずかとはいえ、それは、これほど根本的な欠陥となったりはしない。ところがアリストテレスは、それを、子孫再生産における唯一の女性の貢献である月経の血の絶対的な無能力だと、非難の的にしている。

　女性という特性に関して、哲学の歩みの特徴をひき出そうとするのなら、少数の主要な関心と観念を押さえておかなければなるまい。まず、どうやって性差を、他のタイプの差異との関係で分類するのか、という関心がある。また、さまざまな手段を使って、対立を矮小化する傾向がある。たとえば、ある場合には、自立的で対等な二つの項の二律背反を、単なる一方の劣化に変えてしまう。またある場合には、共通の本性というカテゴリーによって、あらゆる弁別のための特徴を中性化し――種付けすることと、出産することとの生理学的差異は別だが――、劣等性を救おうとする。つぎに、以下の点は、どれほど強調しても、けっして十分に強調したことにはならないだろう。すなわち、女性を同一者の範囲に組みいれた――つまり、男女同一の社会的役割、同一の態度、同一の才能を認めるわけである——としても、それは、気前よく両性の平等を尊重することにはならない。反対にそれは、女性の欠陥のあれこれを、認定することになってしまう。なぜなら、女性の欠陥は、質的な同一性をバックに浮かびあがってくるだけに、いっそう「明白に」現れるからである。概念上、両性を均質なものだとみることは、歴史的には、そのうちの一方に対する尊大な態度を当然とみなし、この弱いほうの価値を徹底的に無視することにしか役だたなかった。フェミニズムは、女性の固有性を権利として要求し、両性分離によって固有性を実践し、真の女性という類《ゲノス・ギュナイコーン》として、女性同士で子どもをつくりたいと思うまでになっている。このフェミニズムは、男女を同一視することに不信を表明してきたが、それは間違っていない。しかしながらフェミニズムは、その閉鎖性と、社会的運動を拒否することにおいて、間違っている。社会的運動は、純粋に原理上の他者性を主張するだけの時期を越えて、女性たちにとって本当にふさわしい唯一の展望——権利の平等、女性という価値の承認、差異の尊重——を代表している。

　学問的思想が、確実性というかたちで、女性の劣等性という偏見を導きだしてきた。また、女性を男性というモデルに一致させようとすることは、女性の無力を浮き彫りにすることに役だってきた。こうしたことが続くかぎりは、わたしたちは、過剰と不足にもとづいた性差別という罠に、とらえられ続けることになろう。

（内藤義博　訳）

つぎは、これとは別の形態の言説、すなわち法律である。ギリシア法における女性たちの地位に関していえば、包括的な研究は、部分的にはいまなお、すでに知られている材料によって進めざるをえない。とりわけ、各ポリスの法典、碑文、アッティカの弁論家たちの言によって。本巻でも、クローディーヌ・ルデュックが、結婚という制度との関係で、この法という規範の言説のいくつかの面を研究している〔第5章〕。また、クロード・ヴァタン、セーラ・ポムロイ、ジョゼフ・モドルゼイエフスキーらの研究によって、ヘレニズム時代に女性たちに割りあてられていた地位に、アプローチすることができる。(1) したがって、次章で、もっとも重要な部分をなすのは、ローマ法である。そしてそのことは、この法のもつ重要性に合致している。ローマ法は、今日にいたるまで、かず多くの西欧社会のなかで、重要性を保持してきたのだ。ローマ法に関して書かれてきたこと、知られていることについていえば、そのもっとも重要な点は、女性たちの「無能力」のかずかずと、法秩序が女性たちに、かずかずの「不平等」を強いていたことにある。このことに関する伝統的な解釈は、社会と政治という領域を、その場としている。すなわち、女性たちは、ポリスという世界から排除されていたというわけである。ヤン・トマは、法律家になる教育を受けた人物だが、問題の核心をずらしてみることを提案している。

女性たちは、政治活動から、そしてもっと広くいえば、ひとつの役割から排除されていた。その役割とは、他人の名において、また他の人々のために、さまざまな審議をすること（公共の利益に関わる職務を果たすこと）である。だが、この排除は、筆者トマが示しているように、もっとはるかに根元的な無能力に由来している。それは、みずからの子孫に市民権を付与できないこと、つまり、正統性を継承させることができないことである。だから、古代ローマ体制全体の論理を理解するためには、相続制度こそが、たどるべき糸なのである。別の言い方をすれば、政治制度は、法制度を説明するうえで、もっとも重要なものであるわけではない。性別による区分と、この区分を後代に伝える血統から出発してこそ、女性たちの政治からの排除を、説明することができるのだ。

P. SP

3

ローマ法における両性の分割

ヤン・トマ

ローマ法のもとでは、女性は特別の法的種別を構成していない。ローマ法は、女性が関係する紛争をかず知れず解決せねばならなかったが、女性とはそれ自体としてなにかという定義を、けっして提示しようとはしなかったからである。もっとも、多くの法学者にとって、女性の精神的弱さ(imbecillitas mentis)や心の軽薄さ、そして男性に比しての肉体的虚弱さ(infirmitas sexus)という決まり文句が、女性の法的無能力のごく自然な説明の方法として使われていたことも事実である。

そのかわりに、法にとってもっとも重要なことは、両性の分割自体なのである。だが、一般には、両性の分割は自明のことであって、有性生殖は、法が暗黙にその体系のなかに含めている当然の事実として、想像されるかもしれない。たしかに、両性の分割という前提の受容が、法文中で明示されていないのがフランス民法典の場合であり、西洋近代のすべての法の場合なのである。したがって、法文の文言にとどめておくならば、今日、結婚しようとするフランス人が異性同士であることは、要求されていないということができる。

両性の分割、すなわち、ひとつの規範

ところが、ローマ法においても、教会法においても、両性の分割や有性生殖といった自明のことが述べられているし、はっきりと言明されている。なぜならば、すべてのローマ市民が男性《マレス》と女性《フェミナエ》に分割され、男性と女性が結婚することは、単なる事実ではなく、規範だからである。のちにみるように、これこそが、まったく明白な結婚の条件なのである。さて、規範は限界上の事例においてもっとも明瞭なかたちで現れてくる。というのも、こういった事例においては、ローマ法は、決疑論的方法を用いて、自然では明らかにならない区別を確立するために、あたかも境界線でも引くように、原理を際だたせてくれるからである。両性具有者の場合がそれにあたる。

両性具有者に関する決疑論

ローマの決疑論者たちは、確たる方針のもとで、かずかずの希な事例を研究した。これらの事例では、かれら決疑論者たちに求められる分類操作に、むしろ適さないように事実が選ばれている。こうした理由によって、判断は、絶対的な選択という恣意的性格を帯びざるをえない。ローマの決議論者にとって、両性具有者の問題は、性の分割の絶対命令を確証するためのとくに好まれる題材であった。じっさい、法学はそこに、他者性にもとづく体系のほかに選択肢がないことをみいだしていた。それゆえ、法学者たちの論理は、制度全体の組立という絶

対命令──その命令は、分割の原理にもとづいて社会機構を秩序立てることにある──に従っていた。ここで、P・ルジャンドルによってなされたローマ法と教会法の二つの伝統における西洋教条主義についての研究にもとづくならば、両性の分割は、一部の構造人類学者が種別された多数の対立項に幻惑されて主張しているような、交換と相互性という基本構造に従うかたちでの、社会の二元論的機能方式に還元されないことも理解されるだろう。しかし、また同時に、両性の分割は、両性の分割を基礎づけている原理、すなわち両性の分割の慣行とは区別され、必然的にその現実とは関係がない原理、との関連においてしか存在しえないことが理解できるであろう。この対立をしかるべき場に置くのは、第三項との関連においてなのである。第三項とは、すなわち、二つの性が存在することを主張する法準則のことである。かくして、法によって実行された二分法的操作は、合理的であるだけでなく、根拠のはっきりしたものとして、保証されることになった[1]。ローマ帝国の決疑論者は、ずっと古くからの共和政期(さらにそれ以前の神官)の法学におそらくもとづきながら、男女の性の分割の規範について述べるとき、自然の両義性を解決するためには、すべての人間を法によって確立された二つの性のいずれかに分類するしかないという確証を、決議論という実験室のなかでえたのであった。したがって、両性具有者は、二つの部分が検査されたのち、かならず男性か女性かに宣言されたのである。

このテーマに関していくつかの疑問が出されているが、それにはなんら不合理なところはない。これらの疑問は、論争の過程において、両性分割の原理の実相を際だたせるのに役立つからである。たとえば、両性具有者は、男性として結婚をし、自身の死後一〇ヵ月のあいだに法の認めた配偶者から(それゆえ、かれの子どもと推定されるわけだが)生まれるかもしれない後生子を、相続人として定める権利をもつのだろうか? 三世紀の法学者ウルピアヌスは、プロクルスやユリアヌス等の先行する法学者の意見におそらくは従いながら、「当該両性具有者において男性器が優勢であるという条件で[2]」肯定している。となれば、当然のことながら、女性の両性具有者の存在も認めねばならないだろう。女性の両性具有者は、(女性は法で認められた子孫をもてなかったので)後生子を指定することも、同じ理由で、「家内」相続人、つまり無遺言で自動的かつ当然の権利をもって自身の後を継ぐ子孫を、もつことができなかった。別の疑問をみてみよう。両性具有者は、証人として遺言の開陳に立ち会うことはできるのだろうか? ちなみに、これはローマでは「男性の義務」であった。しかりと、いくつかのテクストは答えている。ただし、それは、「興奮したときの生殖器の外観」[3]によるというのである。以上のように、法の反応は入念に判断停止を避けている。両性具有者は第三の性にはならないのである。「両性具有者は、自身のなかで支配的である性に属すると宣言されねばならない」のである。つまり、男性であるか女性であるかの二者択一なのである[4]。両性の分割の完全性を期するためには、両性が当事者内で等しいという仮定が検討されねばならない。かならず両性具有者は男女のいずれかの性に分類されねばならない。これは、まさしく法学の問題なのである。つまり、自然の区別では決定しがたいケースが問われている。ローマ法はその問題を問うており、またのちに教会法は、叙任を受ける人間の妨げになる肉体の「不適格」に関するこの問題をかず多く問うている。なぜならば、かかる「不適格」は、叙任に必要な条件である男性という特性を奪っているからである[5]。だが、これに反して、古代の医術の伝統は、義務的な分割という規範《ウテルクエ・セクストウス》を理由として両性を分割する必要がなかったので、分かちがたく実際に両性が混淆しているとして、両性具有者の存在を認めていた[6]。他方、宗教的伝統は、この現象を不吉な神兆として扱ってきた。このことを、両性具有者の排除、とくにティベリス河へ(現名テヴェレ河)の遺棄に関する豊富な年代記の記述が示している[7]。したがって、たとえ、不条理にも、両性が当事者内で等しかったとしても、両性のいずれかにこの両義的な存在を戻すことを強いるのは法だけなのである。

両性の結合――社会的関係の到来と存続

したがって、ローマ法は両性の分割を法的な問題としていた。つまり、ローマ法は両性の分割を自然の前提としてではなく、義務的な規範として扱っているのである。このことは、以下の点を理解するための不可欠な前提である。すなわち、本章でこれから問題とする女性の法的地位の特殊性は、ローマ社会一般の枠組のなかだけでは意味をなさず、また多くの歴史家が論じてきたような経済的社会的発展にのみ関係があるのではなく、そうではなく男性という特性と女性という特性の差異と相互補完性という組織的規範と結びついているのである。問題となっているのは、女性の条件ではなく、むしろ両性に与えられている法的義務である。わたしたちは、ここで、無限の再生産構造と関わっているのである。なぜならば、親族に関する法によって組織された更新が、男性を父親に女性を母親に定めることで（その手順についてはのちにみる）、社会そのものの再生産を保証し、かつおのおのの新世代に、生命そのものではなく、生命をもった法的組織をくり返させているからである。

社会を基礎づけている行為が表されるのは、社会を法的に存続させている行為をモデルとしてのみである。すなわち、すべては「男女の結合 coniunctio（coniugium, または congressio）maris et feminae)(8)」によって、あたかも再開されるように、始まるのである。両性が法的に分割され、結びつくことは、社会の基礎的な秩序に属している。そのうえ、この考え方の違いが、法学者を歴史家や社会学者と隔る本質的な誤解の核心となっている。歴史家や社会学者にとって、社会関係の基礎的な概念は、神話的、イデオロギー的領域において規定されており、象徴的な影響力しかもたない。しかし、法的組織の現実的な機能を考慮に入れるならば、基礎的な規範を想起することが、無限に再生産可能な社会全体の再生を保証していることに気がつくのである。

両性の結合が諸制度の起源とその自然的発展という二つの相互補完的な次元と関係するのは、まさにここにおいてなのである。古典期のローマ人が、「男女の結合」を荘厳に祝い、裁可し、かつ人間の根本的な制度としての価値を「男女の結合」に与えるために、かれらの遠い祖先たちが神話によってそうしていたように、まずは社会的結合の始まりにまでしばしば遡っていたことは、一般に知られている。たとえば、キケロは、すべての社会的発展を最初の両性の結合の時点に結びつけた。まず、最初の結合が子孫を生みだす。するとこの子孫は、いく世代かにわたって続くなかで、その周囲にいくつもの単位を形成し、ついにはこれらの単位が分裂にいたる。さらに、その結合は、次第に拡大するサイクルのなかで、同盟や市民権、国家をとおしての社会関係の数を増大させていく。同じように、農学者のコルメラは、クセノフォンの『家政論』のラテン語翻案をもとにしながら、この最初の男女の肉体の結合を人類の運命と結びつけた。また、帝政期の法学者にとっても、両性の結合はすべての制度の連続全体を規定していた。両性の結合において、市民法は自然法と結びついていたのである。というのも、三世紀においてウルピアヌスの『法学提要』が宣言し、ユスティニアヌス帝の『法学提要』に採録されているように、生物の存在から「われわれが結婚と呼ぶ男女の結合」が生じるからなのである。ウルピアヌスと同時代の法学者モデスティヌス（三世紀）が結婚の定義を試みたとき、かれはまず「男女の結合《コンユンクティオ・マリス・エト・フェミナエ》」を参照するように仕向けた。なぜならば、「男女の結合」は、すべての個別の結合を両性の出会いという普遍性あるものに従属させるからである。また、これら個別の結合は、時の流れのなかで、原初の制度を再生産していくが、この最初の結合は、個々の結合という出来事の合法性を、原初の制度のうえに確立するからである。(9)

しかしながら、肉体の結合が結婚制度の原則にあったとしても、肉体の結合の達成はいったん定められた結婚の存在にとって本質的なものではない。じっさい、夫婦が肉体的にその繋がりを実現しているかどうかは、配偶者の法的状態とは関係がないのである。純粋にかつ単純に想定されている性的結合の抽象性が、親子関係における男女の役割にどのような結果をもたらすかはあとでみるだろう。さしあたり、この特殊性は、わたしたちが以下のことを強調するのに役立つ。つまり、法が認めた男女の結合は、具体的な現実の埒外で、肉体的に結合された男女に与えられる義務と同じ義務を課すので、法体制においては、性がただちに法的規範に変わるということ、このことを強調するのに役立つ。両性の義務的な分割は、両性の役割の法的定義を抽象的に行なうのに有益である。そこにおいては、生物学的な不測の事態を考慮しないで、物理的性質の事項や行為を検証もすることなく真実と想定し、その想定のうえに法的性格を重ねる組織システムが機能していたのである。

男性と女性、地位の問題

結婚した男女の法的性格は、父親と母親という称号のうちに実現されていた。より正確には、一連のあらゆる法的性格を含む呼称、すなわち男性には家長《パテル・ファミリアス》、女性には家母《マテル・ファミリアス》もしくは既婚婦人《マトロナ》という呼称に、実現されていた。しかし、ここでは、現実の状況から比較的自立した法的資格が問題となっている。つまり、父性とその呼称、母性とその称号のあいだには、つねに現実との対応関係が厳密に存在しているわけではないのである。たとえば、子どもをもっていない男女でも父《パテル》や母《マテル》と呼ばれることがあるし、ぎゃくに、すべての父親が、たとえかれが子どもの法が認めた父親であったとしても、父親の地位をもつわけではなかった。しかしながら、男性とはちがって、女性が家母の称号に相応しくあるためには、夫に対して法が認めた子どもをもたらした状態にあらねばならなかった。したがって、性の分割という限界線の両側では、一定の照応しあう事項と、一定の非対応の事項とがみられることがわかる。すなわち、父《パテル》や家母《マテル・ファミリアス》と名指される市民は、かならずしも、かれらが産みだした子孫の実の親ではなかったという意味で虚構の照応が存在する。また他方では、食い違いも存在する。すなわち、法が認めた息子や娘をもつすべての男性が、父親の義務を法的に与えられておらず、ぎゃくに夫に対して息子や娘を産んだすべての妻が、法的に「母親」と認められたからである。女性たちは、このように認知されたことによって、名誉と威信と「威厳」をえて、さらにはこういった諸価値によって、母であるという女性たちの役割が、政治的ではないにせよ、市民的な輝きを増したのであった[10]。

まったくの仮説であるが、女性の法的地位が両性間の関係を抜きに理解されないとするならば、母親の地位のなかで、父親の地位と対称的に対応するもの、ないしはそれと異なるものに最大の重要性を付与しなければならない。さらに、男女を結びつける制度である結婚と法が認めた親族関係における、これらはひとつのものにすぎないが、そのなかでの等価関係と相違点がまず分析されねばならない。男女間の法的組織は、それによって構成されているからである。なによりもまず、なぜ、母性は（すでに察しがついているように、すくなくとも母性が結婚内で法的に問題となっているかぎり）社会的虚構と真実との混交を呈示しているのだろうか？ つまり、子どもをもたない妻がすでに「母親」と呼ばれている社会的虚構と、法が認めた子どもをもたない母親は家母という栄誉にあずかる権利がないという真実との混交である。一方で、家長を問題にするならば、妻による子孫をもつことが家長の称号に十分ではないのだろうか？ また、妻は、自身の身体上の本性と関連づけられた称号を獲得し、男性は自身の親としてのアイデンティティとはまったく関係のない権利をもっている。このような相対的不均衡の法的な意味はどのようなものであろうか？ このような不均衡は、ローマ法が行なった両性の機能的な分割について、なにを教えてくれるのであろうか？ 最後に、ローマの女性の法的地位は、（おそらくはローマ法、教会法の影響を受けた西洋の女性の地位も含む）親族法によって女性に与えられた役割との関連で、どの点において、その一体性をみいだせるのだろうか？

女性の地位は、多くの、複雑な、わけても発展的な規律に起因しており、女性の地位の内的整合性は、つねに自明であるわけではない。それらの規律のもっとも本源的な部分である女性の法的無能力の制度は、それについては法制史家が注目してきたのだが、混沌とした制度にみえる。この法的無能力の制度についてはあとで再考し、そのとき、法的無能力の制度が十分に整合性のある体系をなしていたことを示すであろう。すなわち、女性は自分自身に対して法的に無能力なのではなく、他人を代理できないがために法的に無能力なのであること、つまり、女性の法的行動範囲が自身の人格を越えることがないように思われるのである。さらに、この分析が意味をなすためには、両性の本源的な分割に法的無能力のすべての要素が関連づけられねばならない。いくつかの社会慣習の変化によって、また法制度の発展をとおして、両性の分割の様式は、修正され、社会の変化に適応する。これは、当然である。しかし、ここで採用されている法学者の観点からみるならば、変化のみをその研究対象とする歴史は、本質を見失っている。つまり、構造を見失っているのである。構造の変化は、時代に対する対応のひとつの様式にすぎないのである。男女両性のあいだにさまざまに分化した関係とちぐはぐな相関関係を確立させた制度は存続しているのである。すなわち、法的無能力の制度は、それ自体発展し、こうした諸制度の兆候のひとつにすぎない。

歴史叙述は、非常にしばしば、女性を不平等、法的政治的な劣位者、解放の対象としてとり扱ってきた[11]。また歴史叙述は、この男女の不均衡をひとまとめにして社会全体の特徴として考えてきた。すなわち、ローマの女性の法的無能力は、男性優位の社会に埋没している女性の劣勢な立場が制度的に反映されているにすぎないのであると。現に、今日でも権威あるP・ジード〔十九世紀フランスの法学者〕の研究以来、女性を家内活動に限定し男性市民に（市民権と男性性との結びつきはそれ自体同義語反復のように思われるが）政治的、公的関係の独占を委ねる社会的分業に、女性の従属的立場を結びつけることは、古典的学説となっている[12]。ギリシアであれローマであれ、古代都市は、P・ヴィダル＝ナケのことばを借りるならば、疑いなく、「男性のクラブ」であった[13]。ただ、ローマについては、市民権が意味したことを問うことは有益であろう。その市民権を独身の女性たちだけが、庶子を産むことによって、えることができたからである。たしかに、結婚は男系をつうじての市民権継承に不可欠であった。つまり、男性が市民をつくるためには、法が認めた配偶者をとおして男性に父性が定められねばならなかった。これに対して、市民権は、未婚の女性や愛妾をとおして、つまり結婚外で、継承された。したがって、「女性にとっての結婚は、男性にとっての戦争と同じ」という歴史学の格言は、社会的な面では真実であったかもしれないが、制度的現実においてはまったくの誤りだったのである。厳密には、結婚は男性にとってのみ不可欠なのである。男性の利益になるためだけに、都市は結婚を制度化したのであった。だが、この問題は、さしあたり置いておこう。肝要なことは、男性という特性と女性という特性の関係を不平等や排除といった観点で問題にすると、古代世界においては、女性を都市のそとに置くことになるのであり、かつ、また男性という特性と女性という特性の分割を法や政治のそとに置くことになる、ということである。だが、N・ロローによるアテナイのアウトクトノス〔アテナイ人の土地生え抜き神話〕についての業績は、ギリシア人にとって性別にもとづく集団としての都市の起源や本質が問題となって以来、どれほどかれら古代ギリシア人が性の対立について考え、その対立を巧みに避けようとしていたかを、示している(14)。

ローマにおいて、両性の分割は、所与の前提ではなく、法により巧みに構築された対象なのである。このような条件のもとでは、女性の法的劣位という問題意識にとどまっていることはできない。そうするならば、この分割自体を問題設定のそとにあるものとみなすことになるからである。というのも、両性の分割は、親族関係と相続を支配する法の中心的制度だからである。男女の地位は、概して、両性間の不平等に程度の差はあるが肯定的な空間である都市のような、ひとつのタイプの政治的、社会的組織とのみ関係するのではない。また、歴史化された平等性の概念は、一連の進歩と後退、解放と解放への障害といった直線的に理解されるものとしての女性史を書く際の一種の媒介変数とはならない。男女それぞれの地位は、そこでさまざまな差異が構築される法的構築物なのである。したがって、問われねばならないのは、この法的構造である。問題をこのように限定することで、同時に、問題の対象は変化する。つまり、女性がそもそも関係をもたなかった世界からの女性の排除を問題にすることは、もはや必要ではないのである（また男性に傾斜している世界への女性のゆっくりした、部分的な同化も問題ではない。たとえば、ラテン語学者の語り口がおおむねその例となろう。かれらは、一定の文脈では、「男性に対して用いられる語が両性にまたがることもある」(16)と認めている）。むしろ、問題となってくるのは、男女の出会いを制度化している法において、女性たちの男性に対する関係を際だたせることであり、また、女性の法制度の諸要素を男性に関する法制度との関係で、両者の相互補完性の証拠として分析することである。

女、すなわち「自身の家族の始まりにして、終わり」

女性の地位は、男性の地位との関係において意味をなすのであるから、まず男性の地位からとり上げよう。また、いかなるタイプの主体にもとづいてローマ法は性《セクシャリテ》を構築していたのかを示してくれる、一見奇妙で逆説的ではあるが、本質的な前提について以下の行文で述べていこう。

家長権と途切れることのない相続

家長（paterfamilias）は、法が認めた子どもを産ませたがゆえに、その称号を帯びるのではない。「父親」でなくとも、子孫をもつことができるのである。ぎゃくに、男性は、子どもを産むことがなくとも、養子をとることがなくとも、家長の称号を帯びることが許されている。なぜならば、法律用語でも、また同じく一般に流布している呼称や見出し語でも、家長《パテル・ファミリアス》とはいかなる男系尊属の家長権にも服していない市民のことだからである。家長と呼ばれる人は、自身が尊属の最終段階の位置を占めており、現実に子どもがいようがいまいが、子孫に対して家長権を行使できる立場にある。すなわち、ひとりのローマ人男性を家長《パテル》にする法的出来事は、息子の誕生ではなく、自分自身の家長の死なのである。自身の家長の死のときに、自分自身が家子であること、これが終わるのである。相続と同時に、子孫に対する家長権がこの人物のものとなるが、それは、死者の人生が生き残ったものの人生へとバトンタッチされた瞬間においてのことであった。これは、完全に継続し、いかなる断絶も許さないシステムなのである。つまり、家長権が継承されるためには、家長権からの解放や養子縁組、父子いずれかの奴隷身分への転落といった事情で、家長権関係である法的繋がりが断たれてはならないのだ。要するに、家長の死以前であれ、死の瞬間までであれ、また死の瞬間であれ、相続人が死者の家長権から抜けだしてはならないのである。(17)

女性はこの相続秩序から完全に排除されている。たしかに、娘は、兄弟と同じく、父親の家長権に服していたものとして、父親の相続をすることができる。この相続の平等性は、原則的には、「十二表法」(紀元前四五〇年)の時代から存在する。また、帝政期の法慣習においても、この平等が問題にされたと思わせるものは、なにもない。だが、母親との関係において、このことは当てはまらない。子どもは母親からの相続からは排除されているのである(あとで分析する迂回手段の場合を除いて)。なぜならば、母子のあいだには、いかなる法的関係も存在しないからである。換言するならば、いかなる法的関係も、自然の親子関係を補充したり、それにとって代わったりしないのである。なるほど、ローマでは、母子関係は認められていたけれども、母子関係の重要性を問題にすることは意味のないことである。それは、あまり素養のない歴史家によってなされてきたことである。また、アルカイク期には支配的であったと想定される宗族関係(確実な証拠があるわけではない)、つまり男系の親族関係との相対化を試みることも無益なことであろう。だが、ここで問題なのは、親族関係でも、親子関係でもなく、むしろこれらを覆い隠してきた相続法の巧妙さなのである。この主張は、社会の法的規制にほとんど関心を払ってこなかった社会学的な歴史学とは、まったく異なっている。家長権なくしては相続は存在しないとする、この巧妙さなのである。すなわち、家長権の制度が親族関係を覆い隠し、親子関係の代用となり、結果として、家長権は親子関係をとり込み、またその関係を、法的内実のないものとして、家長権という制度の埒外で存続させたのである（かくして、一方的に設定的な繋がりをつくり出す養子縁組のあと、以前の親子関係はもはや財産的な効果を奪われた「自然な」関係にすぎなくなる）。ローマの市民法では、父から息子、娘への相続は、宗族の相続原理にも、より一般的な親子関係の相続原理にも従わなかった。そこには、子孫と祖先との生命の繋がりに代わるものとして、家長権関係という法的覆いが加えられねばならなかったからである。

理論上の理由から法学者が情熱的な関心を向けてきた後生子の問題は、妊娠している女性の腹のなかにまで亡くなった夫の家長権をひき延ばすという一連の法的技巧によって、同じ精神で規定されていた。こうした理由で、すでに別の場所で示したように、非常に独創的な決疑論は、妊娠している女性が自身と「その腹」を養うために吸収した食物のうち、亡くなった夫の財産から生じた食物を区分して考えるにいたっている。このような法的虚構は、ローマ法がいかに厳格に男系相続を理解していたかを示す、驚くべき例である。すなわち、男系相続は家長権と父親の法的恒常的存在によって規定されていたのである。したがって、後生子のような限界上の事例の場合、家長権の影響範囲が、誕生のそのときまで、人為的にひき延ばされねばならなかったのである。この点について、法学者が法的虚構によって後生子の状態を定義していることは、なによりも重要である。二世紀の法学者ガイウスはこの虚構を定式化していう。後生子は「父親が存命中に生まれたならば、家長権のもとにあったはずであるから」[19] 父親の法定相続人であると。

対照法によって、母子関係の性格を理解し、かつそれをとおしてローマの市民法が女性に与えてきた役割を理解するためには、女性が奪われている権力は家長権のような「権力」の行使にとどまらなかったことを理解することが非常に重要である。つまり、社会学的歴史学者が実際的機能について懐疑的であるような制度の起源を探求することは無意味なのである。問題となってくるのは、現実の家長権やその行使ではなく、父子関係が（のちにみるように母子関係との対比において）人工的、観念的、かつ抽象的に制度化されているという事実なのである。父子関係が法的な意味をもつのは、家長権という補助的な繋がりのおかげなのである。なんらかの理由により、その繋がりが断たれるならば、息子や娘は相続から排除される。このようなシステムのもとでは、法定相続人は亡くなった尊属の第一の子孫ではなく、尊属の死の時点でなお、家長権下にあった子孫なのである。こうした事態を表現するために、ローマ人は「家内相続人（heres suus）」なる語をつくり出した。このことばは、「死者の家長権下にある」相続人を意味し、アルカイク時代につくられて以来、ユスティニアヌス法典の時代でも有効であった。共和政期の末に、首都法務官は、家長権を免除された子ども（卑属《リベリ》のなかに数えられた）のために、遺産占有を認め、相続のための新しい分類項を設けたが、このとき、これらの新しい相続人は、家内相続人《スィ》と同様、「死の時点で、かれらもまた、父親の家長権下にあるとみなされる」法的虚構を認めねばならなかった。要するに、法務官法が市民の伝統的相続体制を補ったとき、人々は、法的虚構として、想像上の家長権《ポテスタス》の永続性を信じなければならなかった。実際、家長権なくしては、相続システムは機能しなかったからである。

法の作用と社会的データは、すぐに混同されやすいが、別個のものであることを最後に述べておこう。既述の制度は、別種の制度、つまり対照法によって構想された母系相続の制度との関連で意味をなしている。だが、だからといって、両方の制度が組みこまれている法的な構造を理解するまえに、一見対応していると思われるような狭い事実領域のなかで、この二つの制度を比較することは良い方法ではない。したがって、両性の法的分割の核にある家長権《パトリア・ポテスタス》を問題にしよう。たとえば、わたしたちが墓碑から読みとる人口動態のデータから、青年期に達しても家長権下に置かれている男女の割合を求めることは、まったく無意味である。すなわち、家長権下に非常に少数のものたち、つまり四分の一のものしか残っていなかったからといって、帝政期において家長権の制度はほとんど実際上重要性をもたず、それをつくり出した遥かな昔の形式的な残存にすぎないと主張する一部の学者に賛同することはできない[22]。なぜならば、上記のことを認めるには、アルカイク期の人が帝政期の人よりも年老いてから死んでいたと仮定しなければならないからである。つまり、アルカイク期には、家長権が、いまだ適用可能であったからこそ、正当なものと認められていたというのである！　想像力に富んだ歴史家でも、そんなことを主張するものは存在しないだろう。このような議論は不条理であり、この不条理は問題が別の場所にあることを示唆している。制度というものは社会慣習の反映ではけっしてない。制度の重要性は事実と適合するかしないかというような理由で計られてはならないのである。「家長権」が具体的な力であった（家長権は具体的な権力であるが、それだけではない）と考えるならば、この権力が行使されなかった場合、その権力の役割を無視することになるだろう[23]。しかし、すべての人間社会を規制している虚構の機構に大きな関心をもちながら、いかなる法準則にもとづいてある種の法的評価が作用するのかを明らかにしようとするならば、ただちにその権力の有効性について気づくであろう。さらにその権力は、社会学者が想像しているような家長の権威のなかではなく（ときとして、そこにも認められることはあるのだが[24]）、法が認めた親子関係の相続規則のなかにみいだされる。この権力は自然の繋がりにとって代わった「法の繋がり」（法学者がこの義務を定義するときに使った有名な決まり文句を用いている）なのである。というのも、自然の繋がりは、母性の場合とはぎゃくに、父性の場合には不十分だからである。すでにみたように、法の繋がりは、子どもの誕生ではなく、法的出来事から生じる。そして死以外の出来事でもその繋がりを断つことができる。さらに、この繋がりは、財産を介在して、繋がりそのものを永続させる法定相続を行なうのに必要かつ十分な条件でもある。

なぜ、この法の網の目は複雑なのであろうか？　そこでは、相続の際、親子関係が十分な条件となっていない。読者は、女性史を扱う本書のなかで、男性の権利制度について多くの関心が払われていることを奇異に思うかもしれない。しかし、女性の法的地位がおおむね低かったというような事実確認や、一般に、法で認められた唯一の親族関係であったとされる宗族関係からひき出された誤った結論に満足することなく、なぜ母子関係での財産承継が不可能なのかという問いに明確に答えるためには、このような方法でしか議論できないのである[25]。わたしたちは、なぜ男系相続において財産承継が家長権の継続を要求するのか、この点を理解するのに非常に関心がある。じっさい、女系において、家長権のような権力が欠如していることが、女性の地位を理解するための鍵になると思われる。

男系相続を可能にしてきた法の組み合わせによる迂回路を理解することは、古代ローマにおいて、一家の母親が相続から排除されてきた理由をよりよく知るうえで、欠くことができない。最古の時代からローマ法史の終焉の時代、つまりユスティニアヌス法典編纂の際に記録されているように、女性は「家内」相続人をもつことはなかったが、これは親族関係が理由となっていたのではない。それは、わけても、母子関係が家長権のような「権力」によって吸収されなかったことに起因している。たしかに、ローマにおいて、法定相続の権利は男系にしか認められてこなかったことは真実であるし、それゆえ、母親が相続から排除されていることは、親族関係の構成要素のひとつであったと考えることはできる。じっさい無遺言相続の全システムの基礎なっている「十二表法」（紀元前四五〇年）によれば、男系による子孫（父親の息子と娘、父親の子どもから生まれたものたち、つまり孫や孫娘等）のみが第一順位で相続できるのである[26]。つづいて、父方の傍系、つまり法が「宗族」と規定するものたちが第二順位で相続できる。[27] 直系子孫の段階では、息子と娘は平等の立場にある。だが傍系の段階では、わたしたちがその起源を知らない歴史的な発展のなかで（紀元前一六九年のウォコニウス法が関係しているのか）、相続可能な女性の範囲は、同一の父親をもつ姉妹に限られることになった。つまり、兄弟の娘や父方の叔母や父方の傍系の従姉妹は、相続から排除されているのである。いずれにせよ、ローマの相続法は、男女（息子に対して娘を、兄弟に対して姉妹を）を平等に扱っていたことは分かるが、結局、すべての母系親族を排除している。子どもは母親を、甥は自身の母親の兄弟姉妹を、従兄弟は自身の母親の兄弟姉妹を相続できない。[28] したがって、相続に関して、わたしたちは母子関係にいかなる可能性も残していない親族システムを問題にしているのである。しかしながら、よく考えてみれば、親族関係だけでは、この排除を説明することはできない。親族関係に重なりあい、あるときにはそれを覆い隠す法の網の目が必要である。家内相続人《スイ》と称される子孫は宗族と単純に混同されない。かれらは、まずもって、家長権のもとにいる子孫のことなのである。すでにみたように、この法的繋がりを断たれた息子は、相続人としての資格を失う。しかし、このことは親族関係が絶たれたことから生じたのであろうか？　そうではない。なぜならば、息子は父親との「自然な」親子関係を保持しているからである。自然が法の欠点を補うのである。自然の繋がりは、法的な覆いがなくなっても、依然として親子関係の基盤である。家長権を息子に免除した父親や、子どもを養子に出し他のものの家長権下に置いた父親は、「自然の父」と呼ばれる。相続順位全体がよって立つ家長権との繋がりが解消しても、親子関係そのものは続くのである。親子関係は、別の規定に従って法の裁可を受けつづけるのである。すなわち、裁判上の連帯責任、養育の義務、孝心義務は存続する。[29]

母親は家長《パトリア・ポテスタス》権をもたない

したがって、以上の分析は、いわゆる親族体系と相続のメカニズムの論理が別ものであったことを明らかにした。さて、母方には既述の法の網の目が欠如しており、一方で父方には存在するという事実は、なぜ女性の子孫には相続資格が欠如しており、男性の子孫には相続資格が存するのか、ということを説明するのに決定的に重要である。だが、母系相続の欠如の理由について述べる法テクストにおいて、親族関係にのみ言及がなされているわけではないことに対して、ほとんど注意が払われてこなかった。なるほど、テクストは、母親は子どもの母系親族であっても宗族ではないという理由だけ述べて、子どもは母親の法定相続人ではないと述べているのではない。むしろ、法学者たちが強調するのは、母親は家長《パトリア・ポテスタス》権をもたないという事実なのである(30)。この事実から、かず多くの影響がもたらされる。たとえば、女性は、養子縁組によって相続人を選ぶことはできない。「女は、自然の子孫ですら家長権下に置いていないのであるから、いかなる方法をもってしても養子をとることはできないのである(31)」。父親とは反対に、母親は自身の死の時点で権力に服し、かつ自身の人格を延長する見込みのある家内相続人をもたない。また、家内相続人は、あの法の虚構によって母親に結びつけられ、その権力に包摂されていたならば、母の死後、生前の母親とともに構成されていた法的一体性をひき継ぐはずであった。したがって、相続人が当然の権利でもって父親の遺産を相続したとき、生者と死者が同一視されるほどの継続が存在することを法学者のパウルスは語る。が、このこととはぎゃくに、ガイウスのテクストは、母親が遺言で息子を指名していたとしても、息子が母親の財産を所有した際に生じる断絶と不連続を明快に理解させてくれる。このとき、息子は家内相続人《スィ》ではなく、まるでよそものであるかのように「家外」相続人なのである。息子は、「家外」相続人として、熟慮ののち、相続の承認、もしくは拒否の権利が認められる。「遺言により相続人と指定された子孫は、かれらが家長権下になかったならば、〝家外相続人〟とみなされるのである。こうして、母親により相続人と指定された息子は、女は家長権下に子どもを置いていないので、家外相続人とみなされる」[32]。

無遺言相続は、親族関係とは異なり、つくられた仕掛けによって機能している。女性が手権婚《マヌス》のもとで結婚していた時代においては、女性は娘として（filiae loco）夫の家に入り、家長権下にあるものとして、他の子孫と同様、家内相続人に属していた。したがって、法は、母親を、同じ一家の家長権に属し、その法的権限内に置かれていたという理由で、自身の子である娘と同列に、父を同じくする姉妹としてみなしていたのである。このような法の仕掛けによって、子どもは母親を相続することが認められた。もっとも、それは、かの女が子どもの母親だからではなく、子どもたちにとって女宗族に代わるものだったからである[33]。この例から、宗族とはいったいなんであったのかが、理解される。つまり宗族とは、同じ家長権に属していることから生じる繋がりである。もうすこし詳しくみるならば、これは、潜在的に、相続権のある宗族すべてに当てはまる。兄弟姉妹は同じ父の家長権に属している。父方の叔父叔母、甥も同様である。叔父叔母の父親は、甥の祖父だからである。祖父の家長権が、実際には、叔父や甥の二世代にわたって影響力を行使することがなかったとしても、親族を結びつけるためには、その可能性だけで十分なのである。祖父は、いざとなれば、これら親族たちをみずからの勢力圏内で統一することができたはずだからである。また、同じ祖父の家長権に服しえたので、父方の従兄弟についても同じことがいいうる。したがって、宗族内での相続順位は力による統合と継続を核とする法的構築物なのである。そこには、母子関係が入りこむ余地はない[34]。

以上の分析と制度という構築物に認められる優越を確証するのは、家内相続人に関して『学説集』が発達させた豊富な決疑論である。そこでは家内相続人《スウス・ヘレス》に関する相続の断絶についての法的問題が論じられている。まず、尊属の死後に身ごもられた子孫は、その尊属を相続することはできない。たとえば、尊属と子孫のあいだの世代が断絶したり、あるいは、もともとの家長権から抜けだした場合、その後生まれた子孫は、宿されたときにすでに、死者の家長権《ポテスタス》に接することはできなかったことになる。この場合、このものの立場はどうなるのであろうか？　このものは、死者の相続人でも親族でもないのである。ハドリアヌス帝時代の法学者ユリアヌスは、「通常の慣習では、祖父の死後に身ごもられた孫は、祖父の親族とされているが、これは不適切な慣習であり、ことばの乱用である(35)」と記している。いい換えるならば、男系の子孫のみが問題となるシステムにおいて、法学者は、祖父との親族関係を、家長権《ポテスタス》もしくは後生子の場合にはそれを補う法的虚構といった法的関係が存在するときのみ、認めている。血の繋がりよりも法的関係が絶対的に勝っているのである。法的関係とは、法的継続であり、家長権から家長権へと継承される単一性でもある。その原理は、限界上の事例において、もう一度定式化されている。このケースでは、続くものと先行するものとのあいだに、一世代あいたならば、その繋がりは失われる。なぜならば、両者を分ける隔たりによって、生命の連鎖が、継続する家長権の連鎖によって回復できなくなってしまっているからである。

母親を相続から排除するのは、家長権の欠如である。母親は抽象的な力を欠いており、法的財産的実体を保証する子孫への人格の延長を欠いている。男女の地位の違いはこの本質的な差異をめぐって対立しているのである。母子関係は、法的特権という抽象性に包摂されない。だが、この特権こそがそれ自体で連続性をもち、母親と子どもたちを繋ぐあらゆる性質の関係を規範化するのである。尊属の死によって家長権が消滅したとき、娘は、兄弟と同様に法的な自立性を獲得するけれども、継承可能な家長権は与えられない。家長権は、死が家長権を免除した男性のうちに更新されていくのである。リレー式に世代から世代へ継承され、子孫への影響力をもつ家長権が、女性には与えられないのである。これこそが両性の法的分割を規定する核心である。ウルピアヌスの金言は厳密に述べる。「女は自身の家族の始まりにして、終わりである」と。女性は、他人に対する権力を奪われており、なにも承継しない。[36] 女性はなにも承継しない。だが、これは親族関係や親子関係の問題ではない。

しかしながら、この相続制度は、父方母方のいずれか一方の親族を優遇する慣習を基盤としていたのではない。親族に関する用語類はこのことを十分に証明している。同様に、近親相姦に関する法準則もこのことを証明している。結婚の禁止は、父方母方の区別なく両方の側に無関係に及んだ。「親殺し patricida」ということばは、民間語源説によれば、父親殺ししか意味せず、かつ「乱用によって」母親殺しもこのことばで指し示すことについては反対があったにもかかわらず、この語は、父母どちらの親をも対象としている。[37] 別の史料は、この犯罪の呼称(patricida)を父親と母親を包摂する語である「親 parens」の殺害に結びつけている。また、母親を殺したものは、父親を殺したものと同じ罰を受けることがとくに知られている。かれらは、袋のなかに縫いこまれ、テイベリス河に投げこまれるのである。[38] この罰は、災の前兆に対するお祓いに属している。同様に、尊属を扶養する義務は両性に要求される。[39] 法的な義務規定は、両親に対して払われるべき宗教的尊敬のゆえに、法廷に両親を召還すること禁じており、[40] もっと広く、両親に対する不敬な行為を禁じている。[41] さらに、法廷での証言や告発、弁護の義務に関する法準則で定められているように、裁判上の連帯責任はその及ぶ範囲に母系親族すべてを含んでいる。その場合、母方父方の親族のあいだに、いかなる優劣関係も存在しない。[42] それに、すくなくとも共和政末期以降、わたしたちの手にある史料からもわかるとおり、社会慣習は、一貫してこれと同じ方向へ進んでいる。例として、家系に関する習慣についてみてみよう。ローマの貴族が自分たちの祖先を数えあげるとき、原則的に父方母方のいずれかの家系を優遇することはない。じっさい、その高貴さのゆえに、母方の家系を先にもってくることは起こりうるのである。また、アトリウムの壁面に、両方の家系の祖先のマスクが掛けられていたし、父方母方の両方の家系の祖父母、叔父叔母は亡くなった親族が従う葬送行列に平等に表された。母親も父親と同様に表されたのである。[43]

親族に関する慣習は、母方の親族を不利な立場には置かなかったし、社会的法的規範も母方の親族をないがしろにすることはなかった。ただ、ローマにおいては、断絶を避け継続を求める継承の機能は、権力の役割として組み立てられていた。男系相続に関して法学者パウルスが語る「支配の継続」は、すでにみたように、財産という次元において、ある繋がりの絶対的な権力を存続させる。すなわち、男性は尊属の権力に服さなくなったときから、子孫をその権力のもとに置くのである。いわば、権力の秩序が、法的には、生命の秩序を乗り越えているのである。この権力の静的永続の起源は遥かな昔に遡り、ほんのわずかな痕跡しか残っていない。しかし、外人がローマ市民になったとき、わたしたちはその権力の発生をみることができる。法律、もしくは皇帝は、この新しくローマ市民になった人物の配偶者と、すでに生まれていた子孫たちにも、同時に市民権を付与するのである。そして、くわえて、くだんの人物には、妻と子に対する権力も与えるのである。男性の権利の連鎖であるその権力は、最初から保証されているのである。さて、女性は承継しえなかったというのは、また、女性は「自身の家族の始まりにして、またその終わり」といいうるのは、この法的制度が自立しているからであり、またそれゆえになのである。女性は、その固有の人格を制度的に延長する権力を奪われているのである。

女性の遺言と母系親族に有利な法務官法上の相続法

しかしながら、法定相続の周縁で、ローマの親族の二極性は、おのおのの親族に、近親に対する親愛の情や恩義を表すのに十分な自由を許していた。遺言のおかげで、母との繋がりや母系親族との繋がりの重要性が明らかになる。Ph・モローの一連の優れた研究は、紀元前七〇—六〇年ころのウンブリア地方の都市ラリヌムの名士をとり上げ、母系親族の重要性を完全に示した。キケロの家族は、ディクスンによって分析された。そこでディクスンは、キケロの妻であるティレンティアの財産は、いつか宗族に戻されるべきものとしてではなく、子どもたちの将来を保証すべくあるものと考えられていたことを指摘した(45)。女性は承継すべき財産をもっていたのである。なぜならば、女性自身も、男性の共同相続人と同じ立場で、父親の財産を相続していたからである。なるほど、紀元前一六九年のウォコニウス法は、第一ケントゥリア*に属する市民が女性を相続人に指定することを禁じていたけれども、依然として女性は遺言の受益者であった。なぜならば、ウォコニウス法は、キケロの時代には、実際上、適用されなくなっていたからである。遺産を女性に振り向けるためには、人々は、男子の相続人にその相続財産の一部を女性に支払うように命じる信託遺贈を行なうことで十分であった。したがって、父親の遺産のおかげで、娘や寡婦は自身の子どもたちのために自由にできる財産を受けとることができた。遺産のほかにも、女性は自身の父親、近親、家族の友人によって用意された嫁資をもっていた。嫁資は、結婚の解消ののち、通常女性のものになったからである。嫁資は、保護された財産であると同様に、譲渡不能な財産であり、お金や装身具、奴隷、不動産などからなっていた。そして、それは、上層階級では、かなりの財産であった。たとえば、パウルス・アエメリウスの相続人たちは、かれの寡婦の嫁資を返還するために、金六〇タラントン以上を必要としたし、ティレンティアは夫に四〇万セステルティウスの嫁資をもたらした。四〇万セステルティウスといえば、紀元前一世紀において、最上級に属するケントゥリアである騎士の財産資格に等しかった。さらにキケロは、娘トゥリアの嫁資を支払うために、のっぴきならない財産上の困難に直面した。それを年に一回、三回にわたって支払うことになっていた(単純に均分して六万セステルティウスで一回分であった)。それゆえに、キケロは、紀元前四七年の三度目の支払いのときに、なぜもう一年早くに離婚してくれなかったのかと、嘆くことになったのである。トゥリアは、同四六年、妊娠したまま離婚し、嫁費も戻ってくるからである(47)。

＊　百人隊。ローマ軍団の歩兵部隊で民会の単位。一〇〇人の市民からなり、財産の多寡によって等級づけられていた。

相続、遺言、遺贈、嫁資、これらをとおして、有産階級の女性は遺言するにたる財産を間違いなく所有することができた。だが、ここは、女性がこれらの財産を用いて家長権という装置を、自分に都合のよいように無力化することができたかどうかを検討することはしない。まず、母子間の遺言相続は、宗族を、それもとくに父親の傍系を害するかたちで相続人を選択したが、このような相続の登場が、宗族による相続というシステムとの関係で、別の親族関係、つまり女系男系を区別しない親族関係の進出を意味しているかどうかを検討しよう。じっさい、宗族にもとづく相続は、一般にはより古い形態であり、時とともに衰退していったと、しばしば主張されるからである。さらに、ローマ人の母親についてのS・ディクスンの研究や、J＝A・クルックがローマ世界の女性の相続についてあげた業績は、共和政末期の社会が親族に対する態度を深く変化させたとの印象を一般に与えている。すなわち、遺言は、母系親族（ただし、母親の親族だけでなく、家長権という法的繋がりを断たれた親族である兄弟、姉妹等を含む）に、アルカイク期の法では家内相続人と父方の傍系親族にのみ認められてきた地位を保証したのである。[48] 旧い法の廃墟のうえに、かつては排除されていた親族間の新しい法的関係が認められたといえよう。それどころか、法務官告示は、最終的に、法定相続のシステムを補う手続きに従って、母系親族がかれらの最近親者の財産を所有することを認めた。したがって、子どもは、母親の財産を占有することが認められたのである。遺言の埒外で、政務官の法的権限にもとづく無遺言相続の新しい権利が、法にもとづいていた旧い法の延長線上に築きあげられたのである。だが、これらすべてのことが、母子関係の緊密化を意味すると解釈することができるのであろうか?

法務官告示による新しい相続法が、共和政末期に定められたとき、市民法にもとづく相続順位が覆されたわけではなかったことに、まず注意を向けてみよう。法務官は母親の子どもと母系親族のために遺産占有を導入したが、それは親族間の平等を確立するための施策ではなかった。母系親族は、家内相続人および宗族がいないときのみ、相続可能であった。依然として、家内相続人と宗族は相続に関する優先権をもっていたからである。つまり、この新しい相続秩序は、二義的な意味しかもっておらず、それも第一にくる親族がいないときのみであった。より古いシステムでは、近親の（おそらく第七親等まで）相続者がみいだせない財産は、「氏族 gens」のものとなった。他方、新しいシステムでは、このような財産をもっとも近い母系親族が要求することができた。つまり、もっとも近い母系親族が氏族共同体（紀元前一世紀には財産請求をいまだ行なっていた）にとって代わっているのである。氏族共同体は、より親しい繋がりのために排除されたのである。その繋がりは、ずっと以前から相続資格のあるすべてのものたちを、母親と母親の近親に結びつけていた。これらの繋がりは、いかなる権力によってもひき継がれていないという理由で法によって伝統的に無視されてきたが、最終的には、あらゆる可能性が探られたあとで、補足的に認められることになったのである。[49] だが、法務官法は、子どもは母親を「卑属 liberi」として相続するのではなく、「単なる母系一般 cognati」として相続するという原則に対してほとんど影響力を及ぼさなかった。旧い法の補足として導入された新しい法では、卑属は、父親の家長権を免除され、それゆえに家内相続人の資格を失った嫡出子のことであった。法務官告示は、あたかもかれらが誕生とともに入った家長権下に止まっていたかのようにして、もとのさやに収めたのである。[51] 思いだして欲しいが、かれらは、けっして家長権下《イン・ポテスタテ》にいなかったことはないという虚構を認めたのである。だが、女性の子どもについてこのようなことは適用されない。かれらは、かつての家内相続人とはみなされないし、それゆえにもとの権利を回復することもありえない。「いかなる女も家内相続人をもたないし、それゆえ、かれらを解放することによって、家内相続人を失うこともないのである」[52]。一度も存在したことのない状態を虚構を用いて復元することはできない。かくして、母親の子どもは、卑属としての法的評価をもたないのであり、他の母系親族と同様、最終順位で相続することになる。

したがって、わたしたちは、宗族関係の弱体化と母系親族関係の強化を問題としているのではないし、いわんや、家長権《ポテスタス》にもとづく旧来の相続法が乗り越えられたことを問題にしているのでもない。母子関係が、最終的に、相続の領域で認められたことに異論の余地はない。しかしながら、この事実は、女性には「権力」が欠如しているため、あれこれの迂回路をとらねばならないという意味以外に、それ自体ほとんど意味をもたない（いかなる他の「事実」以上にも、意味をなさない）。こう考えると、母子関係進出の歴史がはっきりと姿を現す。わたしたちは、その歴史が、ひとつの本質を表すさまざまな形態に従属させられていることを知っている（社会学的な先入観から、わたしたちはそれらの形式的変化が本質的ではないと信じる傾向にはあるけれども）。その本質とは、両性の制度間のコントラストが恒常的であること、また、両性の相違が不可避的に法律上の特徴となって現れることである。

男性という特性と女性という特性の形式的な分割は、遺言慣習のまえに譲ったのであろうか？　間違いなく、遺言は母子関係に財産という内実を与えた。それゆえ、このことは、親族間の慣習のひとつと考えられる。しかし、だからといって、女性の子孫にとって有利な状況が現れてきたことが、両家系の平等化への前進のしるしであるということはできるのであろうか？　以下の点について留意しながらではあるが、おそらくこの問いを肯定することができる。まず第一に、ローマの親族関係は、遺言慣習が確認される紀元前一世紀よりもずっと以前から、男女両方の家系にまたがっていたということである。第二に、母系親族が相続から排除されたのは（法務官法はごく部分的にしか、それを修正しなかった）は、本質的には、女性が、遺言による相続人をもてなかったからではない。女性には、遺言という手段によって、みずから相続人を指名することが認められていたからである。そうではなくて、当然の権利で断絶なく自身を継承する相続人をもたなかったことに起因するということなのである。男系の相続システムを特徴づけるのは、権力によって継承される相続の瞬間性である。なるほど女性は、その相続人が息子であれ娘であれ、遺言で相続人を指定することができた。だがそのときも、女性は、自分が手に入れ、譲り渡すものを断絶なく承継するうえで、法的な無能力を不完全にしか補えない。すなわち、かの女自身の決定も、後見人の助成と相続人の合意によって保証されねばならなかった。かの女の死と相続人の財産獲得のあいだには、潜在的な時間が存在することになり、したがって、相続に断絶が生じる。女性の相続（遺言であれ、法務官告示にもとづくものであれ）と男性の瞬間性との対立点は、まさにこの断絶なのであった。[53]

父母の遺言の対等性——義務に関して

母親への愛情や母親との社会的結びつきが必要なものであると認められていたことと、財産承継についての母親の最後の意思が母子間で実行されるべきものとみなされていたことは、既述の問題とはまったく別の問題である。もっとも、このような考えは、紀元前一世紀には、存在していたことが史料から確認される。しかし、史料は、なんらかの態度の変化を記録しているのだろうか？　深刻な変化があったと想像することは魅力的であるけれども、いったいわたしたちは、より古い時代の女性が遺言する際の慣習（おそらく紀元前四世紀から女性には遺言する権利が与えられていた）について、なにを知っているのだろうか？　実際には、なにも知らないのである。遺言を問題とする場合、家長権に服している娘や夫の家父長権に服している女性は問題とはなっていない。なぜならば前者は、かの女らの男兄弟と同じく財産権をもたないからであり、後者は、その財産が夫のそれと混同されていたからである。未婚の娘たちももっとも近しい宗族（兄弟や父方の叔父）の後見下にあるので問題とはならない。というのも、後見にあたっている宗族が、自分の遺産の一部でもある一族の財産を未婚の相続人の自由にさせないのは、当然であるからである。

したがって、宗族との関係を失い、夫をもはやもたない女性が考察の対象として残ってくる。すなわち、寡婦である。夫の家長権下に入ることにより宗族の影響力から脱した（なぜならば、かの女たちは、結婚という行為によって、「娘」という法的地位を配偶者に対してえたからである）女性は、夫の死後、財産の主人になり、自由に遺言を作成することができるようになる。しかし、遺言の際には、夫が定めた後見人、もしくは遺言の規定でかの女自身が選んだ後見人の助成が必要である。自由に遺言することのできる女性、それは寡婦であり、母親でもある、そのような女性が考察の対象となる。では、いったい、わたしたちは、かの女の相続人選択について、なにを知っているのであろうか？　かの女は、宗族か子どもかどちらを優先するのであろうか？　この点に関して、キケロ以前の十分な史料が残っていたならば、重大な発展についてなにか語ることができたかもしれないが、残念ながら史料は残されていない。だが、それ以後の時代になると、キケロ、小プリニウス、帝政期に属するいくつかの碑文、なかんずく『学説集』に採録されている豊富な決疑論から、女性が子どもや孫、もしくは夫のために遺言を作成していたことを知ることができる。このことは、女性が手権《マヌス》婚のしたでもはや婚姻を行なっていなかったことを示している。要するに女性は、相続人を好んで婚家と子孫のなかから選んでいたのである。(54)　しかし、紀元前四、三、二世紀の史料の欠如は、沈黙を強いる。したがって、わたしたちは紀元前一世紀の変化についてしか語ることはできないし、それゆえ、ことが始まるのはわたしたちにとっては紀元前一世紀においてなのである。

このような態度や慣習は、社会的義務《オフィキア》の観念と強く結びついている。さて、わたしたちの知るところでは紀元後二世紀以来、法学者は、父母の両方に遺言による道徳的義務を実行するという観点からみて、父母の両方に義務と権利の平等を強調する。じっさい、もし、不当に遺言から廃除されていたならば、息子と娘は両親の遺言を「義務違反」として攻撃し、訴訟を起こすことができた。こうした廃除が重大な過失によるもの、厳密にそれにふさわしい罰でなければならないと考えられていたからである。父親の遺言は、まず第一に精査された。父親は子どもを相続人から廃除することができたからである。「しかし、遺言に対して訴訟を起こす権利は、男系子孫ではない男女にも認められていた。つまり母親の遺言を攻撃することもできたのである。じっさい、母親の遺言に対する訴訟の場合、告発者が勝訴することがしばしばあった[55]」。

この種の平等性は、アウグストゥス帝期以来確認される。アウグストゥス帝自身、ある女性の遺言を無効にした。なぜならば、その女性は、二児の母であったが、歳をとってから再婚し、再婚した夫をたったひとりの相続人に指定したからである。ドミティアヌス帝治世末年には、政治家小プリニウスは、他の元老院議員や騎士たちとともに、共同相続人として、ひとりの高貴な女性の遺言に記載された。だが、その遺言には、自身の息子にはなにも残さないむね記されていた。それゆえ、この息子は、自身が不当性の犠牲者であると考え、小プリニウスに対して、母親の遺言の不当性を証拠として、財産の一部を譲るように求めた。わたしたちはいま、驚くべき光景をまえにしている。小プリニウスは、主要な相続人として、なぜ息子は遺言からはずされ、かわりに自分が指名されたのか、そのよき理由と悪しき理由を友人の忠告にもとづいて調査、熟考したうえで、その息子の主張を聴くことを受けいれた。息子が遺言から廃除されたことによって、自分が富むにもかかわらずである。そして、息子は、すすんでライヴァルである小プリニウスの判断に従ったのである。その判断はこうであった。「クリアヌスよ、母親には、あなたに対して怒る正当な理由がある、そのようにわたしには思われる[56]」と。このように母親の財産の相続権をとり上げることは、社会的な倫理によって、疑いなく、慎重に検討されねばならない罰のひとつと考えられていたのである。ぎゃくに、息子が母親を遺言に記載しないという理由で、母親からの深刻な嘆きを聴くこともできる。よく分かる例を挙げよう。七〇年ころ、ラリヌム市の貴族であったクルエンティウスは遺言の作成を中止した。なぜならば、自身をひどく嫌っている母親を遺言に記載したくなかったからであり、またそうすることによって母親に不当な行為をなしたくなかったからである。おそらく、世間は母親に対するそのような行為を理解しなかったであろう。だから、クルエンティウスは、母親が自分よりも長生きした場合に、遺言が無効にされる危険を考慮に入れて、遺言の作成を中断したのである。[57] 法廷によって行なわれる調査は、「母親が不正行為によって息子を害さなかったかどうか、また親愛の情の裏で敵対的な行動をとらなかったかどうか、母としてよりも敵として振る舞っていなかったかどうか」、これらの点を明らかにしようと努めたであろう。じつは、この行文は三二一年のコンスタンティヌス大帝の勅法にみることができるものであるが、三〇〇年以上まえのクルエンティウスの母、サシッサのケースに正確に適用することができると思われる。[58]

これ以上例を挙げるのは無益であろう。さて、母親の遺言を無効にするための訴訟は、二、三、四世紀の法史料のなかで十分に確証される。[59] 母親であるということから生じる義務は、子どもへの財産承継を問題にした場合、父親のそれと非常に類似している。たとえば、一九七年にセプティミウス・セウェルス帝は、亡くなった母親の遺産の一部を生まれたばかりの子どもに与えている。なぜならば、かの女は、出産のまえに、生まれてくる子どもをあらかじめ遺言に記載する準備をしていなかったので、「母親の運命」によって、すでに遺言に記載されている兄弟に比して、最後に生まれてきた子どもは不当に不利益を被ることになるからである。このケースは、父親が、死のまえに、相続人に定めなかった、もしくは名を挙げて相続から廃除しなかった後生子の場合にたいへんよく似ている。家内相続人の誕生は、当該の家内相続人に言及しない遺言を無効にし、法定相続人のために無遺言相続の原則が正当に適用されるのである。もちろん、母親は「家内」相続人をもたないし、子どもの誕生は遺言が法的に服すべき法的秩序に含まれていなかった。しかしながら、当然のこととして、最終的に、勅法は、遺言を無効にすることなく、「すべての息子が相続人に定められているかのように[60]」母親の不注意を補い、子どもを相続人の位置に戻したのである。

非対称な遺言形式のかずかず——相続廃除

男女の条件は平等化し、両性の分割にもとづく法的制度は不分明になっていったと考えることはできるのだろうか？　外見上は、そのようにみえる。しかし、さらに詳しく考察してみよう。母親はことさらに息子を相続から廃除する必要はなかった。なぜならば、子どもは法的に母親の人格を継承しないからである。また母親は、子どもを相続から廃除すると明確に述べる必要もなかった。子どもを相続から廃除するとの母親の意思がなければ、当然の権利で、財産は子どものものになったからである。母親は子どもについてはなにもいわなければよかったのである。法史料によれば、母親の遺言を義務違反として攻撃する息子は、「無視された」「忘れられた」として嘆いている。[61]ぎゃくに、父親が子どもを相続から廃除するためには、相続廃除の条項にもとづき、息子は相続人ではないとの意思を明確に宣言する必要があった。家長権下にある相続人である家内相続人は、明確な宣言によって相続から廃除されねばならない。実際には、「わたしの息子であるティトゥスは、廃除されるべし」と、このように三人称命令法で表現されるのである。明確な相続廃除の意思表示なく、息子の名を遺言から省略した場合、当然の権利で父親の遺言は無効になり、無遺言相続の原則が適用される。家外相続人はすべてを失い、廃除されていた息子は、かつて家父長権下にあった場合には、財産のすべてを相続することになる。娘を問題にした場合、遺言は無効にならない。しかし、黙殺された女性相続人は遺言に記載された相続人と財産取得をめぐって争った。すなわち、半分を家外相続人と、また自分の取り分を家内相続人（sui）、つまり自身の兄弟と争ったのである。[62]したがって、事実上、遺言で母親が息子や娘の言及を控えることは、父親がかれらを明確に廃除すると宣言することに等しいのである。両親との繋がりに平等な価値が与えられていた社会においては、母親の遺言脱漏は、父親による相続廃除に等しいと判断された。また、廃除の理由が不平等で、尊重に値しなかったとき、たとえば、子どもの不敬や放蕩などがその理由であったとき、政務官は、母親に無視されたものにも、父親に廃除されたものにも、同じように容易に訴訟を起こすことを認めた。社会慣習は、明白な根拠から出発して、事実として認定される。ただ、法の歴史は、こうした根拠よりも、もっと多くのことを教えてくれる。つまり、法の歴史は、以下のようなことをわたしたちに示してくれるのである。まず、いくつかの態度が一見類似しているようにみえ、しかも形式上の微妙な違いが、これらの態度をたがいに区別しているとする。そして、遠回りではあるが、この違いを子細に検討してみる。すると、一瞥しただけでは見分けにくかった各行動を分ける分割線が際だつ。還元不可能な差異が、行動を区別しているのである。だが、これらの行動は制度というレヴェルに注意を払わないと、近似したものとみえるかもしれない。法という制度のレヴェルでこそ、これらの行動が対立する意味をもつからである。つまり、制度というレヴェルでは、母親の遺言脱漏は、父親による相続廃除の宣言行為とまったく逆のことを意味している。女性が息子を相続から廃除するためには、法が作動するに任せればよい。他方で、男性は、息子の相続廃除をするためには、意図的に法の流れを止めねばならなかった。男性の継続は第一であり、家長権免除や相続廃除などの明白な法的行為によってしか断絶されない。ぎゃくに、女性の側には、まず断絶が存在する。断絶を補うためには、埋めるべく決定が下されねばならない。一方は法的性格のなかに譲渡の機能をもち、もう一方はもたない、このような男女両身分の差異を、すべてのことが示しているのである。

二世紀における母親の「法定相続」

この差異に対して、法務官告示は結局、最小限の修正しかもたらさなかった。母系親族のために補助的な相続資格を認めただけである。テルトゥリアヌスとオルフィティウスの元老院議決についても、同様のことをいわねばならないのだろうか？　前者はハドリアヌス帝のイニシアティヴのもとに公布され、後者はマルクス＝アウレリウス帝治下、一七八年に公布されている。これらの議決により、男女両身分間のすべての差異の痕跡が消されたように思われる。真の平等が父系親族と母系親族の相続資格のあいだに確立されたようにみえるのである（しかし、実際はそうではないことを後段でみるだろう）。これらの法的な変化は、二世紀において、慣習のうえでも法文上でも、女性の力の拡大が始まったことを示しているのであろうか？　たとえば、T・マジエッロは、アントニヌス朝とセウェルス朝のあいだで、遺言の慣習が寡婦に自身の娘や息子の後見人になることを認めていたことを明らかにした。伝統的に、後見は「男性の義務」とされ、母親よりもむしろ宗族（たとえ血縁が離れていても）に委ねられることが好まれていた。ただし、法的にこの慣習が有効と認められたのは、三九〇年のテオドシウス帝の法以降のことであった[63]。いずれにせよ、二世紀に始まるこの新しい相続法は、親族の完全な二極的機能に結びついている、より古くからの慣習を裁可したものであるように思われる。また、一部の学者が考えているように、核家族形態が帝政ローマの家族の現実であったとするならば、一世代のあいだに獲得された財産は、両親の子孫に集中させられたと考えることもできよう。しかし、核家族についての問題はわきに置いておこう。というのも、帝政期の核家族なるものは、疑わしい碑文史料にとくにもとづき仮定されたものにすぎないからである。また、一部の歴史家のように、墓碑銘が当時の忠実な家族像を反映していると考えることは、非常に軽率なことである。なぜならば、墓碑銘から読みとれる慣例的な愛着関係と実際の社会的結合とのあいだには、いかなる必然的関係も存在しないからである[64]。配偶者、子ども、父母のみを讃え、その死を嘆き、他方で兄弟姉妹にはそのようにしない、このことはかならずしも家族の広がりを指し示していない。その理屈でいくと、現代のわたしたちの墓地は、ぎゃくに、その墓石のうえに、いちじるしく拡大した集団を、どれほど多くかかえていることであろうか！　だが、わたしたちが経験上知っているとおり、いまの社会では、単位集団は、厳密に夫婦中心の核家族なのである。たしかに、わたしたちは、墓碑銘から死に結びつく社会的慣習に関する知識をひき出すことはできる。しかし、それ以上のことを問うことはできない。だが、そうはいったものの、帝政下における核家族化の仮説を排除することはできないし、核家族化の結果、父母と子どもが第一位を占める最近親間を結びつける財産的関係が容認されたとの仮説も排除することはできない。まず、二世紀の二つの大改革に眼を向けてみよう。

テルトゥリアヌスの元老院議決

テルトゥリアヌスの元老院議決は、三人の子どもをもつ母親に（解放奴隷の場合、四人）自身よりも先に死亡した息子と娘に対する相続権を与えている。息子の家長権下にある子孫（息子の家内相続人になる）および亡くなった息子や娘の父親は、この権利に対する障害になる。なぜならば、尊属が相続する場合、父親は母親に対してつねに優先権をもつからである。しかし、傍系親族のあいだでは、死者と父を同じくする兄弟姉妹だけが共通の母親と遺産を分割することになる。つまり、叔父、甥、従兄弟らの他の傍系宗族は決定的に排除されているのである。したがってはじめて、母親はこの法のおかげで宗族（すくなくとも、もっとも血縁上離れている宗族）よりも優先されたのである[65]。小家族に有利な証拠をどうしても引かねばならないとしたら、これがそうであろう。

オルフィティウスの元老院議決

オルフィティウスの元老院議決は、息子から母へではなく（明らかに生来自由身分や解放奴隷の女性が子どもを産むことの奨励を意図した施策）、母から息子への法定相続を制定した。この法律でもって、女性の子孫のなかの相続順位が男性の子孫のそれと同じ順位、同じ正当性の基盤に立って認められたのである。『ウルピアヌスの法範』（セウェルス朝の偉大な法学者ウルピアヌスの名で四世紀に編纂された書物）は、明快に、法的な面でこの法律がもたらした変化の広がり要約している。「『十二表法』は遺言を残さず亡くなった母親を息子が相続することを認めなかった。母親は家内相続人をもたなかったからである。しかし、さらに後代になると、元老院に提出されたアントニヌスとコンモドゥス両帝の法律によって、子どもは、たとえかれらの母親が手権婚のもとで結婚していなくとも（いい換えるならば、母親が子どもと同じ家長権に服していなかったとしてもの意、つまり、もっと旧い法のもとでは、妻は夫の家長権に服する娘と仮定されていたから、子どもは、自分の母親と父を同じくする兄弟姉妹として母親を相続していたし、逆の場合もそうであった）、母親の法定相続人であることが決定された。亡くなった母親の子どものために、母親と父を同じくする兄弟姉妹だけでなく、他すべての宗族が相続から排除されたのである[66]」と。

母親の相続人は、つねに「卑属」という類別に属するとはかぎらない

他のテクストが確証するように、法定相続（successio legitima）がはじめて定められたのである。すなわち、この法によって開かれた相続は、当然の権利で女性の子孫に帰属するのである。この場合、以前の法務官法のもとでそうであったように、女性が遺産占有の迂回道をとる必要はない[67]。だが、手続き上の便宜のため、遺産占有が新しい類別の法定相続人によって要求されたときですら、法務官は、母親の子どもにも、父親の卑属《リベリ》——家長権を免除されていようがいまいが——と同じ告示の表題のもとで遺産占有を認めたわけではない。母親の子孫は、母親の財産をひとつ下の類別である法定相続人《レギティミ》として相続した[68]。この法定相続人は、伝統的に、父親の傍系親族を指すためにあったことばである（そこには、場合によっては、さらに卑属《ウンデ・リベリ》として財産を請求する期間を通り越してしまい、第二順位での相続に甘んじなければならなくなった父親の子孫も含まれる）。要するに、父親の子どもとの関係でいえば、一七八年の法律以来、母親の子どもは、母親の第一の相続人であるにもかかわらず、類別が下なのである。なぜ、この非対称が生じているのか、もう一度問わねばならない。さらに、なぜ政務官は母

親の子どもを父親の子どもと同じ告示の表題のしたで扱わなかったのか？　父親の子どもも母親の子どもも同様に、両親を他の相続人と同等、もしくはそれ以上の立場で相続することができたからである。ここに、ある種の法的構築物の驚くべき永続性をみることができる。法律ですら、その行文で、十分に確立された慣習を公認し、義務的効力を与えようとしたときに、この法的構築物を廃する力をもたなかったのである。社会組織のもっとも重要な変化（ここでは、家族の規模の縮小、両親による子どものための財産集中が問題となっているのであり、あるいは、もっと積極的に仮説を立てるとすれば、母子間の財産上、相続上の繋がりの合法化によって認められた内縁関係の拡大が問題となっているのである）の背後で、不動の構造が存続しているのである。しかも、この構造の存在が、形式上の指標にそれと分かるようになっている。そして、この構造は保守主義によって維持された無用の上部構造ではなく、ぎゃくに、社会のもっとも深くにある、かつもっとも重要な層に繋がっている。

新しい法律は母親の「権力」の欠如を補うわけではない

問題を明確に設定しよう。新しい法律以来、なにが法務官をして、女性の子どもと男性の子孫を同じカテゴリニーに統合せしめることを禁じたのか？　それは、相続についての両親の権利が不平等のままであったからではない。一七八年の改革が根本的なものであったからである。遺言状がなくとも、子どもは、一七八年以降、卑属《リベリ》が絶対的な優先権で父親を相続していたのと同様に、傍系宗族と母親の尊属に対して優先権をもった。母親の子どもを第二順位の法定相続人《レギティミ》に閉じこめておくのにいかなる実際的理由もみいだせないのである。なぜならば、この場合、卑属という第一順位は、子どもに関していえば、必然的に空位の類別になってしまうからである。この降下、むしろ母親の子どもが以前に属していた母系親族の第三順位から、第一順位の卑属に入ることなく、第二順位の法定相続人への中途半端な上昇は、第二順位が一番目になったという事実をまったく変えていないのである。この第二順位は、今や優先権をもった母親の他の相続人に対して第二番目なのではなく、かれら自身との関係で、つまり、父親の相続人であるかぎり、第二番目なのである。父親の側からすれば、母親の子どもは、以前からそうであるように、卑属として第一の相続人である。他方、母親の側からすれば、かれらは同じく第一位の相続人であるが、第二順位の法定相続人なのである。すでに引いた『ウルピアヌスの法範』は、この奇妙な不平等の理由を、つまり順位の分割線が同一人物の内部に引かれる理由を説明する。「女は家内相続人をもたないからである」と。お決まりの規範である。オルフィティウスの元老院議決以前において、この法準則は子どもが母親を指定相続人もしくは第三順位の母系親族としてのみ相続できるという事実を説明する。しかし、一七八年以降、そして四世紀においても、この法準則は、以下のことを説明するのに使われることになる。まず、ある相続人は、父親からみて家内相続人《スウス》であり、それゆえに、たとえ家長権を免除されていても、法務官法上の相続法による卑属という相続順位に記載される。だが、この同じ相続人は、母親との関係では、その第一の相続人であったとしても、つねに同じ子孫のカテゴリーに分類されるとは限らないのである。

この差異を理解するためには、この分析をすべての相続が帰着する財産承継の問題を越えて、どこまで進めなければならないのだろうか。というのも、財産承継の面においては、この差異はほとんど実質上の意味をもたないからである。もしくは、家内相続人をとおして自身の延長をしえない女性生来の無能力を、あらゆる機能を奪われていたアルカイク期の化石として考えねばならないのであろうか？　しかし、この場合、男性の子孫に対する権力もまた名残りであらねばならないが、実際は、相続順位において、その権力が名残りではないことをわたしたちはすでにみている。すぐに変化する事実との関係で、法の現実を問うてはならないのである。むしろ、問われるべきは、有効性を奪われていると思われるこのような制度が、比較されるべき場の適当性の問題である。このようなことを家長権についてはすでにみた。長期的に家長権の意味を認める（まずこの制度の意味——その意味はだれも知らないだろう——が存在したであろう過去の段階を想像し、つぎに、それが意味を失ったのちの段階を想像するのではない。わたしたちは、この制度がもっとよく機能しているのをみているではないか）ためには、家長権を家内的組織の現実規定の場から、みえにくいが、現実に近い男性権利継承の規定の場へ移さねばならない。同様に、オルフィティウスの元老院議決が、現実の相続条件では類似しているにもかかわらず、母親の息子と父親の息子を同じようにとり扱うことが困難であったという事実から、わたしたちは、両家系に最終的に認められた平等性について考察することはしない（この平等の細々とした細部から、わたしたちは、それがまだ存在していなかったアルカイク期という過去を思い浮かべることになろう）。むしろ、現実的な解釈をしなければならないと思われる場とは、まったく別の場で、子孫の関係を権力の関係に還元できなかった女性自身の無能力について考察しようとしているのである。財産の連帯性におけるいちじるしい変化を示す相続権の変容に対して、ローマの両性分割の組織の永続性が対立しているのである。新しい制度（母から息子への法定相続）が生起している背後で、いくつかの形式的な変化をとおして、社会という場における性差構成の法的様式の永続性が明らかになってくる。

いかに合法的になったとしても、母親の相続は自動的に作動するわけではない。この法のまえにおいても、あとにおいても同様に、息子と娘は母親にとって家外相続人のままである。母親の財産を受けとるために、かれらは意思表示をしなければならない。家族に対する女性の権力の欠如から生じる必然的な法的結果は、オルフィティウスの元老院議決の行文に明快に示されている。すなわち、「もしかれらが母親の財産が自分たちに帰属することを望むならば[69]」と。家内相続人でない他のすべての相続人がそうであるように、母親の子どもは「相続の承認」をなさねばならない。かれらは、このため、考える期間を与えられる。この期間を過ぎて、もしかれらが相続することを拒むならば、一時的に排除されていた母親の傍系宗族が以前の権利をとり戻すことになる。つまり、

息子は母親の遺産を放棄したことになるのであり、この遺産は母親の兄弟の息子に渡ることになる。(70)

典型的な逆説事例——女性の後生子

しかしながら、法学者は、新しく生じた男女関係の状況から論理的帰結をひき出そうと努めた。女性が子どもの人格のなかに法定相続人をもったという状況のことである。この法的な変化によって、どこまで女性の地位は男性の地位に近づいたのであろうか？　また、両者の地位の基本的な非対称をこえて、母子関係の新しい理解によって必然的に表されるにちがいない接近は、どのように理解されるのだろうか？　母子関係の法的解釈を行なうことなしに、父親のための様式で、家長権という観点から、母子の繋がりをさらに法で裁くことができたのだろうか？　法的な面で父母の性格を隔てている距離を縮めることはできるのだろうか？　女性の後生子という人物像は、法のなかで構築することができない。だが、右のような問いはまさに、こうした人物像に関する決議論の対象だったのである。それも純粋に想像上の、学校事例上の対象だったのである。

ウルピアヌスによって、以下のような事例《カスス》が伝えられている。「女性が妊娠中に亡くなって、死後、腹を切って子どもをとり出したならば、この子は法的に最近母系親族（母親の宗族の次位）として法務官法上の相続を認められる。しかし、オルフィティウスの元老院議決以降、こうした子どもは法定相続人の類別で相続要求を行なうことができるようになった。じっさい、子どもは母親の死の時点でその腹のなかにいたからである」。いい換えれば、死者からとり出された子どもは、父親によって宿された子どもがずっと以前から後生子であったように、法定相続人なのである。この対比は、義務違反の遺言に関するウルピアヌスの他の行文で、確証される。後生子は、「父親の死の時点で母親の子宮のなかにいたという条件で」(71)、自身を廃除した父親の遺言を攻撃できるのと同じように、「帝王切開によって母親の腹からとり出された子どもは、母親の遺言が作成されたのちであれば、その遺言を攻撃できる」[72]のである。わたしたちは一九七年の勅法で、父親の死後生まれた子どもの条件と、生まれた時点で母親を失った子どもの条件とを接近させようとする法の傾向に、すでに出会っている。が、いま問題としているのは、誕生以前に母親が亡くなっている場合なのである。これは、可能性の限界の典型的な事例である。だが、法学者たちは、ここでも限界となる事例をつうじて、具体的な問題を解決しようとしているのではない。かれらは、むしろ、境界を正確に定めて、そのなかでは、ありそうもないことが法に含まれている場合に、そうした事例から謎めいた性格をとり去ろうとしたのである。

母親の法定相続が定まって以来、父親の法定相続とのある種の対称がはじめてみられるようになったことから、法学者は、父親の後生子の対極にある起こりうる母親の後生子の相続資格にまでその模倣を押し進めようと試みた。ただ、父親の後生子は、このことは自然の状態でしばしば起こることであり、それゆえ、子どもが母胎に宿され出産されるまでのあいだの虚構の家長権との繋がりという観念が発達するようになったと考えられる。しかし、母親の後生子は例外的であり、以下のことを意味するにすぎない。すなわち、子どもがとり出されたのは女性の身体からであるので、たとえ死者から生まれたとしても、子どもは母親から生まれたのであると。つまり、死体は母親の死体であり、したがって、子どもは相続人なのである。これに対して、父親の後生子は、相続を作動させるために必要な継続を保証するために、妊娠期間を法的に固定され、生まれてくる子どもは誕生のときまでひき延ばされた父親の家長権の影響下に置かれているのである。しかし、生物学的繋がりが、自動的に作動する法的繋がりを伴わないならば、自然状態ではほとんど考えられない母親の後生子はいったいなにを意味するのだろうか？　たしかに、オルフィティウスの元老院議決は、はじめて、すべての女性の第一親等の子孫を法定相続人とした。[73]しかし、実際は、法定相続人であるのは息子ではなく、法律が息子とした相続人なのである。この点に気を付けてみよう。というのも、いまや、法が認めた相続と、法が認めていない親子関係のあいだに、驚くべき（驚くべきというのは、もちろん、驚く気が十分あってのことだが）結合をみることができるからである。すなわち、法定相続財産《ヘレディタス・レギティマ》は、夫のない女性から生まれた庶子にも、法が認めた結婚から生まれた子どもにも帰属するのである。

母親に相続人がいて、子どもがいない場合——庶子

「懐妊の状況が不明な子ども（vulgo quaesiti）、これは結婚外で生まれた子どもを指すことばである）は、母親の法定相続を要求することを妨げられない。なぜならば、かれら自身の相続分は、かれらの母親に帰属するという法（テルトゥリアヌスの元老院議決）によって、母親の相続分がかれら自身に帰属するからである」。このように、『パウルスの断案録』は、決議論が以前に知らしめていたことを完全に要約する。[75] ハドリアヌス帝の同時代人である法学者ユリアヌスは、母親が結婚中であろうがなかろうが、身ごもられたすべての子どもは、母親を相続することが認められるとすでに考えていた。この権利を獲得するためには、母親が生来自由身分ならば、三人の子どもを産むことで十分であり、母親がかつての解放奴隷ならば、四人の子どもを産むことで十分であった。このとき、要求されるたったひとつの条件は、子どもの母親が自由身分であること、このことだけであった。妊娠している解放奴隷は、元老院議決が認めた相続権をもつ市民を産むのである。[76] さて、一七八年の諸規定は、ハドリアヌス帝のもとでのそれと同様、同じ母親の身分を細分化しないことを基盤としていた。ウルピアヌスは宣言する。「懐妊の状況《ウルゴ・クアエスティ》が不明な子どもも、母親の法定相続を認められる」と。[77] 母親が生来自由身分であるか解放奴隷であるかは、ほとんど問題とならない。出産のときに自由身分であるという条件で、母親が奴隷身分のときに身ごもることすら可であった。さらには、決議論が説明するところでは、この解放が出産時に一時保留されていても可とされた。ある人物が、その女性を奴隷として遺贈されはしたが、遺言によって解放を義務づけられ

つつも、なお解放するまでの猶予権を行使した場合のことである。

したがって、二世紀において、法律は、法が認めた母親と自然の母親を区別しなかった。つまり、妊娠が結婚に結びついていようがいまいが、同じ権利が母親にも子どもにも与えられたのである。四世紀、五世紀になってもこのことに変わりはなかった。いかなる変化も、五二九年のユスティニアヌス法典以前にはみいだせないのである。しかし、ユスティニアヌス法典においては、元老院議員のなかでもイルストゥルス級〔元老院議員の爵位のひとつ〕の女性から生まれた子どものうち、法が認めた結婚で宿された子どもは、結婚外で宿された子どもよりも優先されねばならないと宣言されている。なぜならば、「貞節への敬意は、生来自由身分で生まれたイルストゥルス級の女性にとくに負われるべき義務であり、庶子が相続人に指名されたままにされることは、朕の治世になされる侮辱である[79]」からであると。この理由のゆえに、嫡出子のまえに、庶子は母親の相続に関するすべての権利を失っているのである。だが、この権利の剝奪は、女性が結婚内と結婚外で連続して身ごもった場合にのみ、宣言されることを銘記しておこう。このとき、ひとつの親子関係が他の親子関係に勝っているのである。しかし、このことは、母親に対する庶子の権利の状況が、他の場合には変化していないことを示している。もっとも、たとえ上層階級に限られていたとしても、二つのタイプの母子関係のあいだの区別は、伝統的なローマ法の制度からみれば、かなりの変革であることには変わりない。すなわち、対称によって変化が明らかにされ、伝統的なローマ法の制度の特異な点を理解するのに役立つのである。

結婚外で生まれた子どもは母親としか結びついていない、このことだけが重要なのではない。むしろ、より本質的なことは、母親の眼からすれば、母子のあいだには、いかなる法的繫がりも存在しないということである。なぜならば、法が認めた配偶者によって身ごもった子どもと、他のだれかによって身ごもった子どもとのあいだに区別がなされていないからである。母親は、つねに純粋に単純に母親なのである。母親に関していえば、息子を「法の認める息子 iustus filius」と資格づける必要はない。このことばは、父親に対してしか意味をなさないからである。(80) 結婚期間中に、父親が正式な妻に身ごもらせた息子、ないしは、父親がそう判断した息子が、法にかなう《ユストゥス》のである。母親は、法にかなう《ユスタ》と呼ばれる必要はない。なぜならば、母親としてのアイデンティティは、結婚という法的出来事によって決定されるのではなく、子どもの誕生によって決定されるからである。だが、母親は、確実に、身元確か《ケルタ》である。そのように呼ばれるには、誕生という事実で十分だからである。母親に要求できる唯一の法的評価は、「市民の母 mater civilis」の評価だけである。(81) わたしたちに確認できる文脈でいえば、この表現は、ローマ人の女性の財産を相続する資格が、母親と同じくローマ市民である子どもにしか認められていなかったことを、たいへん正確に表している。なんらかの理由で市民権を失った子どもは、(82) 相続から廃除されるのである（同様に、ローマ人の女性は、奴隷の状態になり、つづいて解放された場合、その子どもの遺産を相続することはできない。なぜならば、自由身分であり市民である母親は、仮定上、奴隷の娘や息子をもたないので、子どもの法的地位の降格はこの女性が「かれらの母親でなくなる」ことを意味するからである。(83) このようにユリアヌスは記している）。すなわち、市民の母（mater civilis）とは、市民権をもつ母であり、市民権をもつものの母親を意味するのである。女性の「法定相続」は市民法の枠内に属している。法の恩恵を享受するためには、市民であらねばならない。しかし、「市民の」という概念は、母親と結びついた繋がりを定義しているのではない。このことは、法の認める息子《ユストゥス・フィリウス》の概念が、父親と結びついている法的出来事の起源（結婚）とかならず結びついていることとは、正反対である。

では、この制度は、二世紀の革新なのであろうか？ 妊娠の法的状況を問題にすることなく（ユスティニアヌス帝期以降このことは問題となる）、母子に権利を認めることは、ハドリアヌス帝とマルクス＝アウレリウス帝の相続法改正までみられなかったことなのだろうか？ そうではない。すでに、アウグストゥス帝の法律は、結婚しているか否かは問題とせず、三人の子どもをもつ女性を、宗族の後見から解放していた。女性たちは、詳細の規定なく、「三度出産」(84)せねばならなかった。元老院議決は、「三度出産」したラテン市民権をもつ女性にもローマ市民権を与えた。この処置は、おそらく、アウグストゥス帝期の法律をさらに完全なものにしていた。この法律では、ラテン市民権をもつ男性が、ローマ人女性との結婚で最低一人子どもをもてば、その子が一歳に達したとき、この男性にローマ市民権を与えていたからである。(85)父母に与えられた法的特権の領域で、一方で父親による法の認めた息子《ユストウス・フィリウス》の要求と、地方では母親による単なる出産の要求が対立している。この対立は、『ウルピアヌスの法範』の写本が、この元老院議決に言及した箇所で、女性は「三人の庶子を産むこと」で十分であると正確に述べるとき、いっそう明瞭になる。しかし、この写本の校訂者は、理由なく、「三度庶子を産んだ女性《ウルゴ・クアエストス・テル・エニクサ》」を「三度出産した女性《ムリエル・クアエ・シット・テル・エニクサ》」と訂正しており、これは奇妙な読み方であり、わたしにいわせるならばテクストの校訂者によって誤って校訂されている。

これらの法的処置と、三人の子どもを産むという条件で(87)奴隷身分の女性に自由を与えるという遺言の規定とを結びつけて考えることは、有効であろう。後者は前者の影響を受けていると考えられるからである。公法においても私法においても、出産は自由身分を与え、ローマ市民権を与え、後見から解放する。出産した女性とその子孫のあいだの相続資格を確立する。いかに時代を遡っても、これとは別の母親の制度をみいだすことはできない。母子の相続権が母系親族の資格で法務官告示によってしかいまだ規定されていなかった時代においても、庶子とそうではない子どもとの差異は存在していなかった。「血の繋がりのゆえに」、「近親であるがゆえに」、「母親の庶子である子どもたちにも、庶子の母親にも、かれらの兄弟と同じく」(88)、遺産占有を要求することが認められていた。このような権利が認められるためには、合法性も結婚も問題ではなかった。養子縁組によっても、法が認めた結婚での妊娠によっても、そして他のいかなる法制度によっても、母親は母親たりえない。(89)出産という事実によってのみ母親は母親たりうるのである。

法にかなった妊娠と不確定な誕生

出産のとき、新生児はそのときの母親の地位をひき継ぐ、このように多くのテクストは述べる。新生児は、母親が出産のときにあった身分、つまり母親が奴隷身分か外人身分かローマ市民身分であるのかにしたがって、奴隷として、あるいは外人身分として、またあるいはローマ市民として生まれる。[90] しかしながら、誕生のときに母親の身分を獲得するということは、法にかなった結婚で身ごもられた場合、その子どもは「父親に従う patrem sequitur」とする逆の原則とぶつかることになる。この場合、妊娠の際の父親の法的条件のもとで、子どもは生まれる。[91]「父親に従え」と「母親に従え」、これらはたがいにあい容れない結びつきである。子どもは、父母のいずれかに従って、生来自由身分か市民として生まれるのであり、両親から生まれるのではけっしてない。このようにあい反する二つの結びつきの方法が存在している。さて、結婚は父親の地位を与え、法で認められていない誕生は母親の地位を与える。子どもはその地位を法律が定める男親(男親が母親の夫とみなされる場合)からか、もしくは不特定の男性(vulgo)によって無差別に身ごもった産婦から獲得する。かくて、先にわたしが使った「法で認められていない誕生」ということばは、ただちに修正されねばならなくなった。つまり、法で認められていないというのは、男性が子どもをつくる行為に関してしか問題とならないのである。一方の女性は、法が認めた配偶者である夫からか、不特定の男性から種《たね》を受けとる(concipit)。後者は法によって承認されないので、法的には「父親は不確定[92] pater incertus」のままである。したがって、法によって認められるか否(法で認める種《たね》の受け取りか、法で認められていない種《たね》の受け取りか legitime, illegitime concipi)かは、女性が男性によって身ごもったときに決定される。両性の結合、ラテン語でいう「男女の結合coniunctio maris et feminae」、すなわち肉の結合は、すでにみたように、総称として結婚といわれる。結合が結婚となった場合は、「法で認められた交接 iustus coitus, legitima coniunctio」と称されることになる。しかし、誕生自体は、法の決定をまぬがれている。女性が公正に身ごもったのか、あるいは不公正に身ごもったのかによって、史料は子どもが「生まれる」もしくは「出てくる」と述べて区別している。つまり母親は体から子どもを出すのであり、息子を日のしたに置く（edere）のであり、子どもを「手に入れさせるprocurer」（なぜこの動詞かというと、これこそが、「子どもを産む」とか「出産する」を意味する動詞の原義だからである）のである。だが、この時はけっして法的に性格づけられない。「法定期間 iustum tempus, legitimum tempus」という法による算定にしたがって、七ヵ月か一〇ヵ月まえに、男性が主役であった出来事しか法的に性格づけられないのである。(94)

バハオーフェンが見事に理解していたように、これら二つの事実のうち、一方はすぐに確認され、他方は再構成される。しかし、ローマ法の非常な独創性は、この第一の差異のうえに全制度をうち立てたところにある。この全体のなかでは、男性の法的性格と女性の法的性格とが対称となっているが、この対称は、多様な出来事として把握され、またこれらの出来事が、すべての市民を、あるいは男性に、あるいは女性に分類する。そして、この全体は、親子関係と相続の制度にまで延長されており、この制度のなかでは、父親との繋がりが抽象的に組織されているのに対して、母親との繋がりはそうではないのである。

結婚、妊娠、出産、地位の継承

ローマ法の体系のなかで、母親は上述のように現れる。母親はけっして法によって制度化されないし、限定されない。しかし、家長に対応する「家母」の称号は、結婚と緊密に結びついている。

家母、すなわち家長の妻

古代の方式から、わたしたちは、家母とは、完全な法的能力をもつ市民の妻を意味していたことを知っている。たとえば、ローマ人男性が大神祇官主宰による民会で男の養子を迎えるとき、民会で承認された養子に関する方式は、養子となる息子が、「家長とその家母から生まれた場合」[96]と同様に、合法であるとする虚構を含んでいる。また同様に、アルカイク期の結婚――妻を買いとるというかたちをとっていた――においては、男性は女性に「家母になることを望むかどうか」、つまり妻になることを望むかどうかを尋ねるのである。[97] なるほど、夫もまた、女性にとって「父親」である。しかし、この二つの呼称のあいだにはいかなる対称性もない。なぜならば、女性がぎゃくに、夫となる男性に「あなたもわたしの家長になることを望むのですか？」と問い返すことは、まったく別の意味をもっているからである。この問いによって、女性が意味しているのは、自分は、こうしたタイプの結婚をつうじて、家長権下に入るが、この男性はまさに、かの女にとって法的に「父親」になるだろうということである。「父親」とは、かの女とその息子が服することとなる家長権をもつ家の主人である。男性をこの称号で呼びかけることにより、女性は、共和政期の法学者セルウィウス・スルピキウスの注釈が確証するように、夫の家に娘として入り、夫は「かの女にとって父親代わりになるだろう」[98]。「父親」という概念は、完全な法的能力をもった男性の地位をカヴァーしているが、「母親」という概念は「父親」の家長権下に入った配偶者に用いられる。夫と女性とのあいだで、女性が夫の「手」のなかに形式的に入るという合意がなされていたアルカイク期におけるこのことばの専門的な語義は以上のようなものである。このことは文法学者、法学者、古代学者によって確認されている。さらに後代の帝政期の法学者のことばによれば、「家母」は単なる妻、手権婚のもとで結婚していない女性を指している。しかし、原則的に、女性が既婚婦人の地位を獲得するのは、つねに結婚においてであったことは変わりない[99]。

さて、妻＝母親という語は、単なる社会的事実以上のことを示している。すなわち、ローマにおいては、女性は男性によって本質的に母親になるべき能力をもつものとして考えられていたということである。この点において、ローマはまったく他の古代社会と、もっと一般的には産業革命期の女性解放以前のほとんどすべての人間社会と、異なるところはない。したがって、むしろ興味を引くのは、女性＝母親の語が思い起こさせる社会学的な一般論を越えたところにある、ローマに特異な制度上の事実である。つまり、女性を社会的に認知された地位である家母の地位に至らせるのは、もはや出産ではなく、結婚なのである。二十世紀フランスの言語学者バンヴェニストは、結婚を意味するラテン語の名詞の特異性を強調することを忘れなかった。結婚（matrimonium）という名詞は、「母親《マテル》の法的条件」を意味しているのである。結婚とは、母親の状態なのだ。それは若い娘に運命づけられている。父親によってひき渡され、夫に受けとられ、娘自身は、人格として結婚にはめ込まれるのである[100]。とはいえ、女性には、妻という地位から、ひとつの機能が割り当てられているが、妻としての母親の運命は、この機能以上のものを示している。方式にしたがって、男性は「子どもをえるために」女性をえる。たとえこのことが論理的に正しかったとしても、また紀元前三世紀以降、もっともよく知られる離婚の原因が妻の不妊であったとしても、女性は母親になるために結婚したというには十分ではない。さらに、法が、法の認めた配偶者を指す家母の語をつくり出し、家長と結びつけられるというたったひとつの事実において実現される地位として、女性の母性をつくり上げたことは強調されねばならない。制度上の尊厳という規範は、母性を理念的に虚構として市民の妻という地位に吸収し、自然状態を奪っているのである。厳密に考えるならば、家母の地位は、結婚をとおして、女性が都市によって与えられている機能を実現することを前提としているのである。その機能とは夫に子どもを与えることで、市民に子孫を与えることである。このような理由で、いくつかのテクストが確証するように、家母はまだ子どもを産んでいない妻にも用いられる。既婚婦人についても事情は同じである。「家母」と「既婚婦人」は結婚によって家長権下に入らず、以前の法的地位を保持しているという点においてのみ、区別される。既婚婦人《マトロナ》は、「たとえ、まだ子どもを産んでいなかったとしても」(101)、またその地位を結婚からえた威信にしか負っていないにもかかわらず、母親《マテル》の語から派生したこの称号をもつのである。

じつをいうと、別の伝承は、家母と既婚婦人《マトロナ》の称号を結婚の枠内での出産と結びつけている。ひとりの子どもは家母の称号を与え、複数の子どもは既婚婦人《マトロナ》の称号を与えるとするものである(102)。しかしながら、この伝承は、ただちに反論される対象としてしか伝えられていないことにくわえて、すでに言及したアルカイク期の方式の慣習に反するし、「既婚婦人《マトロナ》」の語の一般的な用法にも反する。「既婚婦人」とは、法が認めた妻、また一定の文脈では「身もちよき女性」を意味しているからである。じっさい、既婚婦人は、女優でもないし、売春婦でもないし、酒場や旅籠の給仕でもない。既婚婦人は、その威信《ディグニタス》を守る権利をもち、妻として讃えられるに値する女性のことなのである。

父親と母親という相関する二つの法的地位が存在する（最古の法では、父親《パテル》の妻としてのみ母親は存在していた）が、男女にその地位を与える出来事はまったく異なっている。たしかに、この二つの地位は虚構の入りこむ余地をもっている。つまり、男性は、尊属をもたないという条件で、子孫なくしても「父親」であり、女性は、夫をもつという条件で、子どもなくしても「母親」である。しかしながら、この両者のあいだには、還元不可能な差異がただちに看取されるだろう。家母という称号では、虚構の占める部分が、家長の称号よりもはるかに小さいのである。男性市民の家に妻として入った女性は、子どもを産むことによって、現実に母親となる。つまり、家母という称号がそのことを期待し、荘厳に祝うのである。一方、「家長」は男系尊属の直接の相続人としてしか存在しない。父親の機能が実現されるのは、純粋に相続という制度のなかにおいて、すなわち死によって生じた継承の論理においてなのである。

未完の結婚と父性の推定

「父親」と「母親」の呼称が含む虚構の度合いにみられる上述の新しい差異は、古代ローマの結婚の特異性を理解させてくれる。古代ローマの結婚は、生殖を目的としていたし、また両性の存在が要求され、また両性を娶らせることでその名に値していた。にもかかわらず、同衾がなくとも法的には存在していた。のちの教会法とは異なり、性的結合の達成は、結婚の存在に不可欠な構成要素ではなかったのである。「結婚を成立させるのは、同衾ではなく、合意である」[104]と、ウルピアヌスをはじめとする法学者たちは主張する。この法準則を、今日の法学者がするように、古代ローマの結婚が当事者の合意にもとづいていたしるしとして解釈する必要はなく（このような解釈は単なる同義語反復《トートロジー》である）、この法準則は結婚における男女両性の異なった条件を反映している。というのも、同衾がなされるか、なされないかは、ローマの結婚の存在にはほとんど重要性をもたないが、このことは妻の処女性が法によって価値を与えられ、守られていることを意味するのではなく、いわんや夫婦の純潔が、三世紀以降キリスト教の説教師によって認められていたように、夫婦の結合の完成への道程として認められていたことを示しているのでもないからである。ローマ法が、このように男女の結合《コンユンクティオ・マリス・エト・フェミナエ》が物理的に実現されることに（実際には想定しているのに）無関心であることの背景には、親子関係の法的構造と結びついた、まったく異なる無関心があることが見分けられねばならない。父親が法で認められた妻から生まれた子どもの実際の親であることは、この親子関係の法的構造の関知するところではない。さらにいうならば、父親が子どもをつくる能力をもっていなかったとしても、ほとんど問題はないのである。

まず、夫婦の繋がりの法的性格にもう一度眼を向けねばならない。それは、肉体への言及はまったくなく、ローマの法学者によって抽象的に定義されているからである。たしかに、法学（S・タファロが示したように、それは神官の時代まで遡る）は、男性成熟者《プベス》と男性に耐えられる女性《ウィリポンテス》[105]に要求される成熟期の基準条件を確立することに多大な関心を払ってきた。少年にとって、成熟期の年齢は一四歳と定められていた。学校事例によっては、この成熟期は肉体の検査によって確認されねばならなかった。肉体の外観《ハビトゥス・コルポリス》にしたがって、少年は生殖可能であることが確認されねばならないのである。これに対して、少女は、身体の検査なく、一二歳で生殖可能であるとつねにみなされた。共和政期の法学者セルウィウス・スルピキウスの表現を借りるならば、「法定年齢 legitima aetas」で固定された生殖能力は否定できないし、事実と反対であっても譲らないのである。だが、信頼できる法史料から、結婚まえの少女の検査は禁じられていたことが分かる（ユスティニアヌス帝は、五二九年にこの禁令を少年にも適用させた）。このことはまた、A・ルセールによって研究された医学史料からも確証される[106]。したがって、一見したところでは、法的推定と（場合によっては）少年の生殖能力の確認を結びつける法準則を適用することによって、性の成熟は夫婦ともに要求されていたことになる。このことは、「同衾」を排除していたにもかかわらず、古代ローマの結婚の原因が明らかに生殖の義務にあったとする第一の根拠である。この義務のために、男女は、さまざまな方法で、能力の査定を受ける。しかしながら、これは制度の前提でしかなく、実現することまでは要求されていない。

たとえば、決疑論は、結婚が肉体の結合以前に完成されるという原則を明らかにする。すなわち、女性は、夫が不在で結婚し、かつ出会うこともなかった夫の喪服を着なければならないのである。また、D・ダラによってこの事例と比較されているのだが、離婚時に、たとえ処女性を依然として失っていなかったとしても、処女は嫁資の回復訴訟を起こすことができるという事例もある。このような場合でも、結婚は有効なのであり、嫁資の所有権は夫のもとに移っているのである。さらに、皇帝ゼノンに帰すことのできる勅法によって、同衾せずとも結婚は法的に完成しているとするローマの原則は、つねに有効であるとされた。とくに、このビザンツ帝国の皇帝は、近親相姦を理由にエジプトの嫂婚制*の慣習を拒絶した。というのも、たとえ、亡くなった兄弟の寡婦が処女のままであったとしても、近親相姦にあたると考えたからである。じっさい、法文が説明するように、「夫婦が肉体的に出会わなかったからといって、結婚がなされていないと考えることは誤りである」からである。

＊ 夫が死に、しかも子のいないとき、亡夫の兄弟か最近親者が、残された未亡人と結婚すること。

学校事例上の仮説によっては、夫の性的不能のゆえに、結婚が完成されえないという場合すら考慮された。このような結婚は有効であり、もし女性が子どもを産んだならば、夫はその子の法で認められた父親になるのである。こういった関心から、スパド（spado）——宦官や性的不能の男性を意味する語——の父性についてのすべての決疑論が出てくる。宦官は、結婚する権利や養子をとる権利をもっているだけでなく、すでにみたとおり男性器が優勢である両性具有者のように、死後の相続人を定めることもできた。この法的操作により、宦官の妻から生まれた子どもは、法的に宦官当人に帰属する。(108) テクストで確証されるように、ローマ法は、チャタレイ夫人の夫が、不能であるにもかかわらず*、相続人を手に入れるための法的操作を考慮に入れているのである。夫のために父性を仮定上与えることで、男性に合法的な子孫をつねに帰属させているのである。妻の出産能力は夫の父性を保証するに十分なのである。

＊ 周知のとおり、D＝H・ロレンスの小説『チャタレイ夫人の恋人』では、ヒロイン・コニーの夫クリフォードが、戦争によって下半身不随となり、性的能力を失ったという設定になっている。

父子関係の抽象性

遺言の慣習や法務官法の改正、続く法律の改革があったにもかかわらず、原則的に、女性は死後に自身の人格を継承する相続人をもつことはなかった。男性とちがって、女性の子孫は死後《ポスト・モルテム》も人格を延長しなかったのである。男系相続のシステムのなかでは、一人ひとりの男性は、自分自身を越えて存在する絶えざるプロセスの鎖の輪のひとつにすぎない。すでに、このプロセスを家長権の接合として分析した。最終的に分析すると、家長権は、相続の真のベルトとして作用していたのである。死のときに、家長権の保持者は、自身がひき継いだものと同じ財産、同じ権力を家内相続人に残した。かくて、わたしたちは、どこまでローマ法が父子関係の抽象化を押し進めるのに成功していたかを理解する。父子関係は、その原理において、その起源において、すでに抽象的であり、その永続性において、その生命においていっそう抽象的なのである。十分にその繋がりの本質が実現するのは、死においてのみであり、死によってのみである。つまり、父親の死が、息子を父親の地位に上げさせ、同時に息子を法的に自立した人格へと至らせ、財産の管理人にするのである。妊娠が想定されたとき、ひとつの関係が想定され、この関係の内部では、人為的な真実が自然の真実にとって代わっている。家長権という制度的真実（それ自身生まれ、生き、そして死んでいく）が、子どもの誕生という想定された真実を乗り越えている。それゆえ、父親の影響力の範囲は、けっして決定的なものではない。法が認めた結婚で身ごもられた子どもは、誕生のときに父親の地位を継承する（とくに市民権を継承するのである）が、父子関係の歴史はこの繋がりを生じさせた原因によって規定されない。家長権は、脆く不確かな父子関係と密接に繋がり、なんらかの地位の変更《カピティス・デミヌティオ》によって断たれてしまうのである。じっさい、父親もしくは息子の奴隷身分への転落は、家長権にもとづく父子関係を消滅させる。市民権の喪失や養子縁組、または免除によっても家長権は消滅する。養子縁組によって、息子は父親の家長権から他のものの家長権下に移るのであり、父親の家長権免除によって自身の家長権を確立するからである。このように、父子関係の抽象性は、その観念的な基盤から由来する諸制度のうちに確認されるのである。すなわち、そこでは、法的に推定される生物的起源が観念化され、それにくわえて、原初の繋がりが純化されて、死によって再生される権力に変換される。そして、それにつづいて失われたり断たれたりする法的な運命の自立化が付け加わるのである。

「母に従え」――産婦の身体と庶子の地位

子どもは「母に従う」、なぜならば法の認めない妊娠によって子どもは母親の地位を獲得するからであるとテクストが述べるとき、出産はこの地位の獲得という結果を決定する出来事にとどまらないことが理解されねばならない。さらに、この唯一の時に含まれたすべての法的連帯の歴史が出産に帰着する。母親の地位や子どもの地位は、一連の突発事態によって、その両者が生きているあいだにも変化するが、母子関係の性格は変わらない。母子関係は、法的裏付けがないのであるから、人為的に延長されることも、断たれることもない。母親の法的生涯が子どもに対してもたらす唯一の法的修正は、子宮のなかで《イン・ウテロ》子どもが善きにつけ悪しきにつけ被る法的修正である。こうした変更が出産以前に起こると、その子どもの身分は、出産に際して、母親との関係で獲得される。たとえば、解放奴隷が妊娠した場合、（もし、その奴隷の主人がローマ市民であるならば）自由身分であり、かつ市民である子どもを産むのである。逆の場合も同じである。妊娠期間中に奴隷身分になった生来自由身分の女性は、かならず奴隷身分の子どもを産む[109]。この規則はたいへんしっかりと確立されており、さらにその原理も非常に明確に記載されているので（「結婚外で身ごもられた子どもは、誕生のときに地位をえる」と）、死刑を宣告された女性の子どもに自由身分を与えるために、ハドリアヌス帝の特別の勅答を必要としたほどである。結局その妊娠した女性の処刑は、出産後に延期された。しかし、死刑宣告は奴隷身分への転落を伴った。したがって、死刑宣告を受けた女性が身ごもっている子どもは、奴隷身分として生まれねばならない。このように、この勅答は、この規範に例外を設けているにもかかわらず、いかなる他のテクストよりもよりよく、この規範の厳格さを示している。[110]

だが、この規範はその影響すべてをつねに認められていたわけではない。おそらく四世紀に起こり、ユスティニアヌス帝によって認められた変化の結果、生来自由身分もしくは解放奴隷の女性が妊娠中に奴隷身分になった場合、その子どもに自由身分が認められることになったのである。[111]「自由への志向《ファボル・リベルタティス》」が古典期の法準則の厳格さをやわらげたのである。古典期の法準則は、地位の決定は妊娠によってではなく、誕生によっているとしていた。最終的に、自由身分の女性によって身ごもられた子どもは、いかなる状況にせよ、自由身分として生まれることが認められた。だが、この新しい法準則は、旧来の法準則が厳密に施行されていた時代である二世紀、三世紀以前にその起源を遡らない。同じような精神で、以下のような事例もまた議論された。すなわち、妊娠期間中に奴隷身分から解放され、またふたたび奴隷身分に転落した女性は、どうなるのであろうか。子どもは自由身分を享受する。なぜならば、母親の胎内で、奴隷身分、自由身分、奴隷身分と過ごした一連の期間の中間期（medium tempus）は、子どもにとって有効だからである。[112]

しかしながら、古典期をとおして、法の認めた父親をもたない子どもの地位は産みの母親の身体に強く結びついているとする法準則が勝っていた。したがって、子どもの誕生が母親の地位に影響し、その結果、子どもが母親の地位を継承するので、子どもの誕生の時は入念に観察されねばならないのである。このような極端な事例が、法学者の関心を非常に引いてきた（いつものことだが）。たとえば、女奴隷アレスクサは、三人の子どもを産むという条件で、遺言により解放されるとしよう。だが、もし、かの女が双子を続けて二回産んだらどうなるのか？　いったい、二度目に生まれた双子のうち、どちらが解放奴隷の腹から、つまり自由身分として生まれたことになるのか？　同じように、かの女が、最初にひとりの子どもを産み、つづいて三つ子を産んだらどうなるのか？　三つ子のうちだれが、三度目の出産によって、解放奴隷の腹から、自由身分として生まれるのか？　この問いに対して法学者は、誕生の厳密な順序が検証されねばならないと答える。とくに、だれが三番目の子どもであったか正確な順序が検証されねばならない。なぜならば、三番目の子どもの誕生が母親を解放し、四番目の子どもが解放された自由身分の女性の子どもとして生まれてくるからである。「自然は二人の子どもが同時にひとつの身体から生まれることを許さないからである。したがって、誕生の順序が不明瞭で、だれが（通算三人目の子どもとして）奴隷身分で生まれ、だれが（通産四人目の子どもとして）自由身分で生まれるか明らかにならない場合というのはありえないからである。（最後から二番目の）出産が始まる正確な時に、遺言の条件は達成され、最後に生まれた子どもは自由身分の女の身体から生まれる」[113]。母親によって地位が決定される場合とはこのようなものであり、事実認定の問題なのである。

もっとも、これらすべてのことは、子宮《イン・ウテロ》のなかでしか重要性をもたない。このとき、母親と子どもは一体だからである。子どもは「内臓の一部」であり、いまだ独自の存在ではないとウルピアヌスは定義する。誕生のとき、自立した主体として、子どもは母親の法的地位を保持するのである。また、母子は一体であることをやめるのである。このとき以降、子どもは自立的な主体となる。したがって、続く時期に、母子を結びつけるいかなる法的関係も存在しなくなり、一方の法的運命と他方の法的運命が結合することはない。事実関係でしかない母子関係は、母子が個人的に被る法的変化によって、たがいに影響しあわないのである。女性は「家内」相続人、つまり権力下にある相続人をもたないので、地位の変更《カピティス・デミヌティオ》によって家内相続人を失うこともない[114]。オルフィティウスの元老院議決は、女性にも「法定相続人」を認めたが、この相続人も、母親との関係でいえば、母親もしくは「自身」の被る法的変化の影響を受けない[115]。すでにみたように、例外的に、ローマ法の庇護を奪う市民権の喪失はこの関係に影響を与える。もっとも、合法性とは関係のない繋がりは断たれることがない。母親と息子は、おのおの別個に法的自立性を獲得したり喪失したりすることが十分ありうるし、ある家長権から他の家長権下に移ることもありうる。つまり、これらの変化も、父親との関係においてのみ影響をもつのであって、母子の関係には影響を及ぼさない。母子関係は法の埒外だからである。母親との法定相続は、なんらかの恩恵によって市民権が戻されたならば、死刑囚（地位変更の程度は最大である）の男性にも認められるにいたったと、ウルピアヌスは伝える。市民権の一時的な喪失は、考慮に入れられていないのである。というのも、母親との自然の繋がりはあらゆる制度的構築物から独立しているからである[116]。

母子のあいだには、一方から他方が生じたときの生命の親近性が産みだした繋がりを除いて、なんらの法上の連帯は存在しない。母子が分かれるまえの最後の身体の接触によって、母親の自由身分と市民権が子どもに継承される。以後、母子は独自の法的存在となるのであり、独立してたがいに揺れ動くのである。もはや、いかなる法的接合力もかれらを結びつけてはいないし（古い時代においては、妻と子どもに共通する家長権が存在していた場合があったが、そのような場合を除いて）、いかなる法的作為も母子の不可分な結合を、さらなる作為によって生者から死者へと連続し永続する結合を、確立しなかったのである。

出自からくる市民権――父親の出自都市と母親が出産した都市

親子の繋がりのありようと相続のありようは相補的な関係にある。バハオーフェンはローマ法における母子関係と父子関係の二つの原理の対立的性格を理解していた。すなわち、母子関係は身体的であり、かれの表現を用いるならば、自然的（誕生）なのである。一方、父子関係は非身体的であり、抽象的（妊娠）なのである。ただ、バハオーフェンは、当時の制度史を支配していた進化論的方法にしたがって、アンチテーゼである二つの原理を一方から他方への移行の結果生じたものであると解釈した。すなわち、「父性原理」による「母性原理」の超克のしるし[117]、これが法のなかに名残りをとどめていると解釈したのである。実際には、前者と後者が連動するのは、漸進的発展による関係ではなく、同じ法体制のなかにある関係なのである。それゆえ、結婚において、母親が、夫が子どもの父親であることを決定するのである。わたしたちは二つの連続する法を問題にしているのではなく、両性の組み合わせによる一貫した体制を問題にしているのである。さて、親子関係という繋がりが、一人ひとりを父親と母親に結びついているが、両性分割のシステムが現れるのは、この親子関係の出自――それが身体的なものであれ、精神的なものであれ――によってのみではない。そのことは、法的組織の時間的長さのなかにみられる。この意味において、ローマの相続法は、アルカイク期以来のローマでみられる性の秩序のもっとも完成されたかたちなのである。そして、すくなくとも「十二表法」の時代には、男性と権力、連続する相続、この三者のあいだに存在する不可分な関係があったことを、わたしたちは知っている。さて、この性の秩序は、また政治的である。なぜならば、この秩序は市民権の継承を支配しているからである。

帝政期において、ローマ市民権は都市の市民権という経路を経て伝えられていた。法学者は、かかる都市の市民権のことを専門用語でオリゴと呼んでいた。このシステムは、イタリアの都市共同体がローマに併合された紀元前一世紀の初頭に、おそらく確立された。この後、「共通の祖国」に属する都市の市民として生まれたものは、ローマ市民として生まれたことになった。法の認めた結婚で生まれた子どもは、父親のオリゴに従い、一方で法で認められた結婚外で生まれた子どもは、母親のオリゴに従った(118)。市民権は、あるときは男性から、あるときは女性から継承されるのであるから、一見したところ非常に単純なシステムを問題にしている。けれども、市民権が関わるおのおのの親子関係に固有な時間性を分ける差異をみいだしたとき、この構造の複雑さが明らかになる。父親のオリゴは父親の生まれた場所ではなく、父親が自身の父親のオリゴをひき出した都市なのであり、したがって父親のオリゴは無限に遡ることができる。男性にとって、時間遡及には、あるいはこういったほうがよければ、法による連続の固定には、限界がないのである。したがって、政治的なレヴェルにおいては、相続の一貫性は、かならずしも住居の場所ではなく、市民権が所属している都市にある。そして、祖先の市民権は子孫の市民権に延長されるのである。[119]

母親のオリゴは同じように機能しているのであろうか？　ネラティウス（紀元二世紀始め、トラヤヌス帝時代の法学者）は、母親は最初のオリゴ（prima origo）を与えると述べている。「法が認めた父親をもたない子どもは母親から最初のオリゴをひき出し、このオリゴはその子が生まれた日から数えられる」と。実際上の意味からすれば、このテクストはひとつのことしか意味することができない。すなわち、母親をとおしてえたオリゴは、出産のときにその意味をもち始め、子どもはその時点で母親がもっていた市民権を継承するということである。しかし、「最初の」オリゴといわれているように、子どもの都市市民権は母親以上に遡りえないこと、このことを法学者は示そうとしているのである。[120]ここで、「女は自身の家族の始まりにして、終わりである」とする、すでに引用したウルピアヌスのテクストを思い起こすならば、わたしたちは、ネラティウスの断片から、女性をとおしての承継がどうして真の承継ではなかったのかを理解する一助となる。すなわち、女性から生じることは時のなかに刻まれず、絶対的な始まりを表しているのである。

法的無能力の制度

女性は始まりにして、終わりである。女性は絶対的な始まりなのである。女性の自分自身の人格への還元と、女性の地位を特徴づける法的無能力の制度とのあいだには、なにか関係が存在するのだろうか？　法的無能力の性格は多岐にわたっており、さらにそのおのおのの発展を考慮に入れるならば、わたしたちが、男性に比して女性の法的条件が被っている多くの権利剥奪について、一貫した考えをもつことは困難である。法学者たちは、女性本来の劣性という決まり文句で、これらすべての差異を正当化してきた。すなわち、生来の虚弱、知的能力の限界、法に対する無知といった劣性である。[121] だが、これらの言説は法学者特有のものではない。政治家大カトは紀元前一九五年にある演説を行なったが、そこでは控えめと中庸とからなる女性本来の知恵が説かれている。[122] この演説は、完全に練りあげられたかたちで伝えるティトゥス＝リウィウスよりも、ビザンツ時代のゾナラスがいっそう忠実なかたちで伝えている。女性の男性に対する生来の服従というのは、アリストテレス的なテーマであり、そのラテン版ともいうべき主張がカトに——夫の妻に対する優越（maiestas）を説く——みられるが、いずれにせよこのテーマは女性の法的後見の制度や結婚の存在と結びつけられたモティーフである。したがって、この女性蔑視のイデオロギーに法学者の独創をみいだすことはできない。ぎゃくに、女性が精神的に軽薄であるとの主張は説得力をもたないと述べたガイウス（アントニヌス朝期の法学者）の考えも、独創的なものではない。コルメラもその『家政論』のなかで、女性に男性と同じ記憶力と慎重さを認めている。[123] 結局、これらの常套句は、制度史にとって大きな意味をもっていないのである。

女性の法的無能力全体に意味を与え、男性の法的地位との関係で女性の法的劣性をたんに確認するという以上のところに進めるために、類似する事項を挙げていくことは価値のあることであろう。じっさい、J・ボーカンの近年の論考（ほとんど知られていなかったパピルス史料を用いての貴重な研究である）は、従来啓蒙的に数えあげられることだけで満足されていた事項を、体系づけようと試みている。たとえば、かれは本来の意味での法的無能力に「保護」を対置させている。[124] しかし、女性に対して委託事務管理人や代理人の役が伝統的に禁じられていること（法的無能力に属する禁令）と、女性が他人の保証人になることや第三者の借金を保証することを四一年から六五年までのあいだの法が禁じていること（ボーカンによれば保護の観点から分析されねばならない禁令）、この二つのことのあいだには、いったいどれほど大きな差異があるのだろうか？　保護は、この二つの場合、法的無能力の一種の論理的帰結ではないのだろうか？　さらに、他人の代理をしたり仲裁をしたりすることの禁令に共通するものとして、第三者の名で活動することの能力がないことや、他人の代理をすることに不慣れであるとの考えを指摘することはできないのだろうか？　このボーカンの論考は、非常に有益にも、法的不適格を公的な面、法的な面、家族的な面という三つの領域に分類している。すくなくとも、この分類は明晰であり、明らかな利点をもっている。しかしながらこの分類は、制度の実際の機能のなかでつねに同じ明晰性をもつとはかぎらない。たとえば、ある種の政治的あるいは市民的活動からの女性の排除を、女性が市民を養子としてとれないという家族法によって規定された不適格、さらには夫の行なう養子縁組に妻として居合わせることができないといった不適格を、明確に区別することはできるのだろうか？　女性の地位という領域において、公法と私法に共通する論理を指摘しようとすることはできないのではないだろうか（もちろん、女性の法的無能力の全領域をカヴァーするなどと主張するつもりはないが）？　また、女性の地位の要素のいくつかを、すでにみたような、両性の法的分割を決定する他の特徴に統合することはできないのではないだろうか？

権力の欠如と養子をとることに対する法的無能力

これまでわたしは、財産承継、権力継承、市民権継承という制度のなかでの両性の分割と両者の関わり合いについて集中して分析してきたが、ここで、他のすべての法的無能力を理解するときの鍵となりうる、ひとつの女性の法的無能力を検討することを始めたい。すなわち、ローマの女性は養子をとる権利から決定的に排除されていたという法的無能力についてである。ガイウスは「女は、庶子すら権力のもとに置くことができないのであるから、いかなる方法によっても養子をとることはできない」と記している。この行文は、すでにみたように、肉体的に子どもを産ませることができない不能者や宦官が養子をとる法的権利をもつと記されていることと考えあわせるならば、いっそう印象的であろう。[125] まさに、養子行為は、すでに説明したように、女性が本来奪われていると仮定できる「権力」に直接根ざす法的行為なのである。

なによりもまず、一部の学者が誤って考えているように、女性は夫によって行なわれる養子行為に居合わせていたと想像してはならない。法史料は逆のことをいっているからである。すなわち、「男は、妻をもっていなくても養子をとることができる」と。それだけでなく、たとえ男性が結婚していても、その配偶者である女性は、養子縁組という作業とは無縁なままなのである。これによって、妻は夫が選んだ養子の母親になるわけではないからである。[126] したがって、養子をとる際の法的儀式では、父親と養子とされるもののあいだにしか接点はない。いかなる女性も、母親の役をするためにこの法的儀式に参加しない。このとき女性は、存在しないものと仮定されてさえいる。民会のまえで養子行為を行うアルカイク期のやり方においては、自権者養子縁組といわれる法の方式文言によって、養子であるルキウス・ウァレリウスは、養父ルキウス・ティトゥスの嫡子であるとする虚構が宣言されていた。[127] つまり、この養子が養父とその「家母」、すなわち養父の妻から生まれた場合と、まったく同様なのである。しかし、この方式文面に、虚構の文面以外のものをみてはならない。養子は父親から生まれたものとみなされており、このことは、養子が父親の妻から生まれたにちがいないという想定を含んでいるのである。この意味で、養子行為は「自然を模している」。そしてこのゆえに、養父と養子の年齢差については、養父が養子を産ませられるであろう最低限の差を尊重せねばならなかったのである。しかし、妻は、この法的虚構に必要な前提としてしか言及されていない。この法的虚構では、妻の立ち会いを要求していないし、妻の現実の存在すら必要としていない。

したがって、妻は養子縁組という行為には介入しないし、養子縁組は妻に対していかなる影響も及ぼさない。儀式のとき、妻が存在しているという保証が偽って行なわれるにとどまるのである。妻が存在するという前提は、養子縁組に際しての法的作為に有効であるにすぎない。この虚構はクーリア民会のまえで行なわれるもっとも古い方式である自権者養子縁組《アドロガティオ》でのみ宣言された。だが、都市政務官のまえで行なわれるこれより新しい方式である「息子の三度譲渡」では、もはやこの虚構は宣言されない。遺言による養子縁組の慣習では、この傾向はいっそういちじるしくなった。この養子縁組からは女性が排除されていただけでなく、夫によって関与させられることさえ、けっしてなかった。その際、夫が相続人を選定し、この相続人が家名をも継ぐ義務を負う[129]。皇帝の裁可にもとづき、女性が死んだ子どもの代わりとして、また慰めのために、みずから選んで近親のものを自身の子どもとみなしうる権利を獲得するのは、ディオクレティアヌス帝の時代、さらにのちの六世紀の法まで待たねばならなかった。したがって、古典期をつうじて、女性が養子をとることができないという無能力の体制の原則に、いかなる例外も存在しなかったのである。そして、家内相続人をもてない無能力と同様、この法的無能力は女性の権力の欠如に直接根ざしているのである[130]。

権力の欠如と後見権の欠如

これと同じ部類の考え方によって、母親は、成熟に達していない自身の子どもに対して後見を行なうことはできなかった。母親は「十二表法」以来ずっと後見から排除されていた。ある男性が、その死によって、未成熟者を自分の家長権外に残してしまった場合、「十二表法」は、この職務を子どもの男性の最近宗族に付託していた。未成熟者と女性は、とくに女性は、その年齢にかかわらず、死者の家長権から最近宗族である兄弟、叔父、従兄弟の家長権下に移ったのである。市民法のもっとも権威ある解釈に従えば、共和政期の法学から紀元三世紀にいたるまで、後見はもっぱら男性の義務（munus virile）であると一致して考えられてきた[131]。だから女性は法定後見を受ける一方で、遺言で子どものために後見人を指名する資格は与えられていなかった。なぜならば、「家内」

相続人に対してしか遺言後見人を定めることができなかったからである。家内相続人とは、家長が死亡した際にその家父長権下にとどまっていたものたちのことである。[132] 後見は男性から男性へと伝えられる職務であり、家長権をもっていたものから、このものに代わり、未熟者に対しては一時的に（成熟に達するまで）、女性に対しては、その女性が成熟者であったとしても、その女性が結婚しないかぎり、または結婚して夫の家長権下に入らないかぎり、永久に、家長権を行使するものへと伝えられる職務なのである。

共和政期の法学者セルウィウス・スルピキウスは、後見を権力として定義した。この権力は、直接に、人に対して、それも自由身分の《イン・カピテ・リベロ》人間に対して行使される。[133] 後見人は、その助成を被後見人によってなされた管理行為に与えるのである。この後見人による助成付与という保証によって、その行為は有効性を補塡されるのであって、それなくしては効力が生じないままである。[134] 権力は人に対して行使され、助成は、他人の法的行為に十分な有効性を与えるのである。また、後見人はその法的行為を追認し、欠陥のある意思表示を助成によって完成させる。こういった承認の義務や無能力者の活動の補佐から、ローマ法はすべての女性を排除していた。これらは、女性自身が無能力であったというよりも、女性の法的な力の行使範囲が自分自身に限られていたことに起因しているのである。

以上が不動の構造に繋がる規範である。ところが、慣習の歴史は、現実の急速な変化と、法の社会的変化に対する無限の対応形態を、わたしたちに示している。けれども、ここでもう一度強調せねばならないのは、法制史家は、それとは反対に、発展が実際には、いかなる形態を、いかなる迂回形態をとるのかを、明らかにしようと努めねばならないということである。発展は、構造体をみえなくさせるが、それを変えることなく、迂回形態をとることによって、構造体に固有の恒常性を残しているからである。

母親は後見を行ないえないとする原則は、共和政期から確認されるひとつの慣習と矛盾する。すなわち、寡婦は、その子が成熟に達するまで、自身で子どもを育て、養育費を管理し、教育を施していたからである。離婚のあと、女性は、再婚しようがしまいが、最初の夫から子どもの保護を獲得することがしばしばあった。実際には、ほとんどの場合、その子は後妻の子どもとともに暮らしていた[135]。夫は責任をもつ子どもの数に比例した額の嫁資を保持する（retentio propter liberos）ということが示しているように、このことは通例ではなかった。けれども、これは広く一般に認められた慣習であった。帝政期に、アントニヌス＝ピウス帝は勅答で、離婚した母親に夫の意思に反して子どもを保護する権利を与えている。まして、寡婦に未成熟な子どもの世話を委ねることを認めるのに困難があったとは思われない。紀元前一〇〇年ころのクイントゥス＝ムキウス・スカエウォラによって引用される典型的な遺言の方式は、「息子と娘は母親が教育を施したいと望む場所で育てられるべし」と規定している。母親に育てられた名のあるローマ人の例は枚挙にいとまがない。グラックス兄弟、セルトリウス、ウティカのカト〔小カトのこと〕といった政治家、のちに初代皇帝アウグストゥスとなるオクタウィアヌス、クラウディウス、カリグラといった皇帝等々である。これらすべての場合において、ホラティウスの書簡によってクストディア・マトルムとよばれる母親の後見が、遺言後見人や法定後見人の法的管理行為と二重になっている。セネカはこの事例を、亡くなるまで母親の家で暮らした幼いメリティウスに関して説明する。メリティウスは、未成熟であるかぎり、つまり一四歳になるまで、母親の「後見」（この表現は法的に正しくない）と後見人の世話《クラ》に服していたのである[138]。したがって、実質的な母親の後見と名目上の後見人の後見との、いわば二重の管理が行なわれていた。さて、非常に複雑な家庭内の問題を扱う豊富な決議論のなかでは、驚くべきことに、法学者や皇帝たちは、女性が後見の役割を行ない、その真の責任を負うことの法的無能力の原則を、保持しようと努めている。

　母親による息子の財産管理について、わたしたちは多くの史料をもっている。これらの史料は、以前にB・キュ－ブラーによって収集され、近年M・アンベールやT・マジエッロ、J・ボーカンらによって詳細な分析の対象とされた(139)。これらの研究によって、わたしたちは母親が娘の土地を売ったり、その結婚を決定したり、息子のためにアパートを買ったり、かれらの財産の利殖を計ったりしていたことを知っている。しかしながら、このような管理行為も後見人の責任を停止させてはいない。後見人は保証、つまり女性がその財産管理行為の危険を負うことを誓う宣言を、要求するのである。しかし、子どもは、成熟者になるまで、後見人を訴えることはできなかった。二―三世紀の法学者パピニアヌスの意見にしたがえば、母親の介入も、遺言のなかで表明されている父親の意思も、「この後見人の職務を妨げることはできない」のである。要するに、母親は後見人の代わりに（pro tutore）子どもの財産管理を行なっていたとしても、男性の後見人の義務は消滅しないし、収支決算の説明を求められるのも、男性の後見人だけなのである。

あらゆる迂回手段を用いて、家長は寡婦に幼い相続人の財産管理を委ねようと試みた。たとえば、迂回手段のひとつに、子どもが成熟に達したらその相続財産を返すという約束で、息子を相続人から廃除し、一時的に母親に財産を委ねる手段がある（返済の信託贈与(140)）。また、しばしば、夫は直接に遺言で妻を遺言後見人に指定しようと試みた。もっともこういった手段は、誓願によって獲得される皇帝の特別の恩典がある場合を除いては、有効と認められなかった。わたしたちは、トラヤヌス帝下で、肯定的な回答があったことを一例だけ知っている(141)。しかしながら、エジプトのようないくつかの属州の伝統では、母親による後見を認めていた。だが、ローマ法は属州の伝統を否定していた。じっさい、属州総督は、このような伝統を適用しないようにとの指令を受けて属州に赴いていくのである(142)。じつに、女性によって差しだされた後見の要求が、再婚しないという誓いとともに差しだされるという条件で、帝国官房により受け入れられるには、三九〇年のテオドシウス帝の法を待たねばならなかった(143)。要するに、他人に対する権力の欠如、わけても女性の法的行動範囲の狭さに結びつく法的無能力の構造は、巧妙な迂回行為が実践によって考えだされていたにもかかわらず、ローマ法において、きわめて長期にわたって存続していた。それは、最古期のアルカイク期から四世紀の末にいたっていたのである。

女性の後見小史――帝政期にいたるまでの(144)

しかしながら、自分自身に対して、自分自身の用件を管理することに関して、女性が根本的に無能力であるとは考えられていなかった。すくなくとも、二世紀の法学者ガイウスの意見はそうであった。じっさい、「いかなる深刻な理由も、成熟に達した女を後見下に置くように仕向けるとは思われない」として、ガイウスは精神の軽薄さ《レウィタス・アニミ》のゆえに女性は後見を置かれるべきであるとする伝統的な意見に反駁していた。だが、一般的な意見では、女性は精神の軽薄さによってよく欺かれるので、後見人の助成で、そうならないように管理することは公正であるとされていた。しかし、この言説は真実であるというよりもうわべだけの言説である。というのも、女性は、事実上、自身の用件を管理できたし、ある場合には後見人も形式的にしかその助成を与えていなかったからである。また、後見人は、政務官によって、意に反して保証人になることをしばしば強要されていた。さらにガイウスは、法定後見が自身の時代にまで存続しているのは、後見人の個人的な利益を正当化している以外のなにものでもないとつけ加えている(145)。

三〇年以後、女性に後見が置かれる場合は、もはや以下の二つの状況しかなかった。すなわち、女性が父親の家長権を免除されたとき、それと主人によって奴隷身分から解放されたときである。免除者である父と解放者である主人は、当然の権利で後見人になった。では、後見人になることは、かれらにとっていかなる利益があったのであろうか？　後見人は被後見人の遺言を統制できるという利益があったのである。つまり、後見人としての助成で、自身を廃除したり、害したりする被後見人の遺言処置に反対することができたのである。それは、相続人であると同時に後見人である男性の相続利益の保護である。ガイウスによれば、成熟に達してもやまず、父の死後にすら終生ひき延ばされる女性の従属の理由は、以上のようなところに起因している。だが、ガイウスの時代において、このような相続からくる利益は、かつての奴隷を統制しつづける主人のためにしか残っていなかった。なぜならば、「十二表法」以来、市民法が女性の最近宗族の利益のために組織した古くからの後見制度は、まずアウグストゥス帝が、三人の子どもを産んでいない女性にこの後見を限り、つづいてクラウディウス帝により廃止されたからである。このとき以降、父親の死の時点で、自由身分の女性は、その兄弟、叔父、従兄弟の統制を免れることができるようになった。また、寡婦は、その行為に、結婚まえの父親と代わって、結婚で宗族となった男性の承認が必要だったが、この改革以降、手権婚（manus）のもとで結婚していたならば、この承認を免れることになった。寡婦は、債務を負ったり、遺言を行なったり、嫁資を構成し（再婚の場合）たりするのに、かの女たちの息子（手権婚のもとでは、息子にとって、自分の母親は法的には姉妹の位置にある）の認可をうる必要はもはや存在しなかった。同様に、子どものいない場合も、死んだ夫の兄弟やその他の宗族の認可も、もはや必要ではなかった[146]。

宗族による後見の廃止は、一見したところ、ことばの最大限の意味で、女性の解放を実現している。しかしながら、この解放は、生来の不完全さを理由に否定されていた新しい能力が女性に認められたというよりも、むしろ社会が以前よりも正当であるとみなさなくなった家族利害による束縛が緩められたところにある。というのも、結婚に関する法の変化によって、女性の法的重心が夫やその宗族から父親や父親の宗族に移ったからである。紀元前一世紀の末に、手権婚（女性は、夫もしくは義父の家長権下に入ることになる）は衰退し、消滅したのである。手権婚の存在は、キケロによって二、三度、アウグストゥス帝時代の碑文である『トゥリアへの弔辞《ラウダティオ・トゥリアエ》』によって二度確認されている。しかし、ティベリウス帝の時代には手権婚は消滅していた。じっさい、娘がユピテル神官の妻になることを受けいれる家長は、もはやひとりも存在しなかった。伝統的に、ユピテル神官の妻は、夫の「手権」に服さねばならなかったからである。[147] さて、この制度の変化は、逆説的な状況を示しており、今日わたしたちに擬古主義の誤った印象を与えている。古い法では、家母は十分な自立性をもっていた。すなわち、結婚は、それに伴う家長権の継承が原因となり、女性を父親の宗族から解放していたからである。さらに、寡婦になると、夫の宗族の統制からの解放のための手続きをとることができた。また、離婚の場合には、「手権」をもつ夫に、自身を解放するよう強要する権利をもつことができた。[148] しかし、もはや結婚によって出身親族の家長権から抜けださなくなって以後、女性は、生涯をとおして、寡婦になっても離婚しても解放されることのない後見に、結局囚われることになったのである。だがいまや、わたしたちは、アウグストゥス帝とクラウディウス帝の改革の影響力をよく理解できる。また、その改革による、社会的＝法的コンテクストがよく分かるようになった。ローマの女性の法的無能力は、このコンテクストのなかで解釈されねばならない。

自身に対する法的無能力

ガイウスが『法学提要』を書いたとき、女性の法的条件は改正されてから久しかった。まず、アウグストゥス帝は、結婚の有無は問わず、三人の子どもを産んだ女性に対する宗族の統制を全廃した。法学者は、このアウグストゥス帝の法を解釈する際に、当時の人口学的現実を加味した。法学者は、生まれてくる子どもが誕生後も生き残ることを要求しなかったのである。つまり、生まれてすぐに亡くなった子ども（決疑論は奇形も予測していた）も、健康で生き残った子どもも、同じように母親に対して利益をもたらしたのである。したがって、帝政樹立以降、女性を法定後見から排除したのは、三人の子どもではなく、出産までにいたる三度の妊娠であった[149]（解放奴隷の女性の場合は四度）。つづいてクラウディウス帝は、無条件に、自由身分の女性に対する宗族後見を廃した。この時代になると、もはや四人の子どもを産んでいない解放奴隷に対する主人の助成しか残っていなかったのである。

女性が父親の家長権にもはや服さなくなると、大多数の女性は、夫の管理に委ねられている嫁資を除いて、自身で財産の管理を行なった。女性はとくに、助成者の助成の仲介なく、遺言によって財産を自由にすることができた。ハドリアヌス帝の時代まで、女性は、遺言を作成するために《テスタメンティ・ファキエンディ・カウサ》信託的な共買《コエンプティオ》の方式をとらねばならなかった。これは既婚婦人が、自由に遺言を行なうために、夫の宗族の後見から解放されねばならなかった時代の形式的名残りである。この古風な制度も、二世紀の始めには消滅した。[150] 二世紀以降、女性をとり巻く家族の法的影響力は、男性の場合と同様、家長の権力に限られた。父親の死後、女性は兄弟と比してほとんど変わらぬ財産管理能力をもつことになったのである。

しかしながら、これらの変化のずっと以前、大多数の女性が、助成人(auctor)の形式的な助成(auctoritas)なく、債務を負うことや財産の譲渡を禁じられていた。そうした時代にあっては、生涯の巡り合わせで、たったひとりで残され、すべての宗族の統制から解放され自由になってしまうと、女性には、自身の行為が正式に有効ではないかもしれないという危険がつねにつきまとった。たとえば、それは離婚し、手権婚から解放された既婚婦人の場合である。いかなる後見人も、つまり法定相続人も遺言相続人も、かの女たちを支援してくれないのである。女主人から解放された奴隷についても、ことは同じである。すでにみたように、女性は「男性の義務」である後見を行なうことはできないからである。こういった状況や他の類似した状況に(遺言がその欠点を補わず、宗族をもたない未熟者の場合に)鑑みて、紀元前二一〇年ころに出されたひとつの法律は、法務官によって指定された後見人を定めることを規定している。ずっとのちの帝政下では、この「官選後見」制度は、ローマ、イタリア、属州へと組織的に拡大された。[151] したがって、すべての女性は、必要な場合、都市当局が与える後見人の支援を受けることができた。しかしながら、実際の行動から、女性が後見を受ける際のイニシアティヴをもっていたことは明らかである。たとえば、自由請求《ペティティオ》は、第三者の援助が女性に付きものの法的無能力を補っていたのではなく（そのうえ、女性はその第三者の名を当局に提出し、当局がその人物を指名する）、むしろそれは、女性たちの法的行為に、有効性のあるあらゆる法的条件を付加するのに役立っていたのである(152)。ガイウスが記しているように、後見人がある場合に助成をしなければならないのは、「形式上 dicis gratia」の理由によっているのである。さらに、女性が、未成熟者の場合と異なり、後見を理由に訴訟を起こすことができないのも、成熟女性に対する後見が形式的なものにすぎなかったからである。女性は、それが強要されたものでなければ、軽率で不誠実な財産管理行為を自分自身で償わねばならない。女性は、自分自身に関する用件を、法的代理人をとおさず管理していたからである。この場合、後見人の役割は、助成をすることによって、女性が完全に取り決め可能な行為を形式的に完成させることに限られているのである(153)。

テクストによれば、このような形式的な承認が必要とされるのは、以下のような行為である。まず、市民法の古い方式にしたがって、債務を負担するときである。それは、厳粛で片務的な約束によってなされるが、この約束は、いかなる代償によっても明確に保証されていない。つづいて、握取行為の形式的行為を必要とする財産の譲渡のとき。ただしこの場合、その対象となるのは土地や建物のある地所、奴隷である(154)。しかし、後見人の合意という形式は、以下のような場合は不要であった。結婚の契約を結ぶ、嫁資を設定する（それが明記された約束というかたちをとらない場合）、遺言する、契約を結ぶ、その譲渡に握取行為の儀式を必要としない財産を譲渡する（事実上すべての商品）、借金を返済する、相続を承認する、などの行為である(155)。

女性は自分自身に関する用件をとり扱いうる（ipsae sibi negotia tractant）と、ガイウスは正しくもいっている。じっさいローマ帝国の女性は、とくに、「三子の権利」を享受する女性は、形式的な助成《アウクトリタス》が必要とされていたいくつかの取引において、官選相続人の任命を政務官に要求することを免除されており、自身の財産を管理する力や法的行為を行なう能力をもっていることを完全に意識していたことは明らかである。女性たちは、しばしば自分たちが書くことができると付け足しながら、総督に対して法的能力をもつことを公的に宣言していたし、その宣言は官庁の公文書に記載されている[156]。

この女性の法的能力の広さは、S・トレジャリによって研究された貴族の大集団の召使いたちを除いて、ローマ帝政下で多くの女性が関わったと思われる職人活動、商売活動を説明する[157]。N・カンペンの研究によれば、テイベリス河口の港オスティアの街には、とくに女性の就く職業が存在していた。すなわち、乳母、産婆、女優、マッサージ師、織子、お針子、洗濯屋がそれである。ある女性たちは、たとえそれが多かれ少なかれ売春行為と結びついていた宿屋の女将や安料理屋の経営であったとしても、正真正銘の店舗を構えて営業を行なっていたし、女性の商人（商人夫婦のことではない）や、商船を保有し、船会社を営む女性も存在していた[158]。このような経済的、商業的活動のほかにも、女性に宛てられた多くの勅答が示すように、さまざまな法的活動に女性が関わっていたことを指摘しておかねばならない。L・フーヒトハウゼンは、二世紀から三世紀において、全勅答のうち四分の一が、帝国官房によって女性に宛てられた勅答であったと見積もっている。さまざまな問題についての、とくに財産管理に関するきわめて専門的な請願が、あらゆる属州から、明らかにあらゆる階層から発せられているのである。

他者を代理することの無能力――両性の分割と「市民の義務」

だが、ローマの女性は、いくつかの決定的な禁令を課され続けた。いくつかの手続きにしたがって、女性の行為が法的に有効とされていたこととは、また別のことである。女性は他人に対する力を奪われていたので、養子縁組や後見行為が禁じられていたことが想起されよう。より一般的には、女性は、「男性の義務」の名を冠された「市民の義務」から遠ざけられたままであった。私法においても公法においても、個人や自身の財産を越えて、主体の行動が第三者に影響を与える場合、市民であることと男性であることは混同されていたからである。女性に禁じられた義務《オフィキア》の幅広い領域には、以下のようなものが含まれる。すなわち、代理、後見、保証、訴訟代理、訴訟の利害が原告のそれではなく、政治的共同体のそれであるときの訴訟（たとえば公的な糾弾、民衆裁判）などである。

たとえば、裁判における代理行為をとり上げてみよう。訴訟の当事者は、女性をその代理人（procurator）として選ぶことはできなかった。なぜならば、他人の訴訟事件をひき受けることは、市民の義務であり、公共の義務であり、男性の義務であるからである。[160] セプティミウス・セウェルス帝の勅法は、簡明にこのことの詳細について教えてくれる。「訴訟を起こすことが許される行為をとおして女が自分自身の利益を求める場合を除き、第三者の事柄を女に委ねることはできない」と。たとえば、債権を譲渡された女性は、自分のものとなった債権をとりたてるために、債権者がつねに同じ債務者と関係するように、債権を譲渡したものの名で訴訟を起こすのである。このような非常に特殊専門的な断片的な史料は、わたしたちに女性の法的無能力の状態や、さらにはこの法的無能力と両性分割の体制の関係を教えてくれる。[161] この点において、それは文学史料よりも勝っている。文学史料には、しばしば表面的な描写はみられるが、実際の制度の諸機能――この機能についての知識がないと、実際にはありもしなかったことへの興味から、無限の幻想の罠に落ちこんでいく危険がある――は明らかになってこない。いい換えるならば、この種の研究にとっては、ユウェナリスの風刺詩よりも、ユスティニアヌス法典のほうが有益なのだ。また、他人を代理し、自身の人格を他人に延長し、他者に影響を波及させ、また法が男女の本性に定めた一種の二重人格化によって、自身のうちに自己それ自体とさまざまな「義務」、つまり体現される機能とを分離する。こうした能力を男性はもち、女性はもたない。この能力の有無を基準として、ひとつの規則が男性という特性と女性という特性を対立させている。このような規則を定式化するほうが有益なのである。同様に、慎みを失って、男性と同じように公共の場で振る舞い、家庭のそとで活動する女性の慎みのなさや行き過ぎた行動を告発する詩人や風刺家や年代記作者による無数の非難の言説よりも、正確に定義された女性の法的役割のほうがより有効なのである。制度の正確な把握のためには、女性の法的無能力のしたに隠れた原理を理解しようとするほうがよい。すなわち、女性は、自分自身のほかに主張すべき利害をもたないという原理である。

男性に比しての女性の肉体的虚弱さ《インフィルミタス・セクスス》の決まり文句も、ローマ法学者が今日行なう合理的解釈——たとえば、かれらが法的無能力の体制と保護の体制を区別する、一方を市民的劣性の制度とし、他方を特権的制度とする——も、ローマ法が男性にとっておき女性に禁じた領域を、一体として理解していない。市民的男性的義務の観念に属しているさまざまな介入の様式が考え合わされるならば、共通の構造がそれらに存在することが分かるだろう。他者のための行動という構造である。裁判での代理行為は、そのもっとも単純な例にすぎない。告発も同じ原理に従う。それゆえ女性は、最近親族のために復讐することを除いて、告発人になることを禁じられているのである。[162] 裁判で第三者の代理をすること（自分の名で第三者の代理として訴訟を起こすこと）は、女性にとっては、自然に反して（そして、あらゆる慎みに反して）男性の義務《オフィキウム》に対する侵害になる。[163] ウェッラエウス元老院議決（紀元四一年から六五年のあいだ）は、女性に「仲介すること」、つまり債権者とその債務者を仲介し、借金を保証することを禁じているが、法学者はこの禁令を、とくに市民的男性的義務の免除の場合として解釈してきた。[164]

公法の領域における女性の法的無能力は、私法の領域におけるそれと本質的に性格が異なるわけではない。たしかに、すでに述べたように、都市は「男性のクラブ」であった。だが、ローマ人の女性はローマ市民《キウィス・ロマナ》であったし、男性のローマ市民《キウィス・ロマヌス》を産んだのである。けれども、政治の場においても主体間の関係においても同様に、女性から奪われていたものは、自分自身の利害という狭い範囲を超えた公共にかかわる行為を保証することであった。また、女性は自分の行為を非主体化し、その行為に抽象的な機能を与える権力を欠いていた。だが、女性が裁判において証言できたことは驚くべきことではない。じっさい、女性の発言は男性の発言と同じ信憑性を認められていたのである。しかし、女性は遺言において証人になることは禁じられていた。このことは、いま述べた規則に反するわけではない。なぜならば、ローマ市民は、証人《テスティス》として遺言に公共性を与えることで、その行為を有効なものとするからである。

このシステムの最後の検証結果は明らかに一貫している。非常に古い時代のローマ法においては、女性は遺言を作成することはできなかった。なぜならば、遺言は民会での手続きを必要とし、したがって民会への出席を要求されたからである。また、女性は裁判で証言することもできなかった。アルカイク期の裁判では、証言することは、「男性の義務」を行なうことであったからである。司法上の手続きが、権利の存在を示すために、市民団全体の保証を必要としていたからである。つまり、潜在的には、市民全体が当事者たちの権利を確認したり、否認したりするのである。証言することは保証することであり、したがって優れて絶対的第三者の役割であった。この公共の業務から、当然、女性はまったく排除されていた。だが、全市民によって保証された権利の存在に根拠を与えるどころか、証言することが、裁判において、単なる証拠のひとつになったとき、女性の排除は止んだ。この場合、女性の発言は、仲介としての抽象的な力すなわち義務《オフィキウム》という普遍性をもはや帯びていなかったのである。

（井上文則　訳）

古代文明は、しばしば強調されるように、図像《イマージュ》による表象に特別な地位を付与していた。このような文明において、女性たちの図像の地位は、どのようなものなのか？　ひとりのアテナイ人が、古典期に都市を散歩していたとしよう。かれは、墓地を横切る際に、アルカイク期の女性着衣像《コレー》*が、鮮やかな色の衣服の襞に覆われて、微笑んでいるのもみたのである。この彫像は、墓の位置を示していた。もうすこしいくと、つくり笑いをした女性の像が、なん匹ものヘビに頭部を囲まれて、まん丸い眼でかれをみつめ、舌を出してみせる。このアテナイ人は、ゴルゴン**と眼が遭ってしまったのだ。また、パルテノン神殿の破風《フリーズ》に眼を上げると、聖籠捧持童女《カネーポロイ》と呼ばれる若い娘たちの像をみつける。この娘たちは、これまた衣服の襞に包まれて、パンアテナイア祭***の行列のなかで、聖器を入れた籠を頭にのせている。神殿の聖室が開けられると、このアテナイ人は、この都市の守護神である処女アテナ《アテナ・パルテニア》の彫像の荘厳さに圧倒される。それは、古代ギリシア最大の彫刻家ペイディアスの作品で、かれの頭上一二メートルの高さにそびえたっている。おそらくかれは、この女神の兜をつけた横顔のほうを好んだであろう。それは、かれが日々ドラクマ貨幣を交換する際に、指のあいだからみる顔であり、慣れ親しんだ顔だったからである。とある田舎の聖域にいくと、かれは、無数の多種多様な小女人像があるのを認める。それらは、急ごしらえで、聖域への献納物として安置してあるのだ。最後に、広場《アゴラ》に戻って陶工の仕事場で、あるいは、友人のだれかの家で、一日の終わりに寝そべって宴を楽しみながら、すっかりくつろいで、いくつもの女人像をみる。それらは、今日わたしたちが「色好みの《エロティック》」と呼ぶ場面に、描きこまれている。すなわち、みごとな裸体図が、酒を飲む男たちのあいだを行き来する杯に、描かれているのである。都市は女性像でいっぱいで、その女性像のフォルムは、時代の好みによって変化していた。そこで、ヴィルトルート・ノイマー＝プファウは、ヘレニズム時代のアプロディテ像に関するきわめて興味深い著作のなかで、アプロディテのイメージ《イマージュ》の変遷と、社会における女性の位置の関係を明らかにしようと試みた(1)。こうしたタイプの試みは、珍しい。フランソワ・リサラッグは、次章で、意識的に、慎重な分析を提出している。というのも、図像の都市は、テクストの都市とまったく同じに、言説の都市だからである。

P.SP

* アルカイク期（後述）につくられた少女像。すべて着衣像で、その衣紋の表現が主要なモティーフとなっている。これに対して、同時代の青年像はクーロスと呼ばれる。また、古代ギリシア美術史では、前七―六世紀をアルカイク期、同五―四世紀を古典期と区分している。

** ゴルゴンとは、ギリシア神話の女怪。頭髪はヘビで、牙はイノシシ、その姿をみたものを石に変えたという。

*** アテナイの守護神アテナと、伝説の王エレクテウスを祭る四年ごとの大祭。今日の八月中旬に催され、アテナイだけでなく、

デロス同盟の諸都市も女神に献上した。行列は二日目に行なわれ、舟がたのワゴンを先頭に、聖衣をまとった婦人、つづいて、聖籠捧持童女《カネーポロス》と呼ばれる若い娘たちが、女神に供える聖器入りの籠を頭にのせて進む。そのあとに、国の貴顕、供犠執行人と犠牲獣、騎馬隊、歩兵隊……とつづく（聖籠捧持童女については、本文三一六ページ参照）。

4

女を形象化するもの

フランソワ・リサラッグ

壺のほうが、水より美しいことがありうるだろうか?
ポール・エリュアール*

古代を研究する歴史家たちは、さまざまな資料を用いるが、そのなかで、形象化された資料は、ひとつの特殊な総体をなしている。だがそれは、つねに最大限利用されているというわけではない。わたしたちはみな、さまざまな古代の品々《オブジェ》を憶えている。彫像、レリーフ、コイン、あるいは描かれた図像《イマージュ》が、博物館でながめられたり、写真に複製されたりしているからである。これらの資料は、図版入りの教科書や著作に広くとり入れられているが、もっとも多くの場合、歴史家が文書資料から構築した分析の補助の役目しか果たしていない。文書、言説、碑文が、歴史家の情報の基盤をなしており、図像《イマージュ》は、歴史家の調査を補強するために、そこにあるにすぎない(1)。

＊　フランス＝シュルレアリスムの詩人（一八九五—一九五二年）

だが、本章の対象は、この巻に集められた研究を図版で補強することではない。むしろ、あるカテゴリーの形象資料、すなわち彩色の陶器を分析することである。たしかに、彫刻、コイン、テラコッタといった、多くの記念碑的作品が、ほかにも知られている。けれども、古代ギリシアの陶器は、その数と豊かさとによって、独自の分類項目をなしている。これらの陶器は図像で飾られているが、その図像の多様性と複雑さによって、いくつかの連続した系列を構成することが可能になる。そして、これらの系列から出発すれば、かず多くの資料を比較し、進化と変遷の跡をたどることができる。このタイプの品物には、図像学的な豊かさがあるため、そこに眼を止めるだけの価値がある。このあとに読まれることになる紙面は、もっぱらこれらの陶器のためのものなのだ。

それぞれの社会は、形象の世界と独特の関係を結ぶものだが、古代のいくつかの時代も、この法則を免れてはいない。エジプト、近東、ローマも、ギリシアと同じくらい図像にとり巻かれ、それ自身の世界に関して固有の見方をもっていた。この見方は、それぞれの表象のタイプによって、それぞれのやり方で、はっきりと違った約束ごとにしたがってつくり出され、多様な機能を果たしていた。ギリシアにおいてもまた、いくつかのタイプの品物が、なにかをかたどっているが、それは、それぞれ異なった必要に応じたものだった。たとえば、あの有名な「アクロポリスの少女像《コレー》＊」は、ポリスの若い娘たちによって、アテナの神殿に捧げられたものだった。また、イタリア南部のギリシアの植民都市ロクロイ・エピゼヒュリオイ〔現在のロクリ〕のテラコッタのプレートは、大地母神デメテルに捧げられたもので、そこには、この女神を讃える女性たちが描かれている。形象化の方法は、複雑な規則に従っており、それらの規則は、品物の性質、機能、使用のされ方、目的によって変化している。

＊　たとえばエレクティオン神殿の少女をかたどった飾柱のこと。

アテナイの眼差し

ここで、紀元前六世紀と五世紀のアテナイの陶器の系列をとり上げたのは、なによりも、この系列全体が、ただひとつの機能に限られたものではなく、また「女性の」図像群に限定されてもいないからである。それどころか、女性たちに割りあてられていた部分を、相対的に幅広い一覧のなかから、みつけ出そうとすることができる。しかもこの一覧のなかでは、社会生活に関連するテーマが多数にして多様である。同様に、この全体のなかで、男性という特性と女性という特性との連関を跡づけようとすることもできる。

これらの陶器を飾る図像は、その基底材である器そのものから分離されてはならない。写真やデッサンは、わたしたちに、それらについて誤った認識を与えるので、これを修正しなければならない。それは、平面上に描かれたものではなく、器の表面の図像なのだ。それを使用するものにとって、器は、眼でみる図像であるまえに、手にもって使う品物であり、決まった機能をもっている。この機能は多様でありうるし、わたしたちは、それをつねに、確信をもって特定できるとはかぎらない。けれども、多くの場合、その機能は決定的なものであり、図像に関していえば、もっともふさわしい解読の手がかりとなる。細部にたち入ることなく、これらの陶器を、その使用目的にしたがって、きわめて大まかに分類することができる。いくつかのたいへん特殊な形態の陶器は、さまざまな儀式、すなわち結婚、葬儀、秘儀伝授、供犠のためのものである。これとは別の陶器は、男たちが寄り集まってブドウ酒を飲むとき（シュンポシオン）で使用されたもの――それぞれ、酒を混ぜたり、注いだり、飲んだりするための器――である。だから、これらの器は、もっぱら男性によって使用されたとみなすことができる。また別のものは、とくに女性によってよく使われた。たとえば、香油瓶、白粉ないし宝石を入れる器、洗顔や身支度や化粧のための器である。ただしそこに、絶対的な法則があったわけではない。品物自体の機能によって、もっとも厳密に決定されているのは、もちろん儀式用の器の図像である。他方、男性の飲料用の器と、女性の身繕い用の器とのあいだでは、区別を徹底することはできない。とはいえ、容器のかたちと使用目的は、そこにつけられた図像を分析する際には、可能なかぎり考慮の対象にしなければならない。

まず明確にしておくのがいいと思うが——こう警告しても、許されると思うが——、陶器の図像は、写真のような明証性をもっているわけではなく、自明のものでもない。だがそれらは、入念に制作されたものであり、その機能においても構成においても、それ自体の論理をもっている。画家たちは、自分たちをとり巻く現実のなかから選択——あるテーマは描かれ、あるテーマは描かれない——している。画家たちはまた、こちらの要素よりもあちらの要素をとるというふうに、描かれた場面のなかでも選択をしている。そして、図像のなかの空間と時間を操作して、現実を眼にみえるものにしている。図像のなかでは、さまざまなことが描かれずに終わっている。だがもしも、確かな方法でそれらを確定できればと思う。というのも、わたしたちの情報には、しばしば欠落があるからだ。だがもしもそれができれば、これらの沈黙は、図像の構成行程と同様に意味深いものなのだ。だから、ここで、女性たちに関するアッティカ*の図像研究を提案するにあたって、さまざまな記号や系列だけでなく、沈黙をも跡づけることにしよう。つまり、とり上げられた図像の造形的構成とともに、空間の扱いにも、特別な注意を払うことにしよう。

＊ アテナイを中心とする地域を指す、ギリシアの地名。

したがって、必然的に限られた枠内で、手に入る資料のすべてを説明することも、それら資料がひき起こすはずだった論争のすべてに立ち入ることもせずに、その絵に女性たちの登場するアッティカの陶器の分析を、概略で示してみよう。明確にしておくが、これらの陶器は、アテナイで、紀元前六世紀と五世紀に、画家と陶工によってつくられた。かれらは、このポリスの市門に近いケラメイコス街*で働いていた。だが、これらの陶器が発見されたのは後代のことにすぎない。それらはまず、十八世紀末以降に、イタリア南部の地下墳墓で、つぎに十九世紀始めに、中部のトスカーナ地方のエトルリア人の墓から発見された。(2) それは主として、エトルリア人たちの、ギリシアの陶器、それもとくにアッティカの陶器に対する情熱のおかげだった。また、かれらが、死者を埋葬する際に、墳墓の玄室を主だった調度品（武具、陶器、宝石）で飾る習慣をもっていたおかげだった。これらの墳墓が、わたしたちに、アテナイの陶工たちがつくったものを伝えてくれたのである。もちろんこれらの陶器は、当初信じられたのとはちがって、エトルリアのものではないし、すべてが葬儀用のものでもない。また、十九世紀もっとあとになって、同様の陶器が、ギリシア、それもとくにアテネで、アクロポリスとアテナイの広場《アゴラ》の発掘の際に発見されている。

＊ 古代アテナイの北西部にあった街区。陶器工房の密集地で、今日「陶器」、「窯業」を表す語となった「セラミック」の語源。

したがって、これらの陶器を、アルカイク期から古典期にかけて（紀元前六―五世紀）のアテナイの生産物として研究することとする。そして、それによって、さまざまなタイプの女性たちが登場する図像を、分析してみよう。これらの女性たちは、女性たちだけで描かれていることもあれば、男性との関係において描かれていることもある。というのも、のちにわかるように、これらの品物がつくられたのは、男性の世界においてだったからである。そして、そこで出会うのは、なによりもまず男性の見方だからである。たしかに、これらの図像のいくつか（三四〇ページ、**図版45**参照）を、女性たちが描いたと思わせる証拠はある。また、これらの品の系列のいくつかは、もっぱら女性が使うものだったと確認されてもいる。だが、それでもやはり、アテナイの社会では、なにごとも男性市民によって決められていたし、支配的イデオロギー、つまり、画家の選択と見方を導いていたイデオロギーは、なによりもまず男性のものだった。そして、当時の絵画のシステムでは、個人の主体性や、わたしたちがインスピレーションと呼ぶものは、ごくわずかな比率しかもっていなかった。これから検討する図像は、だから、二つの点を特徴としている。まずそれらは、客観的な転写ではなく、ある眼差しの産物であり、この眼差しが現実を再構成していた。そしてその眼差しは、男性の眼差しだったのである。

ここでは、形象による表象をつうじて、道を——必然的に、選択を踏まえて総合された道である。なぜなら、すべての系列を説明するといってはいないのだから——たどることにする。この道は、部分的には、品物それ自体の論理によって、また、器の形状と描かれた図像とを結びつける関係によって、決定されている。わたしたちは結婚から出発する。結婚は、女性に中心的な位置を与えており、また結婚の際には、そのための特別な器がつくられたからである。つぎに、女性たちのあいだで行なわれたその他の形態の儀式、葬儀や、家庭内での儀式、あるいは集団的な儀式をもうすこし足早に扱う。そして最後に、女性たちに割りあてられた空間という問題をつうじて、図像の多様な系列を、もう一度組みあわせなおす。泉から女部屋へ、そして身繕いへ、あるいは労働へと、男性たちの眼差しのもとで。男性たちには、もっぱらかれらだけのものとして、シュンポシオンという空間が割りあてられていたようである。儀式の図像化と、造形芸術による空間の構成とが、こうして、この道の導きの糸となるであろう。

結婚

かず多くの陶器を、結婚の儀式に関連する場面が飾っている。とはいえ、これらの場面は変化に富んでおり、場面同士でも異なっている。いくつかの要素は、どの図像にも認められるが、決まり切った結婚の図像表現があったとは思われない。それどころか、それぞれの図像は、結婚という儀式に関して、かなり自由な解釈を与えているような印象を受ける。わたしたちがもっている文書情報は、どれも不完全だったり、主観的だったり、そしてときには不確かなのだが、この儀式が、いくつかの場面に分けられることを垣間みせてくれる。結婚は、新婦の父親と新郎とのあいだの、形式上の合意《エンギュエー》のうえに成立する。この合意には、新婦の父からの持参金がともなっている。花婿と、その義理の父のあいだの、この合意において、若い女性は、同意の一言もいうことはできなかったようである。結婚が成就するのは、文字どおりの新婦の譲渡によってだった。これによって夫婦の結合《ガモス》が実現する。この譲渡によって、新婦は家《オイコス》とともに主《キュリオス》を変え、父親の手から夫の手へと移る。だが、この譲渡の儀式の理論的な各段階——新婦の両親との別離、移動、婚家への統合——は、アテナイの図像のなかで、みな同じ重要性をもっているわけではない。事実、もっとも大きな位置を占めているのは、譲渡である。それは、夜中の行列というかたちをとって、一軒の家から他の家へ、ときには徒歩で、ときには手押し車で行く。行列には、親類と友人たちが含まれる。一定数の人物は特別な役割をもっている。花嫁の母親は、松明をもつ女性のひとりを務め、新郎新婦のわきには介添人《パロコス》がつき、行列は先導役《プロエーゲーテース》によって導かれる。最後に、自分の両親を従えた子《パイス・アンピタレース》どもがひとり、新郎新婦に付き添う。

図像は、これらすべての人物を、つねに描くというのからはほど遠い。結婚の儀式の特徴となる場面すべてを呈示しているわけでもない。いかなる場面も、エンギュエー、すなわち、若い娘の父親と未来の夫とのあいだの合意とは、一体となっていない。いかなる宴も、図像のなかでは、婚礼の宴の特徴をもってはいない。ただし、テッサリアのラピテスの王ペイリトオスが、自分の結婚式に催した食事の会だけは別である。この食事の会は、ケンタウロス族とラピテス族のあいだの戦いになってしまっている。ケンタウロス族が、若い花嫁を奪おうとし、ラピテス族の人々が、これを守ろうとしたからである。*

* ギリシア神話の一挿話。ケンタウロス族とは、馬の四肢と胴体に人間の上半身がついた一族。ケンタウロス族とラピテス族は、テッサリアにあい接して住んでいたが、ラピテス族の王ペイリトオスが、自分の婚礼にケンタウロス族を招待した。飲み慣れない酒に

酔ったケンタウロスたちは、もともと粗暴なこともあって、ラピテスの女性たちを犯そうとし、なかでも、ひとりが花嫁を誘拐しようとした。ラピテス族の男たちがこれを守ろうとして乱闘が生じ、多くのケンタウロスたちが殺された（アポロドーロス、『ギリシア神話』、高津春繁訳、岩波文庫、一九五三年、一七七ページ）。

とり上げられている場面は、二つであり、新婦の支度の場面、すなわち身繕いと沐浴、それに、花嫁を一方の家から他方の家へと連れて行く、行列の場面である。しかしながら、ただちに指摘しておかなければならないことがある。図像は、儀式をコマにカット割りして、それを平面でわたしたちにみせてくれるが、これらの場面が、厳密にカット割りと一致しているわけではないのである。各図像はむしろ、ひとつの全体的構成のなかで呈示されている。つまり、仕草や視線などによる繋がりを利用して、儀式の当事者たちを、さまざまな関係のなかに置いている。各図像は、造形の空間を構成して、それぞれのやり方で、移動、花嫁の譲渡、婚家への統合を把握させようとしている。また各図像は、描かれている品物――壺、冠、装飾品――に、本来の役割をもたせている。

神々の行列

アルカイク期には、いわゆる黒像式――人物が、黒の顔料でシルエットとして描かれ、切り込みと顔料によって盛りあげられ、壺の赤い地に浮きあがっている――において、主流となっているのは、まずなによりも行列である。新郎新婦は二輪馬車に乗り、行列にはしばしば、神々が混じっている。だからときには、夫婦を神話のものとみなすこともできる。

結婚を表象する図像表現の伝統は、実際には、海のニンフ・テティスとプティアの王ペレウスの婚礼のテーマに始まる。そしてこのテーマは、その後長きにわたって、婚礼の行列を描くという思考の枠組《パラダイム》として、作用することになる。テティスは、海の神ネレウスの不死の娘であり、その結婚は普通の結婚ではない。そしてこの並は

図1 「テティスとペレウスの婚礼」，ディーノス，紀元前580年ころ，ロンドン，大英博物館

ずれた結婚に関して、テティスの息子は父親より強大になるだろうとの神託があった。だから、いかなる神も、テティスを妻にしようとは思わなかった。ただひとり、死すべき人間であるペレウスだけが、テティスが変身をくり返したにもかかわらず、この女神を捕まえ、自分の妻とすることができた。二人は、息子アキレウスをもうける。女神と死すべき人間の婚礼には、すべての神々が列席し、新郎新婦を祝福しにきている。水とブドウ酒を混ぜる大きな壺は、ディーノスと呼ばれて宴に使われるのだが、その表面（**図1**）[3]には、図にみるように、右端に新しい家の閉じた門が描かれ、そのまえに花婿ペレウスが立って、婚礼に招待された神々の行列を迎えている。ここでは、この神々の集まった長い行列について、細部にたち入ることはしないで、以下の点だけ指摘しておく。行列は、虹の女神にして神々の使者イリスによって先導され、まず、一群の徒歩の人物たちによって構成されている。そのなかには、よきケンタウロス・ケイロンがいるが、この人物が、のちにアキレウスを育てることになる。また、家の守護女神たち、炉やかまどの女神ヘステ

イアと大地母神デメテルもいる。これに、五台の戦車からなる長い列が続き、そこには神々が、あるいは夫婦で（最高神ゼウスとその妻ヘラ、海の神ポセイドンと妻のアンピトリテ）、あるいは、たんに二人一組で（太陽神アポロンと狩猟の女神アルテミス、愛と美と豊饒の女神アプロディテと軍神アレス）がいる。これらの戦車には、徒歩で、一連の女性像がつき従っているが、そこでは、あまり重要でない神たちが、いくつかの小グループをなしている。時の女神ホラたち、芸術の女神ムサたち、美と優雅の女神カリスたち、運命の女神モイラたちである。こうして、わたしたちの眼のまえを、また、かつて宴席で酒を飲んだ男たちの眼のまえを――というのも、かれらのまえにこの壺が置かれていたからだが――行列しながら、神々の集団が展開していく。この集団にはまた、序列が付けられており、重要な神々は戦車で二人一組となり、序列で二番手に位置する神々は徒歩で、集団となり、集団名で呼ばれている。しかもその大部分は、女性の姿をしている。神々は、ここでは結婚の証人、すなわち、自分たちのうちのひとり、海の神ネレウスの娘《ネレイス》と、死すべき人間のひとりを結びつける合意の証人である。神々はまた、ペレウスの新しい家の招待客であり、ペレウスは、飲酒用の壺を手にもって、この結婚を祝うため神々を迎えている。けれども、新婦に関してはなにもない。花嫁のテティスは、この図像にはみえていない。テティスは、家のなかにいるのだと理解すべきなのだ。その家に向かって、神々が進んでいく。だがテティスは、姿をみせてはならないのだ。

　これと同じ場面の、もうすこし後代の解釈が、フィレンツェの考古美術館の有名な大杯《クラテール》、「フランソワの壺」の主要部分に描かれている。これら二つの壺の比較は、試みるに値する。[4] この壺にも、同一の造形的構成が認められる。長いフリーズが、壺を完全にとり巻いていて、神々の行列が、始めのほうは徒歩で、つぎに戦車で、テティスとペレウスの家にむかって進んでいる。ペレウスは戸口に立ち、行列の儀式的性格を強調する祭壇のまえで、ケンタウロス・ケイロンを迎えている。ケイロンは、自分の妻カリクロと虹の女神イリスとに付き添われて、

図2　「家のなかのテティス」，クラーテールの図像より，紀元前570年ころ，フィレンツェ，考古美術館

先頭を切っているのだ。行列内の神々の配列は、前出の壺にきわめて近い。ただし、ひとつ重要な変更点がある。ペレウスのうしろに、つまり向かって右に、新郎新婦の家が、妻壁のある柱廊玄関のかたちで描かれている。二本の柱のあいだに家の戸口がある（**図2**）。けれども、前出の壺と違うのは、扉が一枚開いていて、座った女性の人物の手足がみえている。この人物は、衣服の端をもち上げており、そのうえに名前を読みとることができる。テティスである。この壺では、新婦が開いている戸口の向こうに垣間みえている。その顔は、おそらくもう一枚の扉で隠されて――壺はこの部分に欠損があり、絶対に確かだというわけではないが――いる。わたしたちにとっては失われているが、テティスの顔は、おそらく、図像が完全でもみえてはいなかっただろう。衣服のヴェールをもち挙げている手の動作は、半分だけ開いた戸口の効果を補強している。新婦はそこにいるが、しかし、

その身体の一部は家のなかに隠されている。かの女は、結婚の儀式でするのと同じ動作で、ヴェールをはずしているところである。けれども、その姿をしげしげとみつめることはできない。このように、衣服と住居が、ひとつの空間を形成し、女性の身体を閉じこめ、私的な場を割りあてる。そこは、神々が行列し、男性たちに姿をみせている公的空間からかけ離れている。

戸口から戸口へ

画家たちは、結婚の図像表現でしばしば戸口を用いて、到達地点、あるいは出発地点を示している。あたかも、すくなくとも図像では、すべてが、戸口から戸口へとなされていくかのようである。

かくして、ピュクシスと呼ばれる円筒形のテラコッタの容器の表面では、婚礼の行列が、連続したフリーズのなかで展開されているが、この行列は、半分開いた戸口から出発している（**図3**）[5]。ひとりの女性――新婦の母親か？――が、戸口の開いたところに姿をみせ、自分から遠ざかっていく二輪馬車のほうを向いている〔左端〕。その態度と視線によって、この女性は、戸口が出発地点であることを決定的にしている。そこは、到着地点ではない。けれども、ここでも室内にいるのは女性である。アルカイク期の図式に忠実に、新郎新婦は、この図像でも二輪馬車に乗っている。新婦は、顔にヴェールをつけて、すでに乗りこんでおり、新郎もこれに続こうとしている。二人は、松明持ちの女性と若い男性に付き添われている。そのあとに二人の女性が続くが、ひとりは、平たい櫃を頭にのせ、右手に大きな炊事鍋をもっている。一方、もうひとりは、大きな儀式用の壺――婚礼の壺《レベース・ガミコス》――を捧げもっているが、この壺は、新婦に贈られる品々の一部である。ここには、いくつかの局面が描かれている。新婦は、自分の家族の住む家をあとにする。結婚は、ひとつの空間から他の空間への、線的な移動として示されている。新郎が、その展開をとりしきる。図像は、贈りものの呈示を重視している。結婚にともなう財産

図 3　「新郎新婦の馬車」，ピュクシスの図像より，紀元前430年ころ，ロンドン，大英博物館

図 4　「婚礼の行列」，ピュクシス，紀元前460年ころ，パリ，ルーヴル美術館

図 5　「戸口から戸口へ」，ピュクシスの図像より，紀元前460年ころ，パリ，ルーヴル美術館

の譲渡だからである。最後に、行列は、ケーリュケイオンと呼ばれる笏をもった、ひげのない人物に先導されている〔右端〕。これはヘルメス神で、あらゆる移動と、状態の変化をつかさどる神である。つけ加えておくと、この容器の蓋は、天体で飾られている。「太陽」、「月」、「夜」が、天空を巡るように、円形の蓋を巡っている。円筒形の壺――それを使用するのは、とくに女性であり、宝石入れか、白粉入れとして使われた――は、その構造によって二つの次元を接近させている。ギリシア語は、この二つの次元を、同一の起源をもつ二つの語で指し示している。天の秩序《コスモス》と、身繕い用品《コスメティコス》である。最後に、この壺が担っている図像表現のプランは、結婚と世界の秩序のあいだに整合性のありうることを、はっきりと示している。

もうひとつのピュクシスが、ルーヴル美術館にあるが（図4・5）[6]、これはまた、新しい行列の図式を示している。この行列には二輪馬車がない。これは、古典期にもっともよくみられるもので、四〇ほどの例が知られている。ここでもまた、図像は連続しており、テラコッタの容器の円筒のまわりをとり巻いている。けれども、基準点は完全に閉じた戸口だが、行列の右端と左端のどちらを、出発地点あるいは到着地点にすればいいのかはわからない。この曖昧さは、意図的なもののようだが、明らかに、戸口を図像表現の特別な記号にしている。画家にとっては、戸口の周囲で、儀式の本質的な部分がとり行なわれるのだ。この図像では、左端からいくと、まずひとりの女性が、両腕を伸ばして、新婦の衣装のヒダを整えている。おそらく母親であろう。あるいは、新婦を世話する女性《ニュンペウトリア》であろう。戸口の近くに位置して、この女性は、若い花嫁が去っていく空間のしるしとなっている。花嫁は冠をつけ、ヴェールで半分頭を隠している。一方の手で衣装を支え、もう一方の手を若い男にさしのべている。男は、花嫁の先を歩き、その手首をつかんでいる。若い花嫁の動きのない様子と、花婿の動きとが、対照をなしている。花婿は、自分の連れ合いのほうを振り向きながら、すでにまえに進んでいる。かれこそが、花嫁を連れていき、行列を先導しているのだ。花嫁の手首をつかむという、花婿の手の動作《ケイレピ・カルプー》は、こうして花嫁の所有権をえたことの儀式上のしるしであり、これによって、新郎は新婦の新しい主《キュリオス》となる。こうして女性は、とり巻かれ、実家との別離や婚家への統合を指す動作の網の目にとらえられる。これらの動作は、結婚という、えりぬきの通過儀礼の構成要素なのである。これまで述べてきた人物のグループの右に、四人の人物が、証人として出発に立ち会っている。まず、手にもっている月桂樹によって、アポロンを認めることができる。また、弓と、左肩からはみ出した矢筒によって、その双子の妹で、狩りの女神のアルテミスを認めることができる。他の二人の人物は、簡単にだれと決めることができない。女性のほうは、細い帯を髭のある成人の男に差しだす動作をしている。男のほうは、笏に寄りかかっている。これらが、別の二人の神だとして、テティスとペレウスの婚礼を思い浮かべることもできる。けれども、特徴がほとんど示されていないため、かならずしも、このような解読ができるわけではない。結婚に神々が――それもとくに、若い娘が結婚するまで、その成長に付き添うアルテミスが――同席することに、驚く必要はない。神々を人間のまえに現前させることは、まさに図像の機能のひとつなのだ。ともかく、新郎新婦のカップルを孤立して描かないことが、画家にとって必要なことだったと指摘しておこう。戸口から戸口への移動は、行列というかたちをとらなければならなかった。この行列のなかで、カップルは親類や友人の集団に付き添われて、人間や神々からなる証人の眼差しにさらされる。これらの証人が、結婚の公的性格を保障するのである。

二輪馬車の列

二輪馬車での移動の図式は、アルカイク期の黒像式のディーノス――ブドウ酒と水を混ぜるための大杯の一変種である――にも認められる(図6)[7]。これは、先述の大杯(二六八ページ)より、半世紀まえのものである。壺の膨らんだ胴部は、連続したフリーズで飾られているが、ここでは、このフリーズが、並行する二つの場面に

図6 「新郎新婦の馬車」(上),「戦士の馬車」(下),ディーノス,紀元前530年ころ,サレルノ,市立美術館

分割されている。一方の側には、男性のほうが前景を占めて、二輪馬車に乗ったカップルが描かれている。男性は、贈りものをもった二人の女性と、ひとりの松明持ちの女性だけでなく、太陽神アポロンと、ブドウ酒と豊饒の神ディオニュソスを伴っている。この行列は、神々が同席していることで、テティスとペレウスの婚礼を思わせるが、そこには、出発地点も到着地点もいっさい明示されていない。また、このような神話的解読も、なんらかの刻文や、明瞭なしるしによって、わたしたちに示されているわけではない。この裏側では、もう一台の二輪馬車が、腰かけた老人にむかって進んでいる。馬車には、二人の戦士が乗っており、そのぐるりには、他の戦士たち、すなわち重装歩兵や弓兵が、この出発をとり巻いている。このように、二輪馬車を含む二つの場面が、対称をなして展開されてい

図7　「花嫁を“奪う”」，ルートロポロス，紀元前430年ころ，ベルリン，古代美術館（フルトヴェングラー，『サブロフ・コレクション』，ベルリン，1883年，pl.58）

る。ただし、指摘しておかなければならないが、この時代には、このような二輪馬車は、旅人——新郎新婦であろうとなかろうと——の移動にも、また戦争でも用いられていなかった。戦争は、歩兵たちの密集した隊列で、徒歩で戦われていた。二輪馬車は、オリュンピア祭のような競技で、使用されていただけである。この過去の乗りものは、叙事詩との関連のしるしであるが、これを登場させることによって、画家は、これらの図像に、叙事詩的隠喩の意味をもつ神話的次元を与えている。またとくに、二輪馬車の二つの使用法を結びつけることによって、画家は、結婚と戦争を並列している。この二つの時は、たがいに補いあい、また対称関係をなしている。結婚は、戦争が男性の成人のときであるのとまったく同様に、女性の成人のときなのである。

　ベルリンの古代博物館にあるルートロポロス（**図7**）[8]にも、二輪馬車の出発をみることができる。これは、たいへん細長い壺で、新婦の沐浴の水《ルートロン》を運ぶためのものである。ここでもまた、壺の機能と装飾とが、たがいに補いあっている。やや膨らんだ胴部には、幅の狭い、しかし丈の高い空間があり、そこに婚礼の行列が描かれている。左端、把手のしたに、松明持ちの女性が立っており、そのまえに月桂樹の冠をかぶった子ども、おそらくパイス・アンピタレースがいる。子どもはここでもまた、父と母を従えており、文書資料によっても、この子どもが儀式のあいだ列席していることが必要だったと確認されている。ただし、これまでとり上げてきた図像には、その例がなかったが。画家が呈示しようと選んだのは、二輪馬車のある行列である。馬車は、車輪と車体がみえていて、車体には御者が乗っており、カップルのほうを振り向いている。若い新郎は、月桂樹の冠をつけ、両手で若い女性を押しあげて、いままさに馬車に乗ろうとしている。女性のほうは、冠をつけ、頭からキトーン*をかぶり、このかぶりものの一端を左手でもっている。小さな愛の神エロスが、宙を飛んで、冠を――ギンバイカの冠だろうか？――を、新婦のうえに差しのべている。他方、もうひとつの冠が図像の地《じ》の、新郎のうえにみえている。右の把手のしたには、一本の柱が立っていて、空間が切り替わることを示している。ひとつの空間から他の空間への移行である。この図法上の解決策は、戸口ほど明確なものではないが、この系列にはより頻繁にみられるもので、壺の裏側に二人の人物を描くに十分な画面を空けている。それは、松明持ちの女性と、笏をもった男性であるが、列の行程の最後という位置からすれば、新郎の両親だと解釈できるし、笏をもっているところからすれば、神話の人物だと解釈することもできる。指摘しておくが、空間の移行は、柱を中心になされており、この柱は、二つの面のあいだを切断していない。右側の女性がもっている松明が、柱の両側にみえているからである。反面、馬車を引いている馬はみえない。このような図法上の省略がはっきりと示しているのは、画家たちが、必要とあれば、図像を明快なものにするのに必要な要素だけをとり上げているということである。だからこれは、厳密な意味で、錯覚を生むような効果をえようとしたものではなく、空間を、一様で連続したものとして扱っていないだけなのだ。図像は、すぐれて、意味をつくり出すための要素の張り合わせなのだ。ここでは、車輪と柱だけで、移行を表現するのに十分足りているのだ。カップルの動きにも注意しておこう。若い男は新婦を押しあげているが、この儀式の主導権を握っているのは、この男なのだ。それは、平和裡に行なわれる誘拐であるようにみえる。のちにみるように、それは誘拐ではなく、手首をつかむ動作と似た、所有権獲得の行為なのだ。最後に、はじめてみる要素がある。図像のなかの、愛の神エロスの存在である。すらりとして、翼をもった小さな人物エロスは、アッティカの図像表現では、若い男の子であって、ふっくらとした小天使ではない。小天使、イタリア語でいうプットは、ローマ芸術がもたらしたモデルなのだ。この人物にはのちに戻るとして、いまのところは、以下の点を指摘するにとどめよう。すなわちエロスは、新婦を美しくするためにやってきたのであり、かの女を木の葉の輪で飾り、壺を観るものたちに、図像内部の視線を集中すべき点を強調しているのである。つまり、すべての人物たちが花嫁のほうを向き、その横顔は、半分隠されていると同時に、ヴェールによって強調されてもいる。しかしながら、時間の続き具合――行列、婚家での出迎え、花嫁のヴェールをとる――は、この図像では尊重されていない。はっきりと違う連続した時を、ひとつにしてしまっているからである。新婦の誘拐は、ひとつの見せもののようなものを構成し、その正統性を、エロスの仲介によって、神々が保障しているのである。

＊　麻布、毛織物などの、緩やかな下着または部屋着。

花、エロス、ニケ

たったいまみたばかりのように、壺の形態と、その図像表現は、どれだけ密接かは別にして、しばしば結びついている。香水や宝石の容器ピュクシスや、清めの水を運ぶためのルートロポロスのほかにも、婚礼の壺《レベース・ガミコス》、つまり「婚礼の鼎《かなえ》」がある。これは一種の桶形容器であって、高い脚がついている。それは、結婚式に使われる儀式用壺のひとつであり、それ以外の用途はないようである。それは、ロンドンのピュクシスの項〔二七一ページ〕でみたように、新婦に渡される贈りもののひとつなのだ。このタイプの壺のひとつ（**図8**）[9]が、コペンハーゲン

図8　「婚礼の贈りもの」，レベース，紀元前450年ころ，
コペンハーゲン，国立博物館

にあるが、そこには、行列ではなく、新婦をとり巻く場面が描かれている。新婦は、構成の中央に腰かけている。かの女は、おそらく贈られたばかりの婚礼の壺を膝にのせ、頭からは荒い布の頭巾《サッコス》が垂れ下がっている。ひとりの女性が、新婦に、別の二つの壺を差しだしている。ひとつは細長い香油瓶《アラバストロン》〔全体図左端の女性の右手にある〕であり、もうひとつは脚が付いていて、ピュクシスに似ている。新婦のうしろには、また別の女性が、さし上げた手に一輪の花をもっている。ただし、花の輪郭は消えてしまっている。この女性と新婦のあいだには、様式化された大きな植物柄の装飾があって、その先端はパルメットのつぼみになってい

る。この装飾要素の位置は、通常、壺の二次的な部分、つまり絵の描かれていない部分——たとえば、把手とか頸——である。この要素は、婚礼の枠内での花と香油の役割を明らかにしている。この要素は、不釣り合いな大きさで、また、眼でみて突飛なかたちで割りこんでいる。というのも、それが、錯覚を起こさせるための図柄なのか、枠の役を果たす装飾なのか区別できないからである。ともかくこれは、この図像の美しさと、美に関わる機能を強調するためにある。つまり、女性と花の世界とを、密接に関連づける記号なのだ。だからパルメットのつぼみ——かつて人々が、そう考えたがったのとは違って、もはや男根のしるしではない——は、植物を表す記号として登場している。それは、いままさに咲いて、花と香りを同時にもたらそうとしている。

この壺の裏側には、松明持ちの女性と、笏をもった女性が、ひとりずつ描かれているが、おそらく、これもまた神の姿で、進行中の結婚の証人なのであろう。把手のしたに、表側と似た植物の図柄がある。だがこれは、「正常な」位置に、したがって、表側よりありふれた位置にあるといってよかろう。この図柄には、羽のある女性像が二つ付随している。二つは、ともに新婦にむかって水平に飛んでいるが、同じく松明をもっている。この抽象的な画像は、アッティカの図像表現では、女神ニケだと特定することができる。ニケは、大ざっぱにいって「勝利」の女神だと解釈されている。だが、ニケはなん度か、結婚を描いた系列の壺にみいだされる。ニケはときとして、戦勝者の記念碑として建てられているのがみられる。だがここでのニケは、明らかに、そうした軍事的な意味での「勝利」という意味に限定されえない。むしろ、このニケの存在に含まれているのは、神の同意という観念、もっと厳密にいえば、神の好意のもとでの結婚の成就という観念のようである。すでにみたように、戦争と結婚とのあいだには、男性は戦争、女性は結婚というふうに、対称関係がありうる。このどちらの場合も、ニケは、積極的な達成のしるし、つまり神々の欲した成功のしるしとなっている。

ここに、脚の短い、小さな婚礼の壺《レベース・ガミコス》がある（図9）[10]。その蓋のうえには、香油瓶《アラバストロン》がとり付けてある。本体の壺

図9　「ニケとエロス」，レベース，紀元前430年ころ，コペンハーゲン，国立美術館

に、画家は、意味深長に、二つの要素を造形的に接合することをつうじて、結婚の図像表現を最小限度まで縮小してみせている。そこには、空中に、羽のある二つの像が描かれているだけである。一方はニケ〔**左上図**〕で、他方はエロス〔**右下図**〕である。両者は、ともに空を飛び、描かれていない新婦の像を縁どっている。ただしこの像は、壺のかたちによって暗示されているのだ。二つの像は、両腕を伸ばして、木の枝をもっているが、それはほとんどみえない。だが、大きな花のつぼみが、像のわきに描かれており、これらの植物の花を咲かす機能を明確にし、讃美している。最後に、それぞれの像は、二本の円柱で囲まれており、これまでみてきた図像の構造を想い起こさせる。これらは、本来二次的な要素であって、別の図像に付随しているものである。だがここでは、この二次的な要素、すなわち装飾や寓意的な像が、前景に現れ、表意文字のように、結婚の本質的な価値を象徴している。それは、花と冠をつうじて表される成熟であり、柱によって示される移動であり、ニケによって保障された成就であり、エロスがそのシンボルマークとなっている魅惑と愛なのだ。

思考の枠組《パラダイム》を伝える壺

最後の物品《オブジェ》は、もっと複雑で〔**図10**〕[11]はあるが、それによって、わたしたちはまた、結婚の図像表現のなかで作用している、かず多くの次元をいっそうよく捉えることができる。これは、厳密にいえば壺ではなく、エピネトロンと呼ばれるテラコッタ製の道具である。その形状――先端に半球状の覆いのついた瓦のようなもの――は、明確な使用目的からきたものである。もうひとつ別のアテナイのエピネトロンの細部が示しているように、この道具は、膝と腿にかぶせるためにつくられたもので、羊の毛を紡ぐために使われた。すなわち、この道具の装飾のない上半分の部分で、糸状に撚った羊毛を転がすのである。したがってこれは、実用的な品であって、女性たちの家のなかでの活動に関係するものなのだ。わたしたちが関心のある資料は、エウボイア島のポリス・エレトリアの墳墓から発見されたもので、その品質からいって、これは装飾品であって、実際には使われていなかったと思われる。とはいえ、その機能は象徴として残っている。三つの場面が、この道具を飾っているが、それは複雑な構成をなしていて、わたしたちに、神話のなかのいくつかの結婚に関して、豊かな視点を提供してくれる。エピネトロンの先端を、乳房のようなかたちの覆いがふさいでいるが、この覆いのまわりに、ぐるりとフリーズがあって、ペレウスがテティスをとらえた瞬間が描かれている。ペレウスは、テティスの腰のあたりを捕まえているが、テティスのほうは、海馬に変身しようとしている。テティスの父・海神ネレウスが、笏を手にもって立っている。一方、テティスの姉妹たちは、おびえて、父親のほうにむかって逃げだしている（**図10上**、右端）。長い半筒形の両側にひとつずつ、二つの場面が展開されているが、そのどちらにも、成人の男性が描かれていない。最初の場面（**図10中**）は、おそらく、軍神アレスと美の女神アプロディテの娘ハルモニアの婚礼の準備を描いている。[12]この娘は、テバイの王カドモスと結婚するはずなのだ。ここには、刻文で名を記されて、以下の人物たちがみえる。まず左端に、アプロディテが、息子エロスをまえにして腰かけている。つぎは中央に、ハルモニアが座り、「説得《ペイトー》」、「少女《コレー》」を表す女性の人物二人に囲まれている。新婦は、右のほうを向いて「青春《ヘベー》」をみつめているが、「青春」は「欲望《ヒーメロス》」のほうを向いている。「欲望」は櫃をかかえて、「青春」に香油瓶を差しだしている。この図像の人物は、神話上の人物であるか寓意像であり、結婚に関連する価値をいくつか、場面に登場させている。「説得」、「青春」、「調和《ハルモニア》」、そしてまた、エロスとその分身「欲望」である。アプロディテは、新婦の母であると同時に、女神であり、その力はまさしく、魅惑、若い美しさ、愛の欲望といった領域に及んでいる。これは、結婚という次元ではない。その次元は、ヘラの領域のはずである。ここにあるのはすべて、魅力、優雅さ、美といった、化粧と香油に関連するものであり、ことごとく女性の側にあるものなのだ。

側面の第二の図像（**図10下**）は、アルケスティスに捧げられている。この女性は、テッサリアのポリス・テラ

図10　「神話のなかの結婚」，エピネトロン，紀元前420年ころ，アテネ，国立考古美術館

イの王アドメトスの模範的な妻である。かの女はのちに、夫の身代わりとなって死者の神ハデスのもとへ赴くことを承知する。しかしここでは、このエピソードはいっさい喚起されていない。*アルケスティスは、右端に立って、新婚のベッドに寄りかかっている。ベッドは、家のなかの空間にむかって開いた戸口のまえにある。この部屋の空間は、柱によって示されているが、アルケスティスは、部屋のなかに立って、五人の女性と向きあっている。五人にはいずれも、刻文によって名が記されている。まず。アマゾンの女王ヒッポリュテが、天空を支える神族アトラスの娘アステロペのまえに腰かけて、手に小鳥をのせている。左端ではテオが、また中央左寄りでは、もうひとりの女性が、新婦に贈られる壺——婚礼の壺二つと、ルートロポロスひとつ——に木の枝を生けるのに忙しい。この二人のあいだで、「優雅《カリス》」が、自分の衣服の裾をもち上げている。画面の地には、冠が二つと鏡が一枚認められる。ここに喚起されている瞬間は、婚礼の翌日《エパウリア》、贈りものを整えなおしている瞬間のようである。アルケスティスは、いまや一家の女主人であり、新しい住まいという枠のなかで、かの女の部屋のなかにいるところを描かれている。

＊アドメトスは、太陽神アポロンの気に入りだったので、アポロンは、アドメトスに死の順番が巡ってきたとき、だれかを説得して身代わりに立てれば、アドメトスが死なずにすむよう仕組んだ。だが、結局説得に応じたのは、妻のアルケスティスだけだった。のちにアルケスティスは、その貞節振りに感動した冥界の女王ペルセポネに許され、夫のもとに返されたという（前掲『ギリシア神話』、五五ページ）。

かくして、この道具の図像では、神の娘でもある花嫁——テティス——誘拐の図像が、まったく女性ばかりの二つの場面と対照をなす。この二つの場面は、婚礼の準備と花嫁の婚家への受容とを、並行関係においている。ここには行列はなく、女性だけがいる。これらの人物が選ばれたのは、偶然ではない。アルケスティスは、死までもいとわない献身的な妻のモデルであるが、これと同じく、ハルモニアのほうもまた、最後まで夫カドモスにつき従い、夫とともにヘビに姿を変えられてしまう。*女性たちの図像は、結婚に関する神話的な思考の枠組《パラダイム》を示し、結婚を構成する価値のいくつかを、寓意によって呈示している。それも、羊毛を紡ぐ道具のうえに。そして、この家のなかでの労働はまた、ひとつの観点《ヴィジョン》とつながっている。それを、結婚に関する女性側からの観点だと考えることもできよう。だがそれは、女性の姿で表すことによって、結婚に関する男性好みの価値をも、すなわち、ペレウスによる誘拐という暴力、夫への忠節、美しさと魅惑をも伝えている。

＊　カドモスは、テバイを治めていたが、子どもたちが不幸な結婚をし、後継者と定めた孫も死んでしまった。そこで、悲しみを癒すため、ハルモニアとともに北の地へ移り、辺境民族に加わる。この民族が、アポロンの神殿を略奪したとき、ハルモニアの父である軍神アレスは、娘とその夫を憐れんで殺さず、巨大だがおとなしいヘビに変えたという（M・グラント、J・ヘイゼル、『ギリシア・ローマ神話事典』、大修館書店、一九八八年、「カドモス」の項）。

アプロディテの庭にて

このように、擬人化した女性の人物を多く採用するのは、紀元前五世紀後半の図像表現の特徴のひとつである。当時、メイディアスの画家の集団に、アプロディテとその仲間たちを表象した系列が出現する。この系列に登場する価値は、いま分析したばかりの価値と似たものだが、もっぱら結婚にだけ結びつくのではなく、この女神の力にも結びついている。たとえば、ずんぐりしたかたちの香油瓶（**図11**）[13]、アリュバロス型のレーキュトス＊に、この女神が腰かけて、肩にのったエロスのほうを向いているのがみられる。女神は五人の女性に囲まれている。女性たちの髪型はみな違っているが、そこにいかなる特性も見分けることはできない。一連の刻文によって、女性たちの名が記され、寓意を有効に作用させている。順に左から右に、「高貴な祖先《クレオパトラ》」が花と首飾りをもち、「よき秩序《エウノミア》」が「勝負《パイディア》」に寄りかかっており、「勝負」もまた、首飾りをもっている。「説得《ペイトー》」が、犠牲用のカゴに飾りを付けている一方で、「幸福《エウダイモニア》」が果実を摘んでいる。「説得」の仕草は、なんらかの儀式の準備を指しているようだが、これを除けば、果実と宝石でいっぱいのこの図像で、いかなる特別な動作もみられない。これ

図11　「アプロディテの庭にて」，アリュバロス，紀元前410年ころ，ロンドン，大英博物館（フルトヴェングラー，ライヒホルト共著『ギリシアの壺絵』，pl.78）

らの女性たちはすべて、アプロディテのほうを向いており、エロスに集中している。この図像は、天国の世界を、平和な楽園を喚起しているようである。そこでは、さまざまな女性の姿が、幸福な愛を保障する女神アフロディテの、かず多い徳を名のっている。

＊　アリュバロスもレーキュトスも、特定の形態の壺の名。ともに把手がひとつ付いており、香油入れなどに使われた。アリュバロスはとくに、底が丸みを帯びたものを指す。

美にかかわる諸価値は、このようなアプロディテの表象にいきつくが、これらの価値が作用するようになったのは、すでに、女性の姿をした寓意が発達する以前のことだった。冠、花、装飾を配置すること、エロスが婚礼の行列に入りこんでくること、この二つはきそって、新婦の表象を美化している。結婚という儀式は、新婦のヴェールをとる瞬間をとくに重視しているが、これは、花嫁が、花婿とその親類にお披露目されるときである。図像は、それぞれのやり方で、若い新婦に注がれる眼差しの、見せ場となる次元を再現している。そしてそこでは、新婦の形象を美化する記号が、かず多く使われている。紀元前四七〇年代の香油瓶《アラバストロン》（図12）(14)が、こうした現象を明快にみせてくれる。そこでは、ひとりの若い女性が腰かけて、冠をもっている。かの女のうしろでは、少女が進みでて、この女性にアラバストロンを、つまり、この絵が描いてある瓶と同じ香油瓶を差しだしている。花と香油は、化粧の古典的な図像である。女性の正面には、髭のない男性が立ち、杖に寄りかかっている。この杖は、ポリスの市民の特徴なのだ。かれは右手で、若い女性に一本の帯を差しだしている。これは、二人の人物のあいだの会話と贈りもの交換の場面であり、二人の名が記されている。まず、若い男性の杖にそって、「テイモデモスは美しい《ティモデモス・カロス》」と書かれている。カゴがひとつ、二人のあいだに置かれているが、このカゴは、若い女性の仕事に使うものであり、そこには、「新婦は美しい《ヘー・ニュンペー・カレー》」という文がみえている。これらの刻文は対称をなしていない――男性が名前で呼ばれているのに対して、女性は、身分を指すことばで名づけられている――が、そ

図12　「美しき新婦」，アラバストロン，全体と細部，紀元前470年ころ，パリ，国立図書館

のことによって、この図像が、一種のパラダイムを示すものになっている。化粧中の新婦は、帯を受けとるのだが、この帯は、結婚において重要な役割を果たす。女性は腰かけて、立っている男性の眼差しのしたにいる。画家は、この香油瓶のうえに、こうした関係を再現している。この関係によって、女性は、じっとながめるべき美しい新婦になっている。

最初の一連の分析は、結婚の図像群をめぐってのものであるが、この分析の結論を出すにあたって、以下のように指摘することができよう。すなわち、この儀式を図像として処理することは、単なる説明ではないということである。画家たちは、かれらの文化の多様な要素から出発して、しばしば神話的パラダイムを使用しながら、入念に図像をつくり上げている。社会的慣習や、画家たちが描いている儀式、それもとくに、新婦が眼差しの的となる結婚のなかでは、象徴的価値が作用している。これらの図像は、こうした価値を美的なものに置きかえながら、それを眼にみえるものにしている。

これ以外の儀式も、形象による表象作用の対象となっている。これらの儀式は、図式的に二つに分類することができる。まずは、私的な、家族内での儀式であり、以後の分析はここからはじめることにする。もうひとつは、公的・集団的な祭事に結びついた儀式であり、そのなかのいくつかは、まったく女性だけで行なわれる。

葬送の儀式

葬儀を描いた図像の系列でも、一定数の特徴が結婚の図像と共通しているのが認められる。まずとくに、陶器の形態と装飾とのあいだの関係がそうである。また同じく、空間に人物を配置する際に、特別の注意が払われている点もそうである。これらの儀式では、女性たちの占める位置だけでなく、男性と女性とのあいだの役割配分も、明確に決められている。

葬儀

ここでも、図像表現は、儀式のすべての瞬間を再現しているわけではない。死者の化粧は、けっして描かれていない。ただし、埋葬ないし、遺体を棺架にのせる場面も例外的である。画家たちは、壺絵の最初期から、二つのテーマに固執していたようである。通夜《プロテシス》とその葬列《エクポーラ》である。これはまさに、きわめて古い図像表現のモデルであり、幾何学紋様期に、具象スタイルが復活して以来みられるものである。(15) じっさい、紀元前七世紀の中葉に、壺絵が発達するが、そこには、獣、鳥、ウマ、シカが、ついで具体的な場面、おもに葬儀の場面が描かれていた。それらは、アンポラ、クラーテール、ヒュドリアーといった大きな壺で、墓碑のように、墓の位置を示すのに使われていた。したがって、アッティカの図像表現は、死者たちを、もっと正確には葬儀を、故人を讃えるための品物に描くことによって始まったと確認することができる。そして、こうして讃えられているのは、死者の思い

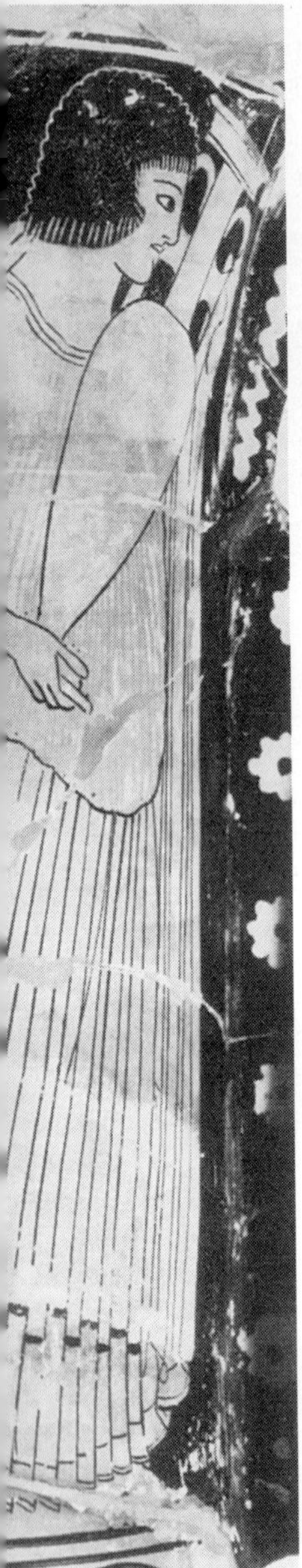

図13 「死者に別れを」、ルートロポロス、全体と頸部と胴部の細部、紀元前五〇〇年ころ、パリ、ルーヴル美術館

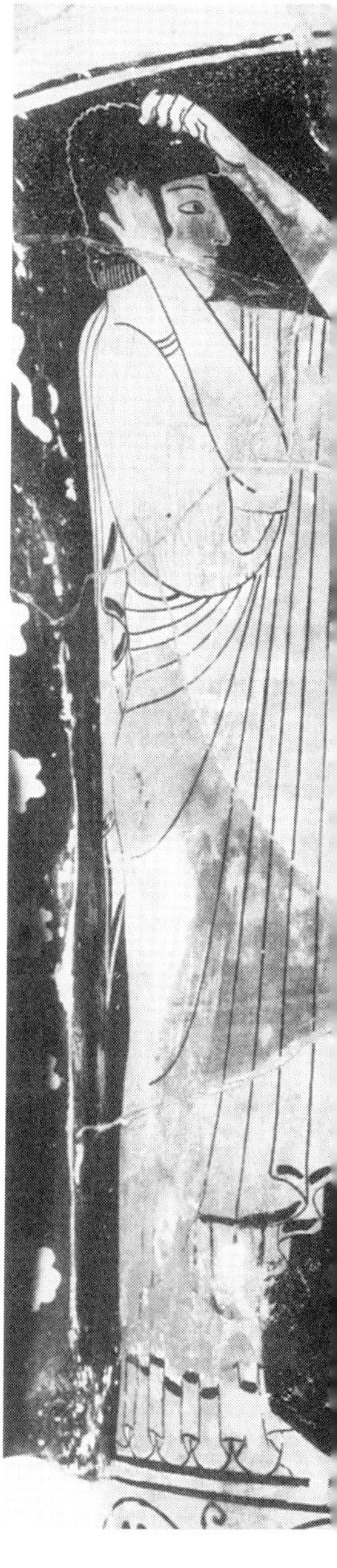

出であるというよりも、故人たちに対する生者の敬虔な心なのである。

この時期に確立されたテーマは、アルカイク・古典の両時期にも、きわめて保守的に存続していた。図像表現には、革新や気まぐれといったものの入りこむ余地がほとんどないため、それは、論理的といえば論理的なことだった。こうして、紀元前四九〇年ころの赤像式の大きなルートロポロス（図13[16]）には、たがいに補いあう三つの場面が描かれている。壺の頸部と、膨らんだ胴と、最下部の細い帯状の部分にである。頸部には、両側に、同じ図像がくり返されている。そこには二人の女性がいて、ひとりが、この絵が描いてある壺に似たルートロポロスをもっている。そこには水が入っているが、この水は、故人を清めるために用いられる。この壺は、新婦の沐浴との関連でみたものと同じであるが、ここでは異なった図像表現に使われている。もうひとりの女性は、両手を頭にやって、髪をかきむしりながら嘆き悲しんでいる。壺の下部、細い帯状の部分には、一連の騎手たちがいるが、おそらく故人の社会的地位と、葬儀にともなう行列とに関係があるのだろう。壺の胴は、主要な部分であるが、そこには、故人がベッドに身を横たえている（図13左下）。頭部だけがみえていて、クッションにのせられ、顎は一種の顎ヒモで支えられている。身体の残りの部分は、経帷子で包まれ、隠されている。四人の女性がベッドのまわりに集まっている。ひとりが、故人の頭部を支えているが、ここが場面の焦点だと思われる。一方、ほかの三人は、嘆き悲しんで、髪をかきむしっている。ベッドの脚もとは、胴部の裏側になるが、五人の男性の出会いが描かれている（図13左上）。右側の二人は、ベッドに背を向けて、右腕を伸ばして、到着した三人に挨拶をしている。この三人の先頭には、青年男性がひとりいる。

もうひとつの資料は、これよりわずかに古いが、そこにも同様の配置がみいだされる（図14[17]）。それは、一枚のテラコッタの陶板画《ピナックス》であり、穴が空けられていて、墓に固定されるためのものである。図像はかなり破損しているが、もっと保存のよい他の資料とつき合わせることによって、解読が確実なものになる。この陶板画の利点

図14 「死者をとり巻く親族」，陶板画《ピナックス》より，紀元前500年ころ，パリ，ルーヴル美術館

は、この系列の資料のなかでは例外的なことだが、刻文がついていて、描かれた人物たちの立場を明らかにすることができる点である。死者はベッドに横たえられて、頭部をクッションにのせている。死者のまわりには、七人の女性がいて、そのうち二人は青年期にある。女性のひとりは、故人の頭部に触れていて、刻文はこの女性を母《メーテール》と名ざしている。母のまえには、小さな女の子がいて、妹《アデルペー》と名ざされている。また、母の正面、ベッドの枕頭には、祖母《テーテー》がおり、右端には叔母《テーティス》がいる。母の背後、つまり向かって左には、父方の叔母《テーティス・プロスパテール》がいる。最後に、もうひとりの叔母が、振り向いて左をみている。女性たちはすべてベッドのまわりに集まり、ほんのひとりの例外を除いて、故人のほうをみている。かの女たちは、乱れた髪に手をやり、嘆き悲しんでいる。それは、「ああ《オイモイ》」という刻文が示すとおりである。この女性たちの態度は、ひとつまえの壺においてと同様、左側にみえている男性たちの態度と対称をなしている。ひとり目の男性は、ベッドの脚もとにいて、ほかの男性たちのほうを向き、かれらに挨拶しているが、この人物は父《パテール》と名ざされている。その髪は白い。家ないし部屋の入り口が、一本の柱によって示されているが、かれはそこで、他の男性たちを迎えている。それは三人の大人と、ひとりの子どもであり、かれらはいっしょに、

死者に別れを告げにやってきたのである。大人のひとりは、故人の兄弟《アデルポス》である。

ここでわたしたちに呈示されているのは、親族の構造である。それはもっとも総括的なかたちで、死者を中心とし、そこを出発点として、死者との関係が示されている。指摘しておくが、死者はまだ若く、両親が葬儀に参列している。このことが、図像をいっそうドラマティックなものにし、おそらく、通常はない刻文の存在を説明している。男女それぞれの役割の区分は、仕草と空間の対比と同様、たいへん明確である。右側の、故人の部屋のなかの、ベッドの周囲では、女性たちがさかんに身振りをして、嘆き悲しみ、喪の苦痛をひき受けている。これに対して、左側、家の入り口では、男性たちが、死者に最後の讃辞をおくり、死者が社会に認められていたことを保障している。このように、葬儀が家内で家族によってなされている段階では、女性たちは、遺体にもっとも近い私的な空間を占め、他方男性たちのほうは、外部からやってきて、離れたところから、亡きがらに別れを告げている。

葬儀を描いた他の陶板画も、似たような局面を呈示している。それらは、ときとして連続して観るようにつくられ、墓に並べて置かれていた。ベルリンに一枚の陶板画があるが（**図15**）[18]、これは、紀元前五四〇年ころのものである。これはまた、すくなくとも一五枚の陶板画からなる全体の一枚だが、不幸にして、この全体は散りぢりになってしまっている。この陶板画が呈示しているのは、一堂に会した八人の女性である。そのうちの五人は、腰かけて、向かいあっているのに対して、三人は立っている。これは、通夜の場面ではない。いかなるベッドも、いかなる遺体もみえてはいない。女性たちも、激しい動作はしていない。女性たちは、重々しく、瞑想にふけっているかのようである。中央に立っている女性が、右手の同輩に子どもを差しだしている。一方、左手に立っている女性は、衣服の一端をみせている。前景では、これも中央に、ヴェールをつけた女性が、他の女性たちから区別される。かの女は、左手で、頬の近くで、髪を一房つかんでいるが、これは喪のしるしである。この女性と

図15　「喪に服す女たち」，陶板画《ピナックス》，紀元前540年ころ，ベルリン，ベルガモン美術館（古代美術収集, pl.9）

向かいあって、もうひとりの女性がいるが、その髪型はほかのだれとも違っていて、より若いようにみえる。この絵が、葬儀を表現するという機能をもっているとすれば、おそらく以下のように理解すべきなのだ。すなわち、これらの女性たちは、女同士で、幼い子どもの母親の死を嘆いているのだ。かの女たちは、その子どもを手から手と渡している。いまや、かの女たちが、この子の面倒をみなければならないのである。年齢の区別がいっさいみられないので、この点でこれらの女性を見分けることはできない。アッティカの壺絵では、形象化の規範があるため、じっさいもっと容易に、男性であれ女性であれ年齢をみわけることができる。たとえば男性は、髭がなかったり、あったり、白髪であったり、禿げていたりする。これらのしるしが、各年齢層と一致しているのである。年齢の区分が、ポリスで、そしてとくに戦争で重要だったからである。ところが女性たちには、一見したところ年齢の区別がない。女性たちの身分では、結婚しているか否かが唯一重要だったのだ。このベルリンの陶板画では、きわめて異例なことだが、図像は、おそらく若い母親の死を喚起していて、その子どもがここで、親類の女性たちの手に委ねられている。たぶん、前景に、故人となった女性の母親と姉妹とを認めるべきなのだ。

図16 「墓への供物」，レーキュトスの図像より，紀元前，450年ころ，アテネ，国立考古美術館

墓への供物

図像表現はまた、葬送の儀式の、もうひとつ別の局面に重要な位置を与えている。それは埋葬の場面ではなく、墓に供物を供える場面である。この行為は、本質的に女性の役割だったようで、事実、かず多くの壺に、女性が墓碑のまえに立って、冠、細い帯、小さな香水壺などを捧げるところが描かれている。女性は、これらの品々を大きな平たいカゴに入れてもっている。ときには、女性たちが墓参りの準備をしている図もみられる。ただし、かの女たちの身分は、あまりはっきりしていない。愛人なのだろうか、召使いなのだろうか、それとも母親か娘なのだろうか？　たいていの場合、これらの場面は、香水壺油瓶——レーキュトス——に描かれているが、この瓶自体がまた、供物として捧げられる。陶器の形状と装飾は、ここでも密接に結びついている。描かれている儀式は、それ自身の機能を場面

に登場させている。たとえば、アテネにあるレーキュトス（図16）[19]には、右に、ひとりの女性が、カゴをもって墓碑に向かって進むところが描かれている。墓碑には、細い帯が周囲に張ってあり、台座の段のうえに、香油瓶と冠が置かれている。この女性の正面には、かの女の動作をみながら、キトーンを着て投げ槍で武装した若い男性が立っている。同じタイプの他の陶器と比較して指摘できるように、ここにみえているのは、参拝にきた男性ではなく、死者の姿である。死者は、図像によって眼にみえるものとなっている。石の墓碑は、墓の位置を示すために、また故人の思い出を保存するために、建てられている。そこは、生者と死者の出会いの地点である。女性は、この場所に来て供物を捧げ、亡くなったものの思い出を維持する。陶器の表面では、墓碑は、眼にみえるようになった故人の像と、故人のお参りに来た女性の像とのあいだで、接点の役割を果たしている。

戦士の帰還

これら葬送の儀式と密接に結びついた表象のほかに、一群の重要な図像がある。それは、死んだ戦士が、軍隊仲間のひとりに運ばれて帰還するところを描いている。あるときは、死んだ戦士と仲間だけが描かれ、ときとしてそれに、叙事詩を連想させる刻文がついていて、死んだアキレウスがアイアスに運ばれるところを示している。だが、もっとも多くの場合、二人は無名で、補助的な人物に囲まれている。すなわち、ほかの戦士たち――重装歩兵や弓兵――ないしは「民間人」――老人や女性――に囲まれている。わたしたちがここでとり上げるのは、最後の女性たちである。ほとんどの場合、女性たちが死者と戦友の先に立ち、かれらを出迎え、激しい身振りをしている。それはまるで、遺体を安置したベッドのまわりの泣き女のようである。わたしたちは、戦争におけるアテナイの習慣をいくらか知っているが、これらの図像は、そうした習慣とはまったく無縁である。戦争では、死者はまとめて積みあげられ、戦場で焼かれた。そしてそのあと、灰だけをポリスにもち帰った。ところが、図

図17　「戦死者の帰還」，アンポラ，紀元前520年ころ，タルクイニア，考古美術館

像は叙事詩に関連づけられている。だから、遺骸をこのように扱うのは、個人的なことであって、死に関する私的な、また家族内での習慣を登場させるためなのだ。つまりこうして、故人を英雄にまつり上げるのである。たとえば、イタリア中部タルクイニアにあるアンポラ（図17）[20]に、そうした図像をみることができる。中央で、前屈みになった戦士が、背中に戦友をかついで運んでいる。運ばれている人物は、動かず、手足をだらりと下げている。友を運んでいる人物は、二本の槍と一枚の大きな盾で武装している。盾には、半円形の切り込みがあり、ライオンとヘビの装飾がついている。二人の女性が、この戦士と死者を囲んでいる。ひとりは、足早に行進の先頭に立ち、一方二人目のほうは、むかって右側で頭に手をやり、喪と嘆きの仕草をしている。葬儀の図像表現は、ここでは戦争という文脈のなかに移されている。そしてそこでは、画家たちは、戦争に関する叙事詩的イデオロギーに、いっそう忠実になっている。

葬儀の図像表現において、女性たちは、非常に重要な役割をもっている。それは、葬儀そのものの表象でも、供物奉納の場面でも同様である。葬儀では、女性たちは故人のもっとも近くに位置している。また供物の奉納では、男性よりも頻繁に、死者との関係を保つ役割をひき受ける。さらに、すぐれて男性の領域である戦争にも、女性たちは、英雄となった死者を迎えるために登場している。そのうえ、戦争をめぐっては、女性たちの役割は、こうした喪のときにだけ限られているわけではない。

出征の場面

いまとり上げたばかりの系列は、これよりはるかに幅広い一群の図像につながっている。これらの図像群は、とくに出征ないし武装の場面において、男性と女性との関係を明らかにしている。じっさい、戦争は、たんに男性だけのできごとではなかった。戦争は、ポリス全体に関係していたため、女性が参加することを前提としていたのだ。

武装

出征の場面を描いた図像には、非常にしばしば、戦士が武装するところがみられる。もっとも多くの場合、戦士は、胴体を守る胸当てを着け終わっていて、脚にすねあてを、すねを守る金属の武具を着けているところである。残る武具は、兜と円形の盾と剣と槍である。これが、重装歩兵の武装一式をなす。当時の歩兵は、戦闘の際密集した隊列を組んで前進し、ひとりの兵士の盾を隣の兵士の盾と部分的に重ねて、隙間のない隊列を形成するようになっていた。だが図像では、画家たちは、こうした密集隊形《ファランクス》ではなく、むしろ、一人ひとりの戦士の出征の瞬間を描いている。そして、これら武装の場面では、女性たちの占める位置は、文書資料から想定されるもの

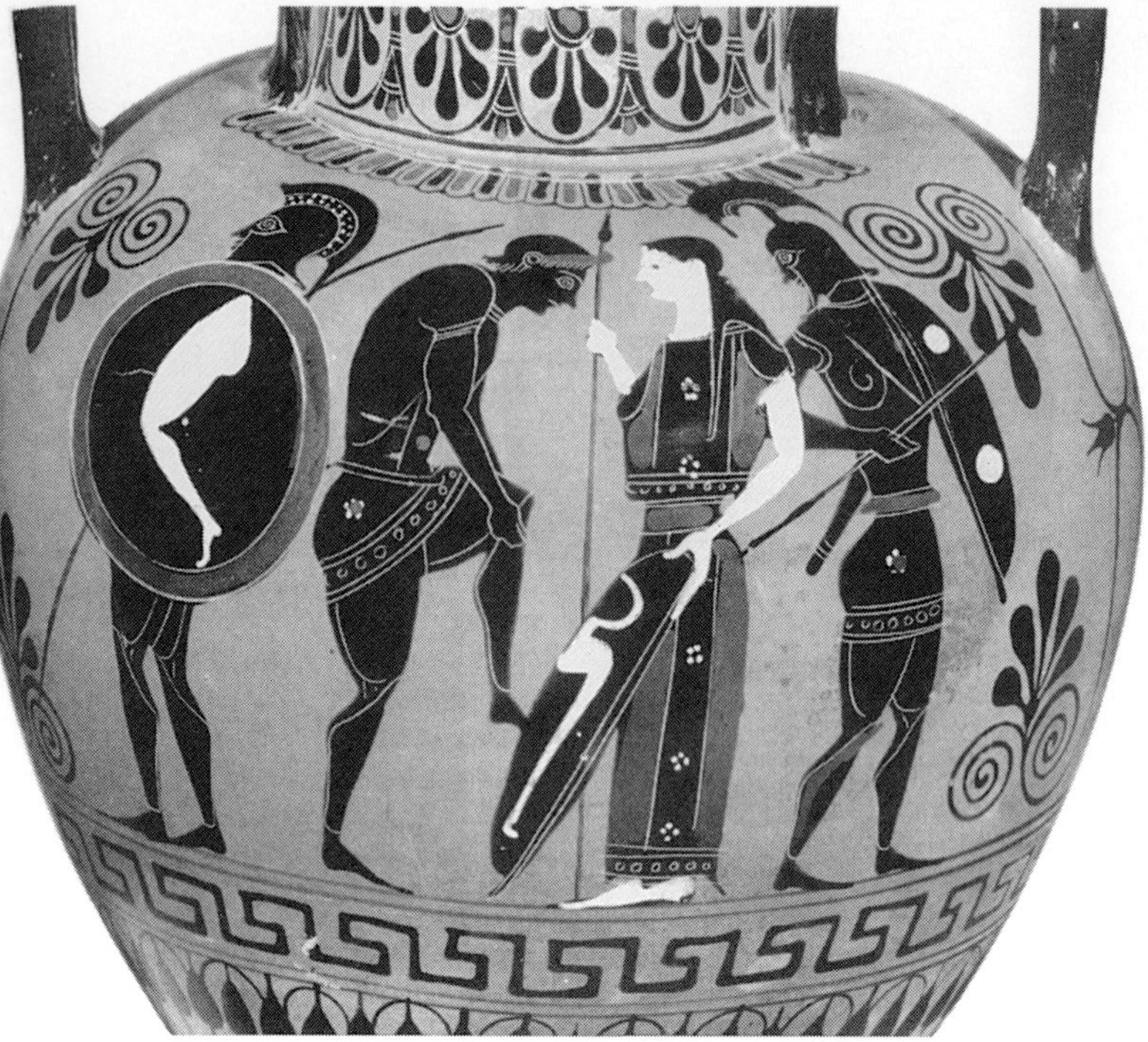

図18 「戦士の武装」，アンポラ，紀元前520年ころ，ミュンヒェン，古代工芸美術館

よりもずっと重要だった。じっさい、きわめて多くの場合、重装歩兵の正面に立って、槍、盾、あるいは兜をもっているのは、女性なのだ。たとえば、ミュンヒェンにあるアンポラ（図18）[21]では、ひとりの若い戦士がすねあてを着けているのに対して、ひとりの女性が、槍と盾を差しだしている。戦士と女性は、別の二人の戦士にはさまれているが、こちらの戦士たちは、すでに出発の準備ができている。

この出征の系列には、武装する重装歩兵をとり囲むものとして、右の例以外の人物もみられる。たとえば、弓兵たちとか、ひとりの老人とかである。これらはつまり、第二義的な人物で、弓兵の場合には、周縁部での戦闘を、また老人の場合は、もはや戦闘に参加しない年齢層を、それぞれ代表している。こうして図像は、出征するものたち——弓兵と重装歩兵——と、あとに残るものたち——女性と老人——とを対比している。戦争においては、男性と女性との関係が、厳密な役割配分によって定められており、女性たちも時局のそとに置かれることはなかった。だが、重装歩兵を武装させている女性の身分は、どんなものなのだろうか？　母親か、それとも妻だろうか？　年齢を見分けるための、図像表現上のしるしがないため、確信をもって断定することはできない。

　死者の帰還の場合と同様に、武装の場面に関しても、神話に言及したモデルがある。テティスが、息子のアキレウスに武具を着けてやるエピソードである。だから、子どもに武具を着けてやるのは、母親だと考えることもできよう。それなら、女性はポリスに戦士をもたらすためにつくられたという考えと一致する。だがおそらく、もっと含みをもって考えなければならない。アキレウスの物語では、母親が女神であるがゆえに、はじめから選ばれることになっているのだ。ところで、トロイアの英雄ヘクトルの図像表現は、もっと複雑である。もっとも古い図像のいくつかでは、ヘクトルは親族に囲まれている。父親でトロイア王のプリアモスが、ヘクトルをみつめ、母親のヘカベが兜を渡している。したがってたしかに、息子に武具を着けているのは母親である。けれども、もっとあとの壺になると、ヘクトルはすでに武装していて、プリアモスのほうを向いている。左側では、ひとりの女性が、かれに平たい杯——ピアレーという——を差しだしている。出征に際して、神に献酒するためである。この女性は、刻文によって、ヘクトルの妻アンドロマケと名が記されている。このように、図像ごとに人物が違ってきている[22]。ここでは、アンドロマケがヘカベと入れ替わっている。だが、仕草もまた違っている。母親は息子に武具を着けていたが、妻は献酒の準備をしている。この二つのモデルをつき合わせてみると、人物の名前のない場面では、女性の地位が二通りあること、また同時に、これらの表象が強度に記号化《コード》された性格のものであることがわかる。このことは、これらの場面に、なかば儀式としての価値をもたらせている。人物の役割と位置は

図19 「出征と祭壇での祈り」，アンポラ，紀元前530年ころ，ローマ，ヴィラ・ジュリア美術館

図20 「祭壇での武装」，クラーテール，紀元前450年ころ，ボルティモア，ウォルターズ・アート・ギャラリー

一定である。そして、ときには、これに家内の祭壇の存在がくわわって、この儀式としての性格を際だたせることになる。

ヴィラ・ジュリア美術館にあるアンポラ(**図19**)[23]では、髭をたくわえた重装歩兵が、槍と盾をもって、祈りの出だしの文句——「主よ《オーナクス》」——を口にしながら、祭壇に植物の供物を置こうとしている。兵士のうえのほうに、刻文があって、この兵士の名——ヒッポメドン——がみえる。テバイとの戦争に参加した七将軍のひとりで、この戦争の指揮官でアルゴス王のアドラストスの同僚である。* かれの正面では、ひとりの女性——ポリュカステ(この図像以外では知られていない)——が、兜と細身の帯を差しだしている。この場面は、テバイとの戦争という叙事詩を想い起こさせる。またそれは、戦争の図像表現において、もっとも重要な瞬間でもある。図像は、供物と祈りによって、この瞬間に、きわめてはっきりと宗教的次元を付与している。この数十年後、似たような場面構成がふたたびみられる(**図20**)[24]。ひとりの若い戦士が、兜と盾を受けとっているが、それらは、ひとりの女性によって、祭壇のうえでかれに渡されている。

* オイディプスの悲劇ののち、テバイでは、息子エテオクレスとポリュネイケスが王位を争った。はじめは、一年ずつ交替で治めるべく協定が成立したが、やがてポリュネイケスが争いに敗れ、追放されてアルゴスにいたる。アルゴス王アドラストスは、ポリュネイケスに王位を奪回すべく約束し、みずからを先頭に、ポリュネイケスを含む六人の将(これを、「テバイに向かう七人の将」という)を従えて、テバイ攻略に向かう。戦いはアルゴスの敗北に終わり、アドラストス以外の六将すべて戦死する(前掲『ギリシア神話』、一二三一—二二七ページ)。

これら出征の場面は、つねに個人のものであり、戦争の集団的な性格と対称をなしている。この系列の表象には女性も登場し、家庭と、これから戦士に渡される武器の側に立っている。またこれらの表象は、戦争に関するイデオロギーを展開しているが、そこでは英雄的価値と、神話的な思考の枠組《パラダイム》が称揚されている。と同時に、戦争は、戦争と家庭を、つまり家《オイコス》を結びつける次元で呈示されてもいる。

図21　「出征と献酒」，杯，紀元前430年ころ，ベルリン，古代美術館

図22　「胸当てを運ぶ女」，レーキュトス，紀元前460年ころ，パレルモ，考古美術館

献酒の儀式

紀元前五世紀もより遅くなると、壺絵の画家たちは、ヘクトルの表象に関してみたように、献酒の瞬間をとくに好むようになる。ベルリンのある杯（図21）[25]には、中央に、髭のない若い男性が、槍と盾をもって描かれている。その右側には、髭をたくわえた老人が、杖にすがって、場面の目撃者となっている。これはおそらく、重装歩兵の父親であって、出征しないものたちを代表している。兵士の左側には、ひとりの女性が、水差し型の壺から、若い戦士の差しだす平杯《ピアレー》に、酒を注いでいる。献酒の儀式は、女性に、たいへん重要な役割を与えている。というのも、儀式に使う壺に酒を満たすのは、もっとも多くの場合、女性だからである。献酒は、きわめて短い瞬間であって、人間の活動を区切り、活動と活動の連結点を画し、独立した行為として現れることもあれば、もっと複雑な儀式の連続した要素のあいだに挿入されることもある。こうした見方に立てば、献酒の儀式は、カトリックの祈りのなかで十字を切る仕草と比べることができよう。それは、空間と時間とを画するものなのだ。だがそれは、個人ひとりで完遂されるものではない。献酒は交換なのである。献酒は絆のしるしであって、その絆は、儀式に参加するもの同士を結び、そしてこれらの人々と神々を結んでいる。出征や帰還のとき、こうした仕草がこれらの関係を現実のものとする。そして、驚くべきことに、戦争という文脈のなかで、女性はこのような役割をもっている。すなわち、たしかに補助的ではあるが、儀式のなかで欠くことのできない役割を。

戦士の武具と女性との関係は、きわめて密接なので、図像のなかでこの関係自体を示すだけで十分な場合もある。イタリアのパレルモにあるレーキュトス（図22）[26]では、女性がただひとりで、胸当てをもって進んでいる。この図像は、女性の姿だけをとり出しているが、それは、もっと複雑な表象の断片なのだ。この女性は、テティスにつき従う海のニンフ《ネレイス》たちのひとりであり、アキレウスに武具を渡そうとしているところかもしれない。また、

図23　「青年の武装」，アンポラ，紀元前440年ころ，ミュンヒェン，古代工芸美術館

図24　「アテナのまえでの献酒」，オイコノエー，紀元前460年ころ，フェラーラ，考古美術館，（アウリジェンマ，『スピーナ』，pl.162）

戦士の恋人が、武具を渡そうとしているところかもしれない。

ミュンヒェンにあるアンポラ（図23）[27]は、ひとつの変型を示している。若い男性が、武具も着けずに、杖に寄りかかって立っている。かれはキトーンを着て、帽子をうなじのところまで下げている。これと向かいあって、ひとりの女性がかれに剣を差しだしている。兜と盾は、二人のあいだの地面に置かれており、この二〇歳まえの青年の服装と対称をなしている。この図像は、武装の場面というよりも、社会的地位の変更の場面を思わせる。つまり青年は、単なる青年から、重装歩兵になったのである。そしてそこでは、女性がきわめて重要な役割を果たしている。

最後に、もうひとつの変型（図24）[28]——ただ一例しかない——は、ここでとり上げた二つのテーマ、すなわち献酒と武装を、ひとつの構図のなかで結びつけている。そこには、戦さの女神であり、ポリスの守護神でもあったアテナが登場する。アテナの左に、女性がひとり、献酒用の壺と杯をもっている。この二人のあいだ、地面のうえに、兜が盾のうえになって置かれている。この構図には、二通りの解読が可能である。まず、武具はこの女神のものであり、献酒は、女神に対してのみ行なわれている。つぎに、こちらのほうがどうもそうらしいのだが、あるいは、武具は、ひとりの戦士を暗示していて、その戦士はこの場にいないか、死んでしまっており、かれのために献酒の酒が注がれている。ともかく、ここには、二人の女性の姿しかない。ひとりは死すべき人間であり、もうひとりは神である。これは、戦争という世界そのものを喚起しているのだ。なお指摘しておくが、この絵のある壺自体が、女司祭のもっている水差

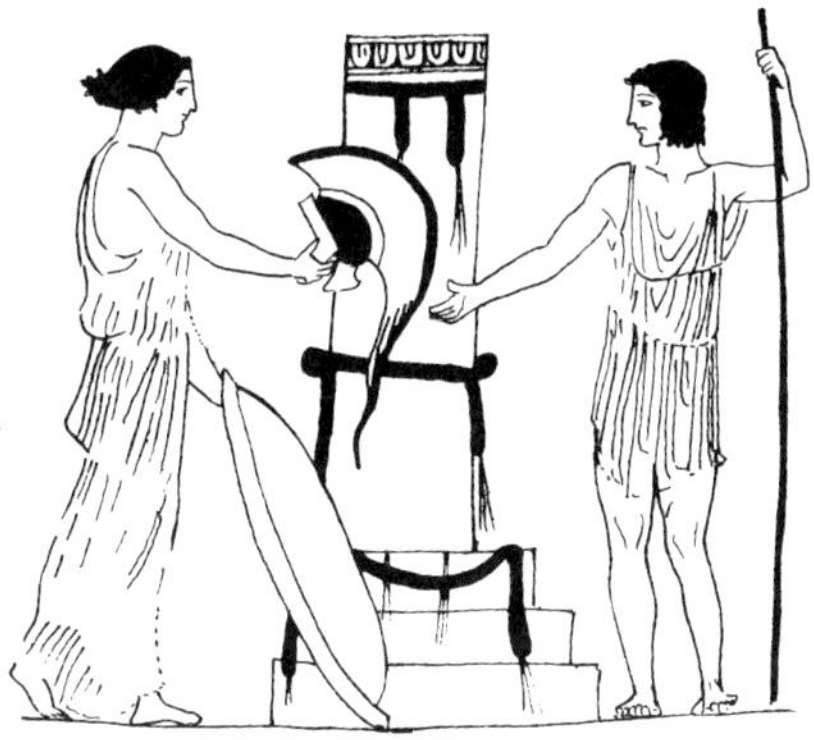

図25 「墓前での武装」，レーキュトスの図像より，紀元前450年ころ，アテネ，国立考古美術館

し型の壺と、よく似た壺なのである。

　これとは別の二つのテーマ武装と葬儀を結びつけた例が、アテネにあるレーキュトス（図25[29]）にみられる。中央、いく段かの台座のうえに墓石が建っており、細身の帯で飾られている。その左側には、女性がひとり、盾をもって、若い男性に兜を差しだしている。男性は短いキトーンを着て、槍で武装している。明らかにこれは、墓地での武装の場面ではなく、二つの空間を張りあわせたものなのだ。ひとつは、家という空間であって、戦士は、出征まえにここで武装する。もうひとつは、墓前という空間であって、生者たちは、故人を讃えるためにここにやってくる。どちらの場合でも、女性が武具を渡し、女性が供物を捧げる。つまり女性は、きわめて重要な機能を負っている。

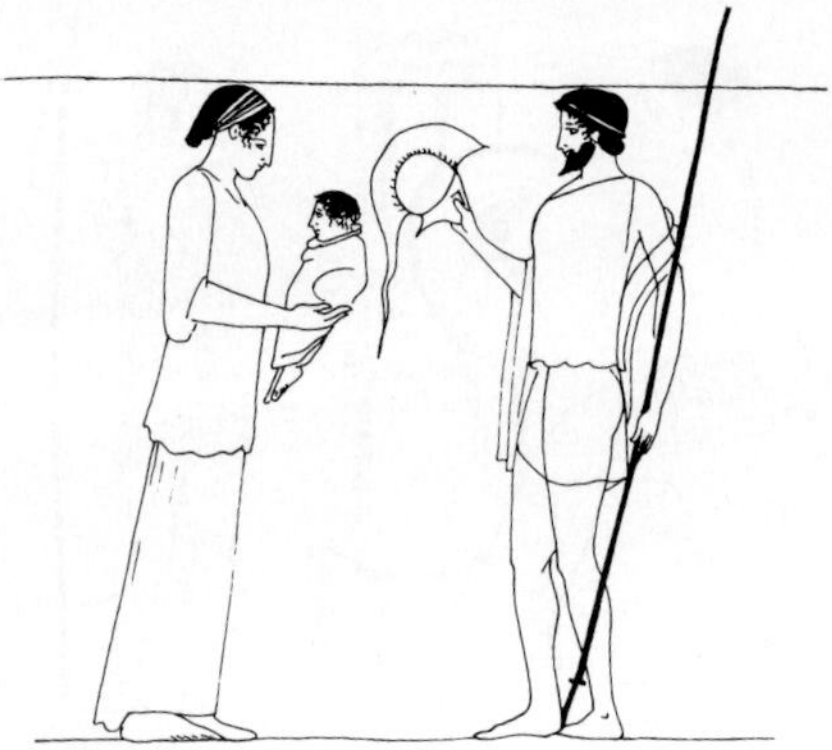

図26　「ベッド、戦争」，レーキュトスの図像より，紀元前450年ころ，ベルリン，古代美術館

ベッド、戦争

　ベルリンの古代美術館にあるレーキュトス（図26[30]）は、独特な出征の場面で、男性と女性を対照して描いているが、これには、二通りの解読ができる。女性がひとり立っていて、産着にくるんだ子どもを抱いている。その正面に、男性がひとり、槍で武装して、兜を右手にもっている。二人の人物は向きあっている。この図像は、例外的なかたちで、ひとつの家族を、すなわち父親と母親と幼い子どもを描いているが、明らかに、『イリアス』の有名な場面、ヘクトルとアンドロマケの別れの場面を想い起こさせる。ただその場合には、テクストにある細部の多くが、ここではとり上げられていない。いずれにせよ、ここでは、神話を連想することなく、男性と女性

という二つの社会的地位の対称をみることができる。男性には戦争、女性には子どもたちというわけだ。両者は、このような並行関係にあるが、これについては、新郎新婦の馬車や、戦士の戦車に関する例（図6）で、すでにみたとおりである。葬儀を描いた壺には、このような図像が二つの死を喚起している。それは、つねに存在する死であるが、戦闘での男性の死と、出産の際の女性の死である[31]。

死んだアキレウスはアイアスにかつがれ、テティスは息子に武具を渡し、ヘクトルはアンドロマケに別れを告げる。これらのエピソードのどれもが、転用されて、無名の戦士たちの図像となっている。そしてこれら戦士たちのかたわらで、女性は重要な役割を果たしている。家《オイコス》を、つまり家族という家内の空間を存続させる役割をである。女性は、子どもたちの母として登場するが、この子どもたちがまた、重装歩兵こそポリスの防壁だとする男性のイデオロギーにしたがって、ふたたび戦士になるのだ。

ところで、ここで強調しておかなければならないが、アッティカの陶器の系列のなかでは、「母親を描いた」場面はまれにしかない。そうした場面は、紀元前五世紀末から四世紀に彫られた墓石に、はるかに頻繁に認められる。これらの墓石は、故人たちを、その死を嘆く生者たちのと関係において記念するものである。そのため、これらの墓石は、より個人的なものであり、そこに読まれる刻文は、死者がだれであるかを確定し、その親族関係を明らかにしている。いくつかの墓石には、産褥で死んだ妻たちや、結婚まえに、あまりにも早く死んだ若い娘たちが描かれている。陶器には、こうした事例がまったくない。陶器の図像の機能は、もっと類型を示すものであって、特定の個人を表象するのではなく、むしろ、神話のモデルや、社会生活に関する思考の枠組《パラダイム》を示す瞬間を喚起することだからである。

壺絵では、母親の図像はきわめてまれである。母親と子どもを結びつけた図像が、いくつか知られているが、もっとも多くの場合、それらは家のなかの、女同士の場面である。これに対して、子どもの表象は大部分、小さな儀式用の壺の系列に属している。そこでは、子どもだけが、仲間同士で遊んでいるところが描かれている。この壺は、花の祭《アンテステリア》の際に、子どもたちに贈られるものだった。[32] 母親は、壺絵の画家たちにとって、適切な図像のテーマではなかった。出産の場面などいうまでもない。ただ、ゼウスの場合は例外である。そこでは、ヘパイストスが、エイレイテュイアと呼ばれる出産の女神たちに囲まれて[33]、斧の一撃でゼウスの頭を割り、そこから娘のアテナが生まれるのを助けに来て——この出産は、分娩とはぎゃくに男性（神）によってなされ、印象的な図像の系列を形成している——いる。だがこれ以外には、いかなる誕生の表象も存在していない。出産は女性のできごとであり、みせることのできないものだったのか、あるいは、画家たちが、身体の生物学的作用など関知せず、したがって興味をもたなかったのだろう。授乳の場面でさえ、例外的なものである。ときとして、アプロディテが、息子のエロスに授乳している図がみられるが、このテーマもまれである。ベルリンにある水瓶《ヒュドリアー》（**図27**）[34] には、一見したところ牧歌的といってもいい場面が描かれている。髭を生やした男性がひとり、左のほうにいて、杖に寄りかかっている。かれは、腰かけている女性をみている。女性は、膝にのせた子どもに乳房を含ませている。この女性の足もとでは、二羽のオンドリが対峙している。右端には、ひとりの女性が、羊毛入れのカゴのそばに立って、糸を紡いでいる。この図像に、家庭の一場面をみることもできよう。両親と子どもだけでなく、召使いの女性までが、平穏のうちに集まっているというわけだ。人物に付けられた刻文によって、このような親族関係が確認されるが、これらの刻文は、また同時に神話的な意味をもたらし、図像の意味を変えてしまう。父親

図27 「母と子——エリピュレとアルクマイオン」，ヒュドリアーの図像より，紀元前440年ころ，ベルリン，古代美術館

はアンピアラオス*であり、母親はエリピュレ、その息子はアルクマイオンである。一時アルゴス王だったアンピアラオスは、妻に裏切られ、ポリュネイケスをテバイの王座につけようとして死ぬことになる。アルクマイオンは、母を殺して、父の復讐を遂げる。このようにみると、この図像の悲劇的なアイロニーを、すっかり理解することができる。それは、家庭生活の魅力を描いているどころか、一連の悲痛な分裂を暗に喚起しているのだ。このようにみると、また、オンドリの闘いの存在も、もっとよく説明がつく。二羽のオンドリは、エテオクレスとポリュネイケスの兄弟喧嘩を想い起こさせ、家庭《オイコス》のただなかに、家族とポリスをひき裂く不和と羨望のあることを示している。すべての図像が、節度あるものであるわけではない。そして、この場面に、単なる日常生活の一コマを読みとることはできない。「類型」を表す場面は、神話の領域においてしか意味をなさない。この機会に、もう一度くり返して、神話的なものと日常的なものとが相互に干渉しあっていることを、強調しておくべきなのだ。

＊　前出のアルゴスとテバイの戦争（三〇三ページの訳註参照）に先だって、アルゴスでは王位争いがあった。はじめ、アドラストスが王だったが、よそから来たアンピアラオスに王位を奪われた。しかし、その後両者のあいだに和議が成立し、アドラストスが王位に戻り、アンピアラオスは、アドラストスの妹エリピュレを妻として、アドラストス配下の将となる。テバイ遠征をひかえて、予言力のあったアンピアラオスは、この遠征でアドラストス以外の将がすべて死ぬことを知り、はじめ参加を拒む。だが、エリピュレが、ポリュネイケスから指輪を贈られて買収され、アンピアラオスを説得する。戦いは、アンピアラオスの予見どおり、アルゴスの敗北に終わり、アドラストスを除く六将はすべて戦死する。アンピアラオスが「妻に裏切られた」とは、エリピュレがポリュネイケスに買収されて、夫を死地に赴かせたことを指すか（前掲『ギリシア悲劇』、一三二―三三ページ）。

女たちの儀式

このように、婚礼から葬儀まで、いくつかの重要な壺絵の系列が、家族内での儀式のためにつくられた。だがそのほかにも、さまざまな図像があり、それらはもっと変化に富み、それほど多くはないが、いくつかの系列をかたちづくる。これらの図像は、集団の慣習を宗教的空間と関係づけながら描いている。そして、この空間は、神を示すものが、すなわち彫像や、肖像、供犠用祭壇が存在することによって、それとわかるようになっている。アッティカの暦からは、かず多くの祭があったと推察される。だが、大部分の場合、これらの図像を、こうした祭のなかのどれかと正確に結びつけるのはむつかしい。だから、宗教史家たちが展開している論争には、立ち入らないことにしよう。おそらくそこには、重要な問題はあるまい。むしろ、これらの系列のなかで、女性に割りふられている役割に注目しよう。そしてとくに、もっぱら女性だけで行なわれた儀式の役割に、注目しよう。

合唱《コロス》

音楽と舞踊は、古代ギリシアの文化生活のなかで、主導的な位置を占めており、かず多い祭の際には、神々を

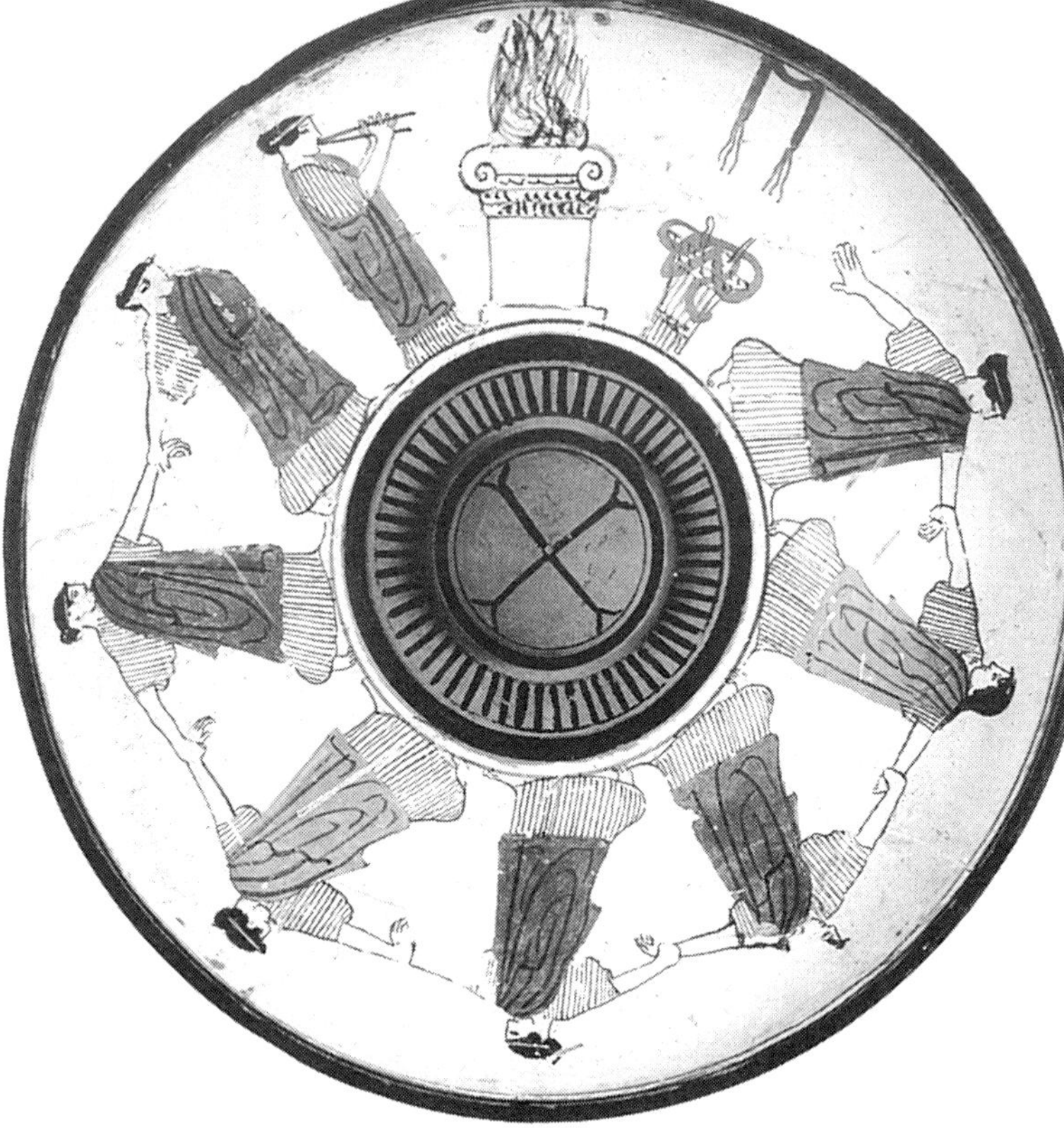

図28　「女性の合唱隊《コロス》」，ピアレー，紀元前460年ころ，ボストン，ボストン美術館

讃えるために合唱隊が組織されていた。だから、きわめて多様な合唱形態の痕跡が残っている。たとえば、古代ギリシアの叙情詩は、こうしたタイプの歌と、ほとんど全面的に結びついていた。たしかに今日、わたしたちにとって、そのリズムや、調べや、舞踊の振り付けを、正確に再現することはむつかしい。けれども、いくつかの図像は、ある合唱がどんなふうになされたのかという痕跡を残している。指摘しておくが、これらの合唱は、その大部分が女性によってなされている。一〇〇ほどの例が知られているが、その八〇例近くが、女性や、若

い娘による合唱を描いている。

ボストンの美術館に脚のない杯（図28[35]）があるが、そこに格好の例が認められる。この容器――ピアレー――の形状は、杯を献酒の式に関係づけるとともに、内側を飾る場面に、宗教的な次元をつけ加えている。アウロス（リード付きの一種の笛）を演奏する女性が、火の燃えさかる祭壇のまえに立っている。炎は、供犠の式が進行中であることを示している。祭壇の右側には、カゴが地面に置かれて、そこから細い帯がはみ出している。このカゴ《カラトス》は、羊毛を紡ぐ労働を想い起こさせている。それは女性たちに固有の活動であり、かの女たちは、ここにやってきて、自分たちの労働の道具を、貢ぎものとして神々の祭壇のそばに置いているのである。このカゴのうえに、帯がつり下げられている。それは、かなりの間隔をおいて二カ所で止められているが、装飾であると同時に貢ぎものでもあり、奉献のしるしでもあり、かず多くの状況で認められる。これらの貢ぎものを捧げる対象は、ここでは示されていない。画家は、神の姿ではなく、儀式の行為そのものを描こうとしている。つまり、この図像をとおして、神をみるのではなく、この女性たちの踊りというパフォーマンスを称讃しているのだ。器の内側をぐるりとめぐって、七人の女性からなる合唱隊が、たがいに手をつないで、両端で切れた連鎖のかたちで進んでいる。杯の円盤状の表面が、祭壇のまわりの踊りの通り道を示している。この図像の構成は、はっきりと三つの語源――科学的には議論の余地があるが、想像力のなかでは生きている――を表している。まずギリシア人たち自身が、合唱（隊）《コロス》という語をあげている。それは、喜ばせる《カイレイン》という動詞との連想で、祭と喜びの瞬間となる。つぎに、環状の空間《コーロス》という語に寄せて、「コロス」という語は、踊りの通り道と結びついた空間の意味をもつ。最後に、「コロス」という語に手《ケイル》という語との連関が認められる。これは、女性たちの集団の構造を強調している。つまりかの女たちは、たがいに手をつないで、鎖状になって進むというわけだ。神は、労働の道具という貢ぎものと、音楽、おそらくは歌と踊りによって讃えられている。音楽は、明らかに同年代の女性たちを、均質な

図29　「供犠用のカゴをもつ女」，レーキュトス，紀元前480年ころ，パリ，ルーヴル美術館

集団に統一し、かの女たちを、個人の連続というよりは、ひとつの集団にしている。

犠牲をめぐって

祭壇《ボーモス》は、しばしば、儀式という行為の焦点となる。犠牲獣の血を流す式のなかで表現されるとき、女性は、カネポーロスの役割を果たす。カネポーロスとは、供犠に用いるカゴ《カヌーン》を運ぶ役目である。カゴのなかには、火にくべる穀類、犠牲獣を飾る細い帯、獣の喉をかき切るのに使う小刀が入っている。このカゴは、木の枝などで編んだ製品で、特徴として、三カ所が高くなっている。こうしたカゴの持ち手を描いた図像は、かず多くある。たとえば、ルーヴル美術館にあるレーキュトス(図29)[36]では、女性がひとり立って、祭壇にむかって進んでいる。女性は、左手に、三枚の立て板のあるカゴをもっている。女性のうしろの柱は、聖域の空間を示している。図像は、これ以上なにも明らかにしていない。祭壇に向かう女性をとらえているだけである。あたかも、これが最小単位の絵文字であって、儀式における女性の役割を喚起し、この女性がなにものであるかを語るのに十分であるかのようである。

アドニア祭

他の図像の系列では、進行中の行為の描き方がもっとはっきりしており、女性たちの宗教的役割に関して、新たな側面をとらえることができる。こうした系列のなかのひとつが、かなり遅くなって、つまり紀元前五世紀の後半になって、分類目録に登場してくる。そこには、いくつかの儀式の仕草がみられるが、それらはきわめて特別であるため、間違いを恐れることなく、花祭《アドニア》のものだということができる。この祭は、もっぱら女性だけで行なわれる祭だった。ドイツのカールスルーエにあるアリュバロス型のレーキュトス(図30)[37]には、場面に二人の女性がみえているが、そのうちのひとりは、中央で、梯子の一段目に登っている。その右には、エロスが、翼の生えた若い男の姿で、半分に割れたアンポラを、頸をしたにしてもち、この女性に差しだしている。アンポラには、植物の若い芽が入っている。地面には、もうひとつ別のアンポラが、やはり半分に割れ、上下さかさまにしてエロスの左に置かれ、また〔エロスの右には〕植木鉢があって、植物が生えている。これは、家の屋根のうえに、これらの壺をもって上がる瞬間である。壺には、短命な植物が入れられている。これは、東方から伝わった儀式で「アドニスの庭」と呼ばれていた。この儀式は、アプロディテによって創始されて、若くして死んだ美しきアドニスを記念するものだという。この図像では、屋根に登る女性は、アテナイの一女性で、奉公人の役目をするエロスに手伝ってもらっているとみることができる。あるいは、それはアプロディテ自身で、息子を伴っているのだとみることもできる。これはけっして、豊饒を祈る農業の儀式ではない。むしろ、大地の生産力の守護神デメテルに関する祭を逆転させたものなのだ。大地から芽生えたばかりの草木は、実をつけることなく、夏の暑さに焼かれようとしている。芽は、きわめて早く育つと、すぐに枯れてしまう。最後に、ここでは、通常のかたちの農業空間が否定されている。そしてこれこそ、この図像が明らかにしている点なのだ。つまり、これらの庭は大地にではなく、割れた壺のなかにある。草木は大地に生えているのではなく、屋根のうえに生えている。アドニスの早熟な死を、その衰弱を、比喩的に表す庭園によって讃えているのである。この儀式は、オリエ

図30 「アドニスの庭」，アリュバロス，紀元前390年ころ，カールスルーエ，バーデン郷土博物館

ントから伝わってきたが、もっぱら女性だけによってとり行なわれ、香水壺に描かれている。これらの香水壺は、とくにアプロディテとエロスの絆を明らかにし、この祭に関して、アリストパネスの女性嫌いの観点よりも、ずっと牧歌的な見方をもたらしている。

図31 『クマ』と呼ばれる少女たち」、ブラウロンのアルテミス神域出土のクラーテールの図像より

「クマ《アルクトイ》」と呼ばれる少女たち*

もうひとつの系列は、きわめて確実に、ブラウロン**でのアルテミスの祭儀に結びつけることができる。なおこれについては、女性たちの通過儀礼に関する章〔第7章〕で研究されることになる。[38] それは、小型のクラーテールで、供物として聖域に置かれていた。これらのクラーテールに描かれているのは、祭壇のまわりでなされる少女たちの競争、ないしはその準備である（図31）。それぞれの資料は、他の資料とは異なっており、また、それらが断片の状態にあるため、分析がむつかしくなっている。けれども、ここでもまた、器の図像表現と機能とのあいだに、密接な関係を認めることができる。これは、アルテミスを讃える儀式の図像であり、この儀式は、少女たちによって、この女神に捧げられている。

* 処女神アルテミスは、純潔を誓ったニンフたちをひき連れていたが、うちひとりがゼウスに愛されて子どもを産んだため、女神の怒りに触れて、子どもとともにクマに変えられ、のちにそれぞれ大グマと小グマの星座になった。この逸話にちなんで、アルテミスの祭りに参加した少女たちが、

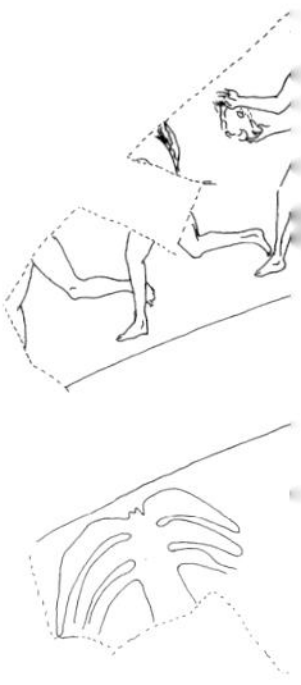

「クマ」と呼ばれたらしい（前掲『ギリシア神話』、一四二ページ、および桜井万里子、『古代ギリシアの女たち』、中公新書、一九九二年、三一ページ）。

** アッティカの地名。アルテミスを祭る神殿があった場所。

ディオニュソスに捧げる儀式

これまで検討してきた系列に、最後に、七〇もの陶器からなる資料体をつけ加えることができる。そこには、一群の女性たちが、ディオニュソスの像のまわりで、踊ったり、ブドウ酒を調合したりしているのがみられる。ここでも、描かれている祭礼に関しては、意見の一致がない。アンテステリア祭、ないしレナイア祭だといわれている。* どちらかに決定する要素が欠けてはいるが、一定数の特徴がどの図像にもみられるため、これらの図像《ルプレザンタシオン》によって、儀式がどんなものだったのかは、たいへんよくわかる。どの図像も、お面をつけた――面は、ときにはカゴに入れて運ばれている場合もある――組立式のディオニュソス像を中心に構成されている。面は支柱にとり付けられるが、柱のほうは、キヅタで飾られた、襞のある衣装を着せられている。面は、ほとんどいつも正面から描かれて、観るものの視線を図像《ルプレザンタシオン》の中心に固定しようとしている。横向きの場合は、ときに左右二面が描かれている。この神の像のまえには、しばしばテーブルがあって、そのうえには、ブドウ酒と水を混ぜるための壺《スタムノス》が、いくつか置かれている。ディオニュソス像を囲んで、登場している人物はすべて女性である。

* いずれも、アテナイで行なわれていた、ディオニュソスを讃える祭。アンテステリア祭は、二月末の花祭、レナイア祭は、一月のブドウ搾り器の祭。

図32　「ディオニュソスをめぐる踊り」，杯，紀元前490年ころ，ベルリン，古代美術館

図33　「ディオニュソスの眼差しのしたで」，スタムノス，紀元前460年ころ，ローマ，ヴィラ・ジュリア美術館

たとえば、ベルリンにある杯（図32[39]）は、この系列のなかでもっとも有名なものである。ただしこれには、例外的な特徴がいくつかある。ともかく、そこでは、ディオニュソスの面が、横向きで、木の枝に囲まれている。刺繍のある豪華な衣装が、支柱を隠している。このディオニュソス像のまえ、すなわち画面の右側に、横からみた祭壇がある。祭壇は、犠牲獣の血が付いており、飾りとして、腰かけた人物の小さな像が描かれている。神像と祭壇からなる一式の左側では、ひとりの女性が縦笛《アウロス》を吹き、その音色によって、我を忘れて抑えのきかなくなった踊りの一団を先導している。それは一〇人ほどの女性からなり、輪になって、器を一周している。女性たちは、髪をふり乱し、一人ひとりが旋回しているが、全員が一体となっているわけではない。この点は、手をつなぎあった、ボストンのピアレー〔三一三ページ、図28参照〕の場合とは違っている。ディオニュソスの面をめぐる踊りのなかで、踊り手一人ひとりが、順番にこの面と差し向かいになるわけだが、こうした踊りが、このディオニュソスを讃える儀式の本質的な要素をなしているようである。

こうした集団トランス状態の場面の対極にあって、また別の図像——こちらのほうが、より頻繁にみられるのだが——は、ブドウ酒の調合だけを描いている。ヴィラ・ジュリア美術館にあるスタムノス（図33[40]）に、同じディオニュソスの像を、もう一度みることができる。面は、今度は正面をみせており、図像の中央に位置し、テュニカが、キヅタの枝で飾られた支柱を覆っている。円形の菓子が、両側肩の高さに付けられている。前景のテーブルのうえには、丸いパンと、二つのスタムノスがのっているが、この二つは、図像が描いてある器とよく似ている。左側のスタムノスから、ひとりの女性がブドウ酒を汲みだして、飲用の器を満たしている。右側では、もうひとりの女性が、同じような器、スキュポスをもっている。二人の女性は、ぴったりとした衣服を着て、髪を入念に結っているが、その落ち着いて堂々とした態度に注意して欲しい。ここには、いかなるトランス状態もみられない。まったく反対に、すべてが静寂と抑制を指ししめしている。女性たちにみられる秩序が、よき調合の保障なのだ。

ここには、ディオニュソス信仰に対する見方が示されているが、それは、この神のもっとも洗練された精神と呼応している。そしてそれは、アテナイというポリスと、もっともよく同化する精神なのだ。だがそれは、テバイを舞台にした物語のかずかず、そしてとくに、テバイの王ペンテウスの物語と対照をなす。ディオニュソスは、この王の疑り深さを罰するにあたって、王の母アガウエを気の狂った殺人者に仕立て、王にむかって放つ。* これは、悲劇詩人エウリピデスの『バッコス〔ディオニュソスの別名〕の信女』の物語であるが、それは、わたしたちを、いままさに飲まんとするブドウ酒をめぐる、統制がとれて、秩序だった平静さから、はるかに遠いところへと連れていく。ここでももう一度、図像の描いてある容器が、描かれた図像に登場している。この反射的なタイプの表現法は、女性だけの儀式に関する男性の見方を観るものに提起する。そこでは、アテナイの女性たちは、きわめて安全な巫女なのである。

* テバイの若い王ペンテウスは、ディオニュソスの神性を認めず、この神を投獄しさえする。ディオニュソスは、これを罰するため、ペンテウスに罠を仕掛ける。すなわち、この神の巫女たちが性的な乱交にふけっているのではないかと、ペンテウスが疑うように仕向けたのである。ペンテウスは、巫女たちの様子を探るため、女装して出かける。そして、ペンテウスの身内の女たちが、ディオニュソスの手によって狂乱状態になっているのをみつける。その様子をみようと、ペンテウスは木に登るが、そこを、狂乱状態になった母親アガウエらに発見され、ライオンと誤認されて八つ裂きにされる（前掲『神話事典』、ペンテウスの項）。

女性像の神話上の典型に関していえば、これ以外に、ディオニュソスの巫女たちをもっと凶暴なものとみなす解釈をいくつか、のちにみることにしよう。だがここでは、この系列に、もうひとつ壺——特異なものであるが——を付け加えるだけにしておこう。その図像は、この儀式の戯画のように思われる（**図34**）[41]。それは、小さなスキュポスであるが、そこには、ディオニュソスの面をめぐる儀式の諸要素が、すべてくり返されているものの、その一つひとつが意味を変えられている。この壺では、二面に別れた二つの図像を、ひとくくりにして解読しなければならない。ひとつの面には、一種の小人の女が描かれている。顔つきはずんぐりして、不格好で、衣服を着けておらず、木の葉の冠をかぶり、スキュポスを口へもっていこうとしている。これはもはや、儀式で供されるブドウ酒を調合する堂々たる女性ではなく、野蛮な様相の戯画であり、調合もせず、ほかの人物たちと分けあうこともなく、たったひとりで飲んでいる。裏側には、支柱が描かれているが、それは実際には、直立した男性性器、つまり巨大なペニスであって、亀頭には眼がひとつあり、根元には翼が生えており、ディオニュソスの支柱と同様キヅタの枝で飾られている。ここでは、神はもはや面ではなく、生きたペニスなのだ。また、ここで喚起されているのは、視線の魅惑ではなく、この神が支配している性的エネルギーなのだ。これが儀式の図像であることは、犠牲獣を入れるカゴでわかる。それは、三つの突出部があり、カヌーンと呼ばれているが、この図では、柱に見立てたペニスのてっぺんに置かれている。この像のまえには、面を付けた柱のまえと同様に、テーブ

図34 「ディオニュソス信仰のパロディー」，スキュポス，紀元前440年ころ，ミュンヒェン，古代工芸美術館

ルがひとつあり、そのうえにスキュポスが置かれている。今度もまた、図像の描かれた器と同じ器である。全体の仕掛けは、スタムノスの系列と同じものであるが、ここでそれが再度使われているのは、スタムノスに描かれた儀式をパロディー化しながら、猥雑な酒飲み女をひとりだけ呈示するためである。そしてそれによって、女性を酔っぱらい女にしてしまっているが、こうした女性像は、アリストパネスの喜劇にしばしばみられるモデルと一致している。

ついいままで、儀式を形象化したものをいろいろとみてきたが、それら全体からひき出されるのは、死者をめぐってであれ、神像をめぐってであれ、集団で行動する女性像である。くわえて、留意して欲しいのは、公的なものと私的なものという、便利な対立関係が、図像では絶対的なものでないということである。戦士のまわりに集まっているのは、家族ではあるが、重装歩兵はすでに、武装したポリスを代表している。あるいはぎゃくに、献酒の儀式や、カヌーンの運搬は、ポリスが神々に捧げる血塗られた供犠の一部である場合もあるし、私的な行為の一部であることもありうる。だが図像は、その様態をつねに特定しているとはかぎらないのだ。

空間のあれこれ

ナイル河畔の住民たちが、どれほどギリシア人と異なり、どれほどいちいち正反対であるかを示すため、ヘロドトスはこう書いている。「エジプト人たちは、その風俗習慣や法を、他のあらゆる民族とは正反対のかたちで確立した。かれらにあっては、女たちが市場で売買し、一方男たちは、家にいて機《はた》を織っている」(第二巻―三五)。これは、ギリシアの歴史家の眼からみれば、奇妙な裏返しの世界である。この歴史家にとっては、女性が公的な場に現れ、男性が家で糸を紡ぐなどという考えは、まったく思いつきもしないことだったようである。だがこのくだりには、ギリシア的モデルがはっきりと認められる。それは、他の著述家たちによって、なん度も確認されたもので、すなわち、女性たちを家に閉じこめておくというモデルのことである。じっさい女性たちは、家《オイキア》のなかで生きるものとして記述されている。それも、かの女たちにあてがわれ、かの女たちの名のついた部分、つまり女部屋で。男性たちはほとんど、そこには入らなかった。ただし、いくつかの不倫裁判の証言を信用するとしての話だが。家にいる女性たち――すなわち、妻、娘、召使いの女、そしてときには、なん人かの親族の女性たち――は、女部屋で働き、そこを出ることはほとんどなかった。女性たちは、一日中自分たちだけで、とくに糸紡ぎと機織りに専念していた。そしてもちろん、幼い子どもも育てていた。

だが、陶器に描かれた図像は、この図式を一貫して再現しているわけではなく、むしろそれに、微妙なニュアンスを付けずにはいられないかのようである。古代ギリシアの、それもとくにアテナイの女性たちの地位に関して、近代になって論争が行なわれたが、そのなかで、もっとも激しい議論があった点のひとつは、まさに、女性たちが閉じこめられていたかどうかという点だった。注釈者の大部分が、これを強制だったとしているが、それについてどう考えればいいのだろうか？　あるものたちとともに、女性たちはこうして保護されていたのだと考えるべきなのだろうか？　それとも、わたしたち自身の価値観にしたがって、これこそがかの女たちの自立性の限界だったのだとみなすべきなのだろうか？　どうも、問題の立て方が悪いようである。というのも、こういう問題の立て方が、わたしたち自身のさまざまな範疇から出発しているからである。これに対して、当時の図像表現が描いた空間は、アテナイの男性の範疇にしたがって構成されていた。このことをつねに念頭に置くなら、図像表現は、問題をもっと巧みに位置づける助けとなるはずなのだ。

二つのモデル

ヘロドトスによって、内と外という対立関係が喚起されたが、この関係は、図式的に男女の区分と一致する。アッティカの陶器でいえば、宴会の場面を除いて、室内の場面の大半は女性だけの場面である。女性たちだけの図像のなかにひとつ、重要な系列があるが、それは、女部屋という建築された空間のなかを描いたものである。そうした図像は、ピュクシスと呼ばれて、宝石入れなどに使われる小型の容器に頻繁にみられるが、そこにはしばしば、閉じていたり、半開きだったりするが、戸口が認められる。

たとえば、ロンドンにあるピュクシス（図35）(42)には、六人の女性が、二人一組で室内の場面に描かれている。また、そのほとんど全員に、神話上の名がつけられている。一番左に、ヘレネ*が腰かけて、カゴをまえに羊の毛を紡いでいる。かの女と向かいあって、クリュタイムネストラが香油瓶《アラバストロン》をかの女に差しだしている。二人のあいだの絵柄の地《じ》のうえに、鏡が一枚浮かんでいる。一本の柱が、この二人を、つぎの二人と分離している。つぎの場面では、ひとりの女性がカッサンドラにカゴを差しだしているのに対して、カッサンドラのほうは、服装を整えている。その右では、ダナエが、櫃から冠をとり出しつつ、戸口にむかって進んでいる。戸口の扉が一枚開いており、そこからイピゲネイアがみえるが、かの女は、細身の帯を頭に巻いている最中である。ここに——つまり、図像が描かれている宝石入れのうえで——開いているものと閉じているもののあいだに、戯れが始まっていることに注意すべきである。櫃の蓋は、首飾りを表に出し、戸口は、身繕いをしている女性にむかって開いている。図像の要素のすべて——鏡、アラバストロン、首飾り、細目の帯、そしてカッサンドラの仕草まで——が、身繕い、つまり女性の美しさという同一の図像表現に属している。また、これらの女性たちは、神話の人物の名をもっているが、それらの名は全体として関連性に欠けており、いかなる特定の物語とも結びついてはいない。

図35　「女部屋にて」，ピュクシス，紀元前460年ころ，ロンドン，大英博物館（フルトヴェングラー，ライヒホルト共著，『ギリシアの壺絵』，pl.57）

図36　「泉にて」，ピュクシス，紀元前460年ころ，ロンドン，大英博物館（フルトヴェングラー，ライヒホルト共著，『ギリシアの壺絵』，pl.57）

ただ、画家の美的な仕事は、これらの名前のもつ神話的価値によって倍加されている。ここでは、日常生活を描こうとしているのではなく、女性たちの空間に詩的な次元を与えようとしているのである。だから、登場する女性たちのもつ名は、追加の飾りなのだ。

＊ ヘレネに関しては、七一ページの訳註＊＊を参照のこと。また、クリュタイムネストラは、アガメムノン（ミュケナイの王で、トロイア戦争のギリシア側の総大将）の妻。カッサンドラは、トロイア王プリアモスの娘で、トロイアの敗北後アガメムノンの愛妾となった。ダナエに関しては七四ページの訳註＊参照。イピゲネイアはアガメムノンの娘。

このピュクシスに、もうひとつ別の容器を対置することができる。それは同じタイプで、様式的にもたいへん近い（**図36**[43]）が、こちらでは戸外の場面が描かれている。一番左に、横からみた泉があり、ヒッポリュテ*が水瓶《ヒュドリアー》に水が満ちるのを見張っており、一方連れの女性は、自分の番がくるのを待っている。その右では、マプサウラが、両手を広げて遠ざかっていく。かの女は、一本の樹のほうへ進んでいるが、その樹にはヘビが巻きついており、また、テティスが、一番左で、その実をもいでいる。ヘビに守られた樹が喚起するのは、かの有名なヘスペリスたちの庭園であり、ヘラクレスが、そこから黄金のリンゴを採ってこなければならないことになっている。**だが、英雄ヘラクレスは、ここには登場していない。この図像は、屋外という枠組を呈示するにとどめている。ただしそこは、女性たちと、その仕事、すなわち、木の実を摘んだり、水を調達したりすることで占められている。だから、画家が、ヘスペリスたちの神話に言及しているといっても、それは、英雄の壮挙を語るためではない。それは、場面に神話的次元をつけ加えるのに役立っているにすぎない。この場面は、二系列のテーマを結びつけたものだが、これらの系列の伝統は、黒像式にまでさかのぼることができる。すなわち、羊飼いの場面というテーマと、泉の場面というテーマである。

＊ ヒッポリュテとは、おそらく女戦士アマゾネスたちの長のこと。マプサウラ（マプサウライ）は、はやて、突風。テティス（前

出）は、海の神ネレウスの娘で、海のニンフ。

＊＊　ヘラクレスは、デルポイの神託によって、エウリュステウスという人物に一二年間仕え、一二の仕事を成し遂げれば不死になると告げられる。ヘラクレスは神託を実行していくが、一一番目の仕事として、ヘスペリス（「黄昏の娘」の意）と呼ばれるニンフたちが守っている黄金のリンゴをとってくるよう命じられた（前掲『ギリシア神話』、九九―一〇二ページ）。

これら二つの容器を同時にみると、女性たちの活動が、室内、つまり家《オイコス》のなかでも、屋外、つまり公的な空間でも、並行してなされていたことがわかる。だから、男性対女性という対立関係を、形象化された空間の二つの次元、すなわち外部と内部とに、そのまま投影することはできない。

泉

事実、画家たちがみていた女性の世界は、完全に女部屋に閉じこめられていたわけではない。ある系列の図像では、解釈については大いに議論があるが、そのすべてが泉にいる女性たちを表現している。だが、問題は、これらの女性たちの身分を知ることだろうか？　女性たちは家から出はしなかったと、あらかじめ決めつけた考えから出発すれば、これらの女性は奴隷だったという結論になる。だが、そういう意味の指示があるのは、きわめてまれなことなのだ。図像上の要素によって、女主人と召使いを、自由身分の女性と奴隷を、区別できることはほとんどない。年齢も、社会的地位も、ごくまれな例外を除けば、図像から透かしみることはできない。そうした例外として、ルーヴル美術館にある水瓶《ヒュドリアー》（**図37**）[44]をあげておこう。そこには、ヒュドリアーをもった女性――またしても、壺に壺が描かれている――が三人、認められる。かの女たちの髪は短く、固く、手足に入れ墨をしている。これは、かの女たちがトラキアの出身で、奴隷であることを示しているようである。けれども、系列全体のなかで、このような例は二つとない。図像の大部分は、水をめぐる活動が集団的な性格のものであることを、はっきりと示している。だから泉は、ほとんどの場合、女性同士の出会いの場、交換の場として登場して

図37　「泉の端の入れ墨した奴隷女たち」，ヒュドリアー，紀元前470年ころ，パリ，ルーヴル美術館

図38　「泉の端の女たち」，ヒュドリアー，紀元前590年ころ，ヴュルツブルク，マルティン・フォン・ヴァグナー美術館

くる。たとえば、ドイツのヴュルツブルクにあるヒュドリアー（図38）[45]には、五人の女性が集まっているところが描かれている。ひとりは流れ落ちる水を見張っているが、ほかの四人は、泉にやって来るもの、泉から帰るものと、たがいにすれちがっている。帰る女性は、壺を立てて運んでいるから、おそらくそこには水がいっぱいなのだ。また、その仕草が示すように、かの女たちは、さまざまなことばを交わしている。また、縦に書かれた刻文によって、これらの女性には名前――アンテュレ、ロドン、ヘゲシラ、ミュルタ、アンテュイア――がつけられている。そしてそれぞれに、美しい《カレー》という形容詞がついている。ここでは、刻文の美的な価値を認めることができる。それは、これらの女性たち（その名前は、植物の世界を彷彿とさせる）*の美しさを顕在化させ、図像に描かれた光景の魅力を強調している。

＊　たとえば、「アンテュレ」はマメ科の植物を、「ロドン」はバラを、ミュルタはテンニンカを、アンテュイアは花を指すギリシア語の単語に似ている。

このように泉は、女性たちにとって、男性にとっての公共の広場と同じものとして、登場している。そこは公の場であるが、おもに女性たちの場――すくなくとも、図像のなかでは――なのだ。いくつかの表象は、これとは別の出会いを呈示しており、そこでは、男性たちがやってきて、女性をみている。図像は、その壺を観る男性の放つ視線を、画面に含んでいるのである。泉は、神話のレヴェルでは、暴力と待ち伏せの場にさえなることがある。たとえば、アルゴス王ダナオスの娘アミュモネは、海神ポセイドンに出くわし、*トロイアの若き王子トロイロスは、妹のポリュクセネといっしょに泉に行き、アキレウスに襲われる[46]。

＊　ダナオスがアルゴス王になったころ、その地はポセイドンの怒りに触れており、泉が枯渇していた。そこでダナオスは、娘たちを水汲みに行かせる。娘の一人アミュモネは、その途上一頭の鹿をみつけて、これに槍を投ずると、それが、眠っていた山野の精サテュロスに当たる。好色なサテュロスは、アミュモネを犯そうとするが、そこにポセイドンが現れ、サテュロスは逃げ去る。ポセイドンはアミュモネと交わり、泉のある場所を教える（前掲『ギリシア神話』、七四ページ）。また、トロイロス殺害のくだりは、前掲『ギリシア神話』、一八八ページ。

図39　「ルーテリオンをめぐる空間」，スキュポス，紀元前470年ころ，ブリュッセル，王立歴史美術博物館

ルーテリオンのかたわらでの化粧

このように泉の周囲では、社会的人間関係《ソシアビリテ》が構成されている。もうひとつ別の場所でも、これと同じ社会的人間関係が構成されるが、それも図像に描かれている。それは、潔斎と化粧のための大鉢、すなわち、ギリシア語でルーテリオンという水盤である。ブリュッセルにあるスキュポス（**図39**）[47]に、その格好の例をみることができる。ここでは、同じ水盤が器の両面に登場する。片面（**図39上**）では、長衣を着た女性が四人、二人ずつ向きあっている。左側の二人は、ルーテリオンのまわりに集まり、ひとりは、かざした手に花をもち、もうひとりは鏡をかざしている。裏面（**図39下**）では、男性が四人、同じく二人一組で描かれている。ルーテリオンの向こう側には樹が一本あるが、これは、この空間が戸外であることを示している。枝には、包みがひとつぶら下がっているが、そのなかには、スポンジ、剃刀、丸い香油瓶が認められる。これらは、競技選手の身繕い用の品であり、青年たちは、格闘競技場での競技の際に、これらの道具を用いたのである。すでに気づいたと思うが、二つの場面は並行関係にあり、また、女性の鏡と男性の包みとのあいだには、

図40 「鏡をもつ女」，杯，紀元前490年ころ，パリ，ルーヴル美術館

図41　「化粧する女たち」，クラーテール，紀元前440年ころ，ボローニャ，考古美術館

等価関係がある。そして、この二つの関係は、身繕いに二つのヴァージョンがありうることを示し、その二つが、器の両面にはっきりと分けられているのである。つまり、競技選手の身体の手入れと、女性における他者の視線への気配りとが対応している。また鏡は、アッティカの図像表現においては、もっぱら女性用の品なのだ。

たとえば、ルーヴル美術館にある杯では、その円形の底（**図40**）[48]に、化粧道具、すなわち鏡とアラバストロン（香油用の細長い瓶）をもった女性が登場している。かの女の身体は、襞のある薄いキトーンをとおして透けてみえている。この女性は、正面からみて描かれており、鏡のなかに自分の姿をみると同時に、この図像を観るもののほうに向いている。アッティカの壺においては、すべての人物を横向きに描くのが、図像表現の規範となっている。したがって、この図像は例外に属する。だが、このように人物が正面を向いているのは、偶然の結果ではない。鏡のなかの自分と向きあうことが、ここでは、この器を使用する人物、つまり酒を飲むものの視線に出会うことと重なっている。だから、女性は、鏡のなかで自分の美しさを確認すると同時に、他者からみて美しいものともなっている。刻文が、かの女の顔のところから始まって、肩にそって刻まれているが、この刻文——美しい《カレー》——が、そのことを確証している。この瞬間を特定するために、画家は、描かれた空間の性質を明らかにしようと、二つの品を忘れずにつけ加えている。左側の潔斎の大鉢と、椅子のうえに置かれた糸紡ぎ用のカゴ・カラタスである。化粧と、羊の毛を紡ぐ仕事のあいだにこそ、男性の眼からみて、女性の美しさがかたちづくられるのである。

図42「沐浴の場のエロス」，ヒュドリアー，紀元前430年ころ，パリ，ルーヴル美術館

　これ以外の図像も、この同じ要素をくり返しているが、こらら要素の結びつけ方のほうは、じつにさまざまである。たとえば、**図41**に描かれたルーテリオンには、外面に大きく「美しい《カレー》」という刻文があり、その周囲に、三人の女性が集っている。[49] 左側の女性は、裸で鏡をもっている。中央の女性は、左の女性にアラバストロンを差しだしている。右側の女性は、衣服を着て、アンクルブーツをもっている。

化粧はここでは、裸体と服飾用品とを対置する瞬間となっている。この図像の働きは、こうした美しさの瞬間をとらえることにある。それも、透けた布地をとおしてではなく、身体をむき出しにすることによって。同様に、ルーヴル美術館にある小型のヒュドリアー（図42）[50]には、水盤のそばで、裸の女性がひとり化粧をしている。その正面で、宙に浮いたエロスが衣服をもっている。図像化された欲望が、翼のある青年の姿をとって、女性が裸になった瞬間に衣服を着せにやってきている。スパルタの伝統とは反対に、アテナイの女性たちは裸ではなかった。だから、化粧と結びついたこうした瞬間は、例外的なものなのだ。こうした瞬間を、壺の図像のテーマに選ぶことによって、画家たちは、女性の身体に関する見方を明確にしている。そしてその身体は、男性の解剖学的モデルの特徴を強く反映しており、乳房をつけ加えることによって、かろうじて変化が認められるにすぎない。古代ギリシア芸術は、そしてとくに、アッティカのさまざまな壺は、基本的に、すべてを擬人化する傾向にあり、それは神々の形象化にまで及んでいる。すべての図像は、人体から出発しているのであって、量塊や物品や風景から出発しているわけではない。だから、男性の形態学を核として、さまざまな体型に関して、きわめて大きな関心が寄せられた。けれども、女性の化粧と男性の身繕いは、まったく同じものではない。青年たちは、なによりも競技者としてみられているのであって、競技者が裸であるのは、ほとんど常のことだった。これら競技者は、こうして、かれら同士で力と美しさを競う。画家たちは、こうした青年の美しさを顕在化させたが、それは、青年たちが競技場で競技している姿だけでなく、ルーテリオンのそばで準備している姿でもあったのだ。これに対して女性たちは、体育競技をしているところを描かれたりはせず、もっぱら化粧しているところを描かれている。このときだけ、女性たちは裸で呈示されている。これは、アルカイク期の彫刻によっても確認されることだが、青年たちの美はもっぱらその身体にあり、女性の美のほうは、もっとも多くの場合、衣服と装身具にあった。

音楽

図像表現は、化粧以外の活動もとり上げている。音楽は、ギリシア文化のなかで重要な位置を占め、さまざまなかたちで、またかず多くの場面で奏せられた。儀式や祭には、合唱が付きものであり、人々は歌って踊った。だから図像表現にも、女性楽士たちの例がかず多くみられる。宴での、女性たちの合唱の重要性〔三二一—一六ページ〕と、女笛ふきの役割〔三二一ページ〕については、すでに指摘したとおりである。そして、赤像式の表現の一系列をあげておかなければならない。それはとくに、紀元前五世紀後半にみられるもので、女性楽士たちの集団が描かれている。ヴュルツブルクにあるクラーテール（**図43**）[51]では、中央に、ひとりの女性が腰かけて、竪琴《リラ》を弾いている。かの女の足もとには、櫃が開けて置いてある。この女性のまえに、もうひとりの女性が、立ったまま笛と竪琴をもっている。エロスが、両腕を伸ばして、冠をもち、竪琴を奏する女性にむかって飛んでいる。ここでも、化粧の場面と同じように、図像にはアフロディテを指

図43　「女楽士たち」，クラーテール，紀元前440年ころ，ヴュルツブルク，マルティン・フォン・ヴァグナー美術館

図44　「踊りの稽古」，クラーテール，紀元前460年ころ，レッチェ，市立美術館

す記号がみられる。これらの図像のいくつかは、芸術の女神ムサたちの集まりだとみることができる。女性たちは、楽器を奏したり、開いた巻物をもって読んだりしているが、ムサとは、これらの女性を象徴する隠喩のモデルなのだ。またときには、刻文によって、はっきりと女性詩人サッポーが、引き合いに出される場合もある。だがここでは、それよりも、エロスの存在が、優雅さと欲望のしるしを指しているようである。

音楽は、古代ギリシア文化のなかで、舞踊とならんで重要な教育の役割を果たしていた。そして、紀元前六世紀末以来、学校を描いた場面が、陶器群のなかにかず多くみられる。書物を読むこと、ないし朗読することは、図像でみるかぎり、おもに男性の活動だったようである。つまり、お供の奴隷とともに学校の先生宅に行くのは、男の子たちである。音楽の演奏に関しても、男性のほうが頻繁にみられる。かれらは、コンクールで演台に立ち、審査員をまえにしている。ときには、翼のあるニケ、すなわち「勝利の女神」が、かれらに冠を授けている。これに対して女性たちは、女性同士で家のなかにいて、エロスがそばにいる。このように、図像表現では、ある種のズレが、並行した慣習行動においても両性間にあることが示されている。舞踊についても同様であり、祭礼《コモス》の場合を除けば、舞踊の場面は、ほとんどが女性のものである。剣舞、すなわち、とくに青年のものとされる武装した踊りでさえ、ときとして少女たちによって演じられている。だが、音楽や舞踊の教育に関していえば、女性たちのいる場面が、どのような状況のものだったのかを特定することはむつかしい。イタリア南部の都市レッチェにあるクラーテール（図44）[52]では、笛を吹いている女性がひとり、腰かけて稽古をつけており、そのまえで、少女がひとり、短いテュニカを着て踊っている。こうして描かれているのは、どのような場所なのだろうか？　家なのか、学校なのか？　二人の人物を結ぶのは、どのような関係なのだろうか？　笛を吹いているのは、母親なのか、師匠なのか？　この場面は、遊女《ヘタイラ》の教育の場面だとみることさえできる。ここでもまた、画家たちは、歴史家のために仕事をしているわけではない。図像は、こうしたタイプの問いには直接答えてくれない。古代にこのクラーテールをみていたものにとっては、おそらく、そんな疑問など起こりもしなかったのだ。いずれにせよ、もっぱら女性だけの場面の系列において、音楽が重要なものであることは、すくなくとも銘記できる。

女性たちの仕事

鏡からキタラ〔竪琴に似た撥弦楽器〕、あるいは笛まで、女性たちが手にする品があるが、その選択肢は無限に多様なわけではない。だが、これらの品それぞれが、その女性の活動だけでなく、女性の社会的地位を確定するのに役立つ。品々の特性によって、地位が表されるからである。図像がもっとも多く指しているのは、糸紡ぎと機織《はた》りである。糸巻き棒――うちいくつかは、鏡によく似ていて間違えるほどである――、羊の毛を入れるカゴ、もち運びのできる織機が、糸を繰ったり紡いだりしている女性たちの手に、頻繁に認められる。けれども、このようにして喚起されているのは、なによりも、すぐれて女性のものとされた美徳、すなわち働きもの《エルガティス》という資質なのだ。そして、ペネロペイアがその模範とされている。*じっさい、これらの図像では、労働そのものを讃える

図45　「陶工の仕事場」，レーキュトスの図像より，紀元前460年ころ，ミラノ，トルノ・コレクション

ことが問題なのではない。わたしたちの近代文化では、勤勉というイデオロギーが支配的であるが、古代ギリシアの思想は、労働に、わたしたちの文化と同じ価値を与えていたわけではない。紀元前五世紀のアテナイでのように、奴隷制社会では、労働は市民たちから拒否されさえしていた。かれらの仕事が、なによりも政治だったからである。女性たちが働きものであること、それは、かの女たちの美徳のひとつだった。その意味では、女性たちは奴隷と区別されている。奴隷の仕事を讃えたり、ましてや、その図像を描こうと考えるものなど、だれもいない。また、工房や職人の集団を思わせるかもしれない表象も、ごくまれである。あったとしても、鍛冶の神へパイストスや、技芸の神であり都市の守護女神でもあるアテナが描かれているところからして、神々の引き立てを強調するための図像なのだ。ミラノにあるヒュドリアー（図45）[53]は、こうした見方の格好の例となっている。四人の職人が、製陶、ないしブロンズ鋳造の工房とおぼしきところ——つくられている壺が、土製なのか金属製なのかを見分けるのは、むつかしい——に腰かけている。アテナが、ひとりの職人に冠を授けにきているが、この職人は、耳状の把手のついた器《カンタロス》に飾りを施している。これを囲む二人の仲間にも、それぞれニケが冠を授けている。この翼のある人物は、これら職人の仕事が成功していることのしるしなのだ。右

図46　「洗濯あるいは，杵搗き作業？」，杯，紀元前480年ころ，パリ，国立図書館

図47　「機《はた》織り作業」，レーキュトス，紀元前540年ころ，ニューヨーク，メトロポリタン美術館

の、一種の台座のうえでは、ひとりの女性が、クラーテールの装飾を仕上げている。この女性は、男性の仕事仲間よりも下位にあるようにはみえない。けれども、その地位を特定させてくれるものは、なにもない。確認できることはただ、この例外的な図像では、この女性のための冠がどこにもないということである。

＊　オデュッセウスの妻ペネロペイアは、夫の遠征中、いく人かの求婚者たちに悩まされていた。そこで、かれらを退けるために、制作中の義父の棺衣が織りあがったら、求婚を受けいれようといい、昼は機を織り、夜になるとこれをほどいて、求婚者たちを欺いた。このエピソードから、ペネロペイアは機を織る女の象徴とされる。

じっさい、女性の仕事を描いた図像は、わずかしかない。たとえば、料理を描いた器は、目録にはみられない。ある杯の断片（**図46**）[54]では、ひとりの女性が、長衣を腰のところで結んでいる。石の水盤のうえにかがんでいるところからみて、たぶん下着を洗濯しているのであろう。女性の背後には、杵が立ててあり、穀物を搗く作業を思わせる。けれども、こうした仕事も、ほかではまれにしか描かれていない。有名なアマシスの画家の手になるレーキュトスに描かれた場面は、このジャンルで唯一のものである（**図47**[55]）。そこでは、九人の女性が、四つのグループに分かれて毛織物をつくっている。いく人かは、カゴからとり出した大きな毛玉から、あるいは、スピンドル付きの糸巻き棒で、糸を紡いでいる。三人は、羊毛の重さを計っている。他の二人は、立て織機を動かしており、織りあがった布が、織機の上部に巻きとられている〔**右図中央**〕。最後の二人は、一枚の布をたたんでいる〔**左図中央**〕。このような図像の資料としての価値は、否定することができない。けれども、画家がねらった効果は、別のところにあるようである。この同じ器の肩のところには、合唱しながら踊っている場面がある。ひとりの女性が中央に腰かけ、男性が二人、立ってこれを囲んでいる。合唱隊が二手に分かれて、この中央の人物群にむかって進んでいる。二手に分かれたそれぞれは、ひとりの若い男性と、これに続く四人の女性からなり、女性たちはたがいに手をつないでいる。機織りと舞踊は、ここでは相互に補完しあっている。古代ギリシアの想像力は、しばしば、織機の杼《ひ》の動きと踊り手の動きとのあいだに、いくつかの類似を認めている。だが、ここにはそれ以上のものがある。この器は、もうひとつの器と対で発見された。対の器のほうは、胴体部分が婚礼の行列の図で装飾され、肩の部分には、女性の合唱隊が描かれている。二つの器には、図像表現にお決まりのテーマ――機織り、婚礼、舞踊――が並置されているが、それによって呈示されるのは、アテナイ人たちの眼からみて、女性の活動のなかで本質的な瞬間をなすものなのだ。そしてまた、こうして並置されることによって、女性の織る織りものには象徴的な価値が賦与され、その価値は、これらの図像の逸話的な性格を超えているのである。

アルカイク期末には、糸を紡ぐ女性たちの場面が、きわめてかず多くある。もっともよくみられる記号は、糸巻き棒とカゴであるが、それだけで、これらの道具をもっている女性の活動を特定するに十分なのだ。そのうえ、これらの記号はとくに、これらの女性たちを、仕事熱心な女性として描いている。そしてそれは、男性の専有物のようにみえる安逸と対照をなしている。けれども、画家たちをとらえているのは、女性たちの仕事の技術的側面ではなく、まさにかの女たちの仕草の美しさなのだ。ここでもまた図像は、観るために呈示されたものを美的なものにしている。

図48「羊毛を紡ぎながら」，杯，紀元前490年ころ，ベルリン，古代美術館

たとえば、ベルリンにある杯（**図48**）[57]には、二人の女性が描かれている。左の女性は腰かけて、右脚をむき出しにして、かかとを小さな脚台のようなもの――オノスという――にのせている。そして、自分のまえに置かれたカゴから、長い羊毛の束を引きだしている（紫色で強調されているが、画面の一部では消えている）。この女性は、それをすねのうえで転がして、もっと細い糸にしている。かの女の仲間は、立って衣服を直している。この女性のカゴは、右のスツールのうえに置かれている。この立っている女性の優雅な仕草は、ヴェールをあげる花嫁の仕草を想起させるが、この画面を美的な関心が支配していることを示している。この杯の外側には、一一人の酒を飲む男性の行列が描かれている。全員成人

で、髭をたくわえ、酒杯をもって、笛の音にあわせて踊っている。これは男性たちの宴に用いる器だが、その同じひとつの器に、内側には女性たちの世界が、外側には男性たちの世界が、それぞれ構成されている。

泉からルーテリオンまで、また、音楽と機織りのあいだにあって、女性たちの空間は多様であり、内と外という単純な二極性に還元することはできない。じっさい、画家たちの視線は、さまざまな形態の空間のあいだに確立された関係と、そこで起こる出会いとに向けられている。

出会いと交換

男性と女性とのさまざまな関係は、図像においては、シュンポシオンをつうじてのみ展開されるわけではない。だから、シュンポシオンについては、のちに触れることにする。事実、出会い、会話、贈りものの交換といった場面からなる系列があり、そこには、多様な態度とさまざまなタイプの贈りものがみられる。愛の贈りものというテーマは、アッティカの図像表現の歴史において、同性愛の場面につづくかたちで発展した。画家たちは、紀元前六世紀末の黒像式以来、成人した男性と若ものとの愛の場面を表現するようになった。抱擁の場面、ないしは単なる出会いの場面である。若もの《エロメネス》たちに恋する男《エラステス》から贈られる贈りもののなかには、小動物、つまりオンドリとウサギ、および冠などがあったことを指摘しておこう(58)。

女性たちを描く図像表現でも、同じ要素がみられる。たとえば、ペリケーと呼ばれる壺のひとつ（図49）(59)には、女性がひとり、装飾風に描かれた大きな花を二本もっており、それが、かの女の美しさを際だたせている。壺の反対側では、男性がかの女に、肉を一切れ差しだしている。それは、骨を除いた腿肉で、儀式での犠牲の一部が、ここでは贈りものになっている。こうして、儀式から排除されている女性も、犠牲獣の肉の分配に組みこまれるわけである。

男性と女性の出会いには、男性側からの贈りものがつきものだが、これにはには女性からのお返しが伴っている。贈りものは、つねに男性から差しだされ、女性は受けとり手の姿勢で描かれている。こうして贈られる品々――花、動物、ないし肉切れ――のなかに、小さな財布が含まれており、そのみえない中身についてては、おおいに議論がなされている。それが貨幣であるかどうかは、明確ではない。こうした財布は、商取引の場面にはほとんど登場していない。お手玉か、ほかの小さな贈りものだと考えることもできる。一部の注釈者たちは、財布を、男性の女性に対する経済的権力のしるしだと解釈している。金を受けとることによって、女性のほうは売春婦になってしまうというわけだ。こういうふうにみるなら、財布は「経済的男根[60]」だということになろう。ただ、こういう解読がときには可能だとしても、それを一般化することはできない。また、支配＝被支配の関係は確かだとしても、おそらくそれは、これほど露骨に金ずくだったわけではない。誘惑や、愛の庭園の場面では、男性は、求愛のことばに加えて、女性のほしがっている品ものの魅力、つまり、求められている価値の魅力を添えたのだ。

図49 「贈りもの――肉と花」，ペリケー，紀元前470年ころ，現在所在不明

図50　「二つの出会い」,杯,紀元前510年ころ。ベルリン,古代美術館（ハルトヴィヒ,『名杯』, pl.25）

こうした欲望の弁証法を図像に表すにあたって、画家たちは、愛の交換のさまざまなあり方と、古代ギリシアの性《セクシュアリテ》の多様な側面を活用し、ときには、同性間の出会いと異性間の出会いを並行に置いていた。ベルリンにある杯（**図50**）[61]は、そのとくに精巧な例となっている。一方には、若い男性同士のカップルが四組、程度の違いはあれみな絡みあっている。身体の大きさが違うのは、積極的な恋する男《エラステス》が、かれらが抱いている若もの《エロメネス》を支配しているという関係を示している。これらのカップルのあいだには、例の道具一式が図の地《じ》の面にぶら下がっている。これは、若ものたちの体育活動のしるしである。また、若ものは美しい《ホ・パイス・カロス》という刻文が、くり返されている。この反対側には、カップルは三組しかおらず、しかも絡みあっていないで、ただ向きあっているだけである。こちらは異性間の出会いで、男性のほうは杖に寄りかかり、女性は、花か果物か衣服の裾をもっている。刻文も、ホ・パイス・カロス（男性形）が、カレー（女性形）と交替している。この図像は、異なった二つの恋愛関係のあり方を、すなわち欲望と性的快楽とをひとつの画面に描き、前者を女性に後者を若い男性に、一方は三組、他方は四組と、不釣り合いなかたちでふり分けている。ただし、それはつねに、成人男性の視点からである。だが、きわめて明らかなことだが、この図像ひとつから、性的役割がこのように区分されていたと結論するのは、避けたほうがいい。アルカイク期の図像表現には、この種のタイプの図像がかず多くあり、また、贈りものや、誘惑や、カップリングといったテーマをめぐって、かず多くのヴァリエーションがあるからだ。この杯には、異なった性的関係が並置されているが、そのことによって喚起されるのは、アッティカの図像表現のなかにあっては、女性に関する図像を自立した総体として独立させることができないということである。さらにいえば、この杯の中央の円形の部分は、もうひとつの両性間の関係のあり方、すなわち誘拐を挿入している。そこには、じっさい、ペレウスがテティスの腰をつかみ、テティスがライオンやヘビに変身するのと闘っているのがみられる。

追跡

このテーマには、わたしたちはすでに出会っているが、これを、愛の追跡を表す図像の、大きな一群ともう一度結びつけることができる。そこでは、多くの場合、神話の人物が描かれている。ここには、誘拐と暴力というテーマが含まれているが、それは、じっさい、とくに紀元前五世紀の始めにおいて、図像表現の特別なモデルと

図51　「人間の女を追いかけるゼウス」，ヒュドリアー，紀元前480年ころ，パリ，国立図書館

して、男性と女性の関係と、人間と神々の関係を同時に表していたようである。たとえば、ゼウスが人間の女性を追いかける図像がある。たいていの場合、女性には名はない。その例として、パリ国立図書館メダル室のヒュドリアー（**図51**）[62]をあげることができる。ゼウスはまた、比類のない美少年だったトロイア王子ガニュメデスのあとも追いかけており、* それによって、同性に対する欲望と異性に対する欲望とを同列に置いている。この欲望は激しく、この神に不意に襲われると、人間の女性たちは恐怖におののく。そのありさまは、また、英雄たちの愛の追跡の場面、とくにテセウスの登場する場面にもみられる。** そこには、同一の図像表現の特徴がみられ、追いかけるものが狩人に、追いかけられる女性が獲物になっている。

＊　ゼウスは、評判の美少年だったトロイア王子ガニュメデスを、ワシを使ってさらい、天上の神々の酒注ぎ役とした（前掲『ギリシア神話』、一五二ページ）。

＊＊　たとえばテセウスは、スパルタにいたレダの娘ヘレネをさらって妻としている（同、一四九ページ）。

このように、図像表現は、二つの異なったモデルを描いている。すなわち、贈りものと交換のモデルが、誘拐と追跡のモデルに対立しているのである。後者は、神々やペレウスやテセウスが登場するところからみて、本質的に神話的かつ暗喩的なもののようである。そして、のちにみることにするが、サテュロスたちとマイナスたちとの関係のうちに、もっと一般的なかたちで登場する。*

＊　マイナスとは、ディオニュソスの祭礼で狂ったように歌い、踊って、この祭礼をとり行なう女のこと。また、サテュロスとは、このマイナスにつき従う山の精。ただし、サテュロスたちが追いかけたのは、マイナスたちではなくニンフ。

酒、宴、色好み《エロティック》

古代ギリシアの飲酒の習慣では、なん人か集まって、クラーテールでブドウ酒と水を混ぜあわせたのち、これを飲むことになっていた。というのも、純粋のブドウ酒を飲むのは、男性たちにとって危険だったからである。よく薄めて、同席するものたちが均等に飲むことによって、ブドウ酒は積極的な価値をもっていたが、そうした価値は男性たちだけのものだったようである。じっさい、宴《シュンポシオン》の時間、つまり集まって酒を飲む時間は、たいていの場合食事のあとにあるものだったが、男性たちの共歓の時間だった。かれらは、友人同士、対等なもの同士で集まり、寝台に横になって、いっしょに歓談し、歌った。この枠のなかには、女性たちの居場所はなかった。妻たちはシュンポシオンに同席しなかったし、娘たちもこれにならっていた。この場に居合わせる女性は、いってみれば飾りとして同席するものたちだった。快楽の相手、給仕女、歌い手として、これらの女性たちはシュンポシオンを楽しんだのではなく、それが気持ちよく進行するよう手助けをした。多くのテクストが示すところによれば、かの女たちは、このときのために賃貸しされ、宴の話相手、すなわち遊女《ヘタイラ》という身分だったのである[63]。

シュンポシオンというテーマは、アッティカの図像表現、それもとくに、酒を飲むための器、すなわち杯とクラーテールに、もっともよくみられるもののひとつである。これらの図像は、宴に参加したものたちのためのものだが、宴というかれらの行動そのものの反射像のようなものである。そしてまた、巧みに飲む技術を身につけたいと考えるものにとって、よき手本として、あるいは悪しき手本として機能する。たとえば、ロンドンにある杯（図52）[64]では、裏面の左右が、ひとつの連続した円盤状の空間を構成している。この円環状の空間には、ベッドが四つしつらえられているが、それぞれのあいだには上下の区別はない。裏面の半分それぞれでみると、一番左に円柱があり、この空間が、宴会の間という建築物のなかであることを示している。それぞれの円柱のそばには給仕の男がおり、ひとりは竪琴〔左図〕を、もうひとりは、ブドウ酒を注ぐためにレードルと、漉すために漉し器〔右図〕をもっている。ベッドはみな、ひとりの男性に占領されており、いくつかの刻字によって、その名が記されている。デモニコス、アリストクラテス、ディピロスという具合である。男性それぞれは、女性をひとりずつ伴っている。一方の半面〔左図〕では、女性がひとり、ベッドの足下に腰かけて酒杯を差しあげている。そのベッドのうえの若い男性は、頭に巻いたバンドを直している。同じ半面で、もうひとりの女性は立って、スキュポスをもった髭ずらの男性のまえで、縦笛《アウロス》を吹いている。もうひとつの半面〔右図〕では、スツールに腰かけた女性は金髪で、おそらくトラキア人だが、この女性もまた、髭ずらの男性のまえでアウロスを奏している。男性のほうは、ふり向いて、スキュポスを隣の男性のほうへ差しだしている。こちらは髭がなく、着衣が肩から滑り落ちて、腹部が露わになっている。この男性は、ベッドの足下に座った若い女性を、自分のほうにひき寄せているところである。かくして、一方のベッドから他方のベッドへ移るにつれて、ブドウ酒から音楽へ、そして、愛の浮かれ騒ぎへと移行していく。ここには、シュンポシオンのあらゆる要素がそろっており、女性たちの役割をはっきりとみてとることができる。女性は、音楽を奏するものか、男性たちの快楽の道具――相手ではない――なのだ。

かず多くの器が、とりわけ紀元前五二〇年から四七〇年までのあいだに、こうした宴のテーマをくり返しとり上げている。そこでは、ブドウ酒、歌、踊り、音楽、色好み《エロティック》といった、さまざまな要素の比率が、多様に変化しているが、女性たちの占める位置は、つねに同じである。また、のちに詳しくみることにするが、この時期全体をつうじて、このタイプの場面には、愛の神エロスが登場していない。格言が、ブドウ酒と愛の相互補完性を強

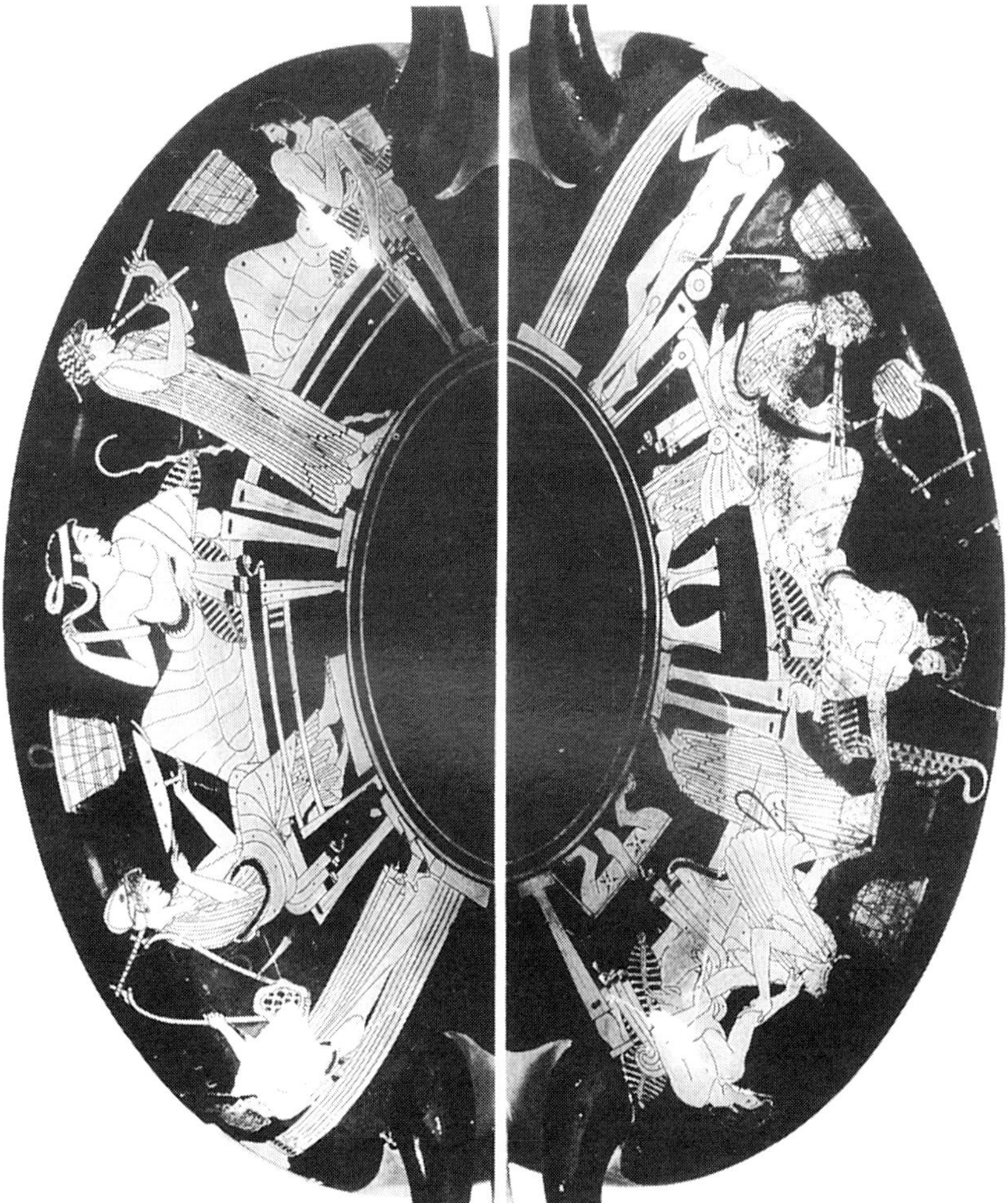

図52 「シュンポシオン」，杯，紀元前480年ころ，ロンドン，大英博物館

調して、「アプロディテとディオニュソスともにあり」と言明しているにもかかわらずにである。実際エロスは、アプロディテの行列の一員となっているが、エロスがそこにいるのは、愛の欲望を語るためなのだ。だから、シュンポシオンの図像は、欲望を表しているのではなく、快楽、酒を飲んでの酩酊、肉体の悦びを表象しているのだ。だからこそ、アプロディテの登場する場も別のところ、すなわち婚礼や誘惑の場面なのだ。シュンポシオンでは、男性の肉欲が満たされていたのである。すくなくとも、画家たちが、シュンポシオンに関していだいていたのは、そういうイメージだったのだ。ところで、このほかに四〇ほどの図像が知られているが、それらはエロティックなものを表すとされ、このシュンポシオンというテーマを扱った作品の大部分に、くり返しみられる。それらは、性交の場面を表しており、一組の男女が、杯の底の円形の部分に別に描かれていることもあれば、なん組かで、シュンポシオンという枠組のなかでみられる場合もある。だがここでも、愛の神エロスは登場していない。これらの図像は、ことばの近代的な意味でエロティックなものであり、ほとんどの場合、それらが表しているのは、女性がどのようにして、相手の男性の快楽を喚起し、満足させるにいたるのかである。たとえば、例をひとつだけあげるとして、ブリュッセルにあるヒュドリアー（図53）[65]には、二組のカップルが描かれている。左側では、宴に加わった若い男、ポリュラオスが寝そべって、ひとりの女性のほうに手を伸ばしている。女性エギラは、膝だちでポリュラオスのほうに近づいていく。右側では、若い男クレオクラテスが、背中をみせている女性セクリネをひしといだいている。

この図像の系列は、紀元前五世紀の後半には姿を消す。だが、宴の図像表現は依然として残り、音楽と飲酒というモティーフを存続させている。反面、愛の神エロスの姿が増加し、アプロディテの周囲にだけでなく、ディオニュソスのそばにも、また宴という枠組のなかにも、登場するようになる。かくして、図像の構成要素一覧に変化が生ずるが、それは、新しい感性が出現したことを示している。そして、この感性は、欲望の図像を寓意の

図53　「エロティックなシュンポシオン」，ヒュドリアー，紀元前510年ころ，ブリュッセル，王立歴史美術博物館

かたちで表現し、これまで以上の重要性をこの図像に付与しているようである。

　アルカイク期の表象では、宴における女性は、いずれにせよ付随的な役割しかもっていない。だが、この女性の社会的地位を明らかにするのは、むつかしい。遊女《ヘタイラ》であるにせよ、自由民なのか奴隷なのか、図像のうえでそれを特定する指標はなにもない。それに、付け加えておかなければならないが、これらの図像のなかには、なんらかの意味を投影したものが、かなりの数存在している。たとえば、マドリッドにある杯（**図54**）[66]には、二人の女性が向かいあって——宴では、隣あっているはずである——寝そべった姿で描かれている。この二人は、どのような人物だと考えたらいいのだろうか？　左の女性は、ロンドンの杯〔**図52**〕に描かれていた女性と同様、縦笛《アウロス》を吹いている。もうひとりの女性は、スキュポスをもって、それを相手の女性に差しだしている。この女性の話していることばが、刻文によって示されている。すなわち、「おまえもお飲み《ピネ・カイ・ス》」というわ

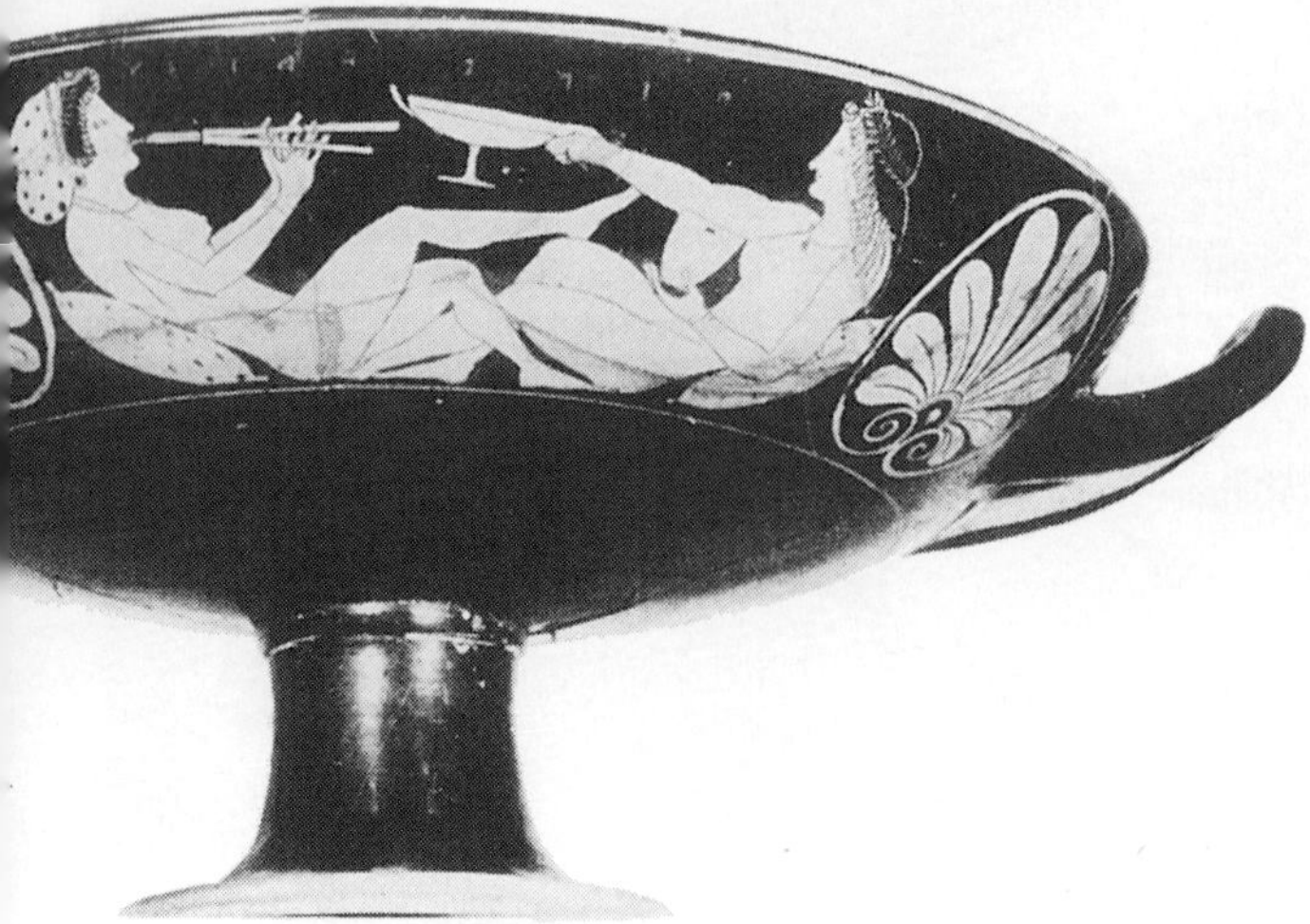

図54　「酒を飲む二人の女」，杯，紀元前510年ころ，マドリッド，国立考古博物館

図55　「奇妙な鳥」，杯，紀元前500年ころ，ローマ，ヴィラ・ジュリア美術館

けである。二人とも全裸で、宴という文脈からは切り離されている。だが、ブドウ酒と音楽がある以上、二人は宴の要員なのだ。この二人を、宴のどの瞬間に結びつければいいのだろうか？　男性のパートナーがおらず、女性同士で酒を勧めあうことに、どんな意味をもたせればいいのだろうか？　おそらく、この例外的な図像では、図像表現上のコードに、なんらかの細工がしてあるのだ。だから、無理に意味をこじつけないほうがいい。

いくつかのケースでは、こうした意味の投影が幻想といってもいいものになっていることに、なんら疑いはない。たとえば、ローマのヴィラ・ジュリア美術館にある杯には、底の円形の部分（**図55**[67]）に、裸の女性がひとり描かれている。この女性は、頭巾《サッコス》をかぶり、イヤリングで身を飾っているだけである。そして、大きな鳥にまたがっているが、その鳥の首は長いペニスになっていて、亀頭部に眼がついている。すでにみたように、ミュンヒェンにある戯画（**図33**参照）にも、ディオニュソスを思わせる文脈のなかで、翼のあるペニスがみられた。ここでは、動物には胴体と、家禽の脚があり、女性の乗りものの役を果たしている。この女性は、タイプでいうと、ディオニュソスの巫女マイナスではなく、むしろ、男性の快楽の相手である遊女《ヘタイラ》に似ている。こうした表象は、男性の幻想を図にしたもののようである。それは、ブドウ酒を飲むための杯の底にあるが、この器は、酔って上機嫌になった男性市民が使うためのものなのだ。

コモスとは、宴に付きものの行列で、浮かれ騒ぐものや、酒を飲んだものたちが、入り乱れて歌い踊りながら進むものである。このコモスの図像のなかに、ときとして、記号を操作したものがみられるが、それは、ディオニュソス的な宇宙の特徴を表しているようにみえる。じっさい、宴の客のあるものたちは、女装をしている。たとえば、ルーヴル美術館にある杯の底（**図56**[68]）には、髭をたくわえた人物が、左手に日傘をもち、杖をついて、

図56　「女装」，杯，紀元前480年ころ，パリ，ルーヴル美術館

鬚のある長い衣服を着て、サッコスをかぶって歩いているのがみられる。この出で立ちには両義性があり、つまり、男性の記号——髭と杖——と、女性の記号——長い衣服とサッコス——が混じりあっている。そしてこのことは、コモスという枠組のなかで、束の間二つの特性をあわせもつことが行なわれたことを示している。事実、コモスの図像全体と比較して、明らかにすることができたのだが、女性に扮した男性の人物が、かず多くいるのである。また、酒を飲むという経験をつうじて、男性は、さまざまなかたちで他者に扮している。動物に扮して、サテュロス*のような格好をしたり、蛮人を装ってスキタイ人に扮し、水で割らないブドウ酒を飲んだりしている。こうして、「他者」に扮してみることのなかで、まさに女性の世界が、そのひとつの項となっていたようである。変装することによって、男性は、冗談半分に束の間女性になりすます。そしてこのことは、アテナイの男性たちの眼からみて、女性がまさに他者の一変種だったことを示す傍証となっている。

＊サテュロスとは、ギリシア神話の聖霊。ヤギの角と耳、長い尾、ひづめのある脚をもった若い男性の姿をしている。

このように、いくつかの図像の系列が、はっきりと限定された場所——泉、池、女部屋、宴の間——と、さまざまな活動——水汲み、身繕い、糸紡ぎ、音楽あるいはシュンポシオン——をめぐって構成されている。そして、これらの系列を集めて、その図像の形象状の複雑さを指摘しようとしてきた。すなわち、性差は、機械的に家の外と内に配分されているわけではない。だから、この二つ空間カテゴリーの対称にこだわったりすると、ある種の図式化の危険を冒すことになる。かずかずの表象は、しばしば、この二つのカテゴリーがそれぞれ多様であり、たがいに浸透しあっていることを示している。内部も外部も、一様で均質な空間ではないのだ。さまざまに変化する状況と登場人物をつうじて、画家たちは、この多様性を明らかにしてきた。それも、女性の人物が登場する、さまざまなタイプの空間を図像化することによって。

神話のモデル

古代ギリシアの想像力は、女性というものを、さまざまな神話のモデルをとおして構想した。そのなかでとくに、二つの女性「種族」が、このモデルの登録目録のなかで重要な位置を占めている。ディオニュソスの巫女マイナスたちと、伝説の好戦的な女部族アマゾネスたちである。これらの女性像は、男性による秩序を侵犯している。さまざまな特徴によって、こうした女性観が図像化されているわけだが、ここでは、その主要なものに限ってみていくことにしよう。

マイナスたち

すでにみたように、女性たちは、ディオニュソスの仮面の視線のもとで、ブドウ酒を混合する作業にあたっていた（図32）。これら神に仕える女性たちは、ときとして、いくつかの儀式の場面に登場している。かの女たちは、トランス状態にあるかのように熱中して踊っている。このトランス状態こそ、かの女たちの名マイナス、すなわち狂女にふさわしい。けれども、陶器の画家たちがかの女たちを描いているのは、もっとも多くの場合、神話上の場面においてであり、生身のディオニュソスのかたわらで、サテュロスたちとともにである。[69] そこでは、マイナスは、しばしば渦のように回転する踊りの動きと、野生の動物と親近性があることを特徴としている。たとえば、陶工ブリュゴスの手になる杯（図57）[70]では、ひとりの女性が、襞のある長い衣服を着て、肩にヒョウの毛皮を巻き、もう一匹生きたヒョウの後ろ足をつかんでいる。かの女の髪は乱れ、ヘアバンドの替わりにヘビを巻いている。最後に、キヅタの葉で飾った杖、テュルソスをもっている。これは、ディオニュソスの杖であるが、ここでは、男性たちがつく杖の女性版となっている。この女性は、着衣と、振りかざしている持ちもの、すなわち動物と植物によって、野蛮な姿になっている。サテュロスたちは、身体構造からして一部が動物になっている〔前ページの訳註参照〕が、それとは違って、マイナスは、さまざまな要素を身につけることによって、図像のなかで変身している。

サテュロスたちとマイナスたちの関係は、ディオニュソスの行列のなかにおいて、自明なものではない。紀元前五一〇年ころまでの、もっとも古い図像では、両者は陽気な仲間として描かれ、ともに踊り、ときには性的関係を結ぶ。けれども、赤像式の登場とともに、関係は変化し、マイナスたちは、神々や英雄たちの愛の追跡のモデルにならって、つきまとうサテュロスを拒否するようになる。けれども、サテュロスたちの色好みは、猥雑に

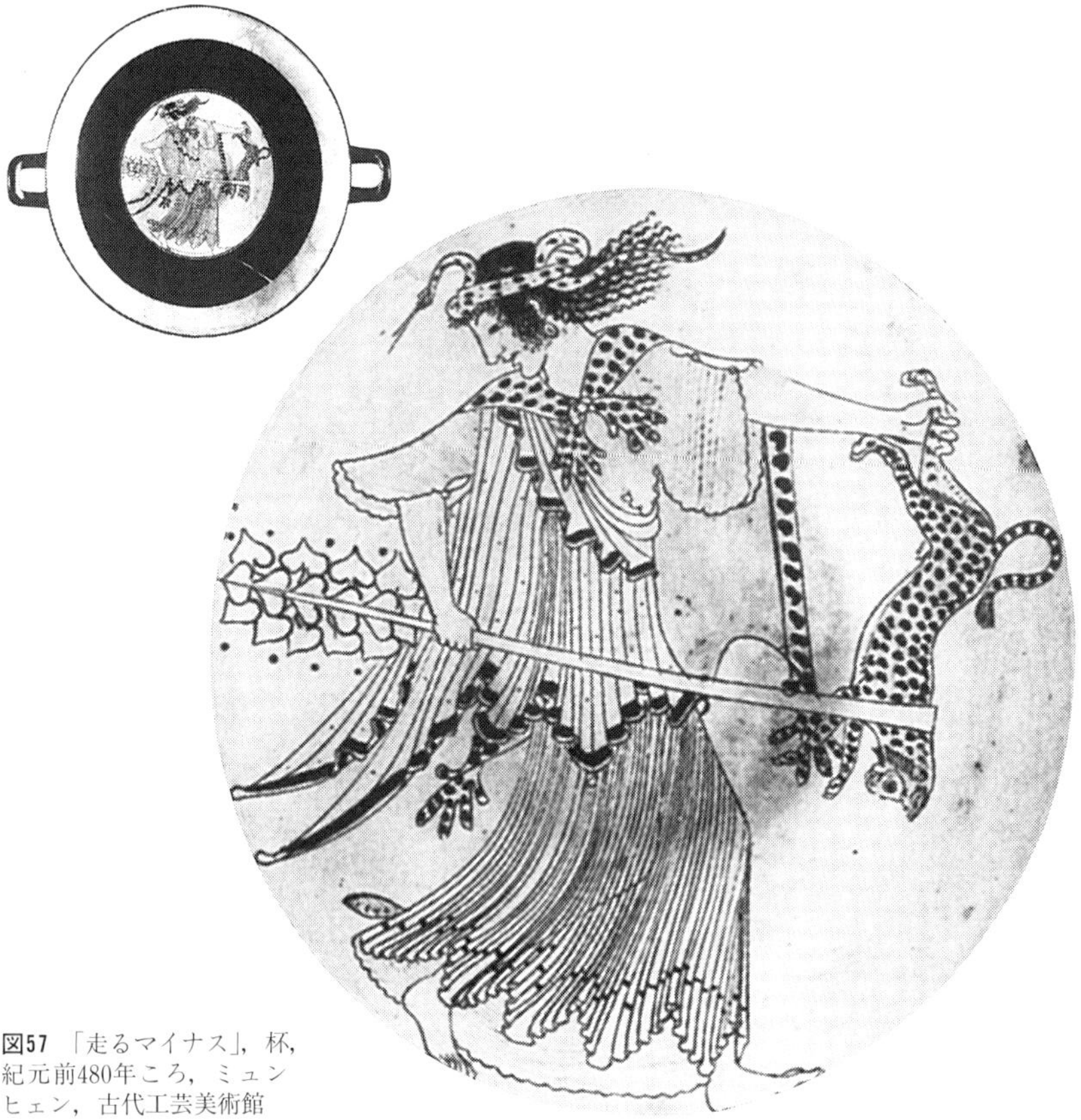

図57 「走るマイナス」, 杯, 紀元前480年ころ, ミュンヒェン, 古代工芸美術館

誇示されつづける。かれらは、つねに勃起の状態にあり、満たされることのない性欲を露わにしている。

誘拐のモデルについていうと、そのもっとも強烈な表現が、ある系列の図像にみられる。これらの図像は、レイプと覗き趣味の心象を描くものである。たとえば、フランス北部の都市ルーアンにあるヒュドリアー（図58）[71]には、ひとりのマイナスが、おとなしく眠っている姿で描かれている。かの女は眼を閉じて、テュルソスを手にもっている。ひとりのサテュロスが、かの女の着衣をめくり上げ、手でマイナスの身体に触れている。一方、もうひとりのサテュロスは、そ

図58　「眠るマイナス」，ヒュドリアー，紀元前500年ころ，ルーアン，県立古代美術館

図59　「マイナスの激情」，レーキュトス，紀元前470年ころ，シラクサ，P・オルシ美術館

の左で、みずからの性的能力に感嘆しているようにみえる。眠っていて意識のないマイナスは裸身をさらしているが、それが、サテュロスたちの欲望をかき立てているようである。かれらはつねに、その欲望を満たそうとしているのである。けれども、ここには、両者のあいだに愛の交歓はいっさいない。この系列の図像は、このような両者の接近より先に進むことはなく、サテュロスたちが目的を遂げることもない。

マイナスがトランス状態に入るのは、ブドウ酒によってよりも、踊りと音楽によってのようであり、ブドウ酒のほうは、サテュロスたちによりふさわしいようにみえる。けれども、このマイナスのトランス状態は、ときとして女性の暴力を爆発させる。すなわち、図像や神話では、女性たちが、ポリスから遠く離れて、山野に野生の獣を追い、それを素手でひき裂くことができるようになる。このように生の肉をひき裂く《ディアスパラグモス》ことができるのは、ディオニュソスとともにあるマイナスたちだけである。そしてこの行為は、市民たちの供犠のあらゆる形態に対立する。普通の供犠では、犠牲獣はうち倒され、肉は切られて焼かれる。このマイナスの暴力的な行為が、シチリア島のシラクサにあるレーキュトス（図59）[72]に描かれている。そこでは、ひとりのマイナスが、髪をふり乱して、テュルソスを自分の左側の地面に突き立て、シカの子を二つにひき裂いている。

トラキアの女たち

これとは別の神話が、画家たちに、殺人にまでいたる暴力を表現する機会を提供しているが、その暴力は、女性たちのものとされている。場面はトラキアで、そこでは、詩人オルペウスが、男性の聴衆全員を魅了している。そして、これに嫉妬して、女性たちはオルフェウスを殺す。ルーヴル美術館にあるスタムノス（図60）[73]には、地面に倒れた音楽家が、竪琴で防戦する姿がみられる。トラキアの女たちは、この楽人をもっぱら石で攻撃し、長い鉄の串で、文字どおり串刺しにしている。この串は、古代ギリシアの供犠において、神々の祭壇で、屠られた

図60　「オルペウスを殺す，トラキアの女たち」，スタムノス，紀元前460年ころ，パリ，ルーヴル美術館

図61　「武装したアマゾネスたち」，エピネトロン，紀元前510年ころ，アテネ，国立考古美術館

獣の肉を焼くのに用いられる。この悲劇の場面では、トラキアの女たちが殺人を犯しているが、この行為によって、供犠に用いられる道具が、本来とは違った用途に用いられている。

アマゾネスたち

これらの殺人者は、二重の意味で他者――かの女たちは女性であり、また野蛮人でもある――なのだ。そして、この二重の他者性は、アマゾネスたちにも認められる。画家たちは、アマゾネスの図像をかず多く残しており、一〇〇〇以上の例が知られている。アマゾネスは、周知のとおり女戦士であり、女だけで生活し、男性との接触をいっさい拒んでいる。これは、アテナイの男性にとって、まったくの逆説であった。つまり、アテナイの男性市民は、重装歩兵でもあり、みずからポリスの城壁をもって任じていたから、こうした市民の観点からみれば、アマゾネスたちは、真にあべこべの世界を呈示していたのである。またアマゾネスたちは戦士であったが、みずからのポリスをもつことはなく、文明化された世界にとって、たえず脅威でありつづけた。だから図像のなかでは、アマゾネスはつねに、あるいはヘラクレスという文明をもたらす英雄によって、あるいはテセウスというアテナイの英雄によって、うち負かされている。

エピネトロンという道具は、女性たちが羊毛を紡ぐために使うものだが、あるエピネトロンには、三人のアマゾネスが盾を手にとっている姿がみられる（図61）[74]。三人は、ここでは重装歩兵と同じ武装をしている。また、かの女たちの武装は、しばしば、この装備に蛮族に由来する要素――弓、斧、あるいはスキュタイ人の縞模様の着衣――をつけ加える。そしてこれらの要素は、この不安をもたらす人物像の異様さを強調している。

この系列のなかに、たとえばルーヴル美術館にあるアンポラ（図62）[75]のように、テセウスが、左側に描かれたアマゾネスの女王、アンティオペをさらっていくのがみられる。アンティオペは、スキュタイふうの頭巾をかぶ

図62 「テセウス，アマゾネスをさらう」，アンポラ，紀元前510年ころ，パリ，ルーヴル美術館

り、斧と矢筒を身につけている。ここでもまた、性《セクシュアリテ》に関するひとつの図式がみられるが、その図式は、戦いという様態にのっとって考案され、敵対関係と暴力とに基礎を置いている。ただしそれは、アテナイ初期の神話の時代にさかのぼっている。この時代には、当時女性たちは自立しており、それが、アテナイの男性たちの眼には、恐るべきこととして映っていたのだ。

　この神話の世界の小道を、最後の――ただし、特異で示唆に富んだ――図像で終えることにしたい（**図63**）[76]。女性用香油瓶アラバストロンに描かれているのは、女性に関するこれらふたつの考え方の枠組《パラダイム》の、すなわちマイナスとアマゾネスの、いってみれば論理的な出会いである。左側には、ひとりのマイナスが、ヒョウの毛皮をまとい、スキュタイ

図63 「マイナスとアマゾネス」, アラバストロンの図像より, 紀元前490年ころ, アテネ, 国立考古美術館

風の長靴を履いて、ヘビとウサギをもっている。その名は、テライクメ、すなわち女狩人である。テライクメの正面には、兜をかぶったアマゾネス、ペンテシレイアが弓と斧をもってやってきている。ここでは女性は、野生であると同時に野蛮なのだが、その神話上の典型《モデル》二つが、この器のうえで比較対照されている。アテナイの女性は、男性たちの眼からみて他者であったが、この壺は、女性に、女性の他者性の想像上のヴァリエーションを二つ呈示している。

いかに例外的であるとはいえ、この最後の例は、アッティカの図像表現の機能を、きわめてよく理解させてくれる。そこで、この機能について、ここで結論を出したいと思う。形象化された表象のかずかずは、いわゆる神話的なるものと日常的なるもののあいだに、いかなる断絶もつくり出してはいない。それどころか、神話のもたらすパラダイムのかずかずが、社会生活の多様な場面を演出する役割を、しばしば果たしている。たとえば、テティスはアキレウスに武装させ、ペネロペイアは稼業に精を出す。そして、もっとも身近な図像が、刻文の作用によって神話の場面に変えられ、アルケスティスやエリピュレをわたしたちの眼前に登場させる。こうして女性たちは、作者不詳の図像となって神話のなかに地位を獲得し、画家やその図像を観るものたちの想像力の作用で、マイナスやアマゾネスとなる。

また器の使用目的が、しばしば、そこに描かれる図像表現を決定している。たとえば、儀式に使う壺には、儀式のテーマが描かれているのがみられる。あるいは、もっと幅広くいえば、女性たちが使用する器には、女性に関連するテーマが現れる。こうして図像は、ひとつの文脈のなかにとらえられているわけだが、この文脈は、図像にダイナミズムをもたらし、その妥当性と有効性を強化する。とはいえ、アマゾネスやマイナスたちは、よりしばしば酒器に描かれているが、これらの器は、男性たちの宴の際に、手から手へと回されるものである。だから、こうした図像モデルは、女性たちのためのものではなく、むしろ、まったくその反対なのだ。

じっさい、アッティカの陶器においては、図像の作用は、表象することによって客観化されたモデルを、操作することにあったようである。これらのモデルは、観るものの眼前に描きだされて、図像として存在するようになり、反射的に、つまり鏡としての図像や反モデルとして機能する。女性たちの図像についていえば、わたしたちはそれらが多様であることをみてきた。だが、結論として憶えておかなければならないのは、母親であれ妻であれ、遊女であれ女楽士であれ、アマゾネスであれマイナスであれ、その図像は、つねに対象物として、ギリシアの男性の眼前に供された。男性こそ、観る主体だったのである。

（志賀亮一 訳）

図64　「死者に別れを」，**図13**のルートロフォロス，別の細部

社会的儀式と
女たちの慣習行動

女の儀式——葬送の踊り，フレスコ，紀元前5世紀，ナポリ，国立考古美術館

この第二部は、第一部とはちがった行き方を採用している。ただし、用いられている資料は、ここでもまた言説の研究からのものである。前面に置かれているのは、さまざまな慣習行動であるが、それら慣習行動は、古代ギリシア＝ローマ世界で、女性たちの生活の日常となっていた。それらは、身体をめぐる慣習行動と、社会の慣習行動であるが、両者は、分かちがたく結びついている。思春期、性行動、生殖、結婚、独身生活、寡婦の生活、所有財産、祭礼でのしぐさ、聖職者の役割などである。したがって、この第二部では、ひとつの章と他の章が、たがいにこだましあっている。生物学的事実も、女性にまつわるかぎり、その社会的変転をつうじてしか知覚できないからである。若い娘は、成熟まえの身体であると同時に、家族間の交換の潜在的な道具であり、神と一定の関係を保つ能力の保持者だった。結婚している女性、すなわち既婚婦人《マトーローナ》についても、同じようにいうことができよう。こうして、第二部の各章はたがいに呼応する。たしかに、それぞれの考察を進めるに際して、選ばれた歴史上の時期が、異なってはいるとしてもである。

もっと別の行き方も可能だったかもしれない。女性たちの社会的役割を、もっと体系的に検討するという行き方のことである。だがそれは、いくつかの理由によって放棄された。まず第一に、当時女性たちには、さまざまな役目が割りあてられていたが、右のような行き方をとれば、そうした役目に関する報告を細分化することになったろう。これらの役目――イヴォンヌ・ヴェルディエが研究した三位一体の役割、「洗濯女、裁縫女、料理女」*によって、みごとに要約されている――は、すでに、この巻のフランソワ・リサラッグの報告のなかで、手短に再現されている。つぎに、近年のいくつかの著書が、そうした作業を巧みにやりおおせているからである。それは、わたしたちが、本巻で与えられた枠内で望みえたかもしれないものより、はるかに完璧になされている。たとえば、イヴァンナ・サヴァッリとデイヴィッド・シャップスの著作は、古代ギリシアという領域について、それを総括的に研究したものである。[1]最後に、わたしたちには、女性たちの物質生活に関して、ひとつの総合をすることができるとは思われなかったからである。そうした総合は、すでにきわめてよく調査された資料にくわえて、もっと別の資料によらなければならないからである。

そう、別の資料である。じっさい、古代ギリシア＝ローマに関する書物に、考古学に関する章がないことに驚かれるかもしれない。考古学には、女性たちの生活を知るうえで、寄与するところがあるからである。しかも考古学が、近年、古代史の問題意識を、根本から豊かなものにしてきたというのにである。考古学からの研究は、おそらく遠からず出現するであろうが、現在のところ、それを実現するのはむつかしい。事実、古代世界に関する考古学が、近年まで関心を払ってきた資料は、古代のあれこれの社会の物質文化を跡づけることのできるもののみだった。この領域では、中世学者たちのほうが大きく進んでいる。現存する古代の考古資料から、女という《ル・フェミナン》特性に関する考古学を企てることができるかもしれないが、現在のところ、それらはあちこちに散らばっている。ただしそのなかから、居住形態に関する情報（家のなかで、女性たちがいた正確な場所はどこか？）、発掘後に公刊された「小物類」、つまり、家々のなかで発見されたものすべてのリストをあげることができよう。たとえば、遺跡でみつかった、おびただしい数の秤は、そこが織物の仕事場だったことを証明している。そして最後に、墳墓と副葬品をあげることができよう。

かつてイタリア南部に古代ギリシアの植民都市パエストゥムがあったが、その近くで発見された玄室つきの墳墓では、内部の空間が、いくつもの石塊によって二つの部分に仕切られていた。(2) そして、副葬品の分析によって、男性の墓と女性の墓を見分けることができた。女性の墓の水瓶《ヒュドリアー》、平皿、婚礼の壺《レベース・ガミコス》、素焼き《テラコッタ》のミニチュア品が、男性の墓の広口の大杯《クラーテール》、垢すり器、杯、酒杯、槍と対をなしていたのである。男性たちの世界と、女性たちの世界を見分ける。そのために、考古資料は、いま以上に必要とされることになるだろう。現在でもそれが、たとえば墳墓という領域で必要とされているように。それでこそ、さまざまな社会の物質文化と、象徴的な表象を、よりよく把握することができるのだ。

ジャン＝ピエール・ヴェルナンは、「結婚は、娘にとって、男の戦争にあたるものだ。両者にとって、結婚と戦争は、それぞれの本性の完成時期を画している。結婚と戦争によって、それぞれが相手の性質を持った状態から脱出するからである」(3) と定式化している。この有名になった定式が意味しているのは、古代ポリスの子孫再生産システムのなかでもまた、結婚は、男性にとって重要なものではなかったということだろうか。そのようなことはないはずだが、ともかくこの定式は、古代の社会的関係の一部が、さまざまな結婚戦略のまわりを、つまり「なぜ娘を結婚させるのか？」(4) のまわりをめぐっていたことも想起させる。

次章「どんなふうに、娘を結婚によって贈与するのか」は、古代ギリシアの結婚に関して、徹底して人類学的な研究である。クローディーヌ・ルデュックは、結婚を整える主要な要素は、妻と一定量の財産という魅力的な贈りものだったと仮定している。それは、ホメロスの時代〔紀元前八世紀〕から、古典期の世紀〔紀元前五—四世紀〕までつづく。この原則には、さまざまなヴァリエーションがあるが、クローディーヌ・ルデュックが提起しているのは、これらのヴァリエーションを核としてこそ、歴史的変化だけでなく、さまざまな政治的選択も理解できるということである。だから次章は、『オデュッセイア』のヒロイン・ペネロペイアの結婚から、クレタ島のポリスであるゴルテュンや、アテナイの女性たちの結婚にまで及ぶ。こうして、古代ギリシアの正統子孫再生産のシステムが、なぜつねに、妻——正統な子どもたちの母——と動産・不動産を結びつけてきたかのが、すこしずつわかってくる。古代各社会は、女性たちをめぐって、さまざまな戦略をくり広げたが、これら戦略と女性たちとは、こうして、ギリシア世界のもっとも重要な問題のひとつの核心に位置することになる。すなわち、ポリスと呼ばれる、新しい共同体構造の発生という問題の。

* Yvonne Verdier, *Façon de dire, Façon de faire. la laveuse, la couturière la cuisinière*, Paris, Gallimard, 1979〔邦訳、『女のフィジオロジー——洗濯女、裁縫女、料理女』、新評論、一九八五年〕

P.SP

5

どんなふうに女を贈与するのか？

ギリシアにおける結婚（紀元前9－4世紀）

クローディーヌ・ルデュック

古代ギリシアの最初の花嫁は、プロメテウスの人類創世神話中の花嫁であり[2]、その名をパンドラという。この名は、動詞「〈与える〉《ディドーミ》*」と同一の語彙群に属している。パンドラは、神々の父ゼウスによって与えられたのである。ゼウスは、プロメテウスに立腹していた。というのも、プロメテウスが、最初の供儀の創設のときに、ゼウスを騙そうとしたからである**。そこでゼウスは、「智略に長けた」子どもたちに命じて、花嫁の姿をした罠をつくらせ、人類のもとに贈ったのである。こうしてパンドラは、ヘルメス神に導かれ、ある男の家に到着する。かの女は、婚礼の装束に身を包み、王冠と宝石、あらがいがたい魅力の腰帯、刺繍をほどこしたヴェールと長衣を身につけ、魅力的で光り輝いていた[3]。男はたいそう間抜けだったので、この女を喜んで受けいれた。この華麗な花嫁は、しっかりと封印された壺をたずさえていた。かの女は、すぐさまその壺を開け、諸悪と死を解き放つ。ところが、希望は外に出ることを拒む。注釈書は、この魅力的な人間の女の名——パンドラ——が、すべてを与えた女の意であるのか、それとも、すべての神々によって与えられた女の意であるのかを決しきれていない。それはここでは問題でない！この語源学上の論争は、ギリシアの婚姻のしくみに、侵してはならないものがあったということを、おそらく明らかにしている。すなわち花嫁は無償の贈与であり、かつかの女は、〈無償の贈与をたずさえる女《ポリュドーロス》〉として、夫の家へ到着するということである。

* 原著者註 〈 〉は、その語が原著者によって、古典ギリシア語から字義どおりに訳されたものであることを示す。

** プロメテウスがゼウスを欺く逸話については、第二章、一四六ページの訳註を参照のこと。

花嫁の無償の贈与

事実、古代ギリシアにおいて、無償の贈与は、嫡出子の再生産システムの組織原理であったようにみえる。紀元前九世紀から四世紀にかけて、妻はつねに、ひとりの男性の手で夫に与えられ《ディドーミ》、また、妻を与える資格をもつ男性はつねに、かの女に富を付けて与え《エピディドーミ》ていた。〈嫡出子たち〉——すなわち、父の跡を継ぐことになる息子たち、あるいは、父が結婚させることになる娘たち——の母親は、その社会集団によって方式はいろいろであったにせよ、その付与の時点で、財産もしくは遺産の見込みと結びつけられる（ギリシア語では「〈……のうえに置かれる〉」）。ひとことでいえば、古代ギリシアにおいては、妻という立場と、その「世襲財産権」の条件が、けっして分離されておらず、あたかも両者のあいだに、一種本来的な一体性が存在しているかのごとくだったのだ。

したがって、長期持続的な観点からみれば、古代ギリシアの諸社会は、「分岐相続 *diverging devolution*」の慣習を特徴としているといえるだろう。この分岐相続《ディヴァージング・ディヴォリューション》という概念は、J・グディとS＝J・タンビアによって人口に膾炙するようになったわけだが[4]、実際のところ、財産移行のプロセスを意味している。それも、この移行が、両性の一方を、そしてたいていの場合は女性を、排除して行なわれるのではなく、「男性と同様に女性も含んで」行なわれる場合を意味している。だが、「分岐相続」の元来の定義は非常に広範にわたっており、利用領域の必要に応じて、これを明確化するのは、研究者の役割なのだ。かくして、古代ギリシア諸社会の研究に、この概念を移植するにあたって、三つの問題に直面することになる。まず、性差という問題（異なる性別の子どもたちは、両親から均等かつ同質の財産を受けとるのか？）。つぎに、双系性という問題（財産は、父親からも母親からも「分岐」するのか？）。そして花嫁の「世襲財産権」に関して、その所有者と受取り人と用益権者とを、場合によっては区別する必要があるのかという問題である。このように方向づけられることによって、分岐相続《ディヴァージング・ディヴォリューション》についての研究は、古代ギリシアの諸国家における両性間の社会的関係についての、優れた観察点となる。またこの研究によって、この関係のもつ根本的な非対称性が、直接的に具体化されることになる。

花嫁は、その兄弟姉妹の構成がどんなものであれ、贈与されなければならず、しかも財産とともに贈与されなければならない。こう確定して以降、紀元前九世紀から四世紀にかけて、ギリシアの諸社会では、結婚に際していくつかの組み合わせが可能だったが、その数は限られていった。それゆえ、本章でこれから分析することになる、結婚のあらゆるタイプを、そのすべてにわたって表示するには、以下の四項目からなる表〔**表1**〕で十分である。なお今後、この表は、しばしば参照されることになろう。

ところで、このように、嫡出子再生産システムの不変性を考察の中心にすえるとすれば、そうした問題意識は、権威あるアプローチの方法からはずれた思考方法となる。というのも、権威あるアプローチの方法は、再生産シ

表１　紀元前９－４世紀のギリシアにおける花嫁の贈与

Ｉ）無償贈与の空間：社会集団内の結婚と社会集団外の結婚

Ｉ１　真の内婚制

Ｉ２　事実上の外婚制

II）花嫁の父とその富

II１　家

II２　土地

II３　家畜（循環する富）

II４　家の中身

III１　花嫁は夫の所有となる（クテーシス）

III２　花嫁は夫の権力下に入る（キュレイア）

III３　クテーシスもキュレイアもない

III）花嫁とその世襲財産権の位置づけ

IV）花婿は花嫁とその世襲財産権を受けとる

IV１　花婿は花嫁の父に花嫁代償《ヘドナ》（家畜）を贈る

IV２　花婿は花嫁の父に花嫁代償を贈らない

IV３　花婿は花嫁に（「家の中身」から出してきた）贈りものをする

IV４　花婿は花嫁に贈りものをしない

検討しようとする婚姻の仕組みのそれぞれについて、各辺に図示した４つのパラメーターを組みあわせて表を読む必要がある。

Ｉ　花嫁とそれにともなう富が循環する社会空間
II　花嫁の父が娘と同時に循環させる富
III　花嫁自身と、花嫁が夫の家に携えていく富の位置づけ
IV　花婿のなす贈りもの

ステムの連続性をではなく、その不連続性をとくに重視しているからである。たとえば、L・ジェルネと[5]、それに続くJ＝P・ヴェルナンや[6]J・モドルゼイェフスキー[7]にとっては、古典期アテナイ〔紀元前五―四世紀〕の結婚（**表1**のI1、II4、III2、IV2と3）は、もっとも一般的なホメロス時代〔紀元前九―八世紀〕の結婚（**表1**のI2、II4、III1、IV1とIV3）の「反転したもの」、それも「完全に反転したもの」である。それというのも、これらの研究者たちは、古典期の〈嫁資〉を、花嫁の父によって遂行される贈与とみなしている。ところで、『イリアス』や『オデュッセイア』においては、「ヘドナ」と呼ばれる贈与が花婿によって遂行されている。だから、古典期の婚資は、ヘドナの「逆転の一種」だというのである。この「逆転」という分析用語に対して、C・モッセは、「断絶」という用語のほうを好んでいるようである[8]。モッセは、アテナイにおける婚姻体系の変化に、二度の「断絶」をみいだしている。それによれば、一度目の断絶は、紀元前六世紀前半の改革者ソロンの時代に現れる。このとき、ホメロス時代のヘドナにとってかわって、「ペルネー」が登場する。ペルネーとは、花嫁の父によって遂行される贈与であり、これはおそらく、わたしたちのいう嫁入り道具に相当する。また、二度目の断絶は、紀元前四五一年ころに、「プロイクス」、つまり貨幣によって構成される嫁資が制度化されたのに対応していたという。それに対して、本章の問題意識は、嫡出子の再生産システムの不変性を考察の中心にすえている。したがってここでは、このシステムの空間と時間にわたる多様性を説明するために、これら「逆転」、「反転」、「断絶」といった概念よりも、むしろ再編成あるいは転換の概念のほうを用いることとする。

無償の贈与がギリシアにおける結婚の組織原理であったとすると、研究は、以下の二つの問題へと向かうことになる。まずひとつは、起源の問題である。なぜ古代ギリシアにおいて、結婚という取引は、すでにホメロス時代から、動詞与える《ディドーミ》の語彙場に含まれていたのだろうか。現代フランスの言語学者E・バンヴェニストによれば[9]、この動詞は無償の贈与を表しているという[10]。なぜ、購買と取引を意味する動詞、オーネオマイ／プリアマイの語彙場ではなかったのか？ なぜ『イリアス』と『オデュッセイア』において、〈嫡出子〉の母は、つねに夫となる人物に与えられ、しかも富とともに与えられたのだろうか、というわけだ。つぎに、いまひとつの問題は、都市国家《ポリス》時代のギリシアにおける、この仕組みの取り扱いに関するものである。たしかにどの社会も、当時、花嫁とその「世襲財産権」の無償の贈与を実施していた。けれども、これらの社会では、この無償の贈与に、きわめて多種多様な措置が組みあわされていたため、妻と、妻に付随する財産をとり巻く状況は、ポリスごとにたいへん異なっていた。たとえば、民主制下のアテナイ人は、女性たちがきびしく掌握されていると自惚れていた。これに対して、スパルタは、ギリシア世界でもっとも厳格かつ閉鎖的な共同体であったが、女性たちにかなり大きな自由を与えていたとされている。なぜこのような多様性が、ひとつの構成原理から出現したのだろうか？

これらの問題を提起することは、それゆえ必然的に、与えられた集団において、婚姻システムと社会システムの相互作用を問うことになる。また、これら二つのシステムを、ともに時代に拘束されたプロセスとして、とり挙げることでもある。それはまさに、壮大な研究計画なのだ！ そこでわたしは、さしあたり、以下の二つの仮説を提示するにとどめたい。なおこれらの仮説は、三つの最適の史料、すなわちホメロスの言説（紀元前九―八世紀）と、クレタ島中部のポリス、ゴルテュンの「法典」（紀元前四六〇年ころ）と、アッティカの法廷弁論（紀元前四世紀）との検討にもとづいている。

わたしの一番目の仮説は、ホメロスの言説についての研究にもとづいており、婚姻システムの組織原理の確立に関するものである。すなわち、花嫁とその世襲財産権の無償の贈与は、わたしが思うに、「暗黒時代」（紀元前十一―九世紀）が終わるころの、ギリシア諸社会の構造に固有の仕組みのようだという仮説である。つまり、この贈与は、父系で、単婚の、離散化した〈家々〉からなる構造に、固有の仕組みなのである。だが、ここでは専門用語が頻出しているので、それにいくらかの説明を加える必要があろう。まず〈家々〉からなる構造という表現は、フランスではほとんどありふれた用法となっている。民族学者と社会学者は、じっさい、近現代のフランス農村における「家社会」について、かず多く研究してきている。しかしながら、この概念を古代ギリシアに移植するにあたっては、そのもっとも狭義の意味に、たち戻るのがよい。それゆえ本章においては、「〈家々〉からなる構造の社会」というレッテルは、ある特定の地域集団を同定するためにしか用いないこととする。この集団へ人々が加入することは、〈家〉と〈土地〉という、その領域にはめ込まれた富を保持していることと一体となっている。反対に、離散化した〈家〉という表現は、わたしたちの言語においては、ごく内輪の用法である。すなわち、その概念は、本来、アングロ＝サクソンの親族研究の専門家によって用いられていたものなのだ。しかしR・フォックスの巧みな定義のおかげで、この分析用語には、対象とするモデル・ケースをきわめて具体的かつ正確に説明するという利点が備わっている。数学者たちの言語を借用すれば、ある地域集団の〈家々〉が離散化しているのは、それら家々が、ひとつの不連続な居住集合のなかで、孤立した――つまり不連続な――要素となっているときである。同じことを、しかし親族研究のきわめて特殊な言語でくり返すと、ある地域集団の〈家々〉は、それらが「単系集団」となっているとき、離散化している。ただしこの系譜関係は、父系（子どもたちは、ただひとつの〈家〉、すなわち、その父親の〈家〉をつうじてのみ嫡出となる）でも、母系（子どもたちは、ただひとつの〈家〉、すなわち、その母親の〈家〉をつうじてのみ嫡出となる）でもよい。最後に、以下の点を明らかにしておこう。すなわち、父系母系を問わず、離散化している〈家々〉が単婚だといわれるのは、その構成員に、同時に複数の合法的な婚姻が禁じられている場合である。当然のことながら、ひとつの地域集団のなかで、〈家々〉が離散化していれば、それが、配偶者の循環や、結婚にともなう贈与の循環に影響しないはずがない。人も財産も、それらを譲った〈家〉の手を離れ、それらを受けとる〈家〉へ組みこまれる。

だから、わたしが思うに、古代ギリシアの諸社会が、暗黒の数世紀の終わりごろに、花嫁の無償の贈与と斜行婚（斜行婚――叔父と姪の結婚が、もっともよく知られる例である――とは、配偶者同士が家系上同等の地位を占めない結婚のことである）を実施していたのは、単婚で父系の、離散化した〈家々〉からなる構造をもっていたためなのだ。さらに、この仮説に関する陳述を終えるにあたって、つけ加えておこう。すなわち、この単婚で父系の離散化した〈家々〉からなる構造を、紀元前八世紀から四世紀までの、すべてのギリシア社会において再検討してみると、この構造は、古典期ギリシア（紀元前五―四世紀）の各〈ポリス〉における婚姻行動に、消すことのできない痕跡を遺している。

わたしの第二の仮説は、アッティカおよびクレタの史料の検討にもとづいている。この仮説で説明しようとしているのは、紀元前八世紀から四世紀にかけて、すべてのギリシアの諸社会が、花嫁とその世襲財産権の無償の贈与を継続して実施しながら、なぜ多様な婚姻体系を確立していたのかということである。当時、アテナイは解放と変化の都市であり、ゴルテュンは不変の都市であった。だから、花嫁とそれにともなう富の地位は、この二つの都市のあいだで、きわめて異なっていた。だがそれは、わたしが思うに、これら二つの都市が、地域集団へ人々が組みこまれることを、それぞれまったく違ったふうに考えていたからである。すなわち、歴史家の語彙を用いれば、市民共同体の定義とその構成を、きわめて異なる方法で認識していたためである。たしかにそのころになると、ギリシア社会はどこでも、離散化した〈家々〉からなる構造を放棄していた。しかし、C・レヴィ＝

ストロースの有名な分類にしたがえば、当時ギリシアには、「冷たい社会」と「熱い社会」とがあった[12]。冷たい社会——ゴルテュンの場合と、おそらくはスパルタの場合がそれに当たるのだが——は、みずからの歴史性を無視することを選択し、その地域集団への所属を、依然として、領域にはめ込まれた富に、すなわち〈家〉と〈土地〉とに結びつけていた。かくして、これら冷たい社会は、〈家々〉からなる組織を維持していた。しかし、この社会における〈家〉は、離散化しているわけではなく、連続的な集合を形成していた。親族研究の専門家たちは、これらの〈家々〉がたがいに「交わる」とか「重なり」あうと比喩的に語っている。じっさい、この体制においては、婚姻により配偶者となって人間が移動しても、また、それにともなって富が移動しても、これら人間と財産は、その生まれた〈家〉から切り離されることはない。そして子どもたちも、その父親の〈家〉と母親の〈家〉とに属していた。これに対して「熱い社会」——アテナイの場合がそれに当たる——は、「歴史」のなかにあることを望む。この社会は、地域集団への所属を、地域にはめ込まれた富の所有と結びつけることを拒否し、〈家々〉からなる構造をすべて放棄した。わたしの考えるところでは、この基本的な選択こそが、古代ギリシアにおいて、花嫁とその世襲財産権の地位を決定したのである。冷たいポリスでは、〈家々〉がたがいに交差し、花嫁は、ポリスの土地と結びつけられており、その人格と財産の所有主だったのだ。これに対して、熱いポリスでは、市民共同体へ人々が組みこまれることは、〈家〉と〈土地〉から独立しており、花嫁は、貨幣で構成される〈嫁資〉の〈うえに置かれ〉て、夫の後見に服する未成年者だったのだ。別の言い方を、それも、いささか挑発的な言い方をすれば[13]、女性は、古代ギリシアにおいて、民主制の発明の最大の犠牲者であったかのようである。

仮説は提示され、その展開のために用いる概念も定義された。あとは議論を展開するだけである。

離散化した家々に構造化された社会——『イリアス』と『オデュッセイア』より

「離散化した家々」に構造化された社会（トロイア、イタケ、パイエケス人の社会）が、もっとも厳密に表現されているのは、『イリアス』（紀元前九世紀）と『オデュッセイア』（同八世紀）においてである。もとより、「暗黒時代」の終りごろのギリシア社会を研究するうえで、ホメロス史料に頼ることは、三つの公準にのっとることを暗黙の前提としている。だがこれらの公準は、すべての公準同様、おおいに異論の余地のあるものなのだ！ すなわち、まずC・レヴィ＝ストロースにしたがって、[14] 神話の言説は、「過去の社会的言説の残骸を用いて、理念の殿堂を築きあげる」（大橋保夫訳）と想定しなければならない。つぎに、イギリスの古代史学者M＝I・フィンリーにしたがって、[15] この「残骸」は、本来的に「暗黒時代」に属するものだと推定しなくてはならない。そして最後に、フランスの人類学者M・ゴドリエにしたがって、[16] 実在のものであったにせよ、理念上のものであったにせよ、『イリアス』と『オデュッセイア』の社会は、アルカイク期と古典期のギリシアの社会的現実の一部をなすと納得していなければならない。

ホメロスの描く家

これらの公準を受けいれたうえで、ホメロスにおいて「家」を指す用語、すなわち「オイコス *oikos*」という語について、どんなふうに検討をはじめればいいのだろうか？ 歴史家たちと人類学者たちは、このことばをひとつの概念と考え、それに静態的な定義を与えているが、その定義はけっして、特別にホメロス的であるとはいえない。たとえばC・モッセがいうには、〈家〉とは、「まず、不動産としての土地である。そして同様に、また、おそらくそれ以上に、ひとつの人間集団であって、程度はいろいろだが複合的な構造をもつ[17]」のだ。この専門家の視点はまた、ジェネラリストの視点とも軌を一にしている。かくしてレヴィ＝ストロースは、「歴史」、とりわけ「ギリシア史」に眼を向けつついう。〈家〉とは、「ひとつの道徳的人格であり、物質的・非物質的財産をひっくるめて構成される土地の保有者[18]」であると。研究者たちは、口々に「〈家〉とは……」と語る。しかしながら、R・デカが指摘しているように[19]、詩人ホメロスは、〈家〉とはなにかを、けっして語りはしない！　ホメロスは、一種の目録作成のような作業に専念し[20]、家と強く結ばれている要素を列挙するにとどめている。すなわち、妻、子どもたち、〈割り当て地《クレーロス》〉などである。そのほかに、かれは、〈家の高い屋根〉、中央の〈円形の炉《エスカラ》〉、〈家がうまく動かす富〉（家畜《プロバタ》のこと）、それに〈家の貯蔵庫のなかの所有物《クテーマタ》〉、食料、そして〈値打ちのある品々《ケイメーリア》〉を挙げている。このようにして、詩人は描写する。そしてこの反復される描写が、ひとつの仮説を示唆している。詩人がけっして家《オイコス》の指示的意味を明示しないのは、おそらく、この語が、ひとつの概念を意味していないからなのだ！　わたしが思うに、古代ギリシアにおいては、家々からなる社会構造は、ひとつの象徴的な思考によって念入りにつくり上げられたものであった。しかも、この思考は、「具体的記号」から出発して、地域集団を組織していったのだ。その具体的記号とは、〈家〉、その中身（所有物）、〈割り当て地《クレーロス》〉、そして家畜の四つであるように思われる。これらの記号は、それぞれ二重の意味をもつ。それはまったく物質的な富であると同時に、G・デュランのいうところの[21]、「神秘の公現」でもある。そしてこの神秘は、この場合、人々が地域集団へ組みこまれていることを、そして、そうした人々の地位や階層を、象徴的に表象しているのである[22]。

　ホメロスにおける〈家〉は、象徴的な対象である。〈家〉はまず手はじめに、限りなく具体的なもの、すなわち住居である。それが「みごとな造作で」あるとき、〈家〉は、「みごとな造作の」諸要素によって構成される全体となる。家は、景観のなかで、棟木（オイコスという語の原義）の支える〈高い屋根〉によって人目を引く。

この〈高い屋根〉は、エスカラ、すなわち〈中央の炉〉を覆っている。炉は円く、母胎に似ており（女性の生殖器もまた、エスカラといわれる）、灰の覆いのしたでとぐろを巻いている火を世界へもたらすために、毎朝開かれる。火は、「裂けやすい杉と香木の燃える芳香」[23]のなかで、〈家〉の中央に燃えあがり、その愛想のよい光のまわりに座る会食者たちを包みこむ。しかしながら、このように「みごとな造作の」ものをはめ込んだ家のなかに、あるいはアリストテレス流にいえば[24]、この「いくつもの部分」を包んだ「全体」のなかに、当時の社会的思考は、人間集団の「神秘的な公現」をみていた。この集団は、それ自体まったく自然のものでなく、制度としての子孫再生産のための人間集団だったのだ。包みこむ家、産みだす〈炉〉、そこに生ずる火は、この集団にとって、それぞれ、再生産者と認識された父親、しきたりにのっとって娶られた母親、そして嫡出の子どもたちを表している。人間と事物との相同関係は、確固たるものである。父親は〈家〉と同じ名をもち、〈家〉と同様に「全体」であり、再生産のための集団の種々の要素を全体として束ねている。母親は、婚礼の日にやってきて、〈炉〉の灰のなかにうずくまる。〈嫡出子〉とは、一度母親から生まれたあと、もう一度火のそばで生まれる子どものことである。すなわち出産から五日目に、父親は、火床の灰のなかに置いた赤ん坊をとり上げ、炎と同じように人間の直立姿勢をとらせると、はじめて子どもの名を呼ぶ。そしてこの名が、赤ん坊に、家系のなかと、兄弟姉妹のあいだでの地位を与えるのである[25]。名をもつことは、父親とその〈家〉とによって認められること、父親と名と〈家〉とをもつ人々の集団、すなわち自由な居住者の集団に属することなのだ。ホメロスの時代の諸社会においては、非自由人――ドモーエス――は、名ももたず、父親も〈家〉ももたない。かれらは出生地によって呼ばれ、主人の家に住む。〈家〉とは、父子関係と自由とを認識する「公現」のことであり、全体的な社会のただなかで、居住集団の範囲を決定する「具体的記号」なのだ。

〈家〉が、地域集団への所属を示す記号だとすれば、土地は、その集団内部の階層の構築を可能にする記号である。〈家々〉の地位は土地の取得と結びついていた。まず、ある〈家々〉は、ひとつの〈割り当て地《クレーロス》〉に結びついていた。その土地はつねに「肥沃な」（！）土地だとされており、これらの〈家々〉は、その土地の自分たちの持ち分がもたらす〈生活の糧《ビオトン》〉を食べている。そしてそのことによって、〈地域共同体《デーモス》〉に組みいれられている。デーモスとは、ひとつの実体であり、食料を供給する土地と、それによって養われる集団とが混淆したものなのだ。また別の〈家々〉は、これとは違った〈割り当て地《テメノス》〉（〈王領〉、そしておそらくは、課税免除地）を所持していた。こうした〈家々〉は別格であり、〈共同体の家々〉に対して貢物を徴収する資格があった。こうして、王と貴族の〈家々〉は、「〈公の〉」ブドウ酒と小麦粉と牛肉を受けとっていたのである。[26] 最後の〈家々〉は、〈割り当て地〉をもたず、土地をもつ〈家々〉から〈生活の糧〉をもらっていた。たとえばテーテスと呼ばれる人々は、自由民ではあったが、（〈私的な〉）地代を払って他人の土地を耕していた。食糧を供給してくれる土地に根を張った〈家々〉の男たちは、共同の食事に参加し、共同の企てのために結束する。これらの男たちは、こうしてラーオス、すなわち〈戦士集合体〉を形成していたのである。この集合体は、広場《アゴラ》に坐って、王とその助言者たちのことばを聴き、召集の叫びに応えて立ちあがる。ともに発言し行動する男たちの階層は、土地の取得によって確立される階層と、きわめて正確に対応していた。つまり、こうした〈共同体〉ないしは〈集合体〉に加わることを保証するのは、〈割り当て地〉を所持していることだったのだ。そして、集団に権力を与えるのは、二番目の形態の〈割り当て地《テメノス》〉を所持していることだったのである。

〈家〉と〈土地〉は、身分を決定する富であった。それゆえ、この両者は、分類上特殊な位置を占めている。両者は、不動産というカテゴリーに属し、獲得や所有の対象範囲外にあった。これらの富は身分の「具体的記号」であり、家系の継承に対応して、継続的に相続されていった。〈家〉と〈土地〉は、継承される財産であり、その名義人だけが、これを自由にすることができた。それに対して、〈家々がうまく動かす〉富（家畜のこと）

と、貯蔵用のカメや櫃《ひつ》のなかに〈家々が所有している〉富は、家や〈土地〉とはまったく異なる領域にある。まずそれらは、循環する富である。すなわちこれらの富は、互酬的な関係を生じさせる。それはまた、増加したり、増加させたりする余地のある富である。これらの富は、身分内での階層を決定する。まず、家畜の群れについてみてみよう。家畜の群れの移動には、供犠と結婚の手続きがともなっている。家畜が、儀礼にしたがって殺されると、まず第一に男性と神々とのあいだで分配される。ついでその肉は、〈饗宴〉の陪食者のあいだに振り分けられる。饗宴では、陪食者〈それぞれが取り分をもち〉、それが〈友愛〉の関係を確固たるものとする。牛と羊は、婚姻関係のリズムにあわせて、〈家々〉のあいだを行き交う。花嫁の〈家〉を口説き落とす責を負うのも、家畜であった。それでは、〈所有されていたもの〉についてはどうだったのだろうか？　これら略奪社会においては、〈家々〉は、〈友愛〉の「具体的記号」として、〈値打ちのある品々〉を交換したが、それらはしばしば戦利品だった。力によって獲得されたがゆえに、戦利品は、もっとも貴重で、もっとも強固に手中にとどめおかれる〈所有物〉だったのである。

ホメロスにおける〈家〉について、長々と考察してきた。この考察は、花嫁の無償の贈与という研究のテーマから、たいへん遠いものであるかのようにみえるかもしれない。だが、こうした考察があるからこそ、このテーマが、「贈与論」の人類学者マルセル・モースが唱えた意味での「全体性」から、分離せずにすむのだ。

ホメロスにおける〈家〉は、レヴィ＝ストロースの気のきいた表現を借用すれば[27]、つねに「二つでひとつ」である。〈家〉は合法的な結婚に根拠をおき、合法的な結婚をつくり出すことで継続していく。構成要素に対する「全体」の、〈円い炉〉に対する〈高い屋根〉の、女性という特性に対する男性という特性の優位性がいかなるものであれ、しきたりにのっとって獲得された妻なしには、〈家〉はない。〈嫡出子〉を世に送りだす妻は、他の女性とは異なって、〈家〉の一部であり、社会的に認知された存在となる。それゆえ、その社会が、富を、居住集団内部における身分と地位の「具体的記号」としている場合、この社会が、子孫を再生産する女性を富と同一視するのは、ものの道理というものなのである。ところで花嫁は、土地とともに贈与される場合がある。この土地は、利用することはできても、所有することのない富である。また花嫁は、〈値打ちのある品々〉とともに贈与される場合もある。そしてこれらの品々は、〈所有権《クテーシス》〉の対象であり、堅く手中にとどめることが可能な富である。だから、この二種類の花嫁は、異なった婚資を持参しているがゆえに、〈家〉のなかで違った立場に立つ。そしてそれもまた、理にかなったことであった。

ホメロスの描く社会においては、居住集団全体が、まさに合法的結婚を基礎に成立し、合法的結婚を義務づけることによって存続した。富が身分と地位の「具体的記号」である以上、この社会システムのもとでは、じっさい、遺産相続人と跡継ぎとのあいだに、区別は成立しない(28)。遺産相続人は、財産も身分も受け継ぐのである。そのうえ、気晴らしの性には、なんら制約がなかったにもかかわらず（〈大家《たいけ》〉は、愛妾や捕虜の女性であふれていた）、社会集団は、子孫再生産のための性については、厳しい態度をとっていた。すなわち、〈嫡出子〉のみが、遺産を相続し身分を継承する権利を有していた。そして庶子は、〈庶子の取り分〉しかもらえず、身分外に置かれた。これらの規制はあきらかに、重婚を禁じ――それは、『イリアス』の詩句のそこここに、はっきりとみてとれる「残骸」を残している(29)――、重婚のもたらす結果（人口膨脹？　あるいは、裕福な家々の際限のない肥大？）から、社会を守る方法だったのである。

婚姻の仕組みという問題に着手するにあたっては、〈家々〉からなる社会構造を問題にすべきなのであって、民族学者たちになじみ深い二項対立（内婚／外婚、女性の移動性／男性の移動性、父方居住／母方居住、近隣婚／遠隔地婚）から着手すべきではない。実際、ホメロスの描く諸社会は、レヴィ＝ストロースのいうところの、「理論的に和解不可能な諸原則を……超越するための努力[30]」をなしていたかのようにみえる。研究者は、この「努力」が、ひとつの困難に由来していることを示さなければならない。すなわち、合法的結婚と、父系的で離散化した〈家々〉からなる構造とを、折り合わせるという困難にである。事実、この系譜関係にもとづく〈家〉という社会単位に課されている問題は、二重であった。これらの〈家〉は、「女性の手に渡った」〈家〉の永続性を確保しなければならず、なおかつ、そとから移動してきた配偶者の地位を、孤立した細胞として組織されている親族のなかに定めなければならなかった。ホメロスの描く諸社会は、たいへん合理的にこの困難を解決したようである。そしてそれは、南フランスの民族学者のあいだで、よく知られている二つの結婚の型、すなわち「嫁入り婚」と「婿とり婚」を実施することによってだった。だが、この二つの仕組みのホメロス版について分析を加えるまえに、四つの指標を立てておくのがいいだろう。

㈠　まず、『イリアス』と『オデュッセイア』における〈家〉は父系である。その結果として、〈家〉を率いることができるのは、男性のみだということになる。

㈡　これらの〈家〉は単婚である。〈家〉は、嫁または婿をとることによって継続していく。息子と娘がいる〈家〉は、すくなくとも息子をひとり手放さずにおかなくてはならないが、娘はすべて、母親の役目を果たすべく、よその〈家〉に嫁がせることができる。娘しかもたない〈家〉は、すくなくとも娘ひとりは手放さずにおき、これに夫をみつけてやらなくてはならない。

㈢　これらの〈家〉は離散化している。おのおのの家は、他の〈家〉からきた配偶者を、家固有の親族体系に組み入れ、血族としなくてはならない。ホメロスの描く諸社会では、配偶者間の結合を、夫婦関係ではなく、血縁関係の用語で考えている。

(四) 世代交代を経るうちには、家は分かれないままにとどまることもあれば、人類学者が語るように、「分岐によって分節化する」こともある。しばしばひとつの〈家〉が、父親の死によって分節化することがある。この場合には、息子たちが同等に、遺産相続と家の継承にあずかる。しかし父親はまた、生前に、息子たちと、場合によっては婿たちの利益になるように、〈家〉の分節化を進めることもできる。

以上四つの指標を立てたうえで、ホメロスの描く社会において、娘を正妻として与える二つの方法、すなわち嫁がせる娘と、婿と結婚させる娘について、実例にもとづいて検討することができる。

嫁入りする花嫁——所有される妻《クテーテー・ギュネー》

嫁入りする花嫁といえば、ペネロペイアである。イタケ王オデュッセウスは、トロイア戦争に出立するまえに、アカルナニアを統治するイカリオスの娘、ペネロペイアを妻として娶る（**表1**のⅠ2、Ⅱ4、Ⅳ1と3）。花婿の〈家〉には、なん世代にもわたって、息子がひとりしかいなかった。そのため、父方＝夫方居住（花婿の父の〈家〉に、新婚夫婦が居住する）と、花嫁の移動とが不可欠であった。しかしこの〈家〉は、王の身分の〈家〉だった。だからオデュッセウスは、王国内の女性を娶ることができなかった。下位婚、つまりより下の階層の花嫁と結婚することになるからである。結婚できる王女がいない場合には、王は〈家〉の内部で結婚する。パイエケス人の王であるアルキノオスは、奇妙な島を統治していた。その島は、「眼にみえないものの世界」と「眼にみえるものの世界」との通い路を確保するために、波間のうえに断続的に現れるのである。この王が実の姉妹を娶ったのは、偶然だろうか？[31] 若いころの、しきたりにかなった結婚を、ペネロペイアが郷愁とともに想い起こすのを聴くと、嫁入りの手続きが、オデュッセウスとイカリオスによって、綿密に踏まれていたことがわかる。[32] 良〈家〉から娘を娶るためには、求婚者は、ヘドナ、すなわち、つねに〈おびただしい贈りもの〉を〈持参する〉とともに、ドーラ、すなわち、つねに〈輝かしい贈りもの〉を、愛しい女に贈らなければならない。求婚者たちは、〈家〉の戸口のまえに陣どって気前のよさを競い、もっとも多く贈ったものが受けいれられる。[33] 愛しい女の父は、この男に娘を与えるとともに、もちろん〈輝かしい贈りもの〉、ドーラを娘に〈つけてやる〉[34]。受け手は、花嫁と、花嫁についてくる〈輝かしい贈りもの〉を、〈家〉へもっていく。〈おびただしい贈りもの〉も〈輝かしい贈りもの〉も「具体的記号」である。これらの贈りものは、いったいなんなのだろうか？ またそれらは、なにを意味しているのだろうか？

ヘドナ、すなわち、この〈おびただしい贈りもの〉には脚がある。L・ディ＝レロ＝フィヌオリが指摘したように、[35] それらは牛と羊の群であって、結婚することになった娘の家の戸口に、〈連れて〉いかれる。ホメロスの描く社会では、家畜は、成長し、増加し、繁殖する富であり、もっぱら男性の富である。だから、女性と土地とのあいだには、あい容れない関係はないが、女性と牧畜のあいだには、あい容れない関係がある。[36] 家畜の群の大行進の意味するところは、かくして明白である。求婚者は、男性に付きものの富を贈るのだが、その富は、かれが繁殖させたものなのだ。そして、それによって求婚者は、妻を獲得し、自分の子孫を再生産できるようになるのだ。ホメロスの国々では、アフリカ中西部のバントゥー族と同様に、[37]「家畜は子をなす」。だが家畜は、子どもの身分（庶子か嫡出子か）も、母親の身分（妻か妾か）も決定しない。〈おびただしい贈りもの〉は、妻を娶った男性に、生殖力のある性を〈所有《クテーシス》〉させる。だが、〈おびただしい贈りもの〉は、正当な子孫の再生産を確立するものではない。所有される妻《クテーテー・ギュネー》を、またヘシオドスの[38]言い方では〈所有される花嫁〉を、〈家〉に組みこまれた正妻とするのは、〈輝かしい贈りもの〉、すなわちドーラなのである。この場合、〈家〉とは、母胎のごとくはぐくむ〈炉〉であり、妻とは〈嫡出子〉の母であり、貯蔵庫の番人なのである。

〈輝かしい贈りもの〉は、貴重な〈所有物〉、すなわちケイメリアのカテゴリーに属しており、その輝きは、それが多くの貴金属を含んでいることを想定させる。これら〈所有される富〉は、花嫁と結びつけられているが、また〈横たえられたもの〉と呼ばれてもいる。というのも、それらの特徴が、〈家〉のもっとも奥で、櫃のなかに埋もれていることだからである。ドーラは、合法的な結婚が決定したことの「具体的記号」である。すなわち、ドーラこそが、婚姻関係を「なす」のである。

㈠　花婿が花嫁に〈輝かしい装身具〉(刺繍を施したヴェール、首飾り、冠など)を贈ると、花嫁はそれを身に着けてきて、〈炉〉の灰のなかにうずくまる。これらの値打ちのある品々は、貯蔵庫から出てすぐにそこに戻るのであり、おそらく、嫁を娶る〈家〉が花嫁に与えた価値と、花嫁を親族に組みいれようという意思を表している。[39]

㈡　花嫁の父は、娘に〈輝かしい贈りもの〉を〈付けてやる〉。これらの値打ちある品々は、娘を与えるものの櫃からとり出されるのだが、花嫁が役立たずではないことを意味している。花嫁の〈家〉は、かの女を捨てるのではなく、かの女から生まれる子どもたちとのあいだに、絆を確立するつもりなのだ。この絆を、人類学者たちは、単系親子関係のシステムのなかで、「補完的親子関係」とよんでいる。[40]ホメロスの英雄たちは、母方の親族と関係を維持しているが、その関係は、利害と権力にかかわる懸念からいっさい解放されているため、つねに大いなる優しさに満ちている。しかしこれらの関係は、愛情や儀礼上のものにとどまらない。補完的親子関係をもたない嫡出子は、存在しえない。花嫁を与えるものの側からの〈輝かしい贈りもの〉は、嫁を娶るものの櫃のなかに収められるが、それが意味しているのは、花嫁が〈所有物〉ではあるものの、限りなく貴重な〈所有物〉であり、娶る〈家〉は、細心の注意をはらって、かの女をその一員に加えるということなのである。

(三) 花婿は、花嫁を手に入れるために、花嫁の父に〈贈りもの〉をふんだんに与え、花嫁の父は、娘をその夫へと与えるために、これに〈贈りもの〉を付けてやる。かくして花嫁は、二つの〈家〉の婚姻関係を表す。婿と義父とは同盟者《エタイ》となる。ホメロスの描く社会においては、姻族の絆は非常に重要である。姻族は、〈家〉の生活のリズムを刻む通過儀礼（誕生、結婚、死）すべてに出席する。かれらは、内部での頻繁な闘争を仲裁する。[41] また、たとえば殺人者の追跡など、[42]〈家〉が一団として介入するすべての行動に関与する。じっさい、ホメロスの描く社会は、系族《リネジ》（部族、兄弟団《フラトリア》など）に、きわめて特別な機能を与えており、親族を基盤とする社会であるかにみえる。[43]

ドーラ、すなわち〈輝かしい贈りもの〉は、このように、二つの〈家〉の婚姻関係と、花嫁が夫の〈家〉に同化したこと、そしてかの女が夫の家に与える子どもたちの嫡出性の「具体的記号」なのだ。したがって、無償で与えられた妻と、購入された妾、そして戦利品の女捕虜のあいだに、決定的な区別を確立するのは、結局ドーラなのである。説得力に富む例をひとつ挙げておきたい。オデュッセウスの〈家〉の、忠実な心をもつ老いた女召使い、エウリュクレイアの物語である。[44] エウリュクレイアが花咲く娘だったころ、英雄オデュッセウスの父ラエルテスは、かの女を自分の妾にしようとねらっていたが、妻の怒りのためにまもなく断念した。ラエルテスが、この若い娘の父親であり、古い家系のイタケ人であるオプスとのあいだに交わした取り決めは、〈買い取り《プリアマイ》〉という範疇に含まれるものである。エウリュクレイアを買うという言明は、それほど明確ではない。だが、確かなことは、ラエルテスが二〇頭の牛を提供し、オプスは、それで娘を売ったのである。なぜならオプスは、〈贈りもの《ドーラ》〉をすることなく、娘を譲っているからである。この二〇頭の牛で、ラエルテスは、エウリュクレイアの性を所有したのである。〈家〉から捨てられて、エウリュクレイアは社会的な存在でなくなってしまう。かの女は、ラエルテスの寵愛が止むまで、働くことを運命づけられた身柄なのだ。かの女の子どもたちは、母方の補完的親子関係をもたず、したがって母親ももたず、庶子となって、父の遺産相続／家系継承から除外されることになるだろう。庶子は、父の死の時点で、〈家〉が所持している住居をひとつもらう（〈庶子の取り分〉[45]）。だがその住居には、〈割り当て地〉が付いていない。このことが意味しているのは、庶子は名と父をもっており、自由人男性の集団に加えられるが、〈共同体〉／〈集合体〉からは除外されているということである。このように、ホメロスの社会では、遺産相続人／家系継承者の母親である妻と、自由人となる息子の母親である妾（あるいは捕虜の女性）とのあいだが区別されていた。そして、この区別によってこそ、古代ギリシアにおいて、兄弟姉妹が、なぜ〈同じ母胎から生まれたもの《アデルポイ》〉と呼ばれていたのかという問題に、おそらく説明がつく。E・バンヴェニストは、この語が、古い母系的親族組織の「残骸」であると想定している[46]。しかしわたしは、もっと単純な解釈があるのではないかと思っている！　つまり、父系の家々からなる社会では、単婚制と愛妾制度が併存しているが、兄弟姉妹が嫡出であるか庶出であるかは、子どもをつくった父親ではなく、子を宿した母胎によって決まるのではないのか。アデルポスという語〔前出の「アデルポイ」の単数形〕は、わたしの見解からすれば、母系制の「残骸」ではなく、多婚制の「残骸」の一部なのである。

　夫の〈家〉は、婚姻関係をもった〈家〉から到来した〈輝かしい贈りもの〉を、貯蔵庫のなかに組みいれるが、またこれと同じように、〈所有される妻〉を、その血縁関係のなかに組みいれる。だが、それは、いかなる資格においてなのだろうか？　ホメロスの描く〈家〉は、娘を外に出すがゆえに、父と息子からなる男性の多頭「細胞」となる。それはつねに、一体となって行動し、その血族や姻族の名称は、記述的でもなく個別的でもない[47]。ホメロスのテクストは、法的な性格のものではまったくないため、この集団に対する妻／母の位置を突きとめるには、困難がともなう。しかしながら、ペネロペイアとその「熱心な求婚者たち」をめぐっての、いざこざが[48]、ひとつの仮説を示唆している。すなわち、〈所有される妻〉は、おそらく、夫の娘として、また同時に自分の息子の同父姉妹として、夫の〈家〉に組みこまれるのである。じっさい、イタケの宮殿で展開されるドラマが、あるひとつの論理に従っているとするならば、オデュッセウスの妻は、なんらかの仕方でオデュッセウスの富と結びついていなくてはならないのだ！　この物語は複雑であるが、そこから基本的な連関をひき出すことはできる。

㈠　オデュッセウスは、〈所有される妻〉と、息子テレマコスを残して、「みえないものの世界」へと消えていくが、この息子は、いまだ顎髭も生えず、遺産相続／身分継承の年齢になってもいない。

㈡　イタケとその近隣の島々の精華たる求婚者たちは、オデュッセウスの未亡人であるがゆえに、ペネロペイアをしきりに欲しがるが、イカリオスの娘としてのペネロペイアには関心をもたない。ペネロペイアが、なんらかの理由で父のもとに戻るならば、これらの美しい若ものたちは、だれひとりとして、〈おびただしい贈りもの〉をアカルナニアに運びはしないであろう。(49)この女性は、求婚者たちを魅惑し、ついには死に導くことになるのだが、求婚者たちは、かの女を手に入れるために、共同で二つの手続きをとる。つまり、かれらの行動は、厚かましいというより、むしろ両義的なのだ。

㈢　まず求婚者たちは、嫁入り婚の手続きを開始する。かれらは、自分の家畜の群を屋敷の戸口に行列させ、ペネロペイアに輝かしい装身具を贈る。かれらは、テレマコスが「一人まえの男性」になり、母親を〈輝かしい贈りもの〉とともに、もっとも高値をつけたものに与えることができるようになるのを待っているのだ。(50)この構図において、ペネロペイアが占めているのは、嫡出の娘という位置である。かの女は、父親〔前ページ最終行—本ページ第一行の記述によれば、＝夫オデュッセウス〕が死去したために、兄弟〔同、息子テレマコス〕によって嫁がせられるのだ。それも、〈家〉の貯蔵庫からとり出した〈貴重な財産〉とともに。

㈣　求婚者たちは同時に、もうひとつ別の婚姻手続きを進める。かれらは、〈家〉のなかに入りこみ、母胎に似た〈炉〉のまわりに座りこむ。家の土地によって生産された〈生活の糧〉を食しながら、かれらが夢みる

図1　離散化した家《オイコス》が嫁をとる

∩　家《オイコス》
△　男性
○　女性
＝　正式な結婚
↗　配偶者の到来

ホメロスの描く家においては、妻は夫の娘にして、息子の、父を同じくする姉妹である。

U＝オデュッセウス
P＝ペネロペイア
T＝テレマコス

オデュッセウスの家

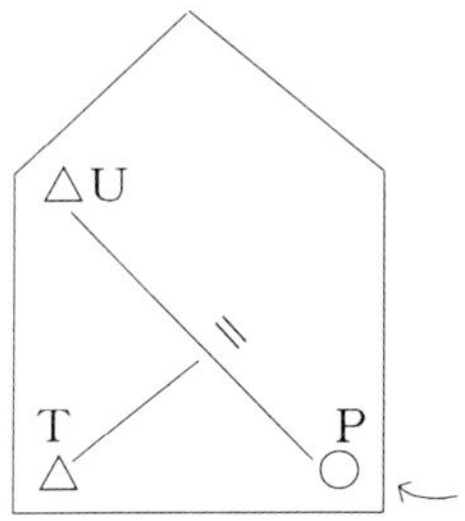

のは、テレマコスを殺し、夫婦のしとねのうえでペネロペイアを手に入れることである。しかもそのしとねは、オデュッセウスが、根こぎにすることのできないオリーヴの幹を、切りだしてつくったものであった[51]。この構図でも、ペネロペイアは、嫡出の娘の位置を占めている。だがこの場合、かの女は、兄弟〔三九六ページの記述によれば、息子テレマコス〕が死去したために、父〔三九六ページの記述によれば、夫オデュッセウス〕の〈家〉に固定され、婿とり婚を定められている。婿とり婚は、ホメロスの描く社会において、確立していた第二番目の婚姻の仕組みであり、これについてはのちに分析することにしよう。

息子をもつ寡婦は、〈横たわる富〉とともに夫の〈家〉を離れるが、息子のない寡婦は、夫の〈家〉にとどまる。息子のない寡婦は、富〈〈家〉／〈土地〉〉のうえに固定されているのだが、この富は、家系と結びついており、獲得の対象範囲外にある。かくして嫁入り婚は、妻を夫の娘の地位に置くことになる。寡婦の息子は、自分の母親を〈輝かしい贈りもの〉とともに嫁がせる。かくして母親は、嫁入り婚によって、自分の息子の同父姉妹の地位に置かれる。この婚姻手続きの構造は、配偶者に家系上同等の位置を与えないわけだから、これは斜行婚だということになる〔**図1**〕。じっさい、〈所有される妻〉は、夫の娘であると同時に息子の姉となる。そして、親族の秩序のなかで、このような位置を与えられているために、けっして「成人」になることがない。かの女は、男たちが手から手へと引きわたす娘なのだ。かの女の父と、その跡を継ぐ兄弟たちは、かの女を夫と、そのあとを継ぐ息子たちの手に渡す。女性が愛する義務を負うのも、この二つの男性集団であった。しかしながら、かの女を与えたものたちと、かの女を娶ったものたちのあいだに、闘争が生じた場合には、かの女は、自分を与えたものたちのほうを選ぶ[52]。わたしは、嫁入り婚の斜行した構造をこのように分析したが、この分析が間違っていないならば、ホメロスの描く諸社会において、〈所有される妻〉に与えられる地位は、つぎのように特徴づけることができよう。すなわち女性が、ある〈家〉によって、他の〈家〉へと与えられ、妻にして母となった場合、この女性は、たいへんな価値のある社会的存在となる（かの女は、贈りもの《ドーラ》で覆われた女性なのだ）。けれども、この貴重な社会的存在は、つねに〈家〉を率いる男性の、独占的で支配的な権力下にあったのである。

〈所有される妻〉、すなわち、夫の娘にして息子たちの姉妹となる女性について、このように議論を展開してきた。その終止符にかえて、ひとつの問題をとり上げておこう。まず、神話は、「過去の社会的言説の残骸を用いて、理念の殿堂を築く」ということを認めるとしよう。このように認めたときから、神話上のいくつかの大テーマのなかに、嫁入り婚が残した「残骸」を発見しようと試みることが、魅力的なことになりはしないだろうか？わたしの考えるところでは、こうした残骸を、二つの神話群のなかにみいだすことができる。

㈠　ギリシア神話では、いくつかの例において、寡婦となった女性に成人した息子がなく、しかもこの女性がいまだに「魅力的」である場合、かの女は、最初の夫の〈遺産相続〉／〈継承権〉といっしょに、二番目の夫によって引きとられる。たとえばイオカステは、自分に子孫がないと考えて、ライオスの富と王権をオイディプスに与えている。またクリュタイムネストラは、神話上、貞淑な妻で献身的な母たるペネロペイアの、ネガティヴなイメージとして描かれているが、夫アガメムノンを殺し、自分の幼い息子オレステスを棄てて、諸王のなかの王の寝台と家と王冠を、アイギストスに与えている。* これら二つの移行は、ギリシア学の研究者を驚かし、多種多様の解釈を呼び起こしている。だが、これらの移行は、複数の離散化した〈家〉からなる社会においては、きわめて合理的なことなのだ。というのも、こうした社会では、配偶者同士を血族とみなすからである。つまり、イオカステもクリュタイムネストラも、ライオスやアガメムノンの〈家〉に嫁ぐことによって、夫の娘となったからである。だから、夫にして父であるものの死に際して、息子にして兄弟であるものがいない場合には、これら夫の娘とみなされた寡婦たちは、ホメロスの社会で行なわれていた第二の結婚、すなわち婿とり婚を定められていたのである。

* イオカステ、クリュタイムネストラは、いずれも神話や悲劇のヒロイン。テバイ王妃イオカステは、運命のいたずらから、他人の子として育った実の息子オイディプスに、夫であるテバイ王ライオスを殺され、またオイディプスが夫殺しの犯人と知らずに、これと結婚する。また、ミュケナイ王妃クリュタイムネストラは、夫アガメムノンがトロイア戦争の総大将として出征する際、娘イフィゲネイアを女神アルテミスに犠牲として捧げたことをねにもち、帰国した夫を殺す。息子のオレステスが、夫の殺害とともに国外逃亡したので、クリュタイムネストラは、愛人のアイギストスと結婚する。

(二) 嫁入り婚において、花嫁は、夫の娘となるために、自分自身の父親の娘であることをやめなければならない。したがって、この花嫁は、ひとつの身分から他の身分へと移行する。そして、この移行がそれと示されるのは、象徴的な死のかたちによってのみである。だから、「嬰児殺しの父」という主題は、P・ブリュレによって研究されたものだが(53)、ギリシア神話学上もっとも有名な主題のひとつなのだ。アガメムノンであれエンバロスであれ、父親は将来が楽しみな娘を殺し——息子を殺す父親はいない——、娘の結婚をまえにして、この娘を処女神アルテミスに犠牲として捧げるのだ。* ただしすべての女神は、いつも、若い娘の代わりに、身代わりの動物を受けとる。このように、嫁として与えられた女性は、夫の〈家〉に組みいれられた。そして、この組み入れという手続きが、古代ギリシア人の想像力のなかに、その残骸を残していた。「嬰児殺しの父」というテーマは、こうした「残骸」のうえに構築された「理念の殿堂」を、表しているのではないのだろうか？

＊アガメムノンについては前頁の訳註を参照のこと。エンバロスは、アテナイの港ペイライエウスの人。厄病をしずめようと、娘をアルテミスに犠牲に捧げることに同意する。ただしかれは、紛装させたヤギを娘の身代わりにすることで許される。

婿とり婚――結婚させられる女《ガメーテー・ギュネー》

ここまでは、嫁入り婚と、〈所有される妻〉が〈家〉のなかで与えられる地位とについて、長々と分析してきた。だからそのあとでは、婿とり婚に費やす議論の展開が、簡略なものにみえる危険性がある。けれども、ホメロスのテクストは、一番目の婚姻手続きについてよりも、第二番目の手続きについてのほうが、はるかに雄弁なのである。とはいえ、ホメロスのテクストからは、婿とり婚という仕組み――義理の父は、婿を「招き」、「自分のそばにとどめて」おきたがる(54)――に合目的性があったことを、十分ひき出すことができる。それも、義理の父に息子がある場合と、息子がない場合の、二つのケースについて。

ナウシカアの父アルキノオスは、前者の例である。この人物は、多くの息子たちがいたにもかかわらず、自分のそばに「婿をとどめおく」ことを強く望んだのであった。伝説の「眼にみえないものの世界」で長いあいださまよったのち、オデュッセウスは、パイエケス人たちの島の岸に投げだされる。そこで、パイエケス人の王アルキノオスの娘ナウシカアが、「裸で、海に痛めつけられた体」のオデュッセウスを発見する。英雄は「多くの苦難のあとで」、もちろん、与えるべき〈贈りもの〉《ヘドナ》も〈輝かしい贈りもの〉《ドーラ》ももっていない。だがかれは、娘の関心をひきつけ、かの女の父を魅了する。アルキノオスは、「オデュッセウスのように、かくも美しく語る」(55)男に出会って、ひきつけられたのである。アルキノオスは、それゆえ、オデュッセウスを「婿という名のもとにとどめおき」、娘と家と〈財産〉とを与えようと申しでる（**表1**のⅠ2、Ⅱと4、Ⅲ3、Ⅳ2と4）。だがオデュッセウスは、王の申し出を辞退する。
リュキア王イオバテスは、婿とり婚の第二の事例を示している。この王には息子がなかったが、グラウコスの息子ベレロポンテスを、エピュレの地にひき寄せることに成功した(56)。ベレロポンテスの結婚の物語は、四つの情報を含んでいる（**表1**のI2、II、2、3と4、III3、IV2と4）。

(一)　イオバテスには二人の娘がいたが、アンテイアを嫁がせて、ピロノエをそばにとどめおいていた。

(二)　ベレロポンテスは、イオバテスの命で怪獣キマイラや、ソリュモイ人、アマゾネス族と戦い、ことごとく勝利する。これらの勝利のあとで、イオバテスは、ベレロポンテスを「自分のそばにとどめおく」ことが自分の利益にかなうと考えた。イオバテスは、ベレロポンテスに、娘のピロノエと、みずからの〈王権の名誉《ティメー》〉の半ばとを与える。いっぽうリュキア人たちは、この英雄に〈王の割り当て地《テメノス》〉を帰属させた。

(三)　ベレロポンテスとピロノエの息子ヒッポロコスは、リュキア人の王に推挙される。

(四)　ヒッポロコスの息子グラウコスは、トロイア戦争の戦場で、「エピュレならびに広大なリュキアの地において、並びなき勇士であったかれの祖先」を思い起こしている。

これらの範例的なケースを分析することで、二つの問題が提起されるように思われる。すなわち、契約と、義父の親族への婿の組み入れという問題である。

まず、契約の問題とはなにか？　この問題は、嫁入り婚の場合と比べて、二つの相違点を示している。すなわち、第一に、花婿が〈贈りもの《ヘドナ》〉を〈もって〉こないこと。かつ、花嫁の父は、不動産を娘に〈付けてやる〉が、この不動産には身分がともなっていることである。嫁入り婚においては、花嫁を与えるものが、家畜を受けとることによって、花嫁の移動と、父方＝夫方での居住と、夫による妻と子どもたちの〈所有〉がもたらされる。ところが婿とり婚では、花婿は〈贈りものなし《アナエドノス》〉である(57)。もっとも、オデュッセウスやベレロポンテスの武勲が

〈贈りもの《ヘドナ》〉の代わりになっているのだと、ときおりいわれることがある。だが、わたしが思うには、ホメロスにおける社会的思考は、この武勲と〈贈りもの《ヘドナ》〉の等価性を成立させるには、あまりにも具象的だったのではないのか。武勲は、〈贈りもの《ヘドナ》〉の代替物とはならない。なるほど武勲をみて、義理の父となる人物は、自分の価値を証明した男性に、〈贈りもの《ヘドナ》〉なしの結婚を申しでる気にはなる。だが、だからといって、武勲が〈贈りもの《ヘドナ》〉の代わりになったというわけではない。なるほど娘の父は、戸口のまえに家畜の群を行列させることを断念する。けれどもその代わりに、かれは、花嫁の移動と、父方＝夫方居住と、妻と子どもたちの〈所有〉とを排除する婚姻の契約に、婿を確実に服させる。またたしかに、アガメムノンは、アキレウスに、〈贈りもの《ヘドナ》〉を贈らずともよいこと、〈蜜の甘さの贈りもの《メイリア》〉とともに自分の娘のひとりをペレウスの〈家〉に連れていくこと、そして、自分のもつ七つの「よき町」を受けとること提案している。[58] しかしこれは、例外的な契約であって、英雄アキレウスの怒りを「和らげる」ために、嫁入り婚と婿とり婚両方の利点をあわせて、婿に提案しているのである。

このように、嫁入り婚においては、義父は婿に娘と〈所有物〉を与えるが、婿とり婚においては、義父は、娘と結びつけて、婿に不動産を与える。そして、この不動産という富は、獲得したり〈所有〉したりできるものの範囲外にあって、身分を伴っている。アルキノオスは、オデュッセウスに、一軒の〈家〉とその中身を提供する。アルキノオスは、婿を自由な住民の集団に組みこむのである（研究者は、なぜアルキノオスが、オデュッセウスに、〈割り当て地〉を与えなかったのかを問題としてしかるべきである。〈割り当て地〉によって、オデュッセウスは、〈共同体〉に組みまれたはずだからである）。またイオバテスは、ベレロポンテスに、みずから〈王の名誉〉の半ばを与える。じっさいE・バンヴェニストが指摘するところでは、これらの名誉は、「実質的な利益」なのである。おそらく、〈共同体〉が、王に貢ぎもの――「公共の」小麦粉やブドウ酒や牛――を納めていたか

図2「女性の手に落ちた」離散化した家《オイコス》が、婿をとる

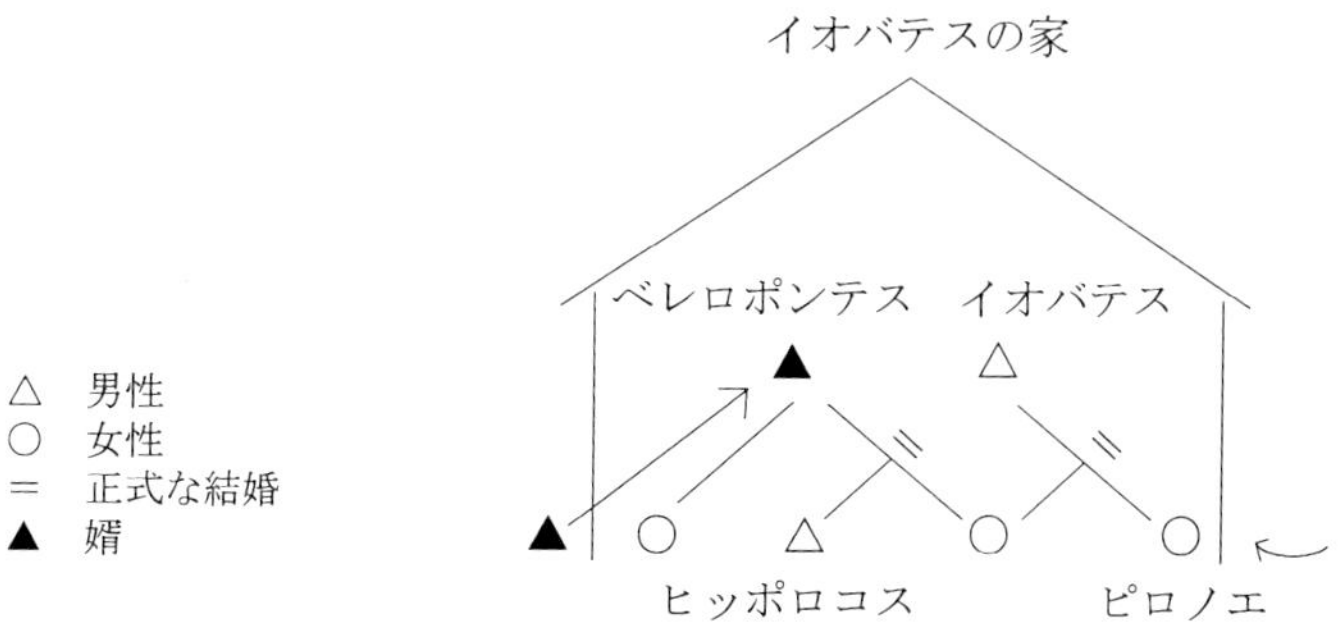

らである。それゆえイオバテスは、ベレロポンテスに、王権の分け前を与えたのであり、〈共同体〉のほうは、この英雄ベレロポンテスに〈王の取り分〉を与えることで、かれが王の身分であることを確認したのである。アルキノオスとイオバテスは、「継続する」富を婿に差しだしている。すなわち、これらの富は、父から息子へ、あるいは兄弟のあいだで、男性同士が相続していくのである。だが、いかなる親族関係の操作によって、義父は、婿を血縁関係に組みこむことができたのだろうか〔図2〕?

わたしが思うには、親族関係の操作は、婿入り婚の二つのケースにおいて、異なった仕方で進められているようである。息子をもたない義父は、婿を自分の〈家〉に組みこみ、これに自分と同父兄弟《カシグネートス》の位置を与える。たとえばイオバテスは、母胎に似て育む〈炉〉と、娘の性とによって〔すなわち、女という性によって〕、〈家〉の継続を確保しなければならなかった。だが、〈家〉は男子によってしか受け継がれない。だから、血統の断絶をひき起こさないためには、ピロノエの息子たちが、イオバテスの子孫の系譜上、母ピロノエと同世代の位置を占めなければならない。こういう血統上の順序の操作を可能にするのが、兄弟をもたない娘の斜行婚なのだ。だからイオバテスは、兄弟同士がするように、婿と対等に、王の身分の記号である富を分けあう。これによってイオバテスは、

婿に兄弟の位置を提供しているのである。婿に娘の性を与えることで、かれは婿が〈家〉に組みこまれることを許した。ベレロポンテスとピロノエの肉体的な結合は、〈円い炉〉と〈高き屋根〉の結合であり、英雄ベレロポンテスを、義父の〈家〉と義父自身とに同化するのである。

このタイプの婿とり婚によって、父系の血縁関係がつくり出されるが、それはつぎのようになる。

(一) 婿は義父の兄弟で「あり」、義父の〈家〉に属する。

(二) 夫婦は、父方の叔父と姪の位置を占める。

(三) 子どもたちは、母方の祖父の〈家〉に属し、父方の親族とのあいだには、補完的な親族関係を保つのみである。

しかし、子どもたちには、たしかに二人の父がいる。生物学上の父と、育ての父である母方の祖父である。これら二人の父は、おそらく、子どもたちを名づける仕事を共同で行なう。たとえば、イオバテスの〈家〉を最後に継いだ男子は、グラウコスという名をもっていた〔イオバテスの曾孫——三九七ページ参照〕。かつてベレロポンテスが、イオバテスの〈家〉に入るために生家をあとにしてきたとき、このグラウコスという名は、ベレロポンテスが出てきた〈家〉で用いられていた名だったのだ。これに対して、息子をもつ義父は、婿を自分の〈家〉に入れることはない。義父はむしろ、婿のために〈家〉の分割を進める。たとえばアルキノオスは、オデュッセウスを自分の血族となす。なんとなれば、アルキノオスは、オデュッセウスに財産——〈家〉——を与えるが、この財産は、個人で獲得できるものの範囲外にあるからである。しかし、オデュッセウスが住むのは、アルキノオスの〈家〉から分かれた〈家〉である。このようにして王は、婿を甥《アネプシオイ》のカテゴリーに位置づける。だが、この甥というカテゴリーは、もはや〈家〉に属してはいない血族を、一まとめにしたカテゴリーなのだ。オデュッセウスとナウシカアの息子たちもまた、〈甥〉のカテゴリーに分類されることになる。かれらは傍系親族に位置づけられ、直系男子がいないときだけ、母方の父の遺産相続／身分の継承にあずかることになる。ただし、トロイアの王・老プリアモスは、やはり婿たちをそばにとどめていたが、かれらを別に住まわせてはいない。[60] プリアモスの父系血縁関係のなかで、これら婿たちは、いかなる位置を占めていたのだろうか？

婿とり婚においては、妻の地位は、たしかに、嫁入り婚におけるよりもはるかに強固である。妻は、夫によって〈所有される〉ことはない。夫から、〈おびただしい贈りもの《ヘドナ》〉がなされないからである。妻は富のうえに固定されているが、この富は妻と一体のものであって、〈所有〉の対象範囲外にある。夫は父方の叔父の地位にあり、そして父方の叔父は、その兄の子どもたちを〈所有し〉たりしない。人々は、この妻の婚礼《ガモス》を祝うが、その際に、獲得者である夫の手が、かの女のうえに襲いかかることはない。わたしの想定では、婿とり婚契約の対象となった女性とは、ヘシオドスのいうところの、あの〈結婚する妻《ガメーテー・ギュネー》〉ではないのだろうか。ヘシオドスは、こうした妻に対しては、夫の権威がないと嘆いている。[61] ホメロスの描く諸社会においては、一部の妻たちにある種の権威が備わっている。だが、そうした妻たちがすべて、婿とり婚の対象となった妻であるのは、はたして偶然だろうか？　ヘレネは、パリスの姉たちの傲慢を嘆く。[62] プリアモスは、かの女たちの夫である婿たちを、自分のそばに「とどめおいて」いた。アルキノオスの妻アレテは、偉大な権威を愉しんでいる。かの女は夫の姪、あるいは実の姉妹とされていたのである。[63]

嫁入り婚と婿とり婚！　ホメロスの諸社会においては、考察対象がどのようなケースであれ、花嫁は、富と結びつけられて無償で贈与され、移動するほうの配偶者は、これを受けとる〈家〉の血縁関係へと組みいれられるという婚姻の仕組みが示されている。もしも、データの解釈に大きな間違いがなければ、この二つの原則は、「離散化した家々」によって組織された社会における、単婚制の確立と関係している可能性がある。やがて紀元

図３　離散化した家からなる社会における親族関係と再婚

△男性　○女性　▲婿　＝正式な結婚

嫁入り婚（女性Ｘは、つづけて２度、嫁に出されている）

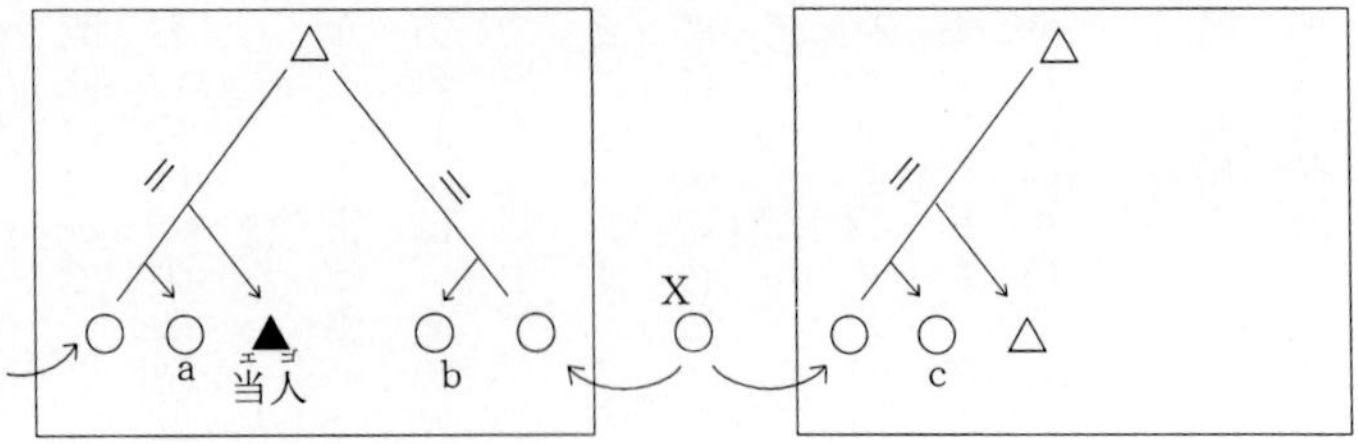

家《オイコス》 A　　家《オイコス》 B

当人《エゴ》は、父母を同じくする姉妹であるａと、父を同じくする姉妹であるｂと結婚することで、「不敬虔な」結婚の罪を犯すことになる。なぜならば、ａとｂは、当人《エゴ》と同じ家《オイコス》に所属し、当人《エゴ》の母親と同じ地位を占めているからである。反対に、当人《エゴ》が異父姉妹ｃと結婚するのは、まったく自由である。なぜならばｃは、当人《エゴ》と同じ家《オイコス》に所属せず、各家《オイコス》が離散化している結果、当人《エゴ》とはなんの親族関係もないからである。

婿とり婚（Ｙは、つづけて２度、婿とり婚をしている）

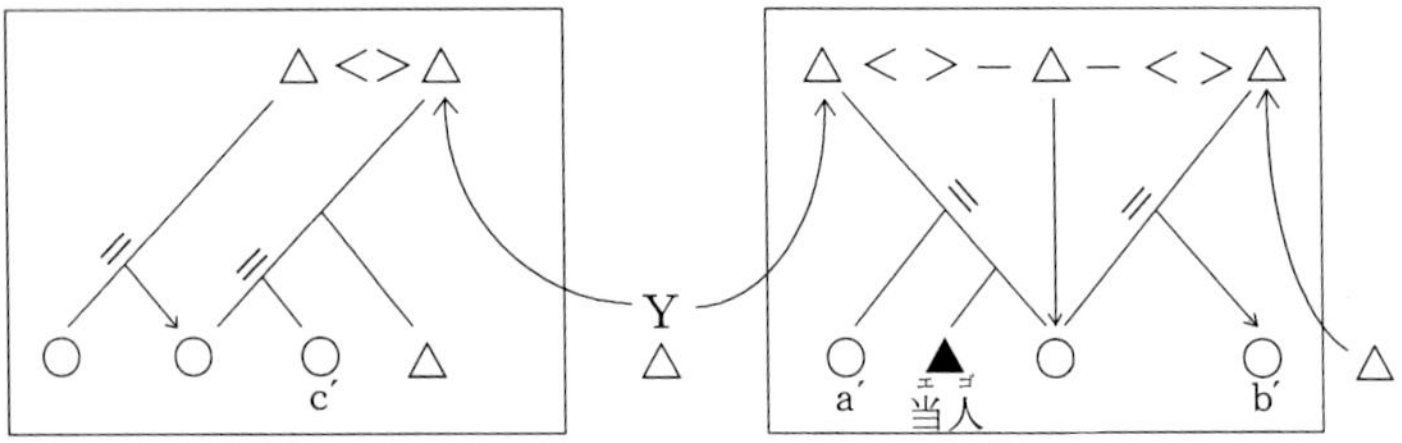

家《オイコス》 C　　家《オイコス》 D

当人《エゴ》は、父母を同じくする姉妹ａ′、あるいは、自分の母親の他の婿とり婚から生まれた、母を同じくする姉妹ｂ′と結婚することで、「不敬虔な」結婚を犯すことになる。ａ′とｂ′の二人とも、当人《エゴ》と同じ家《オイコス》に所属し、当人《エゴ》の母親と同じ地位を占めているためである。反対に当人《エゴ》は、異母姉妹ｃ′と結婚することができる。ｃ′は、当人《エゴ》と同じ家に所属せず、当人《エゴ》とはなんの親族関係もないからである。

＊これらの社会においては、親族関係は生物的なものではなく、社会的なものである。父を同じくする姉妹と異父姉妹とは、生物的には同等であっても、親族関係は同等ではない。

前八世紀以降、ポリスが出現し、各〈家々〉と結婚とに新たな構造をもたらす。とはいえ、この離散化した〈家々〉からなる社会で確立されていた婚姻の仕組みは、こののちも、変質することのない「残骸」を残したのである。古典期の慣行やタブーのいくつかは、一見非合理的にみえる。だがそれらを、離散化した〈家々〉からなる社会によって確立された規則の残存物としてみた場合に、そこには、ある種の合理性がみいだされるのである。

古典期のギリシアにおける結婚には、以下の三つの特徴――機能上の――がみいだされる。ただしこれらの特徴は、ホメロスの描く結婚の特徴――構造的な――を継続するか、切り替えるかしたものにすぎない。

㈠　『イリアス』や『オデュッセイア』に描かれた社会においては、配偶者間に、夫婦という絆は存在しなかった。それは構造上の問題だった。つまり、移動するほうの配偶者が〈家〉に組みいれられるとき、男女の結合が、婚姻関係という観点ではなく、血縁関係という観点から考えられていたのである。ところでアリストテレスは、紀元前三三六年ころに、『政治学』において、「ギリシア語においては、夫と妻という関係を示す特別の用語は存在しない」と主張している[64]。そして歴史家たちは、紀元前四世紀の語彙のなかに、そうした概念が存在しなかったことに、どんな意味があるのかを問題としなければならない！　おそらく、以下のように想定することができるだろう。すなわち、古典期のギリシア人たちにとって、結婚を定式化するのが非常に困難だったとすれば、それは、かれらが、長いあいだにわたって、配偶者を血族としていたためだったのだ。

㈡　『イリアス』と『オデュッセイア』の、離散化した〈家々〉からなる社会においては、親族内部の結婚もまた、構造的なものだった。〈家〉には、一家総出での介入を必要とする行動があった。そうした行動のすべてに際して、〈家〉は、血族と姻族に訴えかけていた。したがって、家が、こうした介入のための集団の構成員との絆を強化しようとして、これら構成員たち（「兄弟」、「婿」、「義父」、「甥」）に娘たちを与えたのは、

図４　対立する婚姻タブー（異父姉妹か、異母姉妹か）
――スパルタとアテナイ

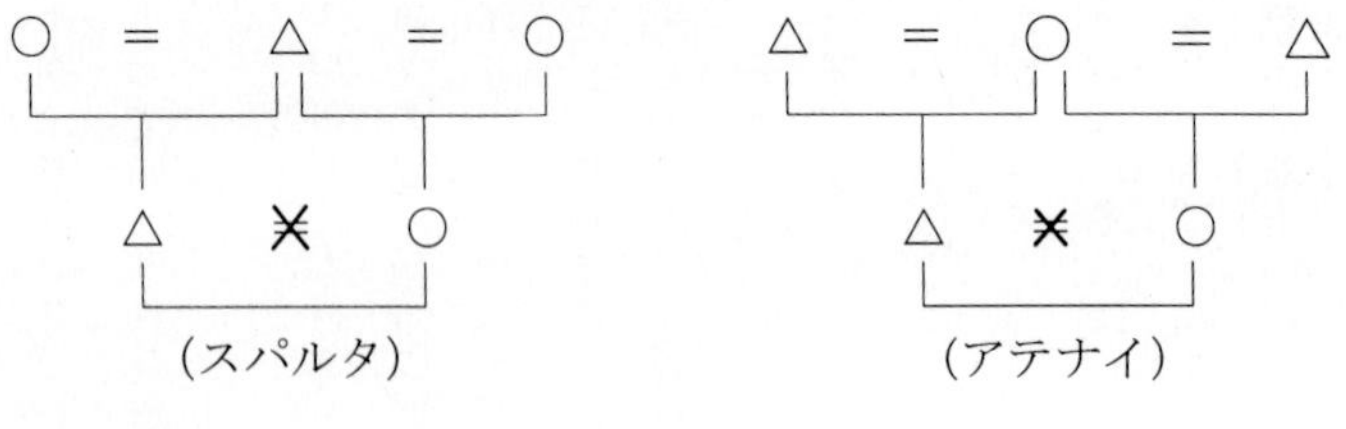

もの道理というものだったのだ。だから古典期には、親族内部での結婚は、依然として、結婚戦略の特徴のひとつだったのである。

㈢　離散化した〈家々〉からなる社会の、いまひとつの構造的な問題は、斜行婚である。すなわち花婿は、考察してきたいずれのケースにおいても、花嫁よりも先行する世代に属し、父あるいは父方の叔父の位置を占める。古典期の結婚についての研究はすべて、またなかでも、P・ブリュレの研究はとくに(65)、配偶者間の年齢の違いを強調している。つまり、結婚適齢期にさしかかったばかりの女の子が、成熟した男性に与えられていたというのである。この斜行性はしばしば、人口学上の問題と関係づけられる。男性と女性の、それぞれ数の等しい年齢層を、娶らせたというわけだ。わたしは、この種の仮説の妥当性に異議を唱えるつもりはない。だがわたしが思うに、離散化した〈家々〉からなる社会から、まず構造上の斜行性が継承され、その斜行性のうえに、この機能上の斜行性が移植されたのではなかろうか。離散化した〈家々〉によって構造化された社会の婚姻規制は、変質しないままの「残骸」を残した。ポリス時代のギリシアには、異母姉妹との結婚に関して、たがいに矛盾するタブーが存在していたが、おそらく、この「残骸」によって、こうしたタブーを説明することができよう。当時のギリシアでは、実の姉妹と結婚することは「不敬虔な」――近親相姦という語は存在していなかった――ことだった。しかし、アテナイにおいては、その姉妹が父を同じくするかぎり（同父異母姉妹）、またスパルタにおいては、母を同じくするかぎり（同母異父姉妹）、片親のちがう姉妹と結婚することは、まったく「敬虔」なことであった（**図4**）。C・レヴィ＝ストロースによれば、この異なった選択は、社会集団によって「母方親族」と「父方親族」の立場に強弱があることからくるという。[66]だが、これらのタブーに、離散した家社会における嫁入り婚と婿取り婚の、化石化した残骸をみいだしてはならないだろうか。四〇六ページの**図3**によって、この複雑な仮説を簡潔に提示することができる。

図3が、十分明示しているように、同父異母姉妹のタブーは嫁入り婚と結びつき、同母異父姉妹のタブーは、婿とり婚と結びついている。おそらくこの仮説によって、右の「不敬虔」の矛盾する性格を説明することができよう。しかしながら、この仮説は、なぜ諸ポリスが、その歴史のある段階において、タブーのひとつの側面をとくに重視することにしたのかを、説明してはくれない。またなぜアテナイが、婚姻規制を嫁入り婚にもとづいて構成しながら、近親相姦に関する規制のほうは、婿とり婚にもとづいて構成したのかということについても、説明してはくれない。この選択は、十中八九、親族とは無縁の論理に従っていたのである。

ポリス時代のギリシア（紀元前八―四世紀）

古代ギリシアでは、紀元前八世紀から四世紀までのあいだに、諸社会が〈都市国家《ポリス》〉へと組織しなおされたころになっても、花嫁はあい変わらず、嫁がせる権限をもつ男性によって、花婿に与えられていたし、そこには財産や見込み財産がともなっていた。また、花嫁の社会的地位と、その「世襲財産権」の社会的地位とのあいだには、あい変わらず相応関係があった。とはいえ、各〈ポリス〉は、この無償の贈与を、たいへん多様な規定と組みあわせていた。ただし、各〈ポリス〉が採用した規定の網羅的な目録など、つくろうとしてもできるものではない。わたしの目的は、二つの〈ポリス〉のシステム——それも、よく知られた[67]——を考察することにある。この二つの〈ポリス〉、アテナイと、クレタ島のゴルテュンが、代表的な事例だと考えられるからである。まず一方のゴルテュンは、「冷たい」〈ポリス〉であり、アルカイクな（あるいはアルカイク風を擬した）社会全体の組織を、できうるかぎり保持することを選択していた。この〈ポリス〉は、紀元前五世紀にはまだ、離散化した〈家々〉からなる構造を維持していたので、政治は、集団の集合的慣習行動《プラティック・コレクティヴ》のなかに「混入して」いた。もしくは、P・シュミット＝パンテルの表現を借りれば[68]、「市民たちの諸組織」のなかに、「混入して」いた。これに対して、アテナイは「熱い」〈ポリス〉であって、変化を考慮に入れ、「歴史」のなかに存在しようとしていた。そこでは、離散化した〈家々〉からなる構造が問いなおされ、ソロンの改革（紀元前五九四—三年）とクレイステネスの改革（同五〇八—七年）をとおして、地域集団の新しい組織が創出され、「政治なるものの出現」がひき起こされた。

アテナイとゴルテュンの婚姻制度について考察することによって、つぎの二つの仮説が想起されることになる。第一の仮説は、両〈ポリス〉の類似点から導かれるものであり、〈ポリス〉が出現したことと、暗黒時代から継承されてきた婚姻体系が再編成されたこととのあいだに、相関関係を確立しようとするものである。〈ポリス〉の出現と、それにともなう王権の消滅とは、諸社会集団の再編と関連しているようにみえる。離散化した〈家々〉は、息子や婿たちのために分節化していくことができた。この離散化した〈家々〉にとって代わったのが、たがいに交差しあう〈家々〉だった。こうして、親族関係を自由に操作できるようになったことこそが、わたしが思うに、古代ギリシアの〈ポリス〉をつくり出した行為だったのだ。ホメロスの描く社会においては、〈家〉がそれぞれひとつの単位であり、社会全体のまとまりは、王の〈家〉によって保障されていた。この家が、臣下の〈家々〉を包みこむ「全体」だと考えられていたからである。ところが、たがいに交差しあう〈家々〉によって構成される社会においては、社会集団を接合し、不可分の全体に仕立てあげるのは、〈家々〉の重なり合いであった。〈ポリス〉は、男系女系の別にとらわれない親族関係（正式に結婚した父と母からの親子関係）の確立とともに、出現したのである。

家々の再編成は、嫡出子の再生産の仕組みを組織しなおすことによって進められた。

㈠　花嫁は、その生〈家〉によって、夫の〈家〉に贈与され、夫の〈家〉の継続性を保障する。

㈡　花嫁にともなう「世襲財産権」は、もはや花婿には与えられない。それは、夫婦のあいだに生まれた子どもたちのものである。これらの財産は、子どもたちの母親の〈家〉に由来しており、実際、子どもたちが母親の〈家〉に帰属するということの、「具体的な記号」なのである。問題とすべきは、もはや補完的親子関係などではなく、母親をつうじた親子関係なのだ。花嫁は一生をとおして、自分の〈家〉によって与えられた富の名義人でありつづけ、花婿はその用益者であるにすぎない。

㈢　〈家々〉が交差しあうことによって、嫁入り婚にせよ、婿とり婚にせよ、それまでの手続きは無効となる。夫婦のうちの一方が移動して、受けいれてくれる〈家〉へ組みこまれるという方法も無効になる。夫婦はもはや、血族であることをやめ、姻族となる。これ以降は、すべての〈ポリス〉において、以下の結婚は二つのケースによって組織されるようになる。すなわち、兄弟のある娘の結婚と、兄弟のない娘の結婚である。

㈣　この再編成によって、花嫁の戸口のまえで家畜の群を行列させる習慣は消滅する。牧畜が衰退し、ホメロス時代には肉食だった人々の子孫が、祖先よりも菜食になったのは、はたして偶然であろうか？

第二の仮説は、花嫁の無償の贈与が、これら二つの都市において示している相違点を対象とするものであり、婚姻体系の選択と政治体系の選択とのあいだの対応関係を確立することを提案する。

すでに述べたように、離散化した〈家々〉からなる社会は、たがいに交わる〈家々〉からなる社会へと転換する。けれどもこの転換によって、ホメロスの描く諸社会の、以下の二つの組織原理が再検討に付されることはない。まず地域集団内の序列《ヒエラルキー》は、依然として、社会的地位をともなう財産の保有にもとづく。すなわち、〈家〉（自由の具体的記号）と〈割り当て地〉（以後〈ポリス〉と呼ばれることになる、〈共同体〉／〈集合体〉へ組みいれられたことの具体的記号）の保有にもとづくのである。つぎに、嫡出子の再生産が、依然として、世襲財産の相続と身分の継承とを、ともに保障する。

〈ポリス〉のなかには、ゴルテュンのように、この二つの組織原理を保持することを選択したものもあった。「市民の」〈家々〉は、居住集団の一部を代表するにすぎないが、共有の所有物――市民の保有地――を、性別に関係なく嫡出の子どもたちに伝達することで、たがいに交わっていく。これは土地の保持者からなる共同体を厳密に閉じたものとし、かつその拡張を制限する、もっとも簡単な方法である。娘たちを共同体の土地の各区画と結びつけることを選択することによって、これらの〈ポリス〉は、その婚姻規制を、離散化した〈家々〉からなる社会における婿とり婚（ナウシカアがしそこねた結婚）をもとに構想するようになる。そして、女性を、共同体の構成員、すなわち、その人格と財産の主人となすようになる。

また、〈ポリス〉のなかには、アテナイのように、その歴史のある段階において、離散化した〈家々〉からなる社会の階層制度を拒否することを選択したものもあった。市民の〈家々〉は、地域集団の全体であり（じっさい、定住したよそものは、地域集団の「わき」にある人々といわれ、紀元前五世紀には、メトイコイの名で呼ばれるようになる）、性別に関係なく、〈家々がもつ富〉を嫡出の子どもたちに伝達することをつうじて、「たがいに交差しあっていく」。これは、公民地を所持しない集団の構成員に対して、〈ポリス〉の一員となる道を開くための、もっとも簡単な方法である。娘たちを所有物と結びつける選択によって、これらの〈ポリス〉は、その婚姻規制を、離散化した〈家々〉からなる社会における嫁入り婚をもとにして構想し、かつ女性を、夫の権力のもとにあり、共同体の外にある永遠の未成年とみなすようになったのである。

交差しあう家々によって構成されるゴルテュンのポリス（クレタ島）

ゴルテュンで施行されていた法は、「ゴルテュンの法典の碑文」[69]のおかげで知られている。この碑文は、紀元前五世紀の前半（四六〇年ころ？）のものと推定されている。これが新しい規定を扱っていることは確かであるが、それに先行する法律の時期と内容に[70]ついては、結論が出ていない。それゆえ、先行する法律を明らかにする試みは、法典の規定の分析から始めなくてはならない。法の明文化を実行することによって、ゴルテュンの〈ポリス〉の企てていたのは、A・マッフィの表現を借りれば[71]、ただ「公共の記憶作用を合理化する」ことだった。この〈ポリス〉は、地縁集団のなかで、性別と身分との関係を規制する法的に重要な行為を明文化したのであった。だがこの〈ポリス〉は、婚姻制度を規定する原理についても、その婚姻制度が再生産しようとする社会体制についても、なにも表明していない。研究者は、その脈絡を探してみなければならないのだ！

ゴルテュンの婚姻制度

結婚は、動詞「結婚する《オピュイエン》／結婚させられる《オピュイエタイ》」という語彙の場で表現される。男性は結婚し（能動態）、女性は結婚させられる（受動態）。結婚は、法文《テクスト》に挙げられている四身分のうち、その三つに関係している。はじめの二身分は、〈男性市民たち《ヘタイレイオイ》〉と〈市民ではない自由な男性たち《アペタイロイ》〉であるが、この両者は自由身分である。三つ目は、〈従者《オイケエス》〉であり、これは自由身分ではない。これに対して、市場で購買される〈商品奴隷《ドゥーロイ》〉は、合法的な再

表2　紀元前460年頃のゴルテュンの居住民

嫡出子の再生産の仕組みにかかわる地域集団と身分			
ヘタイレイオス（ヘタレイオイ）＝ひとつのヘタイレイアに属するもの（武器を携行し、アゴラで行なわれる民会に議席を有する市民）	アペタイロス（アペタイロイ）＝ヘタイレイアに属さないもの（市民でない自由な男性）	オイケウス（オイケエス）＝市民としての割り当て地の耕作にあたる従者	ドゥーロス（ドゥーロイ）＝市場で購買される商品奴隷
エレウテロス（エレウテロイ）＝自由人		ドゥーロス（ドゥーロイ）＝非自由人	

この表が明らかにしているのは、ゴルテュンの住民を区分する２つの基準、すなわち、自由（自由人＝ヘタイレイオイとアペタイロイに対して非自由人＝オイケエスとドゥーロイ）と、地域集団への所属（ドゥーロイは人間社会から排除されている）である。

生産からは除外されている。自由市民と従者は、規定において代々永続するものとされ、地縁集団に属している。〈商品奴隷〉は反対に、雑居することを定められて、男性たちの社会の圏外に置かれている。だが「法典」は、結婚に関して、身分ではなく、兄弟のある娘の結婚と兄弟のない娘の結婚という、どの〈ポリス〉にも共通な二つのケースにもとづいて構成されている。

兄弟のある娘は、父または兄弟によって、嫁に遣られる《ディドーミ》。[72] この無償の贈与は、三つの効果をもたらす。まずこの贈与によって、花婿は、生まれてくる子どもたちの〈主人《カルテロス》〉となる。[73] すなわち花婿こそが、子どもたちを育てるのか、それとも捨てるのかを決定する全権を担うことになる。つぎにこの贈与は、結婚契約の当事者〔花嫁の父と夫〕のあいだに、姻戚関係の絆を確立する。つまり以後、契約の当事者たちは、〈女系親族《カデスタイ》〉となる。最後に、この贈与によって、花嫁は成人女性の列に加えられ、自分の人格と財産の〈女主人《カルテロス》〉となる。実際のところ、父が娘を結婚させたとしても、この娘は、花婿の権力下に置かれるわけではない。また父親自身にとっても、この行為は、父親の権限にもとづく最後の行為なのだ。だから、娘が寡婦となるか離婚した場合には、かの女は、父親を介入させることなく、自発的に再婚できることになる。[74]

これに対して、兄弟のいない娘は、父の死後、〈権利を有するもの《エピバローン》〉

によって請求されるが、その取り決めに気を配るのは、〈女系親族〉のうちでもっとも近いもの、すなわち、この娘の母親の兄弟たちである。

ゴルテュンにおいて、花嫁は、配偶者の身分がなんであれ、つねに財産と結びつけられている。合法的な同居集団にはすべて、〈父方の財産《パトローア》〉と〈母方の財産《メートローア》〉が含まれている。兄弟のいない花嫁は、父のすべての富のうえに「据えつけ」られている。兄弟のある花嫁には、「世襲財産の横流れ分」がつきはしたが、その結婚に際して（嫁資というかたちで）財産の分割が起こるか、両親の死に際して（死後相続というかたちで）財産が分割されるかするのである。だが、ゴルテュンにおいて娘たちに与えられていた取り分について研究するまえに、便宜上、富の分類法について考察しておきたい。

富の分類に関して、「法典」は、〈財産《クレーマタ》〉を四つのカテゴリーに分別している。(75) すなわち、〈家《ステゲー》〉、〈家の中身〉、〈大小の〉家畜、そして〈その他〉である。この分類法は、ホメロスにおける分類法に非常に近い。ゴルテュンにおいては、富は「具体的な記号」であって、身分（〈家〉と〈その他〉）や階層（家畜と〈家の中身〉）を物語っている。

それではまず、〈家〉とはなにか？ それは住居である（ステゲー＝屋根）。それはポリスのなかにあるが、この「ポリス」という用語は、「法典」のなかでは、〈田園《コーラ》〉という語と対立の位置にあって、都市を指している。『イリアス』や『オデュッセイア』における〈家〉と同様、ゴルテュンの〈家〉は、単なる住居をはるかにこえたものだった。〈家〉は、父親と同等のものとして、そこに生まれた子どもに、それ自体の名を与える。すると、この名は、すべての人々にとって、その子どもが父親によって認知されたこと、全体社会のなかにあって自由な男性の集団に属していることを意味する。事実、父子関係の認知を共同して進めるのは、〈家〉と父親であった。(76)

「法典」[77]は、この問題に関して、いかなる疑問の余地も残していない。「法典」[77]は、離婚された妻が、離婚後に出産する場合を想定している。その場合、この女性は、その子どもを前夫に、三人の証人のまえで、そして前夫の〈家〉でみせなくてはならない。もしも前夫が、子どもを自分の〈家〉に入れることを拒むならば、「その子どもを養育するも捨てるも、女次第である」。〈家〉はまた、自由を与えるものでもあるように思われる。たとえば「法典」は、〈自由身分の女性〉と〈従者〉とのあいだの通婚から生まれた子どもの身分についても、想定している。[78]それによると、もしも女性が男性のところにおもむくのなら、子どもたちは従者となるであろう。だが、もしも男性が女性の〈家〉にいくのならば、子どもたちは自由身分となるであろう。「法典」が、〈自由身分の男性〉と〈女従者〉とのあいだに生まれた子どもの事例を考慮していないとしても、それは、この父の〈家〉で生まれた子どもが、本来的に自由身分だからであると推定することができる。ゴルテュンにおいては、〈家〉をもつことは名をもち父をもつことであり、〈家〉と名と父をもつ人々の集団、すなわち自由身分の住民の集団に属することなのだ。自由身分でないものは、〈従者〉であれ〈商品奴隷〉であれ、自分の〈家〉をもたない。それでも〈従者〉が合法的に結婚することができたのは、この〈従者〉が、主人のものである住居に住み、子どもたちを主人の〈家〉で紹介したからである。じっさい「法典」には、〈離婚した女従者〉は、前夫の主人に、離婚後に生まれた子どもをみせるべきだが、前夫の主人は、その子どもを自分の〈従者〉として認知することもあれば、しないこともあるという。[79]主人の〈家〉はおそらく、〈従者たち〉が占有している住居を包含し、それらを一括して所持する「全体」として認識されている。

つぎに、〈その他〉とはなにか？　それは、「法典」によって明示されているわけでは、けっしてない。とはいえ〈その他〉は〈収穫《カルポス》〉を生みだす。そして、この〈収穫〉が、その帰属規定において、おおいに問題とされている。それゆえ〈その他〉とは、〈田園部〉にある〈割り当て地〉のことなのだ。〈割り当て地〉は、通常〈都市部〉には住んでいない〈従者たち〉によって耕される。そして、わたしが思うには、この〈割り当て地〉こそが、市民であることの「具体的な記号」だったのである。ゴルテュンにおいて、〈市民〉は、特殊な用語──「ヘタイレイオス」といった──で示されていた。「ヘタイレイオス」とは、〈共同生活体《ヘタイレイア》の構成員〉を意味している。たしかに、クレタ島のヘタイレイアについては、いまだにたいへん謎が多い。しかしながら、それが共同食事のために集まった男たちの集団だということは、確定されている[80]。そして、この共同食事に参加するものたちは、スパルタにおいてのように、自分たちの割り当て分をもち寄るのではなく、必要な食料は、〈従者たち〉によって集合体に提供されるのであった。しかし、こうした供給のシステムがどのようなものであれ、ヘタイレイアの構成員は、市民としての保有地によって食料を調達していたのである。それゆえ、紀元前四六〇年ころには、ヘタイレイア構成員という身分は、いまだに〈割り当て地〉の所持と結びついていた。ゴルテュンにおいては、〈家〉の所持が自由の「具体的な記号」であったのと同様に、〈割り当て地〉の所持と、それに付随する〈従者〉の所持とは、市民であることの「具体的な記号」だったのである。

ゴルテュンでは、紀元前四六〇年ころ、〈家〉と〈土地〉は、ホメロスの社会においてそうであったのと同様に、身分をともなう富であった。それゆえ、この二つの富は、用益と相続の対象範囲内に置かれてはいても、獲得と所有の対象範囲外であったにちがいない。だが「法典」は、場合によっては、これらの財を手放すことができるとほのめかしている[81]。それゆえ、「冷たい」社会であるゴルテュンも、まったく変化を知らなかったわけではないと推測することができるのだ！　しかしながら、この研究が婚姻体系の確立についてのものであるため、右の問題はほとんど関係してこない。実際のところ、身分が、遅い時期になるまで、ある種の財産の所持と結びついていたことを知ることのほうが、はるかに重要なのだ。それに比べれば、紀元前五世紀において、身分と財の関係がどのように展開したのかを決定することなど、さほど重要ではない。このように〈家〉と〈土地〉とは、これ以前にもそうだったのだが、このときにもまだ「身分をともなう」財産だった。だがこれに対して、家畜と〈家の中身〉とは、ホメロスの描く社会においてと同様に、集団への組み入れをではなく、社会的階層を決定する財産であり、獲得と所有の対象範囲内にあった。クレタ島は、今日にいたるまで羊の国である。だから、家畜が財産の評価において重要な役割を演じていると、想定することもできるのだ。

「法典」は、右のように富を分類しているが、この分類は以下のようなことを示唆している。すなわち、ゴルテュンは、紀元前四六〇年ころになってもまだ、〈家々〉からなる構造をもっており、しかもそれらの〈家々〉は階層化されていたのである。自由な〈家々〉（〈土地〉をもたない）と、市民の家々（〈土地〉と〈従者〉をもっている）とがあった。ホメロスの諸社会の〈家々〉と同様に、ゴルテュンの〈家々〉も「二つでひとつ」なのである。このゴルテュンという〈ポリス〉の社会システムを知ることができる――それも、ほんのすこしだが！――とすれば、それは、わたしが思うに、この〈ポリス〉が娘たちに与えた財産の取り分の構成を、研究することによってなのだ。

兄弟のある娘（**表1**のI1、II2または4、III3、IV2と4）は、結婚の時点であれ、両親の死の時点であれ、〈父方の財産〉と〈母方の財産〉の分割の際に、世襲財産のなかから自分の取り分を受けとる。

ゴルテュンにおいては、父親と母親は、その財産の〈持ち主〉であり、財産移行の時期を〈決める人物〉だった。ただし、財産の移行は、「父母が生きているかぎり、必要ではない」[82]とされていた。父母の死に際しては、すべての子どもたちが、財産の分与に加わった。つまり、まだ嫁資を与えられていない場合、性別による区別もなく、娘たちもそこに含まれた。たとえば、「男がひとり亡くなった場合、都市にあるその〈家々〉と、〈家々〉

のなかにあるすべてのものは、……〈従者〉のものでない羊や大型家畜を含めて、息子たちに属するべきである。また、〈その他〉の財産は、善意によって分割されるべきである。息子たちは、その数がいくつであろうも、三分の二を受けとるべきである。娘たちは、その数がいくつであろうも、各人あわせて、三分の一を受けとるべきである」とされている。また「母親が亡くなった場合、〈母方の財産〉は、父親の財産について述べられたのと同様のしかたで、分割されるべきである」とされてもいる。さらには、「〈家〉のほかに財産のない場合には、娘たちが、すでに述べられた方法で、自分たちの取り分をえるべきである」[83]とある。その極端な簡潔さにもかかわらず、「法典」では、市民の世襲財産（〈その他〉を含む財産）と、自由人の世襲財産（〈その他〉を含まない財産）の区分が確立されている。そしてその両方ともが、双系的に分岐相続《ディヴァージング・ディヴォリューション》（父の財産と母の財産が、性別の異なる子どもたちのあいだで「分岐」する）することとされている。

娘は、その〈家〉の身分がなんであれ、両親から身分をともなう富しか受けとらない。市民の〈家〉に生まれた娘は、〈土地〉を手にする。この場合も、分岐相続《ディヴァージング・ディヴォリューション》は、「身分をともなう」富の本質的な部分――〈家〉と三分の二の〈土地〉――と、社会集団内の序列を確保するための富全体、すなわち〈家の中身〉と家畜の群れが、残るようになされる。家畜が、もっぱら男性の財産であることに留意しよう。ゴルテュンでは、ホメロスの描く諸社会においてと同様に、女性と牧畜とのあいだには、あい容れないものがあったのだ！　市民の娘が両親から受けとるのは、〈その他〉の三分の一、すなわち、いく区画かの市民としての保有地であり、これが、かの女が市民集団に所属していることを示すのである。娘が、〈土地〉をもたない〈家〉、つまり自由身分の〈家〉の生まれである場合には、〈家〉の細分化が行なわれ、その際のかの女の取り分が、かの女が自由身分の住民の集団に所属していることの記号となる。つまり、ゴルテュンにおいては、身分をともなう富は、男性と女性の両方をとおして移行するが、完全な所有権のもとに所持される富は、男性から男性へと移行していたのだ。

兄弟をもつ娘がすべて、両親の死に際して、〈父方財産〉と〈母方財産〉の分与にあずかるわけではない。結婚の時点で嫁資を与えられた娘は、この分与から除外される。じっさい法は[84]、娘を嫁がせるにあたって、父親が自発的に〈贈与〉を与えることを許している。「父親は娘に、規定にしたがって取り分を与える。ただし、規定を越えてはならない」とされている。文言は簡潔であり、また、あまりにも簡潔なため、二通りに読むことができる。主流となっている解釈によれば、嫁資は相続分の前渡しであり、父親が、娘に、財産を先渡しする。そして、この財産は、〈父方財産〉と〈母方財産〉の分与の際に、娘に帰するはずのものだというのである。またこの財産とは、市民の〈家〉の場合には土地なのだ。しかしこの文言は、これとは違ったふうに読むことができる。すなわち父は、娘のために、〈父方財産〉のうちから嫁資を設定するのであり、結婚の時点で、父方の土地区画のいくつかを、この娘に与える。そしてこれらの区画は、相続が開始されたときに、娘の手に渡るはずだというわけだ。ここでは、父親によって嫁資を与えられた娘は、その結婚の時点でも、また母親の死の時点でも、〈母方財産〉を受けとらないものだとされている。だが、そうだとするならば、嫁資の存在によって明らかになった財産の移行形態は、娘を両親の財産の分け前にあずからせるという、第一の解釈の形態とはきわめて異なっている。じっさい、この場合、母親に由来する分岐相続《ディヴァージング・ディヴォリューション》は存在しない。ところで、文言の二つめの読み方は、十分な説得力をもつ。というのも、ゴルテュンにおいては、男性はけっして、妻の財産を自由に処分することがなかった。だから、父親が娘に〈父方財産〉以外のものを与えることができたというのは、どうも疑わしいように思われる。このように、第二の解釈を受けいれると、このクレタの〈ポリス〉には、兄弟のある娘の取り分を定めるうえで、構造的に異なった二つの方法があったと考えなければならない。

パトルーコス、すなわち「もはや、父親も、父を同じくする兄弟もいない[85]」娘は、父方の継承権全体のうえに

図5　パトルーコスを要求する、権利を有するものの優先順位

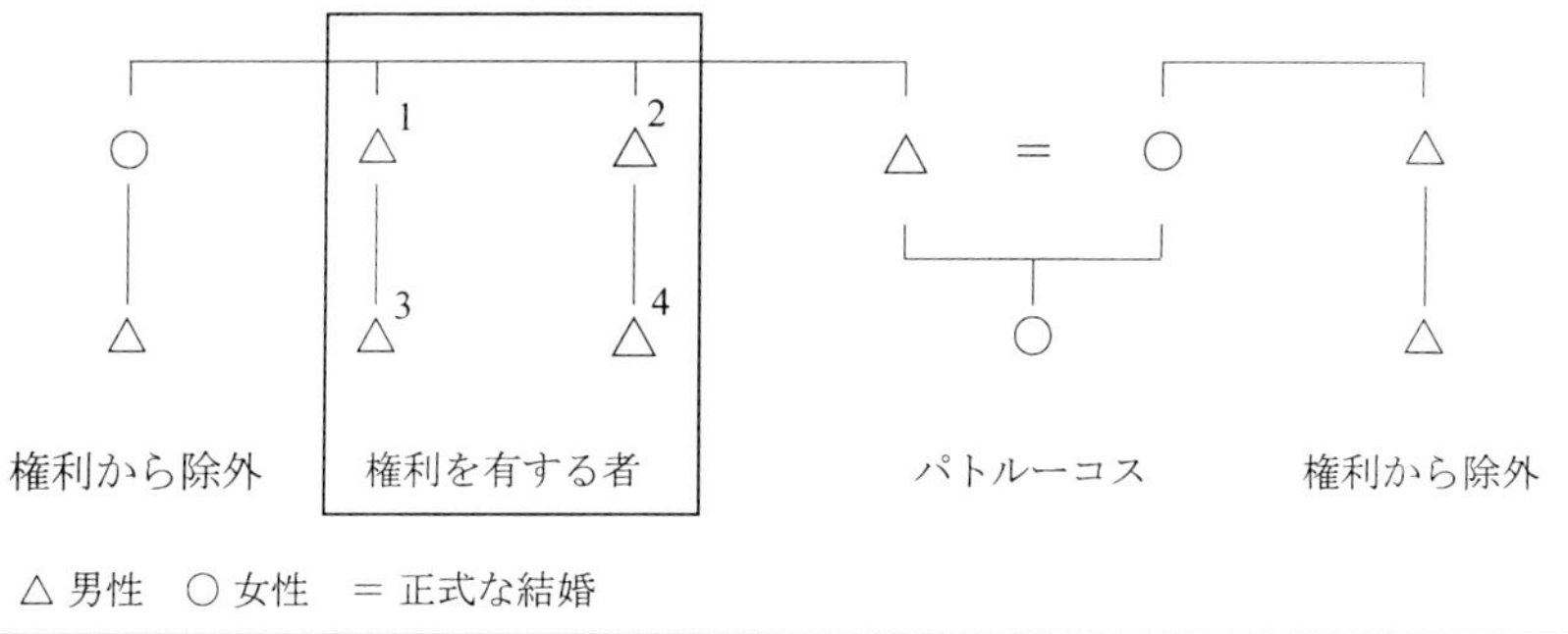

固定され、〈権利を有するもの〉によって妻として要求される。パトルーコスの結婚（**表1**のI1、II1、2、3、4、III3、IV2と4）は、「法典」のなかでも、膨大な議論展開の対象となっており、[86] それを構成する一二の条文が、E・カラベリアスによって詳細に分析されている。[87] それによると、法制定者がパトルーコスを定義しているが、その定義は、かならずしも完全ではない。すなわち、この制定者は、問題の娘が市民の〈家〉に属していること、したがって、市民階級としての相続のうえに固定されていることを、明らかにしておく必要を感じていないのである。おそらく、「公共の記憶作用」が、それを必要としなかったからであろう。けれども、こうした欠落にもかかわらず、「法典」は、この問題に関して、疑問の余地をまったく残していない。というのも、実際のところ、規定においてつねに問題になっているのが、家と、土地からの〈収穫〉だからである。つまり、あらゆる点からみて、ゴルテュンでは、〔市民ではない〕単なる自由身分の住民の集団に属するパトルーコスなど、無視されていたのである。そのうえで法制定者は、二つの場合を考慮の対象とする。パトルーコスになる娘が、まだ独身である場合と、そうした娘がすでに結婚している場合とである

　まだ嫁いでいない場合、パトルーコスは、もっとも近親の〈権利を有するもの〉と結婚しなくてはならない。典範は、まず、このパトルーコ

スの父の兄弟たち——最年長のものが優先される——を筆頭に置き、つぎに、そうした人物がいない場合に、父の兄弟たちの息子たち——最年長の兄弟の最年長の息子が優先される——を置いている。だが典範は、これに対して、父の姉妹の息子たちを排除している。また、このパトルーコスの母親の兄弟——〈女系親族〉では、もっとも近親であるが——も、かの女と結婚する権利をもたない。ただし、かの女を結婚させる任に当たるのは、これらは母方の兄弟なのだ。つまり、〈権利を有するもの〉がいない場合には、これら兄弟が、「だれか、この娘との結婚を望むのか？」と、〈部族〉内にむかって問う責任を負っていた。仮にだれも名乗りをあげない場合には、パトルーコスは、「かの女が結婚することのできる、他のだれとでも結婚すべし」とされていた。また、〈権利を有するもの〉がパトルーコスとの結婚を拒否する場合には、〈女系親族〉は裁判に訴える。仮に〈権利を有するもの〉が審判の決定に従うことを拒否するならば、パトルーコスは財産を保持したままで、次席の〈権利を有するもの〉か、〈部族〉の成員か、あるいは「かの女が結婚することのできるもの」と結婚する。また、パトルーコスのほうが、〈権利を有するもの〉との結婚を拒否する場合、〈家〉とその〈中身〉をかの女が保持し、残りの財産（家畜と〈土地〉）は〈権利を有するもの〉と分割する。

〈権利を有するもの〉には、既婚のパトルーコスと結婚するために、かの女を離婚させる権利があったのだろうか？　「法典」では、既婚のパトルーコスが問題となるとき、二つのケースしか検討されてはいない。ひとつは、寡婦となったパトルーコスの場合である。そしてもうひとつは、パトルーコスとなる以前に結婚はしていたにもかかわらず、その夫の同意なしに、パトルーコスが離婚を望む場合である。これらの二つのケースにおいては、もしもパトルーコスに子どもがなければ、かの女は、〈権利を有するもの〉と結婚しなくてはならない。だが、もしも離婚したパトルーコスに子どもがあれば、かの女は、「〈部族〉内で、かの女が欲するだれとでも」結婚することができる。ただし、それには条件があって、「すでに記載された方法で」、〈権利を有するもの〉と財産を分割しなければならない。また、子どものある寡婦は、財産を保持したままで、「〈部族〉内で、かの女が欲するだれとでも」結婚することができた。

さらには、〈権利を有するもの〉とのあいだで、どのような妥協が成立するにしろ、パトルーコスは、一個の女相続人であり、身分をともなう富（〈家〉と〈土地〉）の〈持ち主〉であった。またかの女は、さまざまな所有物（家畜と〈家の中身〉）の〈持ち主〉でもあり、これら所有物によって社会的階層を保つことができた。しかしながら、これらの財産は、女性の手にとどめおくためのものではない。たしかに「法典」には、パトルーコスの所有物はその息子の手に渡るべしと、明記されているわけではない。だが、兄弟をもつ娘の取り分は、いく区画かの土地のみであった（四一六ページ参照）。だから、パトルーコスがその娘たちに残す〈母方財産〉にも、いく区画かの土地しか含まれないことになる。

市民の〈家〉の生まれであれ、自由身分の〈家〉の生まれであれ、また、息子のある〈家〉の生まれであれ、息子のない〈家〉の生まれであれ、ゴルテュンの既婚女性は、つねに、身分をともなう富と、自分自身の人格の〈女主人〉であった。とはいえ、こうした女性も、自分の子どもたちに対する権限をもってはいなかった。このような婚姻規制と相関しているのが、どのような種類の〈家々〉からなる構造だったのかを、研究者は理解しようと務めなくてはならない。また、嫡出子の再生産の体制は、市民の〈家〉の再生産との関連において構想されて——この問題に関して、かず多くの条文が「法典」にみられることが、そのことを物語っている——いた。だから、婚姻体系についての考察から見いだすことができるのは、本質的に、市民の〈家々〉の組織なのである。

図６　ゴルテュンにおけるひとりの男性の世襲財産

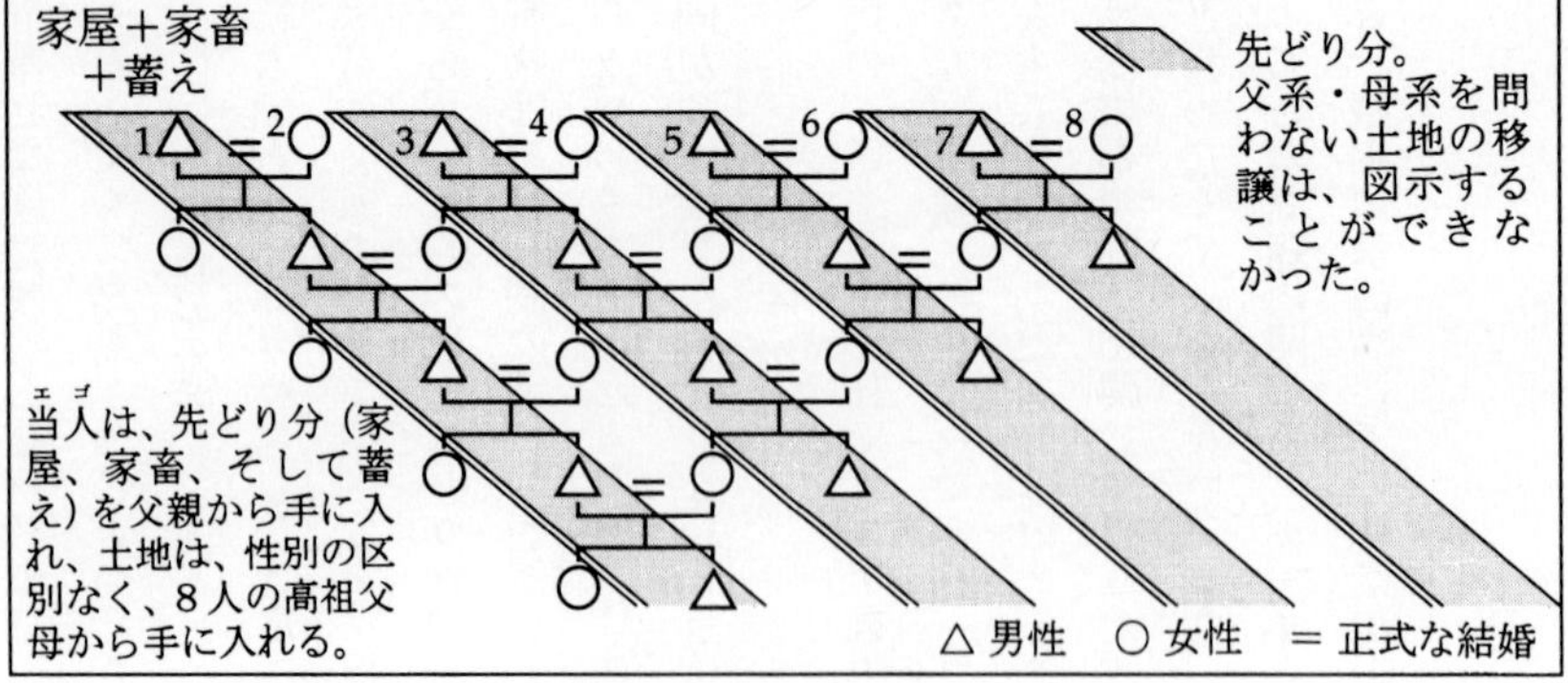
家屋＋家畜
＋蓄え
1
2
3
4
5
6
7
8
先どり分。
父系・母系を問わない土地の移譲は、図示することができなかった。
当人《エゴ》は、先どり分（家屋、家畜、そして蓄え）を父親から手に入れ、土地は、性別の区別なく、８人の高祖父母から手に入れる。
△ 男性　○ 女性　＝ 正式な結婚

婚姻の仕組みと市民組織

〈家が〉、その自由を確立し、〈割り当て地〉が市民権の根拠をなし、家畜と〈家に納められた〉貯蔵物がその階層を決定し、正式に結婚した夫婦が、その永続性を確保する義務を負う。ゴルテュン市民の〈家〉は、これらの要素によって、ホメロスの描く〈家々〉の風景のなかに溶けこんでしまいそうにみえる。しかしそれでも、このクレタ島の小〈ポリス〉の〈家々〉は、『イリアス』や『オデュッセイア』の〈家々〉とは大きく異なっている。たとえば、イタケや、パイエケス人の国スケリアといった地においては、〈家々〉は親族的結合を内包しており、その富の相続はけっして、たがいに交じりあったりしない。婿と嫁は、父系親族の資格で、〈家〉に組みいれられていく。〈家〉が、自己再生産のために、婿と嫁を必要としているからである。だが、かれらの子どもたちは、ただひとつの〈家〉からしか富を受け継がない。すなわち、嫁入り婚においては、子どもたちの父の〈家〉から、また婿とり婚においては、母方の祖父の〈家〉から。だが、ゴルテュンにおいては、〈家々〉は、はるかに複雑な相続の体系を示している。〈家〉と〈家の中身〉と家畜とは、世代が変わるごとに、父から息子へと受け渡されて――それも「離散的に」――いく（これらは、法学者によれば、息子の先取り権を構成している）。これに対して、〈土地〉のほうは、相続者の性別とは関わりのない相続の対象である。ここに、ゴルテュンにおける男子世襲財産の起源があるので、それを図示しておく。

前ページの図は、ゴルテュンにおける富の相続の仕方を示しているが、この図はおそらく、この〈ポリス〉によって採用された構造、すなわち「たがいに交差しあい」つつ、それ自体で閉じている家々による構造を明らかにしている。ゴルテュン市民の〈家々〉は、ホメロスの描く〈家々〉と同様に、その共有の富である市民としての保有地をもっていた。〈割り当て地〉——本来割り当てられたものであることが、依然として語彙と公共の記憶のなかにみられる——は、共同体への所属と、この共同体の範囲を示す「具体的な記号」なのだ。しかしながら、ホメロスの描いた〈家々〉とは異なり、このクレタの〈ポリス〉の〈家々〉は、世代ごとに共有地の再分配を行なっていた。両親の所持する土地の三分の一を、娘たちが受けとるべきであると決定する、ただそれだけのことによって、ゴルテュンの〈家々〉は、当初の分け前を再検討せずに、土地区画の配分を修整していたのである。この方策は、市民共同体の閉鎖性と、〈家々〉の再編成に相関していると思われる。

市民共同体は、閉じていたのだろうか？　ゴルテュンでは、土地の所有が市民権の「具体的な記号」となっていた。しかも土地は、男性と女性の双方をつうじて伝達されると定められていた。だから、ゴルテュンという〈ポリス〉は、集団の内部での結婚義務——C・レヴィ＝ストロースは、これを「真の内婚制」と呼んでいる——を確立するための規定など、とくに必要としなかったのだ[88]。ゴルテュンの土地の伝達法が、実際のところ、市民共同体への所属が男性と女性の双方を通じて伝達されるといっているに等しかったからである。ホメロスの描く〈家々〉の共同体は、開かれた共同体であった。つまり、嫁入り婚も、婿とり婚も、それぞれの〈家〉が、外国人や、社会的に排除されたものたち（庶子）をとり込むことを可能にしていた。これに対して、ゴルテュンの市民の〈家々〉は、閉じられた婚姻空間を中心に収斂して、庶子であれ非市民であれ、市民としての保有地を相続しないものたちをすべて拒絶する。ただしこの〈ポリス〉も、市民共同体のあまりに厳密な閉鎖性のリスクに対して、予防措置を講じていた可能性がある。第一に、すでにとり上げたパトルーコスの結婚形態がある。すなわちパトルーコスには、〈部族〉の男性のうちで、だれもかの女と結婚しようと名乗りでない場合、「かの女が欲するだれとでも」、あるいは「かの女が結婚することのできるだれとでも」結婚する権限が与えられるとされていた。また第二に、自由身分の女性の〈家〉で、自由身分でない父親から生まれた子どもは、自由身分になるとされていた。それゆえ、以下のように想定することも可能である。すなわち、市民の〈家〉に、〔家の〕再生産者となるべき男性で、しかも共同体に属するものがいないために、断絶の危機にある場合には、その家は、永続性を確保するため、〈自由身分の男性〉や〈従者〉たちのあいだから、再生産する男性を探す権限を与えられていたのである。この規定によって、市民集団は、人口減少の危機、危険なまでの市民団の縮小に、十分備えることができたのである。

ゴルテュンの〈家々〉は、世代ごとに、市民としての保有地を、部分的に再分配することによって、たがいに交差しあう〈家々〉からなる構造を採用していた。土地は、獲得や購入や交換の対象範囲外に位置づけられる財産である。それは、継続的なるものというカテゴリーに属し、世代から世代へと移行する。結婚の時点であれ、両親の死の時点であれ、娘が土地を受けとるとき、実際には、この娘と、その子どもたちのために、〈家〉が分割されていたのである。こうして、ゴルテュンの市民の〈家〉においては、子どもたちは、父方の祖先と母方の祖先にそれぞれ由来する土地区画を相続し、母親の祖先の系譜と父親の祖先の系譜に、同時に列せられるのであった。

このように〈ポリス〉が、交差しあう〈家々〉によって構造化されているなかで、「市民女性」と市民としての保有地とは、実質一体化していた。そしてこのことが、共同体と〈家〉のなかで、女性が占めていた地位を説明することになる。

市民としての保有地は、市民であることの「具体的な記号」であり、ゴルテュンの女性は、この土地に結びつけられていた。それゆえ、たとえその性別によって、政治的なものが「潜んでいる」集合行動（共同食事、アゴラでの集会、戦争）から除外されているとはいえ、ゴルテュンの女性は、あくまでも「市民」だった。そして、その社会的地位のよって来るところは、その生まれであり、結婚でもなければ、母親であることでもなかった。その社会的存在が認知されるために、女性は、子孫を再生産するものとして贈与される必要がなかったのだ。もっとも記録の現況からして、共同体のなかでの「市民女性」の位置については、これ以上知ることができない！だがこれとは反対に、文書は、〈家〉のなかでの妻の地位については十分に雄弁である。

ゴルテュンにおいて、花婿は、花嫁を自分の〈家〉に受けいれる。そして、義父の手でなされるこの無償の贈与によって、花婿は、合法的にみずから子孫を再生産し、子どもたちの主人となることができる。父権の根拠をなすのは、花嫁のほうが移動するという事実である。だがこの結婚は、ホメロスの描く社会における嫁入り婚とは、たいへんに異なっている。花嫁は、嫁資ないし、相続見込み財産をもっていることで、獲得の対象範囲外に位置する財産と結びついている。花婿は、かれに与えられる女性の、土地区画を「手に入れる」ことができないばかりか、花嫁を〈家〉に組みこむこともできない。それゆえ、夫と妻の関係は、もはや親子関係という領域で考えることはできず――ホメロスの例とはちがって〔三九五―六ページ参照〕、花嫁が花婿の娘になることはない――、女性をつうじての親族関係の領域で考えられる――花嫁は、なんらかの仕方で、花婿の〈女系親族《ケーデスタイ》〉の筆頭の位置に置かれる――ことになる。ところで、親子関係の絆によって、夫がその子どもたちの主人となるのに対して、婚姻関係による絆は、いかなる所有も従属も排除する。ゴルテュンにおいては、妻は、夫の女系親族と

図7　子を残さずに死亡した男性（図では当人《エゴ》）に対して、相続の権利を有するものたちの順位

権利を有するものたちの順位は、以下のとおり。
1 兄弟たち（均分相続）
2 兄弟の息子たち
3 兄弟の孫（男子）たち
4 当人の姉妹たち（均分相続）
5 姉妹の息子たち
6 姉妹の孫（男子）たち

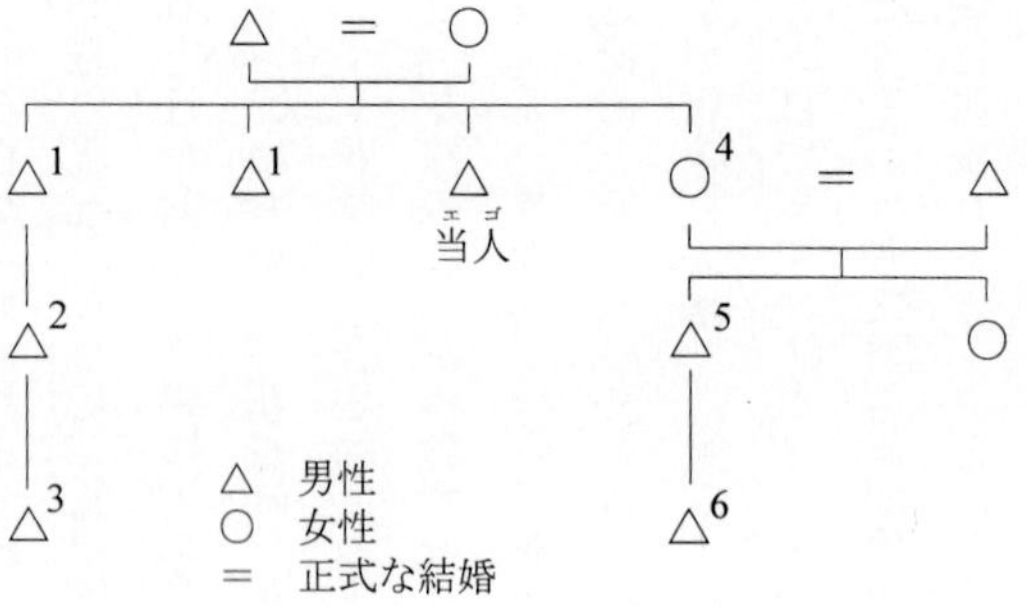

して、かの女自身の人格と財産の主人であり続ける。だが反対に妻は、その配偶者の財産については、なんの権利も権力も有しない。事実、夫婦のあいだに親子関係が存在しないために、夫婦は、たがいの財産を相続しあうことができないのだ。父の財産と母の財産は、厳密に区別されて、子どもたちのものとなるのだ。

　ゴルテュンにおける〈家〉の概念は、それゆえ、ホメロスの描く〈家〉の概念とはきわめて異なっている。『イリアス』と『オデュッセイア』の〈家〉は、男性的なるものである「全体」であって、その構成要素である女性を包みこんでいる。それに対して、このクレタの〈ポリス〉の〈家〉は、ある種の共同《コイノーニア》——それも、不均等な——であって、ひとりの男性とひとりの女性からなり、この男女は、資産ではなく、資産からの歳入を共有する。この共同が死や離婚によって崩壊した場合には、人も財産も、その自律性をとり戻す。すなわち離婚した女性は、[89] その家の〈母方財産〉と、夫婦が生産した〈収穫〉の半分と、自分の織物の半分をとり戻す。そして離婚の責任が夫にある場合には、わずかながら賠償金を獲得する。子どものない寡婦は、[90] その家の〈母方財産〉と、夫婦が生産した〈収穫〉の半分、そして自分の織物の半分を携えて、夫の〈家〉を出る。だが、子どものある寡婦は、[91] 自分の財産と、上限を定められているもの（衣服）しか、とり戻すことができない。

結婚した女性は、夫の〈家〉の客分であり、かつその夫の〈女系親族〉でもある。そのためかの女は、その血族との関係において、きわめて理解しにくい位置を占めている。おそらく、傍系の財産移行の構造が、その位置を明確にしてくれるだろう[92]。右の図に示したように、死んだ男性の姉妹と、この姉妹の子どもたちは、故人に兄弟も、兄弟の子どももいない場合にのみ相続にあずかる。これは、法学者たちが「男子優位権」と呼ぶものである。それはそれでいいとしよう！　だが、それでは、この男子優位権は、どのような親族関係の論理にもとづいていたというのだろうか？　離散化した〈家〉からなる社会においては、息子のいる家で、娘が婿とり婚をすると、この家と、婿とりをした当の娘の子どもたちとのあいだに、ある関係が確立される。思うに、結婚した女性がその男系血族とのあいだに保持する関係は、前ページの関係をモデルにして考えられていたのではなかろうか？　この種の結婚から生まれる子どもたちは、血族に分類されてはいたが、「甥」のカテゴリーに属していた。そのために、母方の祖父の〈家〉を継ぐことができるのは、この祖父に「直系」の男子子孫、すなわち息子や息子の子どもがいないときのみだった。このクレタの〈ポリス〉では、娘が結婚する際に、この娘のために〈家〉が分割されることがあった。こうした娘は、たしかに血族ではあるが、別に住む血族、もうひとつ別のカテゴリーの血族なのだ。この仮説は、ホメロスの描く社会における婿とり婚を、ゴルテュンの婚姻の仕組み構築の起点としている。だがこの仮説が受けいれられるには、ゴルテュンの社会が、歴史上のある時点において、離散化した〈家々〉からなる構造をもっていたことを確定する必要があろう。そして、パトルーコスをめぐる婚姻規定が示唆しているのは、まさにこのことなのである。

離散化した家々からなる構造から、交差しあう家々からなる構造へ

傍系相続の〈権利を有するもの〉についての典範と、パトルーコス、すなわち「もはや、父親も、父を同じく

する兄弟もいない」娘に求婚する〈権利を有するもの〉についての典範とのあいだには、ある明らかな矛盾がある。まず、兄弟のいない娘は、父方の叔母の息子たちにとって、求婚の対象とはなりえない。他方、兄弟が子孫をのこさずに死亡した場合には、その姉妹と姉妹の子どもたちは、遺産を相続することができる。なぜ、パトルーコスの父の姉妹の息子たちは、かの女に求婚する権利から除外されているのか？ R＝F・ウィレッツは[93]、この問題についてたいへん長々と考察し、社会集団の「部族的組織」と呼ぶものの遺制によって、それを説明している。ウィレッツによれば、この規定は、交差いとこ間の結婚の禁止と、部族内での内婚（〈権利を有するもの〉がいない場合に、パトルーコスの〈女系親族〉が〈部族〉の成員に呼びかける）に、その痕跡を残しているという。おそらく、そうなのであろう！ けれども、この二つの規定を、もっとずっと新しい残存物と関係づけることはできないのだろうか？ すなわち、当時ゴルテュンは、「離散化した」単位となった〈家々〉によって組織されており、右の二つの規定は、こうした組織の残した「残骸」だとみなすことはできないのだろうか？ パトルーコスの割り当ては、四つの原則に従っている。まず、父方の叔父との斜行婚であること、つぎに、そのなかでも父方の最年長の叔父が優先されるべきこと、父の姉妹の息子たちは排除さるべきこと、そのかわりに〈部族〉の構成員に相手を求めることである。これらの措置は、〈家々〉の交差が実施されている社会集団のなかでみると、なかなかに理解しにくい。だが、離散化した〈家々〉からなる社会に置いてみれば、たいへん首尾一貫したものとなる。

㈠ 父の姉妹の息子たちは、なぜパトルーコスを妻として請求することから除外されているのか？ 各〈家々〉が「離散化した」単位を構成している場合には、ある男性の姉妹が、生〈家〉から他〈家〉へ嫁に出されると、これら姉妹の息子たちは、かれら自身の父親の〈家〉の成員となる。したがって、母親の兄弟とは補足的な親族関係しかもたない。つまり、これらの男たちは、母親の兄弟と血族関係にないため、母親の兄弟の娘を妻に求めることはできないし、この娘と結びついた遺産を相続することもできない。

(二)〈部族〉は、歴史上のある時点で、内婚制をとる集団を形成していた可能性がある。しかしながら、〈部族〉とは、人類学でいうところの系族であり、すなわち、共通の祖先をもつすべての子孫たちが集まっているような父系集団であった。「法典」は、〈権利を有するもの〉の二つの範囲、すなわち、かたやパトルーコスの父の兄弟たちおよびその息子たちと、かたや〈部族〉の成員とを規定している。このとき「法典」は、離散化した〈家々〉からなる社会に関して、父方傍系親族の二つの範囲に、つまり、もっとも狭い範囲(父の兄弟および……)と、もっとも広義なもの(系族)とに言及しているのである。

(三)パトルーコスとは、〈父方の叔父《パトロース》〉に与えられる娘のことである。この斜行婚は、離散化した〈家々〉からなる社会に特有のものである。この社会では、息子のない家が婿をとる場合に、娘婿には、その娘の父の兄弟という位置が与えられる。ある男性が、「婿を自分のそばにとどめおく」ことができずに、亡くなったとする。すると、この男性の兄弟が、責任をもって、かの男性がもつことのなかった息子を、かれに与える。そしてこれは、婿とり婚の論理からして当然のことなのだ。だが、なにゆえに最年長の兄弟に優先権が与えられているのだろうか? この規定――ほとんどまったく、優生学にかなっていない――は、わたしが思うに、離散化した〈家々〉からなる社会の、人口の社会的な均衡を保つためのものだったのだ。パトルーコスの父の兄弟のうちで、最年長の男性は、その年齢からみて、すでにかれ自身の〈家〉の子孫を確実に再生産している。それゆえ、この人物は、自身の跡を継ぐにふさわしい息子たちを〈家〉に残して、兄弟の〈家〉に移籍し、その継続性を確保することができる。これらの〈家〉は、「離散化した」出自集団を編成しており、パトルーコスが父方の叔父と結婚することによって、富の集中をひき起こすことなく、各〈家〉の人口学的な継続性が確保されることになる。ところが、社会集団が、たがいに交差しあう〈家々〉からなる構造をもっている場合は、

図8　子孫を残さずに死亡した男性（図では当人《エゴ》）に対して、相続の権利を有するものたちと、パトルーコス請求の権利を有するものたち

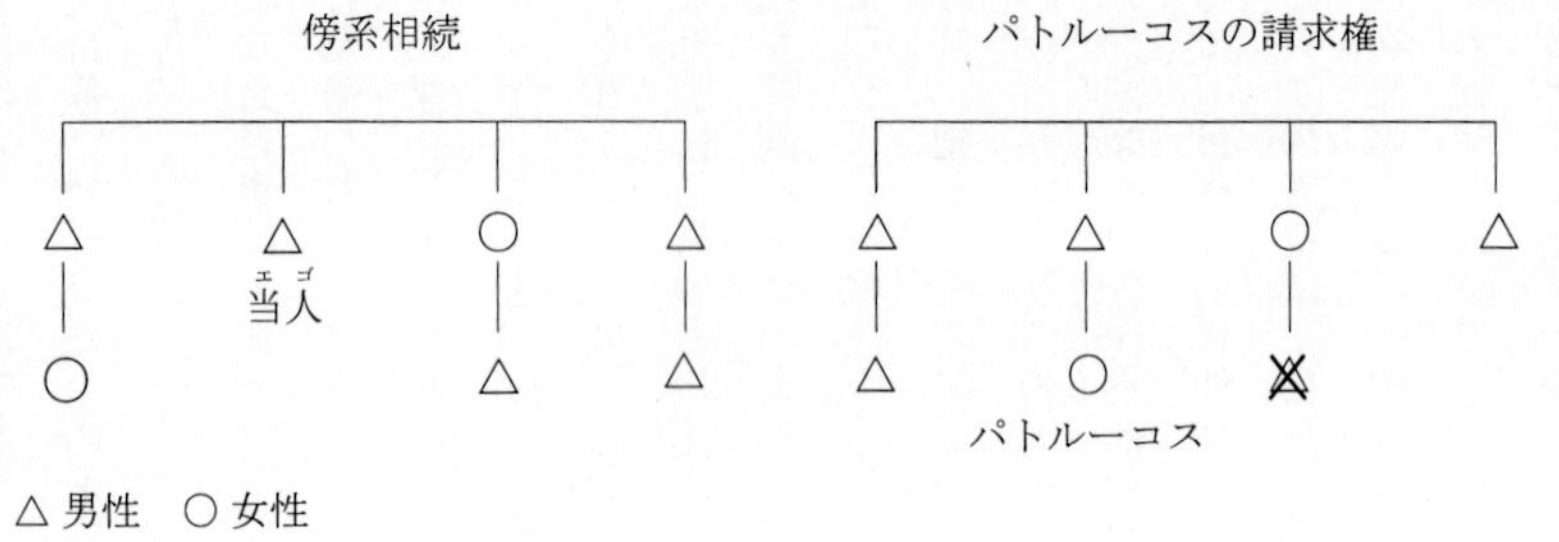

この方法が採用されると、その効果に甚大な変更が生じる。パトルーコスの叔父はもはや、かれ自身の〈家〉を離れることもなく、したがって兄弟の家に移ることもない。だからパトルーコスの子どもたちは、父の財産も、母方の祖父の財産も相続し、二つの〈家〉の富を集約して入手することになる。このように、離散化した〈家々〉によって組織された社会では、パトルーコスの結婚が、人口学的・社会的な均衡を乱すことなく行なわれていた。ところが、〈家々〉が交差しあう社会では、一転それが不均衡の要因となるのである(94)。

ここで、パトルーコスの結婚についての規定のなかに、紀元前四六〇年ころにもなお、わたしが考えているように、離散化した〈家々〉からなる社会組織の「残骸」をみいだすことができると仮定してみよう。そうすると、ゴルテュンという〈ポリス〉は、アルカイク期のあいだをつうじて、市民の〈家〉の構造を根本的に操作し、それを離散化から交差へと移行させたことになる。たしかに、女性市民の地位に関していえば、この選択の効果を突きとめることは、容易——相対的にであるが——である。けれども、この選択の動機を見ぬくことは、それよりずっとむつかしい。人類学者たちは、父系・母系を問わない親族関係の柔軟性を、単系の親族体系の厳密性と、このんで対立させる傾向がある。単系親族体系では、息子または娘がいないだけで、家系の継続という問題を解決

できなくなってしまうからである。だが、『イリアス』と『オデュッセイア』にみられる離散化した〈家々〉からなる社会では、婿とり婚によって、義父が娘婿を自分の〈家〉に組みいれることができるようになっている。つまりこれらの社会は、婿とり婚によって、一種名人芸的に、父系出自のなかで、息子のいない〈家〉に関わる問題を解決していたようにみえる。したがって、これらの条件のもとでは、こういう一般的な説明では満足しがたいようである。わたしの考えでは、この〈家〉の再構成は、あるできごとと関連している可能性がある。すなわち、歴史家たちが「ポリスの出現」と呼んでいるできごとと、である。ゴルテュンの社会が〈ポリス〉へと組織化される端緒となったのは、おそらく、親族体系の操作によってだったのだ。

「ポリスの出現」は、P・レヴェクの主張によれば[95]、王権の消滅と、厳密に閉鎖された共同体（語の正確な意味での「共同体」のこと）の確立に一致している。ゴルテュンの例は、どのようにして〈家〉の再構成が〈ポリス〉を「出現」させうるのかを示している。離散化した〈家〉の社会においては、おのおのの〈家〉が、ひとつの構成要素となっている。集団の内的整合性は、物質的にも象徴的にも、王の〈家〉によって保障されていた。この〈家〉が、領域内のすべての〈家々〉を一括して包みこみ、維持しているからである。ゴルテュンの〈家々〉は、それぞれのあいだで娘や土地区画を循環させながら、たがいに交差しあっていった。つまりこれらの〈家々〉は、共同の富の再配分と、結婚制度とにもとづいて、新しい形態の内的整合性をつくり出したのだ。離散化した〈家々〉からなる社会においては、それぞれの〈家〉が、それぞれ好むところから嫁や婿を迎えることができた。だから社会集団は、全体として非常に開かれたものだった。ところがゴルテュンの〈家々〉は、それぞれのあいだで、娘や、市民の資格たる保有地の区画を循環させながら、たがいに交差しあっていった。したがってこれらの〈家々〉は、閉じられた共同体として定義される。市民の資格である保有地を相続しないものたちを、庶子であれ〈自由身分のもの〉であれ、すべて排除していたからである。だが、ポリスの出現が〈家々〉

の再編成と相関関係にあったとしても、それは、社会の階層制度をあらためて問題にすることはなかった。この階層制度は、人物と、その人物が所有するものとの相同性に基礎を置いていたからである。

ゴルテュンの女性は、共同体の構成員という地位を賦与され、その人格と財産の主人となっていた。だが、手短にいって、女性がこのような地位をえたのは、「市民女性」も、市民の資格を保障するものとして、土地を保有することができたからである。そしてそれは、交差する〈家々〉からなる構造の社会集団にあっては、「身分をともなう」富が、性別を無視して相続されていたことにもとづいている。ところで、この「出現しつつある〈ポリス〉」ゴルテュンは、共同体の土地を性別にかかわりなく相続するよう、制度を定めていた。もしも、わたしのデータ解釈に、それほど多くの誤りがないとすれば、それは、このポリスが、土地の保有者たる市民たちの閉じられた共同体を自認していたからなのだ。これに対して、アテナイは、古代ギリシア世界で、女性の地位をもっとも低くみた〈ポリス〉であった。そしてそれは、アテナイが、アルカイク期以来、交差しあう〈家々〉からなる社会において、土地の保有と共同体への帰属とのあいだに、等価性を認めなくなっていたからではないのだろうか？

交差しあう家々からなる構造を断念したポリス――アテナイ

海上覇権と民主政の偉大な〈ポリス〉、アテナイでも、花嫁の無償の贈与が行なわれていたが、その研究を可能にする史料は、基本的に紀元前四世紀にさかのぼる。当時アッティカの弁論家たち、とりわけイサイオスとデモステネスによって、法廷弁論が作成されたが、これらの弁論のおかげで、アテナイ人たちの婚姻の仕組みについてはよく知られ、よく研究されている。(96) あまりにもよく知られ、よく研究されているために、ときとして、アテナイの婚姻制度が、古典期ギリシアの結婚の基本モデルとみなされるほどなのだ！

この仕組みは、二つのケースを軸に組織されているが、これらのケースは、古代ギリシアの〈ポリス〉すべてに共通している。すなわち、兄弟のある娘の結婚と、兄弟のない娘の結婚である。アテナイでは、兄弟があろうとなかろうと、花嫁は、その権限をもった男性によって、財産付きで、夫に与えられた。兄弟のある花嫁は、父親あるいは、父親のない場合には、父を同じくする兄弟、または父方の祖父の手で夫に与えられ(97)、エピプロイコス、つまり〈嫁資《プロイクス》〉に〈据えつけられた女《エピ》〉と呼ばれた。兄弟のない花嫁は、筆頭執政官《アルコン》によって〈権利を有するもの《アンキステイス》〉に割りあてられ、エピクレーロス、すなわち、父の〈割り当て地《クレーロス》〉に〈据えつけられた女《エピ》〉と呼ばれた。なお「クレーロス」は、紀元前四世紀には、父方の全財産を示す語であった。

アッティカの弁論家の時代には、このアテナイ人たちの〈ポリス〉はもはや、〈家々〉からなる構造をもってはいなかった。たしかに、かれらの弁論では、〈家〉（オイコスまたはオイキア）がおおいに問題とされている。だが、弁論中のこの語はしばしば、「婚姻家族（夫婦を中心とする家族）」と解することができる。もっとも、アテナイの「婚姻家族」は、レヴィ＝ストロースの用法とは異なり(98)、家内奴隷を含んでいたのだが！　ところで、かつて、〈家々〉からなる構造の基盤となっていたのは、特定の事物と、それらを所有する人物との相同関係であった。こうした〈家々〉からなる構造と、事物と所有主を同一視するシステムとをうち壊したのは、ソロンの改革（紀元前五九四―九三年）とクレイステネスの改革（同五〇八―七年）であった。まずソロンによって、〈割り当て地〉が、市民であることの「具体的な記号」ではなくなる。つぎにクレイステネスによって、ある男性が自由人男性の集団に属していることを示すのは、もはや〈家〉の名ではなく、〈ポリス〉の最小の下部組織であるデーモスの名となった。かくして、紀元前四世紀のアテナイでは、身分をともなった財産は、もはや存在しなくなっていた。ただし、市民共同の土地を所有することは、いまだに市民たるものの特権ではあったのだが。

それにアテナイ人たちは、財産を、過去とはきわめて異なる二つのカテゴリーに分類していた。まず、〈眼にみえる財産〉には、家屋、耕地、家畜の群れ、そして直接間接に搾取される奴隷たちが含まれていた。また、〈隠れた財産〉は、貯蔵されていたり投資されている貨幣（抵当、大口貸付）[99]のことだった。

アッティカの弁論家たちは、婚姻の仕組みを確立した功をソロンに帰している。アテナイではそれゆえ、結婚を組織化したのと同じ法制定者が、市民共同体を定義しなおしたのである。そしてその際かれは、この共同体を縮小すること、すなわち、市民として保有地の保持者のみをその成員とすることを拒否したのである。この偶然の一致は、花嫁の無償の贈与と、新しい〈ポリス〉の出現とが、潜在的に関連していたのではないかという疑問を、投げかけている。

嫁資つきの娘の結婚

アッティカの弁論家の依頼人たちは、嫁資のシステムに完全に順応していたようだが、兄弟のない娘の結婚に関する規制に対しては、一見したところ、ある程度の自由を行使しても差し支えなかったようである。この規定はすでに、死文となっていたのだろうか？

嫁資つきの娘の付与（**表1**のI1、II4、III2と3）は、口頭の契約の対象であるが、この契約は、証人たちのまえで、娘の父（もしくはその代行者）と娘の将来の夫のあいだで交わされる。これをエンギュエーという。この語は、「騎士叙任の儀式」を意味している。[100] 花嫁の父は、花嫁と、花嫁にともなう世襲財産の取り分け分を、婿の「手に渡す」。アッティカ新喜劇の代表的作家メナンドロスによって、なん度も採りあげられているために、結婚の契約の際に取り交わされる口上はよく知られている。[101] たとえば、『髪を切られる女《ペリケイロメネー》』のなかの対話をとり上げてみよう。

義父　嫡出子を産む用のために、わが娘をば、あなたにさしあげよう。
婿　娘ごを頂戴いたしましょう。
義父　さらに三タラントンの嫁資をば、あなたにさしあげよう。
婿　それも喜んでお受けいたしましょう。*

＊　邦訳の該当個所は、『ギリシア喜劇全集』（第二巻）、一九六一年、人文書院、五三一ページ。

このやりとりは、たしかに礼儀正しくはあるが、あまりにもありきたりのものであり、そのことには理由があると思わざるをえない。なるほど、紀元前の四世紀のアテナイでは、子どもが嫡出子であり、息子が父親の財産を相続し、そして、娘が、分相応な嫁資とともに、父親によって嫁がされるためには、花嫁の父親が、娘とともに、自分の資産の一部を無償で贈与し、花婿が、それらを二つとも満足して受けとることが不可欠だった。与えることと受けとること！　たしかにこれらの用語を、ホメロスにおける嫁入り婚の契約当事者たちも用いていた。けれどもアテナイの花嫁は、だからといって〈所有された妻《クテーテー・ギュネー》〉ではなかった。義父が婿の手に渡すのは、花嫁と、かの女に付いている世襲財産の〈所有権《クテーシス》〉ではなく、花嫁の人格と、かの女に付いている財産に対する〈後見権《キュレイア》〉だったのだ。結婚の契約は譲渡契約ではなく、後見の契約だったのだ！　この契約の条項は、たしかに嫁入り婚の条項である。だがこの嫁入り婚は、単系出自を放棄することによって変質しているのである。

花嫁の父は、婿に娘を譲渡するのではなく、婿も、花嫁を娘として受けとるのではない。なるほど、花婿は、婚礼の日に、ホメロスの花婿にならって、贈りものを家の貯蔵庫からとり出して、花嫁に贈る。けれどもアテナイでは、妻が夫の血縁の一員になるわけではない。その証拠は、夫が子孫を残さず死去した場合に、その財産は、〔妻にではなく〕夫の傍系親族の手に渡るではないか。たしかに、親族構造上は、花嫁は花婿の娘の位置に置かれてはいない。とはいえ、慣習によって、花嫁は永遠の未成年者であり、後見人でもある花婿は、妻の公的な行為すべての保証人にならなくてはならない。そして、この慣習は成文化されて、法律となっている。たとえば妻が訴訟に巻きこまれた場合、裁判でかの女の代理人を務めるのは、夫である。これとまったく同様に、自分の未成年の子どもたちや、後見している孤児が裁判に巻きこまれた場合には、男性は、かれらの代理人を務めることになろう。さらに妻は、「契約の対象となるものの値段が、大麦一メディムノス（五一・八四リットル）[102]を越える場合、その契約を結ぶために」[103]、夫に許可を求めなければならない。未成年の子どももこれと同様で、父親や後見人から、同じ許可をえなければならない。結婚の契約は、このように妻を、夫の後見を受ける未成年者の地位に置いている。とはいえ、いくつかの法慣習には、かつて夫婦のあいだに紛れもない親子関係があったことの化石化した痕跡が残っている。以下に、その例を三つあげておこう。まず、前出の弁論家デモステネスの父にみられるように、思いやりのある夫は、死期が迫っていることを感じて、遺言という方法で、自分の選んだ男性が妻と婚約するように促すことができた。またあわせて、寡婦資産ときわめてよく似た措置だが*、妻の持参した婚資を増額してやることもできた。女性を結婚させるのは、後見人の行為である。だが、自分の子どもたちに損害を与えてまで、資産の一部を付けて、女性を嫁がせるのは、父親としての行為ではないのか。二つめの事例に移ろう。アッティカの弁論家たちを信じれば、この社会では、妻が未成年者とされていたにもかかわらず、寡婦のなかには、論理的に矛盾することだが、家長の地位を占めるものがいた[104]。たしかに、これらの妻たちは、死んだ夫といかなる血縁関係ももたない。にもかかわらず、かの女たちは、夫婦の住居に住みつづけ、未成年の子どもたちの面倒をみて、故人が子どもたちに遺した財産を管理していた。これら紀元前四世紀のペネロペイアたち**は、夫とのあいだには姻戚関係しかなかったが、それでも、長女の地位を占めていたのである！　つぎに最後の例をあげると、アテナイでは、成人した息子に、寡婦となった母親を結婚させる権利があった。この権力は、父を同じくする兄弟の権力であり、どうみても、夫婦間に本来は親子関係があったことの残存物なのである。

＊　夫に先立たれた妻が、亡夫の財産の一部を相続し、みずからの持参財産に付け加える権利をもつことがあった。こうして、付け加わった亡夫の財産の一部を、寡婦資産という。
＊＊　オデュッセウスの妻ペネロペイアは、トロイア戦役とその後の遍歴で夫が不在のあいだ、よくその家と貞節を守った。ゆえに、ここではいうペネロペイアとは、模範的な寡婦のこと。

花婿は花嫁を後見するが、花嫁の父は、かの女を娘のままにとどめおく。さらに、なんらかの理由（夫の死亡、〈夫の意思による離婚〉、〈妻が夫を見捨てた場合〉）で、結婚の契約が破棄された場合には、花嫁は自動的に父親の後見下に戻る。それゆえ花嫁は、実家の一員でありつづけ、「男子優位権」が働かないときには、父方の傍系親族の遺産を相続する。花嫁の父は、婿に娘の後見権を与えるに際して、〈嫁資〉の管理・運用権をも与える。J・モドルゼイェフスキーは、〈嫁資〉の社会的位置の分析は、その機能的基準にしたがって進められるべきであり、名義人と用益権者、受取人を区別しなくてはならないと説明している。(105) この意見は、きわめて説得力に富む。〈嫁資〉の名義人は、異論の余地なく花嫁である。そして、両者の関係――L・ジェルネのいうところの、女性とその影との関係――は、解消することができない。だから、たとえ花嫁の振る舞いが模範的でなかったとしても、花婿は、離婚の際に、〈嫁資〉を返還する絶対的な義務を負う。そのうえ、この返還は、〈嫁資引当用抵当〉を設定する習慣が一般化していたために、容易に実行された。花婿は、結婚の契約を交わす際に、〈嫁資〉の債務者であることを認め、不動産のうえに抵当権を設定したのである。花婿は、妻の後見権をもつと同様に、妻の〈嫁資〉の管理＝運用権をももつ。だから花婿は、その結婚が続くかぎり、〈嫁資〉を管理し、自分個人の収入に加えて、この〈嫁資〉からの収入を受けとる。そのうえ国庫も、とり違えることなく、(106) 妻の〈嫁資〉からの収入をつねに計算の対象としていた。だが、夫は〈嫁資〉の用益権者にすぎない。〈嫁資〉の受取人は息子たちであって、かれらは、母親の死後に、その〈嫁資〉を所有することになる。その際、これら息子たちがまだ未成年であれば、かれらが成人するまで、父親が妻の〈嫁資〉を管理しつづける。

この契約は、花嫁とその〈嫁資〉を花婿の後見下に置く。これこそが結婚の創設行為なのである。これは、いわば「騎士叙任の儀式」である。与え手と受け手のあいだで交わされる、この契約によって、花嫁は、正式な妻として、父の遺産相続人たる息子たちの母親になるとともに、〈市民共同体の女性《アステー》〉（市民を指す「ポリーテース」という語は、女性にはめったに用いられない）として、父の継承者たる息子たちの母親になる。

だが、正式な妻とは、どのようなものなのか？　実際に妾制がある社会において、正式な妻と妾の違いをつくり出すものは、結婚の契約の際の、与え手による無償の贈与である。妾の地位についての研究はすべて、[107]こうした女性を獲得することもまた、契約の対象であったことを示している。囲い主は、妾を手に入れるに際して、そうした権利を有する男性（または女性）から譲られるのである。ただし、妾の譲渡は、けっして無償の贈与ではない。史料がひどく少ないとはいえ、このタイプの契約においては、受け手である囲い主によって支度金が支払われることが明らかになっている。すなわち、特定していはいないが、史料《テクスト》には、（囲い主によって）「〈妾に与えるだろうもの〉」と記されている。[108]また、妾本人の社会的身分がいかなるものであれ、その子どもたちは庶子であり、囲い主の遺産相続から除外される。遺産は、嫡出子か傍系親族のものなのだ。もっといえば、妾をもつのは、けっして、子どもをえるためではない！　「……妾を（われわれが囲うのは）日常の世話のためであり、正妻をもつのは、カマドの忠実な守り手と、嫡出子をえるためである」と、デモステネスの依頼人は明言している。[109]アッティカの法廷弁論を読むかぎりでは、妾の「世話」に頼っていたのは、すでに「嫡出の子孫」をえた、年配の男性たちであったようである。

結婚の契約によって、花嫁は〈市民共同体の女性〉となる。花嫁を市民たる男性の後見下に置くことによって、与え手は、この花嫁が両親ともに市民共同体に属する父と母から生まれたことを証明する。娘の結婚の契約と、男の子のデーモスへの登記は、じっさい、同じレヴェルにある法的行為であったにちがいない。この二つは、それぞれの性にとって、市民共同体へ組みいれられることを意味していたのだ。そればかりでなく、女子についても男子についても、共同体への加入条件は、非常に似通っていた。すなわち、デーモスの成員として受けいれられるためには、男子は、紀元前四五一年のいわゆる「ペリクレスの市民権法」(110)の法文にしたがって、二人の市民から生まれていなくてはならなかった。女子のほうもまた、結婚契約の対象となるためには、市民の生まれでなくてはならなかった。与え手となるのは男性市民であったが、この与え手は、女性市民を外国人と婚約させることも、外国人女性を自分の「親族」と偽って、男性市民と結婚させることも、法律によって禁じられていた。(111)受け手もまた、男性市民であったが、こちらもまた、妻として外国人女性を娶ることを、法律で禁じられていた。これに違反したものたちは、〈市民権詐称に関して〉訴追されたのである。このように、「騎士叙任の儀式」の条件は非常に厳密であって、女性を与えるという契約が交わされたことが、その女性が市民の生まれであることの、本質的な証拠だったほどである。(112)とはいえ、これらの条件は、出生が嫡出であることをかならずしも証明しはしない。その意味でも、男子のデーモスへの登記と、娘の結婚の契約には共通点がある。つまり、男性についても女性についても、市民の生まれでなくてはならないことが、厳密に定められていさえすればよく、法制定者は、その出生が嫡出かどうかについては、まったく考慮していなかったのである。

このようにアテナイの市民たちは、遺産相続と市民身分継承のあいだに明瞭な区別を立てていたのであり、花嫁の選定に関するこの規則が、その区別を際だたせている。財産は、有形であれ無形であれ、正統の親子関係にもとづいて伝達されるが、社会的地位は、市民としての出生にもとづいて伝達される。〈家〉は庶子を排除する。だが〈ポリス〉は、その生みの親が市民であって、当の子どもが庶子として生まれたことをなんらかの方法で認知(?)すれば、庶子も市民として受けいれていた。おそらく、イサイオスの弁論のひとつによって、(113)庶出の女性がいかにして〈市民共同体の女性〉となりえたかを理解することができよう。ピュッロスという人物は、その死に際して、男の養子エンディオスと、庶出の娘ピュレを残した。ピュッロスは、この娘を、市民身分の妾からえたのであった。エンディオスが養父の跡を継いだが、かれ自身は、ピュレが庶出であったために、かの女と結婚することができず、少々の〈嫁資〉とともに、かの女をある市民に嫁がせた。ピュレは庶出であったために、父親の遺産相続に連なることを禁じられていたのである。だが、庶子ではあったものの、そのことは、ピュレが結婚契約の対象となって、市民共同体に加入することを妨げはしなかった。かの女の〈嫁資〉は、ある意味で、かの女が庶子であることを「公認している」のだ。わたしが思うに、市民を両親として生まれた庶出の男子が、市民団に組みこまれることが可能になるのもまた、このように世襲財産が嫡出子以外にも横流れすることによってなのだ。たとえば、エウクテモンという人物は、九〇歳にして、女漁りのために夫婦の住居を出て、〈一家〉の大スキャンダルをひき起こす。老エウクテモンは、たしかに、きわめてこみ入った策略を弄した。[114] だがかれは結局、自分を誘惑した女性の息子を、かれの庶子として認めることを受けいれさせ（?）、この庶子を〈ポリス〉に加入させる手続きとして、手始めに、かれに土地を与えたようである。[115]

交差しあう〈家々〉からなる構造を放棄した〈ポリス〉においては、〈嫁資〉の意味を解読するのがむつかしい。〈嫁資〉の意味が一義的ではないからである。一見したところ〈嫁資〉は、子どもたちの母方の系譜と二重の親子関係との「具体的な記号」である。花嫁の父が娘と資産の一部を贈るとき、かれは、娘の子どもたちが、自分の〈娘の息子《トゥガトリドウース》〉として、あるいは娘の娘《トゥガトリデー》として、この資産を相続することを承認する。しかしながら、さらに吟味すれば、〈嫁資〉によって、出生を理由として〈家々〉の周縁に追いやられていた娘たちが、〈ポリス〉に組みいれられていたことが明らかとなる。〈嫁資〉は、そのための物質的な手段でもあった。

結婚の契約の日、花嫁を送りだす人物は、〈嫁資〉の設定者として、それを自分の資産から切り離し、そのうえに花嫁を据えつける。嫁資の設定は、喜んでではないにしても、すくなくとも自発的になされる。いかなる法律も、父や兄弟が、かれらの管轄下にある娘を嫁がせることを義務づけてはいない。しかしながら、もしもかれらが、その娘を〈家〉の奥で老いるに任せるならば、かれらは体面を失い、世論はかれらを、吝嗇《ケチ》だ、怠惰だといって責めるであろう。複数の娘をもっているときには、それぞれに同額の〈嫁資〉を与える。このように娘のために、「世襲財産の横流し分」が設定されるが、これは、基本的に〈隠れた財産〉からなっている。次の表〔次ページ、**表3**〕が示すように、娘たちが与えられるのは、貨幣あるいは利子付の投資（抵当、賃貸家屋など）であった。たしかに、慣習によれば、婚礼の日には、義父が娘婿に〈外衣〉と〈貴金属〉を与え、花嫁は〈家事道具〉を携えていくことになっていた。だが、嫁資の設定者が吝嗇であるか、慎重である場合、これらの贈りものがつねに娘と運命をともにするよう、それらを〈嫁資〉の評価額に含めることもたびたびであった。それゆえ、アテナイにも分岐相続《ディヴァージング・ディヴォリューション》があったこと、しかしながら、男系と女系において財産の移行の仕方が同一ではなかったことが明らかである。娘たちは、貨幣にとともに循環に組みこまれるが、息子のほうは、すべての〈眼にみえる財産〉、すなわち住む〈家〉や、生産財である土地や奴隷を受け継ぐ。デモステネスの妹は、二タラントンに及ぶ結構な〈嫁資〉を受けとったが、この若き弁論家のほうは、父祖の財産であった刃物工場と寝台製作所を受け継いだのである。

この二系統は、分岐相続《ディヴァージング・ディヴォリューション》によって別れたものだが、相続の仕方が同一でないばかりでなく、同等でもない。アッティカの法廷弁論史料では、五つのケースで、〈嫁資〉の額と、その設定者の財産とを比較することができる〔**表4**〕。そのうち四例目が、デモステネスの父の財産である。この父親は、遺言という方途によって、当時五歳であった娘を、二タラントンの〈嫁資〉とともに結婚させるよう定めている。一方かれは、その息

表３

史料		設定者	娘の人数	嫁資の構成
リュシアスの弁論	第ＸＩＸ番・第15節	父	2	1人目：40ムナ 2人目：？
	第ＸⅥ番・第10節	兄弟	2	1人目：30ムナ 2人目：30ムナ
	第ＸＸＸⅡ番・第6節	父	1	1タラントン
イサイオスの弁論	第Ⅱ番・第3,4節	兄弟たち	2	1人目：20ムナ 2人目：20ムナ
	第Ⅲ番・第28節	兄弟	1	嫁資なし？
	第Ⅲ番・第49節	兄弟(養子)	1	1000ドラクマ
	第Ⅴ番・第26節	？	1	評価額40ムナの賃貸住宅
	第Ⅷ番・第8節	父	1	25ムナ
	第Ｘ番・第5節	父	1	？
	第Ｘ番・第25節	兄弟	？	？
	第ＸＩ番・第41節	？ ？	？ ？	20ムナ 20ムナ
デモステネスの弁論	第ＸＸＸⅦ番・第4節	？	？	50ムナ
	第ＸＸＸⅦ番・第5節	父	？	2タラントン
	第ＸＸＸ番・第1節	兄弟	1	1タラントンないし80ムナ
	第ＸＸＸⅨ番・第7節	父	1	1タラントン
	第ＸＸＸⅨ番・第20節	父	1	100ムナ（？）
	第ＸＬＩ番・第3-27節	父	2	姉：40ムナ。賃貸住宅への抵当を含む。 妹：40ムナ。ただし最初の夫から戻ってきた結婚支度金の総額を下回る。
	第ＸＬⅦ番・第57節	？	？	？「わたしの妻は、嫁資にあたる動産を、かれらの手から守ったのです」

1タラントンは60ムナ、1ムナは100ドラクマである。

表4　娘の嫁資と設定者の財産				
史料		設定者	嫁資	比率（%）
リュシアスの弁論	第ＸＸＸⅡ番・第6節	父:12タラントン	娘：１タラントン	8.3％
イサイオスの弁論	第Ⅲ番・第49節	兄弟（養子）：3タラントン	姉妹：1000ドラクマ	5.5％
	第Ⅷ番・第8節	父：90ムナ	娘 初婚時：25ムナ 再婚時：1000ドラクマ	27.8％ 11.1％
デモステネスの弁論	第ＸＸⅦ番・第5節	父:14タラントン	娘：2タラントン	14.2％
	第ＸＸＸⅠ番	兄弟：30タラントン	姉妹：1タラントン	3.3％

子に対しては、評価額一四タラントンの財産を残している。アテナイでは、娘の取り分は、息子の取り分のごくわずかにしか相当しなかったのだ。

この分岐相続《ディヴァージング・ディヴォリューション》には、私見では、三番目の特徴があるが、それはこれまで、ほとんど注目を浴びてこなかった。その特徴とは、この相続法が双系的ではないということである。つまり、〈父方財産〉が、性別を異にする子どもたちのあいだで分岐相続されていく一方で、母親の〈嫁資〉は、おそらく、もっぱら息子たちのみに割りあてられている。全アッティカ法廷弁論中、娘が母方からの金を受けとった例は一例もない。ところが、これとは反対に、母親の〈嫁資〉に手をつけたり、自分の娘を結婚させるために、母の〈嫁資〉を待望する息子のことは、頻繁に問題となっている。[116] 思うに、こうした事例は、論理的なのだ。つまり、妻の〈嫁資〉に対する裁量権がない以上、男性は、〈父方財産〉でもって、娘の〈嫁資〉を設定しなければならない。〈嫁資〉（および嫁資外財産、つまり、妻が傍系相続することができて、〈嫁資〉と別扱いされることになった財産）は、性別のあいだを交差しながら移行していることが、はっきりと表れている。すなわち〈嫁資〉の移行には、二つの集団がはっきりと現れてくるが、それぞれの集団は、財産の移行という物質的な面で、特権的な関係を保っている。まずは、父＝娘＝娘の息子という集団であり、つぎに、父方祖母＝息子＝息子の娘という集団である。アイスキュロスの悲劇『エウメニデス』におけるゼウスの娘のごとく、[117] アテナイの娘たちは完全に父の側にいるのである。

アッティカの弁論家に法廷弁論を依頼する人々は、みな裕福であり、かれらにとって、女性を嫁がせることは、金を動かすことにほかならなかった。女性と金という、これら二つの循環の結びつきを、いかに理解するべきであろうか？ 研究者のなかには、そこに、女性の置かれた条件が低かったことの原因をみいだす人々がいる。実際のところ、こうした研究者たちは、エウリピデスの悲劇『メデイア』における王女メデイアの宣言を念頭においている。[118] それによると、女性とは、「いちばん惨めな生きもので」、「とにかくまずわたくしたちは大金を積んで夫を買いとらねば」〔丹下和彦訳〕ならないのである。別の見解にたつ研究者たちは、兄弟団《フラトリア》の男女比が不均衡で、女子が男子より少なかったのではないかと考えている。それでは、幼い少女たちをどうしていたのだろうか？ 少女たちは、金がかかるので、フラトリアから排除されていたのだろうか？[119] これに対して、〈嫁資〉の経済的「合理性」ないし「非合理性」については、だれも問いかけてはいない。[120] 地中海世界の諸社会における嫁資制度の機能について、いくつかの研究があるが、それらは実際のところ、えてして、その「非合理性」を結論としがちである。〈嫁資〉とは固定された非生産的な金である、とするのである。しかし、これらの研究は一般に、投資がほとんど利潤を生まない農村社会や、離婚を否とするキリスト教社会についてのものである。だから、その結論は、古典期のアテナイ社会に関連するものではありえない。海上に覇権をもつアテナイの〈ポリス〉において、〈嫁資〉の金は流動的かつ生産的なものだった。財産についての研究はすべて、[121] アテナイ人たちが、資本に利益を生ませる技術にかけては熟達者だったことを示している。花嫁の〈嫁資〉は蓄財されるのではなく、ただちに投資されるのであり、結婚のうちのいくつかは、出資者間の婚姻同盟にほかならなかった。だから〈嫁資〉は、固定資産化されなかった。アテナイの女性たち、ともかく、すくなくとも裕福な女性たちは、年若くして結婚歴を積みはじめ（一五歳）、遅くにそれを終えるが（更年期）、かの女たちはしばしば、夫との死別や離婚を機に、そして後見人たる男性の利益にもっとも都合がいいように、何度も嫁に遣られている。

自分の娘を後見し、自分の資産の一部――ごくわずかではあるが――を管理する権利を、どのような人物に与えていたのだろうか？　まず、結婚の契約についての規則が定めるところにしたがって、父親は、娘婿を市民団内部から選ばなくてはならなかった。また父親は、その社会的身分に応じて、娘を嫁がせなければならなかった。すなわち、相手の男性の財産が、父親がみずから設定する〈嫁資〉の総額に、釣りあったものでなければならなかった。このような紀元前四世紀のアテナイ人の行動様式は、L・メアーが、今日のギリシアとキプロス島の農民たちについて明らかにし[122]、また、P・ブルデューが、一九〇〇年から一九二〇年にかけてのベアルンの農民について明らかにしたものと[123]、さして異なっていたわけではない。アッティカの法廷弁論の世界では、王子が羊飼いの女性を娶ることも、王女が煙突掃除人と結婚することもなかった。それどころか、よくいわれているように、裕福な男が〈嫁資〉のない娘と結婚することもなかったし[124]、乏しい財産の男が、みごとな〈嫁資〉を受けとろうと望むことありえなかった。民主制下のアテナイにおいては、それ以外にも考慮の種――花嫁の美貌や〈一族〉の名声など――があったとはいえ、「財産は、つねに財産のもとに向かう」のであった。そして、この真理がきわめて明白だったため、財産争いの訴訟で[125]、妻の〈嫁資〉が貧弱だと、それがそのまま、夫の財産の乏しさを証明することになったほどである。したがって、花嫁の循環は、花嫁の〈家柄〉という社会的カテゴリーの限界を越えることはなかった。だが一般的には、この循環は、もっとずっと限定されたものだった。男性は、自分の友人のひとりに、したがって自分と同年輩の男に、娘を嫁がせることをとくに望んでいた。また、親戚のひとりに嫁がせることを、それ以上に望んでいた。娘の相手となる血族や姻族がいるにもかかわらず、この娘が、〈一家〉とは縁のないものに嫁がされたりすると、それだけで、娘の出生の「純粋さ」と、娘の母親の貞節を疑わせるに十分であった。アッティカの法廷弁論の依頼者たちのあいだ——あるいは、それ以外——における、一族内での結婚のリスクは、かず多くの報告の対象となっている(126)。だが、これらの報告は、いったいなにを告げているのだろうか? 好ましい結婚とは、とりわけ、兄弟の子ども同士の結婚と、叔父（母方であれ、父方であれ）と姪のあいだの斜行婚であった。だから典型的な結婚とは、花嫁の父の親戚の内部での結婚と、夫婦が同一世代に属さない斜行婚のことだったのだ。古典期末期のアテナイの婚姻規制には、変化したものと、変わらないものとが同居している。かたや、その機能についての研究は、この婚姻規制が、「熱い社会」の要請に完璧にかなっていたことを明らかにしている。この社会では、流動資金の利潤に対しても、利益の追求に対しても、これを「禁止」（M＝I・フィンリーの用語である）することがないからである。しかしながら、その形態についての研究は、その形式が、『イリアス』や『オデュッセイア』にみられる、離散化した〈家々〉からなる社会の嫁入り婚の形式を遺していることを示している。

裁定《エピディカシア》による父の跡継ぎ娘《エピクレーロス》の結婚

〈嫁資つきの娘《エピプロイコス》〉が結婚の契約の対象であった一方で、〈父の跡継ぎ娘《エピクレーロス》〉は、遺産請求ののち、筆頭アルコーンによる裁定によって、〈権利を有するもの〉へと与えられる。エピクレーロスと結婚することによって、〈権利を有するもの〉は、自分の妻を後見する権利と、かの女の相続財産を管理する権利をえて、この財産からの収入が、かれ自身の収入に加算される。エピクレーロスとの結婚から、息子たちが生まれ、成人に達すると、エピクレーロスの夫は、この息子たちに、かれらの母方の祖父から相続財産を返してやる。そして息子たちが、母親に「扶養料」を払うことになる（**表1**のⅠ1、Ⅱ1、2、3、4、Ⅲ2、Ⅳ1、Ⅳ3？）。

エピクレーロスと呼ばれるためには、以下の四つの制約がある。

㈠　エピクレーロスの父親は、その財産を相続し、跡を継ぐことのできる嫡出の息子をもっていてはならない。反面、複数の娘がいる場合、かの女たちはすべて、父の相続財産に関して平等の地位にある。

㈡　エピクレーロスの父親は、市民共同体の最下級の財産級である、テーテス級に属していてはならない。〈テーテスの娘〉の後見人選定の方法は、別に定められている。[127]その場合、〈権利を有するもの〉は、このエピクレーロスを娶るか、自分の私有財産に見合った〈嫁資〉をつけて、かの女を嫁にやるかしなくてはならない。エピクレーロスは、たしかに孤児ではあるが、貧しい孤児ではないのだ！

㈢　エピクレーロスの父親は、生前にであれ、遺言によってであれ、自分の娘と財産を自由に処分することができない。実際アテナイ法は、息子のいない市民に、養子をとって跡を継がせることを許している。娘の存在は養子縁組を妨げはしないが、養子となった男子は、エピクレーロスを娶らなくてはならない。この解決法は、非常に頻繁であったようにみうけられる。ある男に複数の娘があった場合に、かれは上の娘たちを嫁に出す。そして、末娘（？）をそばにとどめ起き、親戚の男（姉の息子、義理の兄弟など）を養子にとって、末娘と結婚させる。

㈣　最後に、エピクレーロスは嫡出の生まれでなくてはならない。娘が妾腹である場合には、その母親の身分がなんであれ、娘はエピクレーロスとならない。これは、イサイオスの第三弁論が示すところである。すなわちピュッロスには息子がなかったので、姉妹の息子を養子にとった。しかしピュッロスは、この養子を娘のフュレと結婚させなかった。それはおそらく、ピュレが庶子であったためである。

E・カラベリアスは、アッティカの弁論家のデータから出発して、忍耐づよく、ひとつの典範を再構成している。[128] エピクレーロスに対する〈権利を有するもの〉の選定は、この典範によってなされる。その簡略化した図式が、**図9**〔次ページ〕である。ゴルテュンにおいてと同様に、〈権利を有するもの〉は、求められる娘の父親の血縁関係に属している。しかしその順位は、クレタ島のゴルテュンの〈ポリス〉のものとは、厳密には異なっている。たしかにエピクレーロスは、その父親の最年長の兄弟に与えられるが、優先権は、結局のところ、世代によってではなく、系列によっている。すなわち、エピクレーロスの最年長の叔父の息子のほうが、年下の叔父よりも優先されている。ゴルテュンの典範とのもうひとつの違いは、エピクレーロスの父の姉妹の息子が、エピクレーロスの父の兄弟や、その息子たちには譲るものの、権利の請求から排除されていない点である。クレタ島の〈ポリス〉との最後の相違点は、エピクレーロスの父の兄弟姉妹の可能性が途絶えた場合に、典範が、父親の両親の兄弟姉妹、そして最後に、必要があれば、父方の祖父の兄弟姉妹へと移行することである。要するに、エピクレーロスが、アルコンの法廷において、だれからも要求されない場合には、このエピクレーロスは、アッティカの弁論家にとって、まったく問題にならなかったのである。ただしここで、以下のように想定することができる。すなわち、裁判官たちは、法の求めにしたがって、〈権利を有するもの〉は、「すくなくとも月に三度、エピクレーロスに近づく」能力をもつべきだという意見を表明することになっていたのである![129] 〈権利を有するもの〉は、エピクレーロスを要求することを義務づけられてはいなかった。だが、結構な相続財産がもたらす収入が、拒絶されることはなかった。だから、既婚の〈権利を有するもの〉が、みずからに帰属すべきものを要求するために離婚するのも、当然のことだった。「プロトマコスは貧乏でした」と、デモステネスの依頼人のひと

図9　エピクレーロス請求権の順位（系列ごと）

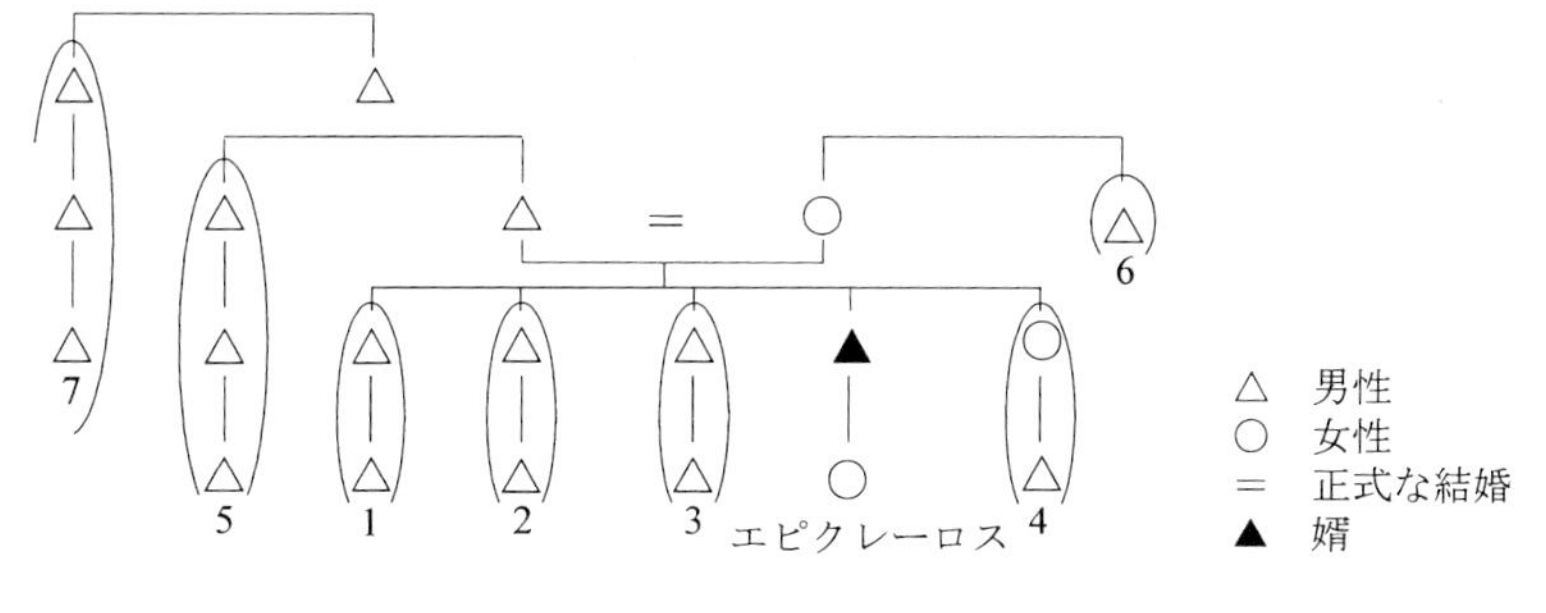

りは語っている。[130]「だがかれには、裕福なエピクレーロスが、遺産相続によって転がりこんできたので、わたしの母をほかの夫に譲りたいと思いました。そしてかれは、友人たちのなかから、わたしの父トゥクリトスの同意をとりつけたのです」というわけである。

エピクレーロスの結婚の仕組みは、機能上つぎのような仕方で展開する。もしもエピクレーロスが独身であれば、〈権利を有するもの〉が、ただちにその娘と相続財産の後見＝管理人となる。つぎに、エピクレーロスが結婚してはいるが、子どものない場合には、〈権利を有するもの〉は、「アパイレーシス」の、すなわち〈略奪〉の権利を行使する。イサイオスの弁論のいくつものくだりからみて、[131]この点については、いかなる疑問の余地もない。反対に、結婚しているエピクレーロスに子どもがある場合、法は、〈権利を有するもの〉が家々から母親を〈略奪〉することは認めていない。この場合、相続財産は〈権利を有するもの〉の手を逃れ、エピクレーロスの息子たちが、成人したあかつきに、その財産をひき継ぎ、母親に〈扶養料〉を支払うことになる。

だが、つねにこのように展開したのだろうか？　歴史上ある時期になるまでは、〈権利を有するもの〉が、エピクレーロスの婚姻状況を考慮にいれずに、これを〈略奪する〉権利をもっていた可能性がある。離散化した〈家々〉からなる社会においては、〈家〉の永続のために、娘は父の炉のそばに戻ってくる必要があった。だが、この〈略奪《アパイレーシス》〉権の変遷がいかなるものであったにせよ、まさにこの権利を制限することによって、紀元前四世紀に、遠い過去から受け継がれてきた仕組みを、変えることが可能になった。すなわち、息子をもたない男性が、なんらかの理由で養子をとることを断念した場合には、この男性は、娘たちを、自分が選んだ婿たちと結婚させる。この男性の死後、その相続財産は、〈娘の息子たち〉のあいだで分割されることになる。ただし、娘婿が適当と判断して、自分の息子をひとり、〈死後養子〉として、この男性の息子とした場合はこのかぎりでない。〈死後養子〉の方式は、養子に遣った息子を、父方の相続から排除することになる。だが、そのかわりに、相続人のない〈家〉を、尽きせぬ悲しみから解放することになる。[132]また、当時の社会は、兄弟間の均分相続におおいにこだわっていたが、そのなかで、遺産の細分化を避けることを可能にした。あるいは、これは、養子の父親にとって、公共奉仕を強いられる富裕者名簿への登録を逃れるための方策だったのかもしれない。というのも、イサイオスの一依頼人についての考察が、そういうことを示唆しているからである。[133]

婚姻規制と政治なるものの出現——仮説の前提として

兄弟のあるエピクレーロスであれ、兄弟のいないエピクレーロスであれ、アテナイの女性は、自分の人格と財産と子どもたちに関しては、いかなるときでも権限を奪われており、後見のもとに置かれて、父と夫と息子という三人の男性の紐帯となっていた。つまりアテナイの女性は、「ものいわぬ環」だったのだ。E・カンタレッラは、その古代ポリスの女性に関する著書に、このきわめて美しいタイトル——『ものいわぬ環《タキタ・ミュタ》』——を付けたが、[134]いかなる名称も、このタイトル以上にみごとに、アテナイの女性を特徴づけるものはない。当時のアテナイ社会は、利潤を生みだそうと腐心して、さまざまな「合理的」革新（女性と無利子の貸付とが結びついた循環）を実施していた。と同時に他方では、『イリアス』や『オデュッセイア』の離散化した家々からなる社会の、嫁入り婚の「遺物」(父方親族の内部で、しばしば斜行婚の対象となる、堅く「手元にとどめおかれる」妻)が残存していた。右のような女性の状況は、ある婚姻規制が、これらの革新と「遺物」とを混淆した結果だったのだ。だから研究者たるものは、アテナイという〈ポリス〉が、なぜその歴史上のある時点において、嫁入り婚からの再転換を進めたのかと問うてみなければならない。ほかの〈ポリス〉が、ほぼ同じ時期に、婿とり婚からの再転換を進めていたからである。おそらく、以下のような仮説を立てることができるだろう。つまり、この婚姻規制の確立は、〈家々〉からなる社会構造が段階的に放棄されていったこと、そして、紀元前六世紀に「政治なるもの」が出現したこと」と相関関係にあるのだ。

仮説の出発点は、ある偶然の一致を確認することである。すなわち紀元前四世紀には、ひとつの伝承がしっかりと確立されていた。同一の法制定者——ソロンのことである——が、婚姻体系の組織者であると同時に、〈ポリス〉の第二の創設者として、神話上の王テセウスの建設した〈ポリス〉に、新たな存在を与えたというのである。だが、この仮説を設定するには困難がともなう。というのも、この仮説は、新しいポリスの出現が親族関係の操作と結びついていったという理念を、前提としているからである。ところが、たいていが四世紀のものである諸史料においては、政治権力《ポリティア》をあつかう法と、私生活を規定する法とのあいだに、厳密な分離が確立されているのである。

エピクレーロスと〈息子のないテーテスの娘〉の裁定にかんする規定と、契約によって女性を嫁にやる資格をもつ男性の指定をソロンに帰しているのは、アッティカの弁論家たちである。[135]

プルタルコスの一節が、ソロンの婚姻に関する事跡について、わたしたちの知識を補ってくれる。[136]「かれ〔ソロン〕は、嫁資《ペルネー》を禁じ、花嫁は三枚の衣服と廉価な道具以外に、なにものも携えてはならぬと定めた。かれは、人々が婚姻を利益を生む行為にすることを望まなかったのだ」と述べられている。だが、「ペルネー」という語は、なにを意味しているのだろうか？　この問題については、もっとも権威ある解釈が二つある。まず、P・シャントレーヌの解釈には、多くの信奉者がいる。[137]それによると、アテナイには〈嫁資〉を指す言い方が二つあったはずだというのだ。ひとつは詩的な言い方で「ペルネー」といい、もうひとつは、法律上の言い方で「プロイクス」という。しかしながら、C・モッセが、ごく最近になって新説を出し、多くの議論をまき起こした。[138]モッセによれば、ペルネーは嫁入り道具を指し、プロイクスは貨幣で構成される〈嫁資〉を指すというのだ。だがわたしには、ペルネーが嫁入り道具を指すという確信はもてない。第一、プルタルコスが、〈嫁資〉を、〈外衣〉と〈所帯道具〉から、きわめてはっきりと区別している以上、モッセの解釈にはぜんぜん説得力がない。またわたしは、ペルネーが〈嫁資〉を指す詩的な言い方であるとも思わない。たしかに古典期には、悲劇作家たちがこの語を好んで用いている。[139]だが、歴史家のクセノポンや、弁論家のアイスキネスもまた、詩的関心をもたないにもかかわらず、この語を用い、厳密な意味を与えている。[140]それによると、「ペルネー」という語は、かつてある種の花嫁が持参してきたものを指しており、それは土地で構成されていたのだ。だから、ペルネーを禁止することによって、ソロンはおそらく、娘たちのために土地が細分化されていく手続きに終止符を打ったのである。

その著書『アテナイ人の国制』[141]において、テセウスに継いでソロンに、民主政〈ポリス〉の第二の創設者の役割を帰したのは、[142]アリストテレスである。そのくだりは、大量の権威ある注釈書の対象となってきたので、わずか数行でそれを提示するのは、無謀な行ないにあたるだろう。それゆえわたしは、細心の注意をはらいつつ、要点のみを述べることにこだわりたい。

紀元前六世紀の始めには、地域全体が〈内紛《スタシス》〉によってひき裂かれていた。この〈内紛〉で争っていたのは、〈貧しい大衆〉と、アリストテレスが〈名門で富者で権力をもつ少数者〉と規定した集団だった。闘争は、きわめて激しいものだったが、それには二つの理由があった。まず第一の理由は、「すべての土地は、少数者の手にあり」……、「〈貧者〉は〈富者〉の奴隷であり」……、「〈貧者〉は〈六分の一《ヘクテモロイ》〉と呼ばれていたことである。かれらが〈富者〉の所有地を耕すのは、収穫の六分の一しか手元にとどめないという条件のもとでだからである。そして、もしも農民が地代を払わなければ、かれらは、隷属の身に落とされることもあり」えたことである。第二の理由は、権力もまた少数者の手中にあったことである。公職につく役人——執政官《アルコーン》——とアレオパゴス評議会のメンバー（役を終えたアルコーンたち）は、〈少数者〉のなかから選ばれていた。

闘争が激しくなったので、二つの集団は、合意のうえで、ソロンを調停者かつアルコーンとして選んだ。ソロンは土地をあらたに再分配することを拒否した。だが「かれは、いろいろな法を定めた」。まず一方で、「かれは公私の負債の切り捨てを行なったが、人々は重荷を振り落としたという意味で、これを〈重荷おろし《セイサクティア》〉と呼んだ」。つぎに「かれは、人々を以下のように再編した。すなわち、従来そう分けられていたように財産評価によって、五百メディムノス級、騎士級、農民級、テーテス級の、四つの級に分けたのである」。またソロンは、すべての公職は上位三つの級によって果たされるべきこと、それぞれの級が、納税額にふさわしい任務に就くべきことを定めた。そして「テーテス級に属するものに対して、かれは、民会と法廷に参加する権利のみを与えた」。

アリストテレスはつぎに、ソロンの国制が失効したあと、紀元前六世紀末に、クレイステネスが、よりいっそう民主的な市民団の組織化を進めたと説明している[143]。アリストテレスによれば、クレイステネスは市民の数を増加させ、その名称を変更したという。「かれは、各デーモスに住んでいたものたちを、おたがいにそのデーモス員としたが、これは、市民たちが、たがいに父の名で呼びあい、それによって新市民を判別するのを防ぐためであった。そうではなくて、市民たちが、所属のデーモスによって呼びあうようにするためだったのだ。これ以降、アテナイ市民は、みずからをデーモスの名で呼ぶようになった」。

これら「国制に関する」諸法と「婚姻に関する」諸法とは、紀元前四世紀の史料によって、きっちりと分離されて、わたしたちに伝えられている。だが、わたしが示したいのは、これら両法が、きわめて密接な相関関係にあったことである。というのも両法は、ともに、〈家々〉の社会から政治的社会への転換に関わっていたからである。

紀元前六世紀の立法制定者たちによる親族関係の操作と、ポリス的なるものの出現

紀元前六世紀のアテナイの危機に関しては、同四世紀の証言が残っている。そこで、わたしが提示してみようと思うのは、これらの証言についての、難解かつ「空虚な解読」に道標を立てることなのだ。

第一の道標 アテナイ社会は、ソロンがアルコーンであった時代の直前にいたるまで、〈家々〉からなる社会であった。ところでソロンは、その手になる哀歌《エレゲイア》のひとつで、(144)内戦によって「切り殺される土地」に言及しているが、かれはこの土地を、「イオニアのもっとも古き土地」と述べている。だから、『イリアス』や『オデュッセイア』をつくったイオニアの詩人たちが描写している社会の組織のされ方と、この「イオニアのもっとも古き土地」の組織のされ方が、なんらかの類似性をもっていたとしても、いったい、その事実に驚くことがあるだろうか？

〈家々〉からなる構造の存在は、わたしが思うに、アテナイでもっとも古い掟のテクストによって確認されている。すなわち、「無意思殺人の法」のことであるが、これは、紀元前六二一年に、法制定者ドラコンによって交付されたものである。この法制定者はまず、「一団となって」殺人者と和解することのできる人々の集団を指定する。それは、犠牲者の父と兄弟と息子、つまり犠牲者の〈家〉を構成する血族たちを含んでいる。つぎに、この法制定者は、殺人者を訴追するために、当該の〈家〉に協力することのできる類別的親族のカテゴリーを三つ指定する。すなわち、婿のカテゴリー（嫁にやった娘の夫たち）、義父のカテゴリー（妻として獲得した女性の父親たち）、甥のカテゴリー（〈家〉から分離されていない血族）である。だからこの当時のアテナイの〈家〉は、ホメロスの描く〈家〉と同様に、一種の多頭的細胞であって、その構成員は、血族であれ姻族であれ個別化しておらず、分離された社会的存在ではなかったのだ[145]。

ソロン以前のアテナイについてのアリストテレスの描写によって、おそらく、これらの〈家〉が二重に組織化されていたことを把握することができる。つまりこれらの〈家〉は、土地の所持にもとづく共同体を構成するとともに、共同行為に従事する集合体を構成していたのである。

まず、土地共同体とはどういうことなのか？　ソロンは、「公私の負債」を帳消しにすることによって、社会組織全体を再検討しようとした。だがそれは、この社会組織全体が、「公私の」地代の体系に立脚していたからだった。これらの二種類の義務の存在は、アテナイの〈家々〉と、ホメロスの描く〈家々〉とのあいだに、類似関係があることを正当化する。「イオニアのもっとも古き土地」においては、これら〈家々〉のあいだの階層分化《ヒエラルキー》が、異なる等級の〈割り当て地〉の所持と、いまだに結びついていたと想定することができる。階層の先頭には、イタケやシケリアの王や貴族の家と同様に、「公的地代」を免除された別格の土地をもつ〈家々〉がである。これが、アリストテレスの語るところの、〈名門で、富者で、権力をもつ少数者〉たちの〈家々〉である。つぎにくる〈家々〉は、〈地縁的共同体〉、すなわちデーモスの土地をもっているが、これらの〈家々〉は、「公的地代」を課されており、〈少数者の家〉への貢納を支払っている。そしてこの貢納は、おそらく、ホメロスによって示された「公共の粉と、牛と、ブドウ酒」の貢納にたいへん近いものであったろう。階層の底辺に位置する〈家々〉は、土地をもたず、代々「小作人」であって、自由になる土地を多く所持する〈家々〉の土地を耕す。こうした身分の保有者は、だから、「富者の所有地」を耕し、収穫の六分の五（?）にあたる「私的地代」を義務づけられている。かれらは、義務を果たすことができなければ、奴隷として売られるのであった。つぎに、集合体とはどういうことなのか？　共同体の土地を保有する〈家々〉の男性たちは、戦争や、犯罪の抑圧などの集合行動に従事する。そして、共同体における階層と、集合体における権限の行使とは、密接に対応している。アリストテレスの語るところの〈少数者〉は、語の厳密な意味において身分であり、「公的地代」の世襲的な保持と、命令権の世襲的な保持をあわせもっていた。これがエウパトリダイ〔貴族〕の身分にあたる。ヘクテモロイは、確実に、すべての「政治的」機関への参加から除外されていた。かれらはまた、戦争からも除外されていたのだろうか？　これは、アテナイ艦隊の起源につながる問題であり、おそらくは、掘りさげてみなければなるまい。

アテナイの〈家々〉は、紀元前六世紀の始めころ、いまだに離散化した〈家々〉だったのだろうか？　あるいは、これらの〈家々〉は、すでに「たがいに交差しあい」はじめていたのだろうか？　古典期アテナイの親族に、かなりの父系的な偏りがみられることから、アテナイが単系集団を放棄したのは遅くなってからであったと考えることができる。さらに付言すれば、結婚に関するソロンの規定から想定して、この六世紀の始めには、アテナイ人たちの実施していた婚姻手続きは、ホメロスの描く社会の嫁入り婚と婿とり婚に、いまだきわめて近いものだったということができよう。

第二の道標　ソロンは、婚姻制度の再編によって、共同体という空間を再編した（紀元前五九四―三年）。かれは、「公私」の地代を廃止することによって、アテナイ共同体の階層的な編成に終止符を打ったのだ。以後、居住地集団の〈家々〉はすべて、同一の身分となった。〈家々〉はみな、〈自由身分〉で〈似通った〉ものとなった。だが、似通っていることは平等を意味しない。〈家々〉の等級は、財産として所有する富の量にもとづいていた。

ところで、公私の負債の切り捨てという「重荷おろし」によって、アテナイの〈家々〉の階層構造はバラバラになった。それでは、どのようにして、これらの〈家々〉を首尾一貫した集団に仕立てあげたのだろうか？　ゴルテュンのような〈ポリス〉では、〈家々〉の「交差」と、土地の所有者からなる共同体の閉鎖性とがひき起こされたのは、市民としての保有地が父系・母系を問わずに相続されていったからだった。だがアテナイにおいては、こうした相続のうえに共同体的空間を構築することは、問題になりえないことだった。なぜなら、新しい〈ポリス〉の〈家々〉がすべて、土地所有者であったわけではないからである。また法制定者ソロンが、「祖国の肥沃な土地」の再分配を進めることを、全面的に拒絶したからである。そういうわけでソロンが各〈家々〉を接合しようとしたのは、こうした状況に適合する婚姻体系を設けることによってだったのである。

複数の史料が語るところによれば、ソロンは、契約によって女性を与える資格のある男性（〈家〉に属する男たち）を指定し、ペルネーを禁止した。ペルネーとは、花嫁と土地を結びつけることを可能にする手続きのことである。この二つの措置の結びつきは、いかに解釈すべきなのだろうか？

㈠〈ポリス〉の各〈家〉が均質な集合を構成するためには、すべての〈家〉が、同じやり方で娘を結婚させなくてはならない。それゆえ、法制定者ソロンは、これ以後、兄弟のある娘を結婚させるにあたっては、ただひとつの手続きしかないことに定めた。

㈡ソロンは、離散化した〈家々〉からなる構造の社会から、いくつかの手続きを継承したが、そのなかで、嫁入り婚に近い形式(花嫁は、家に納められている横たわる富とともに、与えられる)をとくに重視することとし、婿とり婚に近い形式(花嫁は、身分を伴う富、すなわち土地とともに与えられる)をとることはしなかった。この選択は、均一化への意思に対応している。つまり、新生ポリスのすべての〈家々〉が、同一の方法で娘を嫁がせなければならないとしよう。するとまず、一部の〈家々〉は、その身分からして市民としての保有地に手を伸ばすことができないため、これらの〈家々〉のことを考慮に入れなければならなくなる。そこで、けっして「身分を伴わない」カテゴリーの富を、父系・母系を問わない相続に当てることになる。

㈢各〈家〉を接合して、共同体に仕立てあげるために、ソロンは、複数の〈家々〉の交差をひき起こす婚姻規制を選択した。かれは、各〈家〉が、それぞれ花嫁と、花嫁によってもたらされる富の所有者とならないように定めた。各〈家〉は、相互に結婚契約を結ぶが、この契約では、女性とその嫁資が所有されるのではなく、たんに後見・管理のもとに置かれるにとどめている。このときから、各〈家〉は単系集団であることをやめ、息子の息子、あるいは娘の息子によって継承され、その財産もかれらに伝えられることになる。このようにアテナイでは、結婚という女性の循環にともなって、〈家〉のなかに納められた〈横たわる富〉が、父系・母系を問わず相続されるようになった。ソロンの〈ポリス〉を確立したのは、まさに、この循環だったのである。

豊かな〈家々〉と貧しい〈家々〉から、しかも多年にわたる内戦のあとに、どのようにして均質な集団を構成したらいいのだろうか？　ソロンは、広範にわたる女性の交換を確立することで、この問題を解決しようとした。プルタルコスによれば、法制定者ソロンは、花嫁の「世襲財産権」を、「三枚の衣服」と「廉価な道具」に限定したはずだという。そしてプルタルコスは、この方策を、まったくの道徳的見地からきたものだと説明している。だがソロンの目的は、むしろ「政治的」なものであった可能性がある。娘に与えられる割り当てを制限することで、ソロンは、娘たちみなに平等な価値を与え、婚姻という領域から、富にもとづく社会的な階層分化をとり除いたのである。女性の交換は、かくして〈ポリス〉全体に広がった。たがいに娘を娶ることによって、豊かな〈家々〉と貧しい〈家々〉とは重なりあい、一体となってそれぞれの子孫再生産を保証されることになる。つまり、親族の絆が内戦の危機を遠ざけたのである。ソロンは、市民としての保有地と私有財産の再分配を進めることを、一貫して拒否しながら、そのうえでかれは、〈富者〉と〈貧者〉の対立に終止符を打とうとした。つまりかれは、あい争う両者のあいだに、婚姻という空間を定め、そこでは〈ポリス〉の娘たちが、平等かつ広範に循環するようにしたのである。

花嫁が持参するものを制限することは、さらにもっと具体的な関心事に対応している可能性がある。専門家たちは、アルカイク期のアテナイの危機の起源について、あれこれと探求を行なってきた。だが社会学者たちは、かれら専門家たちに対して、単純な説明を完全に除外してしまうことのないようにいうかもしれない。つまり、G・オギュスタンが指摘するように、(146)「世襲財産が平等に分割される社会においては、一般に、二つの層に分かれた住民がみいだされる。すなわち、土地をもつ住民と、もたない住民であり」、豊かな住民と貧しい住民である。アテナイ共同体は、息子のあいだで平等に財産を相続することに、おおいに執着していた。だから、娘たちが、大小異なった額の嫁資つきで循環すれば、それは社会的不均衡を増大させることになると、考えられたのかもしれない。つまり、花婿の相続財産と花嫁の「世襲財産権」とが、つねに一体のものとして考えられていたのである。息子たちのあいだで、世襲財産を平等に分割していけば、財産の細分化という社会的危機が生じることになる。だから、あるいはソロンは、娘の取り分を減らすことによって、この危機の進行を遅らせようとしたのかもしれない。

ソロンは、土地をもたない〈家々〉を共同体から除外しつづけるのを拒否することによって、アテナイ人たちの〈ポリス〉を、あらためて創設したのである。そして、この「政治的」選択が、民主政の創設の起源となった。ソロンは、女性を広範に循環させることと、〈家の中身〉を父系・母系を問わず相続することを基盤として、新しい共同体空間を創設しようとした。しかしながら、そのためにソロンが選択した婚姻体系は、アテナイの女性たちの敗北を意味していた。またそれは、法律と文献の介在によって、西欧世界の女性たちの敗北を意味することになる。生産手段から分離され、私有財産と同一視されてしっかりと所有され、「世襲財産権」とともに夫の後見下に置かれて、ソロン時代のアテナイの花嫁たちは、もはや、ホメロスの描く社会の〈所有された女性〉たち以上の権力をもたず、その価値もおおいに下落してしまったのである。

第三の道標　第三の道標とは、婚姻規制と、市民と呼ばれる権利の決定のことである。それまでは、〈家々〉間の階層制度が、集合体のなかでの機能と権限の分配を決定していた。だが、この階層制度を廃止することをつうじて、ソロンは、ともに発言し行動する男性たちの集まりを再編するほうへと向かう。これ以降は、自由身分の男性はすべて、団結して戦争を遂行し、〈ポリス〉を統治するようになる。そして、おのおのに振られた役割は、その財産級に比例したものとなる。この財産級は、おそらく、穀類一メディムノス（五一・八四一リットル）を計量単位として評価されていた。(147) 自由身分の男性たちは、このようにして、その「市民としての職務」を遂行したのである。

新生アテナイの女性たちは、もちろん、市民権の行使からは排除されていた。かの女たちは、ゴルテュンの女性たちのように、市民共同体の一員であったのだろうか？　いいかえれば、市民と呼ばれる権利は、アルカイク期の立法措置に由来していたのだろうか？　この法律では、市民であるためには、父母ともに〈ポリス〉に属すべしとされていた。だが専門家たちは、この規定がもっと遅い時代のものであることを、なんら疑ってはいない(148)。かれら専門家がいうには、紀元前五九四―三年に、ソロンが、それ以上の詳しい説明なしに、市民権は出生にもとづくと定めたという。ついで、同五〇八―七年のクレイステネスの改革で、市民であるためには、父が市民であれば十分ということになる。市民と呼ばれる権利が、生みの親が二人とも市民共同体に属していることによって正当なものとされるようになるのは、ようやく紀元前四五一年、ペリクレスの布告によってである。

この過程の終幕が、その発展を把握することをおそらく可能にする。紀元前四五一年の法令は同時に、市民団の閉鎖性と政治の自律性を意味している。父と母が市民団に所属していることを厳しく要求することによって、この法令は「真の内婚制」を強制し、外国人女性との結婚を不可能にした。またこの法令は、生みの親が正式に結婚していなければならないということを、はっきりとは定めなかった。そのために、この法令は、離散化した〈家々〉からなる社会の組織原理のひとつ――財産相続と市民身分の継承の等価性――と訣別し、〈家〉と〈ポリス〉、親族と政治を決定的に分離した。このように、アテナイ人が〈ポリス〉の閉鎖性と政治の自律性を確立するためには、一五〇年近くを要したのである。

この過程の緩慢さは、わたしが思うに、ソロンによる共同体の組織の仕方と関連しているようである。その組織の特徴は、〈家々〉からなる社会構造を維持したことと、女性に固有の位置を与えない婚姻の仕組みを採用したことにある。つまりソロンは、「公私の負債」を廃止しはしたが、だからといって〈家〉の存在に終止符を打ったわけではなく、〈家々〉間の階層制度に終止符を打ったのである。ソロンは、新生共同体の〈家々〉に、離散化した〈家々〉からなる社会の嫁入り婚をもとに考案された、ひとつの手続きを強要した。それによってソロンは、これらの〈家々〉に父系的な性格を残した。女性の構成員を含有する男性の細胞という性格を、残したのである。花嫁は、世襲財産権とともに夫の後見下に置かれることによって、共同体の構成員としてではなく、共同体を構成する〈家〉の「一部」として、社会的に存在することになる。それゆえ、もしも〈結婚契約〉の規定が尊重されてさえいれば、市民の範囲外から正妻を娶ることも、法にかなったことだった。そして、有力な〈家々〉は、その婚姻戦略に、この可能性を組みこまずにはおかなかった。だから、これまで述べてきた条件のもとで、ソロンが市民の身分の基礎としたものは、共同体を構成する〈家〉の正式な子どもとして生まれることだったと、想定することができる。市民団への所属についてのクレイステネスの定義を分析することで、この仮説を補強することができるかもしれない。アリストテレスは、厳密には、クレイステネス以降、市民であるために、市民である父をもつだけで十分になったと、いっているわけではない。だがかれは、市民の新しい呼び方は、この法制定者クレイステネスに由来するとしている。つまりアテナイ人は、このとき以降、父の名に、デーモス名を加えなくてはならなくなったというのである。この二重の肩書きのもつ意義は明らかである。市民が父の名を冠しているのは、父親が、この市民のために父子関係の認知の手続きを遂行して、この市民を嫡男と「なした」からのだ。また、市民がデーモスの名を冠しているのは、デーモスのメンバーが、この市民を、〈ポリス〉の最小単位のメンバー、すなわち市民と「なした」からなのだ。紀元前五〇八―七年以降、市民の身分は、合法的に結婚した父親と、デーモス〔の構成員〕、すなわち、その〈家〉に属さない男性たちによって付与されるようになったのだ。ところで、クレイステネスの改革以前には、アテナイ人たちは、父の名と〈家〉の名によって指し示されていた。それゆえ、市民権はおそらく、合法的に結婚した父と、〈家〉つまり、なん代かの連続する世代の父親たちによって、付与されていたのである。だが、わたしは認めなければならないが、わたしの研究の現状では、この仮説を掘り下げることができないのである。

このように、アテナイ社会では、親族と政治の分離が、きわめてゆっくりと進行した。その進行の道標を三つ、こうして立ててきたわけだが、それがどれほど確実なものであれ、このような社会に関しては、結婚と花嫁の地位についての研究を、民主政〈ポリス〉の出現についての研究から切り離すことができない。

この研究は二つの疑問からはじまった。まず、なぜ古代ギリシアの国々において、花嫁ははじめから与えられ、しかも財産とともに与えられたのか？　ついで、なぜ、〈ポリス〉時代のギリシアにおいて、この無償の贈与が、かくも多様な規定をともなっており、花嫁の地位が、各〈ポリス〉によって、かくも違っていたのか？

そしてこの研究は、以下の二つの仮説に到達した。まず、紀元前第一千年期始めに、ギリシア社会において、花嫁の無償の贈与は、離散化した〈家々〉からなる社会構造と単婚制とに、相関していた可能性がある。つぎに、ギリシアの各〈ポリス〉ごとに、女性に付与される地位がかくも異なっていたのは、その歴史のある時点において、これらの〈ポリス〉が、それぞれ異なる「政治的」選択をしたためかもしれないのだ。

この研究は、はじめから解釈の領域、それゆえに思弁の、近似の、誤謬の、そして手直しの領域にあることを欲している。その結果として、この研究は、たしかに厳密なものではなくなっている。だが、単なる間違いにすぎないというわけでは、おそらくない。アリストテレスは、『形而上学』の講義のなかで、[149]哲学者と、そしておそらくは研究者とを、戸口にむけて弓を引く射手にたとえている。「真理についての思索は、ある意味では困難であるが、また別な意味では容易である。その証拠には、なんびとといえども、けっして真理を的確に射当てることはできないが、また、まったく射当てられないというわけではない……。したがって、『戸口にすら、矢の届かないものがあろうか』という諺がいうようなかたちで、真理が存在しているように思われる」というわけだ。この予言を受けいれ、わたしが戸口にたどりつけなかったわけではないことを希望しよう。実際のところ、隠されてはいるが、古代ギリシア社会の核心に通ずる戸口があるのだ。わたしは、そう確信している。（栗原麻子 訳）

＊なお、本書の出版には、京都橘女子大学より援助を受けたことを記して、謝意としたい。（監訳者）

女の歴史Ⅰ　古代1

2000年4月20日　初版第1刷発行©

監訳者　杉村和子
　　　　志賀亮一

発行者　藤原良雄

発行所　株式会社 藤原書店

〒162-0041　東京都新宿区早稲田鶴巻町523
電話　03(5272)0301
FAX　03(5272)0450
振替　00160-4-17013

印刷・慶昌堂印刷　製本・河上製本

落丁本・乱丁本はお取替えいたします
定価はカバーに表示してあります

Printed in Japan
ISBN4-89434-172-7

いま、なぜバルザックか

鹿島 茂

第一に、バルザックというのは文学の「お勉強」をしようなどと決意せずに、ただ推理小説でも読むような気軽な気持ちでページをめくっていっても十分楽しめる作家であること。にもかかわらず、やたら読みにくいという印象が先行しているため、なんとかその偏見を打ち破りたいと願ったこと、これが新しいパッケージに包んでバルザックを送り出そうと考えた動機でした。

第二は、バルザックはたんに今日でも読むにたえるというだけではなく、今の日本だからこそ、いいかえれば、日本が「貧困と禁欲」の社会から「贅択と欲望」の社会に移行した現在だからこそバルザックを理解できる状況が生まれたと訴えたかったことです。刻苦勉励型の文学がすべて無効になってしまった状況の中で、人間の欲望というものを否定せずに正面から見据えたバルザックが、どんな文学よりも有効性をもっているのだと声を大にして叫びたかったからなのです。

（『バルザックがおもしろい』より）

全く新しいバルザック像

バルザックがおもしろい

鹿島茂、山田登世子

百篇以上にのぼるバルザックの「人間喜劇」から、高度に都市化し、資本主義化した今の日本でこそ理解できる十篇をセレクトした二人が、今日の日本が直面している問題を、既に一六〇年も前に語り尽していたバルザックの知られざる魅力をめぐって熱論！

四六並製　二四〇頁　**予一五〇〇円**

（一九九九年四月刊）◇4-89434-128-X

文豪、幻の名著

風俗研究

バルザック
山田登世子訳＝解説

文豪バルザックが、一九世紀パリの風俗を、皮肉と諷刺で鮮やかに描いた幻の名著。近代の富と毒を、バルザックの炯眼が鋭く捉える、都市風俗考現学の原点。「優雅な生活論」「歩き方の理論」「近代興奮剤考」ほか。図版多数。〔解説〕「近代の毒と富」（四〇頁）

A5上製　二三二頁　**二八〇〇円**

（一九九二年三月刊）◇4-938661-46-2

PATHOLOGIE DE LA VIE SOCIAL
BALZAC

今世紀最高の歴史家、不朽の名著！

地中海（全五分冊）

LA MÉDITERRANÉE ET
LE MONDE MÉDITERRANÉEN
À L'ÉPOQUE DE PHILIPPE II
Fernand BRAUDEL

フェルナン・ブローデル　浜名優美訳

新しい歴史学「アナール」派の総帥が、ヨーロッパ、アジア、アフリカを包括する文明の総体としての〝地中海世界〟を、自然環境、社会現象、変転極まりない政治という三層を複合させ、微視的かつ巨視的に描ききる社会史の古典。国民国家概念にとらわれる一国史的発想と西洋中心史観を無効にし、世界史と地域研究のパラダイムを転換した、人文社会科学の金字塔。●第32回日本翻訳文化賞、第31回日本翻訳出版文化賞、初の同時受賞作品。

Ⅰ　**環境の役割**
A5上製　600頁　**8600円**（1991年11月刊）
◇4-938661-37-3

Ⅱ　**集団の運命と全体の動き 1**
A5上製　480頁　**6800円**（1992年6月刊）
◇4-938661-51-9

Ⅲ　**集団の運命と全体の動き 2**
A5上製　416頁　**6700円**（1993年10月刊）　◇4-938661-80-2

Ⅳ　**出来事、政治、人間 1**
A5上製　456頁　**6800円**（1994年6月刊）　◇4-938661-95-0

Ⅴ　**出来事、政治、人間 2**　〔付録〕索引ほか
A5上製　456頁　**6800円**（1995年3月刊）　◇4-89434-011-9

〈藤原セレクション〉第Ⅰ期発刊

地中海（全10巻）

F・ブローデル　浜名優美訳

各巻末に、人文社会科学の第一線の識者によるエッセー「『地中海』と私」と、訳者がキーワードについて論じる「気になる言葉——翻訳ノート」を附す。
①L・フェーヴル／I・ウォーラーステイン②山内昌之③石井米雄④黒田壽郎
普及版（B6変型）　各二五〇頁平均
①一二〇〇円②以降各一八〇〇円
①◇4-89434-119-0②◇4-89434-120-4
③◇4-89434-122-0④◇4-89434-126-3